Peter Schwarz

Julius Tandler (1869–1936)

EDITION **STEINBAUER**

Das heißt: ich bin kein ausgeklügelt Buch,

Ich bin ein Mensch mit seinem Widerspruch.[1]

Peter Schwarz

Julius Tandler

Zwischen Humanismus und Eugenik

EDITION STEINBAUER
Wien 2017

Dieses Buch entstand mit Unterstützung durch:
Zukunftsfonds der Republik Österreich

Kulturabteilung der Stadt Wien, Wissenschafts- und Forschungsförderung

Bibliografische Information der Deutschen Bibliothek
Die Deutsche Bibliothek verzeichnet diese Publikation in der Deutschen Nationalbibliografie; detaillierte bibliografische Daten sind im Internet über http://dnb.ddb.de abrufbar.

Edition Steinbauer
Alle Rechte vorbehalten
© Edition Steinbauer GmbH
Wien 2017

Redaktion: Claudia Anna Strafner
Covergestaltung, Satz und Layout: typothese.at / Matthäus Zinner
Coverfoto: Verein für Geschichte der Arbeiterbewegung, Wien (VGA)

Druck: Christian Theiss GmbH
Printed in Austria

ISBN: 978-3-902494-82-5

www.edition-steinbauer.com

Inhalt

Vorwort von Wolfgang Neugebauer 8

Einleitung 11

Person und Lebenswerk Julius Tandlers 17

Der Wissenschafter Julius Tandler – Seine Positionen und Sichtweisen im Kontext der Bevölkerungspolitik und Eugenik 32

    Konstitutionslehre und ambivalentes Verhältnis zur Rassenhygiene 32
    Goldscheids Menschenökonomie 38
    Qualitative Bevölkerungspolitik: Fürsorge als Menschenökonomie 41
    Eugenik 52

Der Politiker Julius Tandler 61

  Die bevölkerungspolitischen und eugenischen Positionen Tandlers im Spiegel seiner Reden im Wiener Gemeinderat/Landtag und ihre politische Relevanz 61

    Menschenverachtende Terminologie im Kontext
    bevölkerungspolitischer Überlegungen 62
    Menschenökonomisches Kosten-Nutzen-Denken 63
    Rationalisierung der Wohlfahrt 63
    Qualitative Bevölkerungspolitik in einem humanitären Rahmen 67
    Ökonomieprinzip mit Augenmaß 70
    Befürwortung eugenisch orientierter Eheberatung 71
    Kritik der Opposition 73
    Bevölkerungspolitischer Begründungszusammenhang
    der Wohlfahrtsausgaben 76
    „Produktive" versus „unproduktive" Ausgaben der Wohlfahrtspflege 77
    Die „bevölkerungspolitisch gerechte" Bilanzierung:
    Kaum Auswirkungen auf die Praxis der Wohlfahrtspflege 79
    Tandlers sonstige Reden und Wortmeldungen im Gemeinderat 82

  Der Reformpolitiker Tandler 84

    Recht des Einzelnen auf staatliche Fürsorge
    und die Versorgungspflicht der Familie 84
    Tandlers Humanitätsverständnis im Spannungsfeld
    bevölkerungspolitischer und menschenökonomischer Erwägungen 85
    Exkurs: Das Verhältnis Tandlers zu Sigmund Freud und der Psychoanalyse . 94

  Tandler als Feindbild und Hassobjekt inner- und außerhalb des Wiener
  Gemeinderates 98

    Tandler im Schatten des politischen Kulturkampfs 98

  Der Einzug der Nationalsozialisten in den Wiener Landtag
  bzw. Gemeinderat 1932 105
  Tandler und sein Gesundheitsressort im Fokus
  des NS-Rassenantisemitismus – Teil I 110
  Exkurs: Tandler in der antisemitischen Kampfzone der Universität Wien . . 111
  Exkurs: Antisemitische Netzwerke an der Universität Wien 117
  Tandler und sein Gesundheitsressort im Fokus
  des NS-Rassenantisemitismus – Teil II 118
 Politische Verfolgung, Emigration, Tod und Nachleben Tandlers 123
  Rückzug aus der Kommunalpolitik unter dem Eindruck der politischen
  Reaktion und des antisemitischen Terrors 123
  Entlassung, Vertreibung und Tod im Exil 125
  Beisetzung und Nachrufe 126
  Verdrängung, Rehabilitierung und Geburt des Tandler-Mythos 128

Eugenik und Rassenhygiene in Österreich vor 1938:
Genese, Strukturen, Protagonisten und Diskurse 130

 Eugenik und Sozialismus 130
 Die Verbreitung von Darwins Evolutionstheorie 131
 Eugenik als Sozialtechnologie 132
 Sozialismus als „höhere Stufe im Kampf um das Dasein" 133
 Die Entwicklung eugenischer Positionen in der Sozialdemokratie: Karl Kautsky . . 133
 Sozialdemokratische Eugenik im Sinn des Soziallamarckismus 134
 Die Konstituierung sozialistischer Eugenik 135
 Hygiene, Sozialhygiene, Rassenhygiene 136
 Die Gesellschaft für Rassenhygiene 136
 Von der Internationalen Gesellschaft für Rassenhygiene
 zur Deutschen Gesellschaft für Rassenhygiene 138
 Die nationale Integrationskraft von Eugenik und Rassenhygiene
 im Deutschen Reich nach 1918 139
 Frühe Eugeniker bzw. Rassenhygieniker 140
  Max von Gruber als Sozial- und Rassenhygieniker 140
 Die Soziale Medizin Ludwig Telekys 142
 Soziale Medizin versus Soziale Hygiene 144
 Die Protagonisten der Rassenhygiene
 in Österreich 145
  Ignaz Kaup 145
  Heinrich Reichel 147
 Frühe eugenische Initiativen auf behördlicher und politischer Ebene 151

    Robert Stigler 153
    Johannes Ude 156
Julius Tandler 156
    Vorsitzender der Sektion Sozialbiologie und Eugenik
    in der Gesellschaft für Soziologie 157
    Neolamarckistische Orientierung 157
    Abgrenzung von Weismanns Neodarwinismus 158
    Österreichische Gesellschaft für Bevölkerungspolitik 160
    Menschenökonomie als Leitfaden 162
    Soziale Bevölkerungspolitik 162
    Tandlers Eheberatungsstelle 164
    Die Organisationsstrukturen der österreichischen Eugenik vor dem
    Hintergrund der politisch-weltanschaulichen Lager bis 1938 167
        Deutschnationale bzw. deutschvölkische Eugenik 168
        Katholische Eugenik 172
        Sozialdemokratische Eugenik 174
    Eugenik – ein Phänomen der Moderne 183

Resümee: War Tandler ideologischer Wegbereiter der NS-Massenvernichtung von sogenanntem „lebensunwerten Leben"? 185

Anhang 202
    Zeitleiste – biografische Daten Julius Tandlers 202
    Auszüge aus Schriften Tandlers im Kontext von Eugenik und Rassenhygiene . . . 205
    Anmerkungen 211
    Quellen- und Literaturverzeichnis 284
        1. Quellenverzeichnis 284
        2. Literaturverzeichnis 288
    Danksagung 317
    Bildnachweis 319

Vorwort
von Wolfgang Neugebauer[2]

Als Historiker, der sich seit den 1960er Jahren mit der Geschichte der Arbeiterbewegung und der Sozialdemokratie beschäftigt, ist der legendäre Wohlfahrtsstadtrat Julius Tandler für mich eine der großen Gestalten des Roten Wien: Arzt, Universitätsprofessor und Wissenschafter, Schöpfer einer fortschrittlichen, humanen und sozialen Wohlfahrts- und Gesundheitspolitik und schließlich Verfolgter und Vertriebener nach dem Februar 1934. Die nach und nach bekannt gewordenen problematischen Aussagen Tandlers zur Eugenik, Rassenhygiene und Euthanasie verstörten mich einigermaßen, umso mehr als ich mich selbst mit der NS-Rassenhygiene wissenschaftlich auseinandersetzte und für die Opfer dieser verbrecherischen Politik Partei ergriff. In meinen eigenen und in DÖW-Arbeiten zur NS-Euthanasie wurden die fragwürdigen Positionen Tandlers keineswegs verschwiegen, sondern stets durchaus kritisch erwähnt. So findet sich eine knappe Darstellung dazu sowohl in der Gedenkstätte für die Euthanasieopfer im Otto Wagner-Spital der Stadt Wien als auch auf der damit verbundenen Homepage www.gedenkstaettesteinhof.at; beide hat das DÖW mit Unterstützung der Stadt Wien gestaltet. Eine eingehendere Auseinandersetzung mit Tandler war mir aber nicht möglich, zumal Themen wie Widerstand oder Rechtsextremismus Priorität genossen. Es waren mir aber schon damals zwei wichtige Punkte klar, nämlich dass
- erstens die in einer beschränkten Öffentlichkeit getätigten Aussagen Tandlers zur Bevölkerungspolitik nicht in seine Politik eingeflossen und auch nicht in der Sozialdemokratie rezipiert worden sind, und
- zweitens die Aussagen Julius Tandlers für die Protagonisten der NS-Euthanasie völlig irrelevant waren, weil dieser als Jude und führender Politiker des Roten Wien für die Nationalsozialisten ein absolutes Feindbild war. Es gibt keine einzige Quelle oder einen Beweis dafür, dass sich NS-Rassenhygieniker auf Tandler berufen hätten.

Im DÖW war ich dann mehrfach mit Julius Tandlers inhumanen Aussagen konfrontiert, als polemische und bösartige Angriffe gegen Tandler, das Rote Wien und die jetzige Wiener Stadtverwaltung erfolgten und ich von zuständiger politischer Seite um Stellungnahme ersucht wurde. Die Tandler-Problematik wurde, meistens mit aus dem Zusammenhang gerissenen Sätzen, immer wieder ins Spiel gebracht, um die Glaubwürdigkeit der Sozialdemokratie in Sachen Antifaschismus zu untergraben bzw. als Retourkutsche gegen Umbenennungen wie den Dr.-Karl-Lueger-Ring und die Aufhebungen von politisch fragwürdigen Ehrengrabwidmungen in Wien.

Schon in den 1990er Jahren habe ich gemeinsam mit dem Leiter des damaligen Psychiatrischen Krankenhauses Baumgartner Höhe (heute: Otto Wagner-Spital) Univ.-Prof. Dr. Eberhard Gabriel dem Gesundheitsstadtrat Dr. Sepp Rieder empfohlen, die Verleihung der Julius-Tandler-Medaille bis zur Klärung der Tandler-Aussagen auszusetzen. 2002 habe ich die Gesundheitsstadträtin Dr. Elisabeth Pittermann auf die Brisanz der Aussagen Tandlers hingewiesen und ihr vorgeschlagen, die offenkundige Diskrepanz zwischen der praktischen Politik und humanen Grundhaltung Tandlers und seinen dazu in Gegensatz stehenden Aussagen im Rahmen einer wissenschaftlichen Untersuchung zu klären. 2012 habe ich nach einer polemischen Gemeinderatsanfrage der Wiener FPÖ, in der Tandler als „Wegbereiter der Nationalsozialisten" bezeichnet wurde, dem Klubobmann der SPÖ Wien DI Rudolf Schicker ersucht, eine seriöse wissenschaftliche Untersuchung dieses Sachverhaltes vornehmen zu lassen. Das Gleiche habe ich 2013 der Gesundheitsstadträtin Mag. Sonja Wehsely empfohlen, als die Benennung des Julius Tandler-Platzes in Frage gestellt wurde. Alle diese konstruktiven Vorschläge wurden leider nicht aufgegriffen, so dass das Tandler-Thema immer wieder auf der politischen Ebene auftauchte.

Daher ist es außerordentlich verdienstvoll, dass der Zukunftsfonds der Republik Österreich auf Initiative seines Vorsitzenden Dr. Kurt Scholz einen Forschungsauftrag zu dieser Thematik an Mag. Peter Schwarz vergeben und auf diese Weise endlich eine seriös-wissenschaftliche Aufarbeitung in die Wege geleitet hat. Mein früherer DÖW-Kollege Peter Schwarz ist für diese Arbeit geradezu prädestiniert, denn er hat schon eine Reihe von Publikationen zur NS-Euthanasie und -Medizin veröffentlicht und mit mir gemeinsam die kritische Studie über die „braunen Flecken" des BSA verfasst.[3]

Sein vorliegendes Buch zeichnet sich durch gründliche Recherchen des Sachverhaltes, eine angemessene geistes- und medizingeschichtliche Kontextualisierung und eine differenzierende Sichtweise und Beurteilung der

Tandlerschen Positionen aus. Es ist Peter Schwarz gelungen, die schwierige Balance zwischen der notwendigen radikalen Kritik und der Anerkennung der historischen Verdienste und Leistungen dieses wichtigen Wiener Kommunalpolitikers zu halten sowie ein seriöses und alle Facetten umfassendes Bild der Gesamtpersönlichkeit Tandlers zu vermitteln.

Einleitung

Dieser Arbeit liegt das Erkenntnisinteresse zugrunde, das Verhältnis des legendären Wiener Gesundheits- und Wohlfahrtstadtrates des Roten Wien der Zwischenkriegszeit und Anatomie-Professors der Universität Wien, o. Univ.-Prof. Dr. Julius Tandler (1869–1936), zu Eugenik, Rassenhygiene und „Euthanasie" auf den wissenschaftlichen Prüfstand zu stellen und vor dem politisch-historischen und medizingeschichtlichen Hintergrund aufzuarbeiten. Ihr geht ein mehr als zwei Jahrzehnte andauernder wissenschaftlicher Diskurs voraus, der Tandlers eugenische und bevölkerungspolitische Thesen und Sichtweisen in inhaltlicher und ethischer Hinsicht in Frage gestellt und problematisiert hat.

Zu Recht haben Zeit- und MedizinhistorikerInnen darauf hingewiesen, dass einschlägige Aussagen und Positionen Tandlers nicht nur mit den Werten eines heutigen demokratisch-humanistischen Menschen- und Weltbildes sowie den Prinzipien einer modernen medizinischen Ethik, sondern auch mit den Grundsatzüberzeugungen der sozialdemokratischen Arbeiterbewegung, die sich den universalen Menschenrechten zutiefst verpflichtet fühlt, im Widerspruch stehen. Schließlich hat die an die wissenschaftliche Kritik anknüpfende – mitunter sehr einseitig und undifferenziert geführte – politische Diskussion, die seit den 1990er Jahren immer wieder aufflammte, die Problematik verzerrte und für Agitationen missbrauchte, eine seriöse wissenschaftliche Behandlung dieses Themas dringend notwendig gemacht.

Aus diesem Grund hat der Zukunftsfonds der Republik Österreich 2013 ein auf neun Monate anberaumtes Forschungsprojekt in Auftrag gegeben, dessen Ergebnisse die Grundlage der vorliegenden Studie bilden. Die Studie hat es sich zur Aufgabe gestellt, die eugenischen Aussagen und Thesen Tandlers im Gesamtzusammenhang seiner wissenschaftlichen Positionen und vor der Folie medizin- und wissenschaftsgeschichtlich relevanter Voraussetzungen zu bewerten und im eugenischen Diskurs der Zwischenkriegszeit zu verorten. Einen wesentlichen Schwerpunkt hat die gegenständliche Untersuchung auf die Erörterung der Frage gelegt, welchen Stellenwert die eugenischen Sichtweisen des Wissenschafters Tandler in den Reden und

Stellungnahmen des Politikers Tandler (in seiner Eigenschaft als Amtsführender Stadtrat für das Wohlfahrtswesen der Stadt Wien) eingenommen bzw. welchen Niederschlag dieselben in seiner Politik gefunden haben.

Zur Klärung dieser Fragestellung wurde eine Sichtung und Auswertung der Sitzungsprotokolle des Wiener Gemeinderats und Landtags hinsichtlich der Redebeiträge Tandlers für den Zeitraum 1920 bis 1934 vorgenommen, die eine erhebliche Überschreitung des zeitlichen Projektrahmens nach sich zog. In der Konklusion der vorliegenden Arbeit wird der Frage breiter Raum gewidmet, ob Tandler – wie gelegentlich von politischer Seite insinuiert wird – aufgrund seiner eugenischen Positionen und seines politischen Denkens sowie Handelns als Vordenker, Vorreiter oder Wegbereiter der nationalsozialistischen Medizinverbrechen zu qualifizieren ist.

Insbesondere war hier zu untersuchen, ob Tandler und seine spezifischen wissenschaftlichen Auffassungen Einfluss auf die Entwicklung und Herausbildung der NS-Rassenhygiene genommen hatten, ob er bzw. sein Werk diesbezüglich Hindernisse aus dem Weg geräumt oder theoretische Voraussetzungen geschaffen hatten, auf die sich NS-Rassenhygieniker rückblickend im Sinn einer Vorbildwirkung Tandlers berufen konnten.

Die Studie belegt, dass Tandler – als sozialdemokratischer Politiker jüdischer Herkunft und als Freimaurer per se ein Feindbild der Nationalsozialisten – trotz einzelner bedenklicher Sichtweisen und Aussagen zur Vernichtung „lebensunwerten Lebens" der verbrecherischen Politik des NS-Regimes auf dem Gebiet der „Rassenhygiene" keinesfalls Vorschub geleistet oder den Weg geebnet hatte. Tandlers wissenschaftliche Positionen wurden von den Vertretern der NS-Rassenhygiene abgelehnt, er selbst geriet in und außerhalb des Wiener Gemeinderats vonseiten der Nationalsozialisten in den Fokus antisemitischer bzw. rassistischer Angriffe.

Im Rahmen dieser wissenschaftlichen Studie werden die wesentlichen im Zusammenhang mit Bevölkerungspolitik, Menschenökonomie, Sozialdarwinismus, Eugenik, Rassenhygiene und „Euthanasie" stehenden und andere hinsichtlich ihrer Inhumanität problematischen Aussagen Tandlers einer gründlichen, ungeschönten, sachlichen Kritik unterzogen. Der Studie ist es ein Anliegen gewesen, keine Pauschalverurteilungen oder vereinfachende Schwarz-Weiß-Malereien zu betreiben, sondern der historischen Persönlichkeit Julius Tandlers in ihrer Komplexität und Widersprüchlichkeit gerecht zu werden, die wissenschaftlichen und politischen Grundpositionen Tandlers im Spiegel der ausgewerteten Quellen und auf der Höhe des Forschungsstandes differenziert darzulegen. Es geht in dieser Arbeit nicht darum, die

Leistungen und Verdienste des Wissenschafters und Politikers Tandler zu schmälern, sein Lebenswerk zu beschädigen oder eine Ikone der österreichischen Sozialdemokratie vom Sockel zu stürzen. Vielmehr soll aufgezeigt werden, dass eben auch Tandler „kein ausgeklügelt Buch" gewesen ist, „sondern ein Mensch mit seinem Widerspruch".

Der Mediziner Tandler, der in seinen eugenischen Überlegungen vor „Minusvarianten" warnt, für die (freiwillige) Sterilisation erbkranker Menschen eintritt und die Kosten für „lebensunwertes Leben" vorrechnet, steht im Widerspruch zum Gesundheitspolitiker Tandler, der im Wiener Gemeinderat einen flammenden Appell hält, „im Interesse dieser unglücklichen Menschen zusammenzuarbeiten" und „in aller Not und Armut Ungeheures für unsere Kranken und Elenden zu leisten", der es nach dem Ersten Weltkrieg zu Wege bringt, das Sozialbudget für die hungernde Wiener Bevölkerung mehr als zu verdoppeln.

Für die österreichische Sozialdemokratie wird die Einsicht in diese grundsätzliche Ambivalenz, dass Tandler in seinen eugenischen und bevölkerungspolitischen Aussagen und Positionen zweifelsfrei inhumanes Gedankengut vertreten hat, dass er aber als politischer Verantwortungsträger der Stadt Wien in seinen wesentlichen Entscheidungen in humanitärer Hinsicht gehandelt hat, eine differenzierte Neubewertung des Gesundheitspolitikers Tandler nach sich ziehen. Diese Sichtweise muss sich letztlich um eine Balance zwischen der Würdigung der großen Leistungen, die Tandler auf dem Gebiet der anatomischen Wissenschaft – zu Recht gilt er als ein herausragender Vertreter der Wiener Medizin im ersten Drittel des 20. Jahrhunderts – und im Bereich der Gesundheits- und Sozialpolitik im Wien der Zwischenkriegszeit geschaffen hat, und einer notwendigen Bewusstseinsbildung, die eine kritische Auseinandersetzung mit den inhumanen Aspekten des Eugenikers Tandler als unverzichtbar erachtet, bemühen.

Freilich lassen sich bei Tandler oftmals eugenische und politische Implikationen nicht voneinander trennen, ja bleiben aufeinander bezogen. Denn auch der Politiker Tandler ist geprägt von seinem spezifischen wissenschaftlichen Ansatz, seinem konstitutionsmedizinisch-neolamarckistischen und menschenökomischen Denkgebäude, das er zeitlebens nicht in Frage gestellt hat. Die sozialpolitischen Maßnahmen des Wiener Gesundheitsstadtrats Tandler (1920–1933) – allen voran der Aufbau eines modernen und humanen Wohlfahrtssystems mit einem Netz aus Fürsorgeeinrichtungen und sozialen Leistungen, das internationalen Modellcharakter erlangen sollte und in dem Fürsorge in erster Linie nicht mehr an private Wohltätigkeit geknüpft, sondern als verpflichtende öffentliche Aufgabe umgesetzt war – waren Bestandteil eines gewaltigen kommunalpolitischen Gesamtreformwerks in Wien, wo die Sozialdemokratie seit 1919 die dominierende politische Kraft bildete.

Der sozialdemokratischen Gemeindeverwaltung gelang es, auf der Grundlage einer starken Besteuerung der Vermögenden ein großangelegtes sozialkulturelles Reformwerk zu realisieren, zu dem die Schaffung von über 60.000 leistbaren kommunaleigenen Wohnungen ebenso zählte wie die Schulreform oder die Errichtung von Freizeit-, Sport- und Grünanlagen.

Dieses kommunale Reformexperiment verstand sich als eine gesellschaftspolitische, antibürgerliche Gegenkultur, als „gigantische Erziehungsbewegung der österreichischen Arbeiter"[4] (Alfred Pfabigan) und zielte auf eine „Zivilisierung, Kulturalisierung, Hygienisierung der städtischen Massen"[5] (Wolfgang Maderthaner) ab. Seine Protagonisten, darunter auch Tandler, fühlten sich in ihrem Reformbestreben der Utopie des „neuen Menschen" und einer „neuen Gesellschaft" verpflichtet. Insbesondere bei Tandler war diese Utopie – neben ihrer sozialpolitischen, humanitären und klassenkämpferisch-emanzipatorischen Dimension – auch in biopolitischer, bevölkerungspolitisch-eugenischer Hinsicht konfiguriert.

Denn gerade „die Erneuerung des Milieus, der Infrastruktur, war bei Tandler" – wie die Medizinhistorikerin Birgit Nemec treffend formuliert – „gebunden an ein Versprechen der Aufwertung des Erbgutes"[6]. Über eine Änderung bzw. Verbesserung der Umweltbedingungen, des sozialen Milieus, sollte Tandler zufolge – auf dem Weg der Vererbung erworbener Eigenschaften – die genetische Grundausstattung kommender Generationen qualitativ verbessert werden. Ein soziallamarckistischer Ansatz diente der Legitimation seiner sozialmedizinischen Reformen und seiner Fürsorgepolitik. In diesem Sinn ist auch sein idealistisches Lebensmotto zu verstehen: „Wer Kindern Paläste baut, reißt Kerkermauern nieder!"[7]

Es liegt der vorliegenden Untersuchung ausdrücklich fern, einen Schlussstrich unter die wissenschaftliche oder politische Tandler-Kritik ziehen zu wollen. Wissenschaftliches Arbeiten kann immer nur die Grundlage für neue Diskussionen und weitere Forschungen bilden. Der Verfasser der Studie hofft indes, mit den hier dargelegten Forschungsergebnissen einen kleinen sachlichen Beitrag zu der im Gang befindlichen Tandler-Diskussion geleistet zu haben. Er wäre überglücklich, wenn es der Arbeit gelänge, die Diskussion um die eine oder andere Radnabe weiterzudrehen.

Die Studie hat bei der Erörterung der gegenständlichen Tandler-Thematik versucht, auch den Forschungsstand angrenzender Themenbereiche weitgehend zu berücksichtigen. Bei der Rekonstruktion von Tandlers wissenschaftlichen Positionen, bei der Herausarbeitung des eugenischen Diskurses im Österreich der Zwischenkriegszeit, insbesondere seiner konstitutiven wissenschafts- und medizingeschichtlichen Bedingungen und Voraussetzungen sowie seiner organisatorisch-institutionellen Strukturen, greift die Arbeit auch zentrale Thesen der renommierten Medizinhistoriker Gerhard Baader und Michael Hubenstorf auf. Bei der Darstellung des universitären-akademischen Antisemitismus in Österreich sind u. a. auch die neuesten Forschungsergebnisse und Publikationen von Klaus Taschwer und Birgit Nemec herangezogen worden. In biografischer Hinsicht orientiert sich die Studie an dem Standardwerk des angesehenen Tandler-Biografen Karl Sablik.

Julius Tandler während der Vorlesung an der Universität Wien

Person und Lebenswerk Julius Tandlers

Bis heute gilt der Anatom, Sozialreformer und sozialdemokratische Gesundheitspolitiker Julius Tandler (1869–1936) als einer der Architekten des Roten Wien, dessen sozialmedizinisches Reformwerk schon zu seinen Lebzeiten international nicht nur auf großes Interesse, sondern auch auf Anerkennung stieß.[8] Diese Reputation Tandlers gründet sich auf eine Reihe von herausragenden Leistungen auf dem Gebiet des Sozial- und Gesundheitswesens.

Mit seinen Forschungsarbeiten hat der am 16. Februar 1869 in Iglau/Mähren (heute Jihlava, Tschechische Republik) geborene Tandler, ab 1910 Inhaber der I. Anatomischen Lehrkanzel an der Universität Wien, den Weltruf der damaligen Wiener Medizin mitbegründet.[9] Studien und Publikationen zur Anatomie des Herzens und der Prostata, zur Topographie dringlicher chirurgischer Operationen, zur Anatomie für die Zahnmedizin und insbesondere sein vierbändiges Anatomielehrbuch bildeten die Schwerpunkte seiner Lehr- und Forschungstätigkeit.[10] Ehe Tandler Emil Zuckerkandl als Ordinarius für Anatomie nachfolgte, hatte er bereits 1909 anlässlich des 100. Todestages von Joseph Haydn schlaglichtartig die öffentliche Aufmerksamkeit als Anatom auf sich gelenkt, als er die Echtheit des in der Sammlung der Gesellschaft der Musikfreunde in Wien aufbewahrten Haydn-Schädels mit modernsten röntgenologischen Verfahren nachwies.[11]

Während des Ersten Weltkriegs – von 1914 bis 1917 – bekleidete er das Amt des Dekans der Medizinischen Fakultät der Universität Wien. Als „Kriegsdekan" trat er u. a. für eine Modernisierung des Medizinstudiums und eine Rationalisierung des Arztberufs ein, bemühte sich um eine Verbesserung der Ausbildung von Militärärzten und verfocht das Anliegen einer staatlichen Verankerung des Fürsorgewesens.[12] Bei einer Privataudienz bei Kaiser Karl I. im Jänner 1917 hatte Tandler die Gelegenheit, angesichts des sozialen Kriegselends die Einführung eines effizienten, staatlich kontrollierten Wohlfahrtssystems, das die bislang arbiträr geübte Wohltätigkeit ablösen sollte, anzuregen und auf die Notwendigkeit der Schaffung eines eigenen Ministeriums hinzuweisen, in dem sämtliche Bereiche der Gesundheits- und Sozialpolitik zusammengefasst wären.[13]

Nach Kriegsende avancierte der Sozialdemokrat Tandler am 9. Mai 1919 zum Leiter des Volksgesundheitsamtes und zum Unterstaatssekretär für Volksgesundheit im Staatsamt für soziale Verwaltung, das von Staatssekretär Ferdinand Hanusch, einem Freund Tandlers, geleitet wurde. Damit gehörte Tandler den Staatsregierungen Karl Renner und Michael Mayr an. Tandler behielt sein Regierungsamt bis zum Ausscheiden der Sozialdemokraten aus der Regierung am 22. Oktober 1920 (Kabinett Staatsregierung Mayr I).

Hanusch, dessen Hauptverdienst 1919/1920 die Einführung einer vorbildlichen österreichischen Sozialgesetzgebung gewesen war, war wie Tandler dem Flügel der gemäßigten Sozialdemokraten um Staatskanzler Karl Renner zuzurechnen.[14] Es war übrigens auch Ferdinand Hanusch, der als Bürge – er war der Logenmeister – Tandler 1920 zur Mitgliedschaft in der Freimaurerloge „Lessing zu den drei Ringen" verhalf.[15]

Nach den Unterlagen wurde Tandler am 15. Mai 1920 in die Loge aufgenommen. Als Freimaurerbruder führte er den Decknamen „Retland" (gelegentlich auch als „Betland" geschrieben), den er vermutlich nach dem Pseudonym „Florus Retland" des aus Prag stammenden Schriftstellers und zuletzt als Ministerialrat im Ministerium für Cultus und Unterricht tätig gewesenen Joseph Franz Tandler Ritter von Tanningen (geb. in Prag 1807; gest. Langenwang/Stmk. 1891) gewählt hatte. Am 14. Jänner wurde Tandler in der Loge befördert (vom Lehrling zum Gesellen) und am 30. November 1922 erhoben (vom Gesellen zum Meister). Tandler deckte die Loge am 20. Oktober 1927 und schied damit ehrenvoll aus derselben aus.[16]

Während übrigens Tandlers Aufnahme bei den Freimaurern dokumentiert und zeitlich bestimmbar ist, fehlen hinsichtlich seines Beitritts zur Sozialdemokratischen Arbeiterpartei (SDAP) genaue Quellenbelege (Beitrittsansuchen etc.). Laut dem renommierten Tandler-Biografen Karl Sablik fühlte sich Tandler nicht zuletzt aufgrund seiner sozialen Herkunft und der darauf beruhenden Erfahrungen – er war in sehr ärmlichen Verhältnissen einer neunköpfigen jüdischen Familie (ab ca. 1872) Wien aufgewachsen – schon seit Jugendjahren der Sozialdemokratie verbunden. Seit der Jahrhundertwende war er „deklarierter Sozialdemokrat" gewesen. Neben Hanusch war er mit zwei weiteren bedeutenden Wiener Sozialdemokraten – dem Reichsratsabgeordneten Franz Schuhmeier (1864–1913) sowie dem Historiker und Volksbildner Ludo Hartmann (1865–1924) – näher befreundet.[17]

Julius Tandler an seinem Schreibtisch, Aufnahme aus den 1930er Jahren

Als Unterstaatssekretär der Staatsregierungen Renner und Mayr verstand es Tandler – obgleich er nur relativ kurz im Amt war –, eine grundlegende Neuregelung der Finanzierung der Krankenhäuser durchzusetzen. Diese Reform wird bis heute als zentrale und bleibende Leistung seiner Regierungstätigkeit angesehen: Das maßgeblich auf sein Betreiben eingeführte Krankenanstaltengesetz sah vor, dass die Kosten der öffentlichen Krankenhäuser, die bis dahin von wohltätigen Fonds finanziert worden waren, nunmehr durch Bund, Länder und Gemeinden getragen werden sollten.[18]

Am 10. November 1920 übernahm Tandler, der seit 4. Mai 1919 auch dem Wiener Gemeinderat angehörte, das Amt des amtsführenden Stadtrates[19]

für das Wohlfahrts- und Gesundheitswesen (Verwaltungsgruppe III: Wohlfahrtseinrichtungen, Jugendfürsorge und Gesundheitswesen) der Stadt Wien. Für diese Agenden waren vor ihm im Zeitraum 1919/1920 der Vizebürgermeister und (amtsführende) Stadtrat Max Winter (1870–1937), der Stadtrat Dr. Heinrich Grün (1872–1924) sowie der amtsführende Stadtrat Julius Grünwald (1869–1945) zuständig gewesen.

Tandler, Winter, Grün und Grünwald gehörten ein und derselben Generation an, sie hatten im Prinzip eine ähnliche politisch-kulturelle Sozialisation durchlaufen. Ihr ausgeprägtes soziales Engagement korrelierte – für die Wiener gesellschaftlichen Verhältnisse der damaligen Zeit nicht untypisch – mit ihrer sozialdemokratischen Gesinnung und jüdischen Herkunft. Die beiden Ärzte unter ihnen – Tandler und Grün – waren überdies Freimaurer.[20] Und – mit Ausnahme Grüns, der bereits 1924 verstorben war – teilten die anderen drei gegen Ende ihres Lebens das Schicksal der Vertreibung, der Emigration und des Todes im Exil.[21]

Winter, der als Schriftsteller, Journalist und Schöpfer der Sozialreportage ein Sensorium für die soziale Dimension der Politik par excellence gehabt haben dürfte, war vom 3. Dezember 1918 bis 31. Mai 1920 als Stadtrat (ohne Ressort) mit Fragen des Wohlfahrtswesens und der Jugendfürsorge befasst. Der Parteiorganisator, ärztliche Standespolitiker, Verhandlungs- und Bündnispartner der Krankenkassen, Wissenschafter sowie Bezirks- und Kommunalpolitiker Dr. Grün widmete sich vom 27. Mai 1919 bis 31. Mai 1920 als Stadtrat (ohne Ressort) vor allem Fragen des Gesundheits- und Sanitätswesens.[22] Dabei setzte Grün zahlreiche Initiativen, die sein Nachfolger Tandler fortführte. Seit der Übernahme der neu gebildeten Verwaltungsgruppe III durch den amtsführenden Stadtrat Tandler am 10. November 1920 (bis zum 28. November 1920 noch ohne den Bereich des Gesundheitswesens) sorgte Grün als einfaches Gemeinderatsmitglied dafür, dass Tandlers Anliegen auch durch den zuständigen Gemeinderatsausschuss kamen.[23]

In dem am 1. Juni 1920 gewählten Stadtsenat nahm Max Winter die Agenden des amtsführenden Stadtrates der Gruppe III (Wohlfahrtseinrichtungen und Jugendfürsorge) wahr, während Julius Grünwald als amtsführender Stadtrat der Gruppe IV (Sozialpolitik und Gesundheitswesen) fungierte. Am 10. November 1920 wurde Max Winter als amtsführender Stadtrat von Julius Tandler abgelöst. Nach seinem Amtsantritt übernahm Tandler ebenso die Agenden des Gesundheitswesens von Grünwald und vereinigte nunmehr das Wohlfahrts- und Gesundheitswesen sowie die Jugendfürsorge in seinem Ressort (Gruppe III). Zum Nachfolger Grünwalds, der am 13. Jänner 1922 aus dem Stadtsenat ausschied, wurde der Sozialdemokrat Anton Weber als amtsführender Stadtrat für die Gruppe IV (Sozialpolitik und Wohnungsreform) gewählt. Die Agenden der Sozialpolitik fielen 1927 an Tandler. Tandlers Verwaltungsgruppe III, die bislang die Bezeichnung „Wohlfahrtseinrichtungen, Jugendfürsorge und Gesundheitswesen" führte, hieß deshalb fortan „Wohlfahrtswesen und soziale Verwaltung".[24]

Es war vor allem ein Verdienst Tandlers, dass die Wiener Sozialdemokraten neben dem Wohnbau vornehmlich das Fürsorge- und Gesundheitswesen in den Mittelpunkt ihrer kommunalpolitischen Aktivitäten stellten. Nach dem Ersten Weltkrieg stellte die Verbesserung der Fürsorgeleistungen eine zunehmende Herausforderung für Staat und Gesellschaft dar, weil – neben Faktoren wie der Nachkriegsinflation – insbesondere die starke Zuwanderung aus den auf dem Territorium der ehemaligen österreichisch-ungarischen Monarchie entstandenen neuen Nationalstaaten das Fürsorgebedürfnis massiv erhöht hatte. In der Wiener Kommunalpolitik drängte Tandler auf eine zügige Umsetzung eines umfangreichen Fürsorgeprogramms, dessen Eckpunkte bereits aus der Zeit vor dem Ersten Weltkrieg stammten.[25]

Die ersten Jahre seiner Tätigkeit als Gesundheitsstadtrat waren damit ausgefüllt, die katastrophalen Folgen, die der Weltkrieg auf dem Gesundheitssektor hinterlassen hatte, Schritt für Schritt zu beseitigen.

Unter der Amtsführung Tandlers wurden Programme zur Bekämpfung der grassierenden Seuchen (allen voran der Tuberkulose[26], die als „Wiener Krankheit" galt, aber auch von Geschlechtskrankheiten wie der Syphilis), der Säuglings- und Kindersterblichkeit, von Hunger und Unterernährung, unter denen die Wiener Bevölkerung (eine besondere Zielgruppe waren die von Untergewicht und Krankheit schwer gezeichneten Klein- und Schulkinder der Millionenstadt) in den ersten Nachkriegsjahren besonders zu leiden hatte, sowie der Rachitis implementiert.[27]

Gerade im sozialmedizinischen Bereich setzte Tandler wichtige Maßnahmen und Innovationen. So stellte die von Tandler betriebene und im Mai 1923 erfolgte Umwandlung des Sanatoriums der Wiener Landes-Heil- und Pflegeanstalt „Am Steinhof", das bislang der Unterbringung der gesellschaftlich privilegierten und finanzkräftigen Klientel der psychisch kranken Pfleglinge diente, in die Lungenheilstätte „Baumgartner Höhe" einen Meilenstein auf dem Gebiet der Tuberkulosebekämpfung dar.[28] Unter der Leitung des Primararztes Dr. Hans Poindecker[29] (1883–1968) entwickelte sich die Lungenheilstätte „Baumgartner Höhe" bald zum wichtigsten Zentrum der Tuberkulosebehandlung in Wien. Darüber hinaus hatte Tandler bereits

Die Kleinkinderbetreuung in der Kinderübernahmestelle, 1925

1922 im Pavillon 2 der Anstalt Steinhof eine Trinkerheilstätte einrichten lassen, mit deren Leitung Primarius Dr. Rudolf Wlassak[30] (1865–1930) betraut war. Mitte der 1920er Jahre wurde zusätzlich eine ambulante Trinkerfürsorge im Rahmen des Wiener Gesundheitsamtes aufgebaut, die als Vor- und Nachsorge für die Trinkerheilstätte gedacht war, aber auch eigenständig Patienten betreute.[31] All diesen Programmen, Initiativen und Neuerungen war letztlich großer Erfolg beschieden.

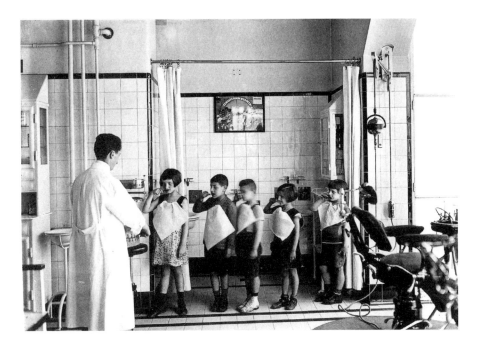

Beim Zahnputzunterricht in der Kinderübernahmestelle, 1926

Der Grund für diesen Erfolg ist vor allem auch im Auf- und Ausbau eines städtischen Fürsorgesystems zu suchen, das sich auf die Bereiche Gesundheitsfürsorge, Säuglingsfürsorge, Kinderfürsorge[32] (u. a. Schaffung der Kinderübernahmestelle[33]), Jugendfürsorge oder Schulfürsorge erstreckte.[34] Gerade die Fürsorge für junge Menschen betrachtete Tandler als „Fundament jeder Fürsorge". So wurden allein 1925 16.000 uneheliche Kinder und 13.000 Ziehkinder vom Wiener Jugendamt bzw. seinen Bezirksstellen betreut. Die Aufgaben des Jugendamtes erstreckten sich dabei u. a. auf die Vormundschaft der unehelichen Kinder, die Aufsicht über die Ziehkinder, die Rechtsberatung der unehelichen Mutter, die Einforderung von Unterhaltsbeiträgen, die Feststellung der Vaterschaft (unter Umständen im Rahmen von Gerichtsverfahren), die Heranziehung von Pädagogen und Ärzten.[35]

Als besondere Errungenschaft der Ära Tandler gilt bis heute das „Säuglingswäschepaket", das im Frühjahr 1927 auf Initiative Tandlers als Beitrag zur Bekämpfung der Säuglingssterblichkeit eingeführt wurde.[36] Die Abgabe des Pakets erfolgte an alle in Wien heimatberechtigten Mütter, die sich um ein solches bewarben. Es enthielt 24 Windeln, sechs Hemdchen, sechs

Werbung für das „Säuglingswäschepaket"

Jäckchen, ein Tragkleid, zwei Kautschuk, zwei Flanelle, ein Badetuch, eine Säuglingsdecke, eine Nabelbinde und eine Hautpflegegarnitur bestehend aus Seife, Puder und Creme.[37] Seine Beobachtungen aus dem Weltkrieg vor Augen, propagierte Tandler, dass kein Wiener Kind jemals wieder in Zeitungspapier gewickelt werden dürfe.[38] An der Popularität des „Säuglingswäschepakets" vermochte auch die bürgerliche Rathausopposition, die angesichts der bevorstehenden Gemeinderatswahlen am 27. April 1927 die Innovation

Tandlers als „Wahlwindel" im Sinn einer Wahlwerbung für die Sozialdemokratische Arbeiterpartei diffamierte, nicht zu kratzen.[39]

Bis 1928 waren in Wien 35 kommunale Mutterberatungsstellen eingerichtet worden, an die sich Frauen schon während der Schwangerschaft zwecks ärztlicher Beratung und medizinischer Untersuchung wenden konnten. Mütter erhielten hier mit ihren Kindern eine fachgerechte Betreuung durch Ärzte und Fürsorgerinnen. Diese Beratungsstellen hatten auch den Sinn, Krankheiten frühzeitig erkennen und therapieren zu können. Als Anreiz zum Besuch bot man „Sachbeihilfen" in Form von Milch und Nährpräparaten.[40] Von den Mutterberatungsstellen konnte jede Mutter für ein Neugeborenes unentgeltlich ein „Säuglingswäschepaket" beziehen. Außerdem erhielt jede schwangere Frau, insbesondere jene, die nicht krankenversichert waren, eine Geldprämie, wenn sie sich bei einer Mutterberatungsstelle einem Wassermann-Test zwecks Diagnose einer allfälligen Syphiliserkrankung unterzog. Mit diesen Maßnahmen konnte die Anzahl der Geschlechtskrankheiten, insbesondere die Fälle von Erbsyphilis (Mutter-Kind-Übertragung der Syphilis), beträchtlich zurückgedrängt werden. Auch die Säuglingssterblichkeit ließ sich in Wien, gemessen am Vorkriegswert von 1913 (15 Prozent), auf 7,5 Prozent (1930) senken.[41]

Vor dem Hintergrund der schlechten Ernährungsverhältnisse und in Zusammenhang mit dem Auslaufen der US-amerikanischen und holländischen Kinderhilfsaktionen (Ausspeisungen) im Mai bzw. September 1922 war Gesundheitsstadtrat Tandler energisch für die Fortsetzung der Kinderausspeisungen auf kommunaler Ebene in Wien eingetreten. Mit Schulanfang im Herbst 1922 übernahm die Gemeinde nunmehr die Versorgung der Kinder in den Schulen und in Kindergärten. Für die Zubereitung und Vergabe der Essensportionen waren die Zentralküchen der 1919 gegründeten „Wiener öffentlichen Küchenbetriebsgesellschaft (WÖK)" zuständig. Die Beiträge der Eltern waren an deren wirtschaftliche Leistungsfähigkeit gekoppelt, die vom zuständigen Bezirksjugendamt bemessen wurde. 1931 waren übrigens mehr als 90 Prozent der Eltern verköstigter Kinder von jeglicher Zahlung befreit. 1928 existierten in den Schulen 86, in den Kindergärten 83 Speisestellen. Allein 1928 hatte die WÖK über 3,9 Millionen Mahlzeiten an Kinder und Jugendliche abgegeben.[42]

Aus ähnlichen Motiven forcierte Tandler auch die Kindererholungsfürsorge für „gesundheitlich bedürftige" Kinder, die vom Wiener Jugendhilfswerk organisiert wurde. Ab 1922 wurden „Kinderferienverschickungsaktionen" durchgeführt, die dazu dienten, den Gesundheitszustand der Kinder zu kräftigen, einer Erkrankung an Tuberkulose vorzubeugen und die Rekonvaleszenz von erkrankten Kindern zu unterstützen.[43]

Darüber hinaus ließ Tandler zahlreiche neue Jugend- und Kinderheime (wie beispielsweise das Kinderheim Schloss Wilhelminenberg) schaffen, die freilich von heutigen pädagogischen Standards noch weit entfernt waren. Gemessen an dem ungeheuren sozialen Nachkriegselend, wurden diese Einrichtungen aus damaliger Perspektive aber als absoluter Fortschritt empfunden.[44]

Neben dem Ausbau und der Modernisierung des Krankenhauses der Stadt Wien in Lainz und der Schaffung von Gesundheitseinrichtungen (Gesundheitsämter, Tuberkulosefürsorgestellen, Beratungsstellen für Geschlechtskranke, Abendambulatorien für Geschlechtskranke etc.) hatte die Etablierung der Schule als eigene Säule der Gesundheitsfürsorge (Schulärzte, Gesundenuntersuchungen, Impfaktionen, Gesundheitsaufklärung etc.) absolute Priorität in Tandlers gesundheitspolitischem Konzept.

Im Wien der Zwischenkriegszeit wurde unter Tandlers politischer Verantwortung und Regie ein Netz u. a. von Kindergärten, Kinderhorten, Schwangerenberatungsstellen, Schulzahnkliniken[45] und Eheberatungsstellen aufgebaut, das die sozialmedizinische Versorgung und Betreuung der Wiener Bevölkerung gewährleistete. Diese Einrichtungen stellen sowohl in ihrer Art als auch in ihrer Dichte weltweit einzigartige Innovationen dar.[46]

Eine entscheidende Leistung Tandlers bestand freilich auch darin, dass es ihm gelungen war, einen sozial- und gesundheitspolitischen Paradigmenwechsel herbeizuführen: Galt das Gesundheitswesen noch in der Monarchie als ein Bereich, der grundsätzlich von der finanziellen Möglichkeit des Einzelnen sowie vom Engagement, von der Barmherzigkeit, Wohltätigkeit und mehr oder minder Spendenfreudigkeit privater Einrichtungen bzw. Personen getragen werden sollte, so hat Tandler entscheidend zu einem Umdenken beigetragen: Er vertrat gemäß seiner sozialdemokratischen Grundüberzeugung die Auffassung, dass Gesundheitspolitik als Teil der Sozialpolitik die Aufgabe der Öffentlichkeit sei. Er sah den Staat bzw. die öffentliche Verwaltung in der Pflicht, dem Einzelnen eine ausreichende medizinische Versorgung zu garantieren.

Tandler half ein Sozial- bzw. Fürsorgesystem zu kreieren, das nicht mehr nur auf privater Wohltätigkeit, sondern auf dem Recht des Einzelnen auf Fürsorge gegenüber Staat und Gesellschaft beruhte.[47] Die Kosten für den Ausbau dieser sozialmedizinischen Infrastruktur wurden durch ein sozial ausgewogenes Abgaben- und Steuersystem (Fürsorgeabgabe etc.) gedeckt, für das sein Amtskollege, der sozialdemokratische Finanzstadtrat Hugo Breitner, verantwortlich zeichnete.[48]

Im Zeitraum 1923 bis 1925 übernahm die Gemeinde Wien darüber hinaus eine Reihe von privaten Kinderspitälern in ihren Besitz bzw. in ihre Verwaltung.[49] Auch die Errichtung und der Betrieb von Kinderspitälern waren in der liberalen und christlichsozialen Ära der Wiener Gemeindeverwaltung in erster Linie Sache privater Vereine und Stiftungen gewesen, unter Stadtrat Tandler wurde das Kinderspitalswesen zunehmend zu einer öffentlich-kommunalen Aufgabe.[50] Ferner kam 1924 das zehn Jahre zuvor errichtete Brigittaspital („Lucina Entbindungs- und Operationsheim für arme Frauen") in das Eigentum der Gemeinde Wien. Nach einem zweijährigen Umbau erfolgte 1926 seine Wiedereröffnung als rein geburtenhilflich-gynäkologisches „Entbindungsheim der Stadt Wien". Tandler hatte das Brigittaspital, nunmehr eine wichtige Komponente im System der Jugendfürsorge, zu einem „Ort der Zuflucht für alle Mütter" ausbauen lassen.[51]

Aus dem umfangreichen Leistungskatalog Tandlers[52] seien noch einige wesentliche Punkte herausgegriffen, die einmal mehr die jahrzehntelang anhaltende Wertschätzung Tandlers in weiten Teilen der Öffentlichkeit und der Medien erklären:

So setzte Tandler Innovationen etwa im Bereich der Krebsbehandlung: In Kooperation mit dem Chirurgen Leopold Schönbauer ließ er die erste Krebsberatungsstelle in Wien errichten. Mit seinem Einverständnis konnte die Stadt Wien als weltweit dritte Stadt Radium für medizinische Zwecke kaufen, was Krebspatienten im Krankenhaus der Stadt Wien in Lainz die Option einer Strahlentherapie ermöglichte.[53]

Ein zentrales Anliegen Tandlers war auch die Umwandlung des Wiener Versorgungsheims Lainz – nach modernen medizinischen Gesichtspunkten – in ein Krankenhaus für chronisch Kranke (bzw. geriatrisches Spital), das das größte seiner Art in Europa werden sollte.[54] In Tandlers Konzept stand nicht mehr die Aufteilung alter Menschen auf Altersheime im Mittelpunkt, sondern die medizinische Krankenversorgung derselben: Nach dem Historischen Lexikon Wien „kann der Wandel, der sich in den 20er Jahren vollzog, als Transformation von einem multifunktionellen Unterbringungsort für alte, gebrechliche und kranke Menschen hin zu einem ausdifferenzierten, nach modernen medizinischen Kriterien ausgerichteten Alten- und Pflegeheim"[55] bezeichnet werden.

Tandlers Reformen hinsichtlich des Versorgungsheims Lainz bezogen sich vor allem auf die Medikalisierung der Anstalt, auf die Etablierung einer neuen medizinischen Disziplin, der Geriatrie, die sich mit den körperlichen, geistigen, funktionalen und sozialen Aspekten in der Versorgung von akuten und chronischen Krankheiten, der Rehabilitation und Prävention alter Patientinnen und Patienten sowie deren spezieller Situation am Lebensende befasst.

Die Veränderung ärztlicher und pflegerischer Arbeit im Versorgungsheim erforderte nunmehr auch eine entsprechende medizinische Ausbildung und Erfahrung, die die Einstellung von ÄrztInnen mit gesteigerter fachlicher Qualifizierung notwendig machte. Unter Tandler wurde ab 1922 eine Reihe von neuen Primarärzten bestellt, die diese Anforderungen erfüllten, darunter der Chef der Neurologischen Abteilung Martin Pappenheim[56] (1881–1943), der Tuberkuloseexperte und Leiter der 3. Medizinischen (später 1. Medizinischen) Abteilung Alfred Arnstein (1886–1972) oder der Internist bzw. Gerontologe und Vorstand der 4. Medizinischen Abteilung Albert Müller-Deham (1881–1971). War auf der leitenden ärztlichen Ebene des damaligen Versorgungsheims noch keine einzige Primarärztin vertreten, so waren 1930 immerhin neun von 21 AnstaltsärztInnen bereits Frauen. Als ärztlichen Direktor des Versorgungsheims Lainz hatte Tandler 1928 Bela Alexander Herz (1889–1938) eingesetzt, der den Modernisierungsprozess seiner Einrichtung administrierte und vorantrieb.[57]

Gerade bei der Einschätzung der Leistungen Tandlers auf dem Gebiet der Modernisierung des Krankenhauses der Stadt Wien in Lainz ist vor allem in den 1970er Jahren mitunter hemmungslos im Sinn einer Mythenbildung übertrieben worden. Sichtweisen, wonach Tandler das Krankenhaus Lainz zu einem Zentrum der medizinischen Forschung im Sinn einer sozialdemokratischen „Gegenuniversität" (zur Medizinischen Fakultät der Universität Wien) ausgebaut hätte, entbehren jeder faktischen Grundlage. Tandler konnte in Lainz gerade einen einzigen sozialdemokratischen Primararzt, den anatomischen Pathologen Univ.-Prof. Dr. Jakob Ehrlich, installieren, der unter seinen deutschnationalen und bürgerlich-konservativen Kollegen die Ausnahme blieb.[58]

Heute wird Tandler im Wesentlichen noch mit drei essentiellen Innovationen im Krankenhaus Lainz in Verbindung gebracht, dem Tuberkulosepavillon, der Abteilung für Stoffwechselkrankheiten und der Strahlentherapie.

Aber auch diese Neuerungen erwiesen sich in prospektiver Hinsicht als ambivalent. So dürfte der Tuberkulosepavillon laut dem Medizinhistoriker Michael Hubenstorf überhaupt erst nach der Ära Tandler „ab 1940 unter Anton Sattler seine volle Wirkung erlangt haben".[59] Mit der Bestellung des

Kinderfreibad im Sommer auf dem Vogelweidplatz, 1928

deutschen Internisten und Diätologen Carl von Noorden (1858–1944) zum Leiter der Abteilung für Stoffwechselkrankheiten (Diätküche) holte Tandler 1930 zwar zweifelsohne eine internationale Kapazität nach Lainz, Noorden wurde infolge seines fortgeschrittenen Alters bereits 1935 pensioniert. Bei seinen beiden Assistenten, Friedrich Wilhelm Lapp (1902 bis nach 1954) und Hans Dibold (1904–1991), handelte es sich aber um enragierte Nationalsozialisten, die nach dem März 1938 im Krankenhaus Lainz führende Positionen (beispielsweise Lapp als von Noordens Nachfolger) übernehmen sollten.[60] Die Einrichtung der Strahlentherapie zählt sicher zu den wichtigsten therapeutischen Innovationen in der damaligen Zeit. Die Abteilung stand zwischen 1932 und 1952 unter der De-facto-Leitung von Emil Maier, der zu Ausbildungszwecken nach Stockholm bzw. Paris entsendet worden war. Maier, u. a. erster Dozent für Strahlentherapie in Wien, war allerdings ab 1942 auch für die „Unfruchtbarmachung mit Strahlen" (im Rahmen der NS-Zwangssterilisation) zugelassen.[61]

Völlig unstrittig ist hingegen, dass Tandler aus gesundheitspolitischen Erwägungen u. a. auch die Ausweitung der städtischen Grünflächen und Parkanlagen am Herzen lag. Als Förderer des Arbeitersports unterstützte er den Bau zahlreicher öffentlicher Bäder, wie beispielsweise des Amalienbads, und Sportanlagen in Wien, so etwa des Wiener Prater-Stadions.[62]

In den 1930er Jahren war Tandler auch im Rahmen der Hygiene-Sektion des Völkerbundes tätig. Infolge seiner kommunalpolitischen Leistungen und insbesondere seines engagierten Kampfes gegen die Tuberkulose erhielt er zahlreiche Einladungen zu internationalen Gastvorträgen u. a. in den USA, Griechenland und China.[63]

Nachdem Julius Tandler 1933 eine wissenschaftliche Berufung nach China angenommen hatte, schied er aus der letzten sozialdemokratisch geführten Stadtregierung unter Bürgermeister Karl Seitz vorzeitig aus seinem Amt als Gesundheitsstadtrat. Als er dort Kenntnis von den Februarkämpfen 1934 in Wien erhielt, kehrte er umgehend in seine Heimat zurück, wo er als „Roter" vorübergehend in Haft kam. Tandler verlor schließlich seine Professur und wurde mit Ende März 1934 zwangspensioniert. Nach einem erneuten Forschungsaufenthalt in China folgte Tandler 1936 einer Einladung nach Moskau, wo er als Konsultant für Spitalsbauten und die Medizinerausbildung in der Sowjetunion gefragt war. Kaum hatte Tandler seine Beratertätigkeit im Zusammenhang mit den sowjetischen Gesundheitsreformen aufgenommen, erlag er am 25. August 1936 einem Herzversagen in Moskau.[64]

In der Zweiten Republik erhielt Julius Tandler posthum zahlreiche Ehrungen, u. a. wurde der frühere Althanplatz im 9. Wiener Gemeindebezirk (Verkehrsfläche vor dem Franz-Josefs-Bahnhof) in Julius-Tandler-Platz umbenannt und 1960 mit mehrheitlichem Beschluss des Wiener Gemeinderates die „Prof. Dr. Julius Tandler-Medaille der Stadt Wien" geschaffen.[65] Zu seinem 50. Todesjahr ließ der Österreichische Rundfunk (ORF) Tandler eine filmische Hommage zuteil werden. Der biografische Fernsehfilm „Julius Tandler – Mediziner und Sozialreformer", bei dem Peter Patzak Regie führte, hatte am 8. Dezember 1985 seine Erstausstrahlung im ORF.[66]

Seit den 1990er Jahren wurden insbesondere Äußerungen Tandlers zu Bevölkerungspolitik, Eugenik und der Vernichtung „lebensunwerten Lebens" von wissenschaftlicher Seite zunehmend beanstandet.[67] Seitdem wird Tandlers Verstrickung im eugenischen Diskurs der Zwischenkriegszeit in der medizin- und zeitgeschichtlichen Forschung untersucht und kontrovers diskutiert. In den letzten Jahren erfahren Tandlers fragwürdige und menschenverachtende Aussagen auch verstärkt Kritik von politischer Seite.

Der Wissenschafter Julius Tandler

Seine Positionen und Sichtweisen im Kontext der Bevölkerungspolitik und Eugenik

Tandlers wissenschaftliche Auffassungen und Theorien waren geprägt von einem Amalgam aus medizinisch-anatomischen, sozialdarwinistischen, bevölkerungs-politischen, konstitutionsbiologischen und eugenischen bzw. rassenhygienischen Sichtweisen, von Versatzstücken der Degenerationslehre und von Ideen der soziallamarckistischen Menschenökonomie im Sinne Rudolf Goldscheids. Sein Denken oszillierte zwischen humanitärem, sozialen, Engagement einerseits und eindeutig eugenisch-rassenhygienischen Vorstellungen bzw. Intentionen andererseits. Die folgende schlaglichtartige Darstellung der wissenschaftlichen Positionen Tandlers orientiert sich neben Tandlers Originalwerken vor allem an dem von Gerhard Baader, Veronika Hofer und Thomas Mayer 2007 edierten Standardwerk zur „Eugenik in Österreich".[68]

Konstitutionslehre und ambivalentes Verhältnis zur Rassenhygiene

Bereits in seiner Zeit als Assistent am Institut für Anatomie in Wien hatte sich Tandler, Schüler Emil Zuckerkandls, neben seinen anatomischen Forschungen mit Beobachtungen der Tierzucht und anthropologischen Untersuchungen wie beispielsweise den Schädelforschungen auseinandergesetzt. Schon vor dem Ersten Weltkrieg hatte er sich der Konstitutionslehre zugewandt, wobei er sich hier – wie der Medizinhistoriker Gerhard Baader herausgearbeitet hat – an den Arbeiten des deutschen Konstitutionspathologen Friedrich Martius (1850–1923) orientierte.[69]

Während sich die Konstitutionslehre im Deutschen Reich nach 1900 zunehmend mit der aufkeimenden Eugenik bzw. Rassenhygiene verband, blieb Martius dieser Entwicklung fernstehend und einem mehr sozialreformatorisch ausgerichteten Denkansatz verpflichtet. Tandler gelang es, Martius 1913 für die Mitbegründung der „Zeitschrift für allgemeine Anatomie und Konstitutionslehre" zu gewinnen, in der Tandler seine konstitutionsmedizinischen Forschungsergebnisse publizierte.

Auf Einladung des Vorsitzenden der Internationalen Gesellschaft für Rassenhygiene und Direktors des Hygiene-Instituts in München und Hygiene-Professors Max von Gruber (1853–1927) hielt Tandler vor (der Münchner Ortsgruppe) der Deutschen Gesellschaft für Rassenhygiene[70] am 7. März 1913 einen Vortrag über „Konstitution und Rassenhygiene"[71], in dem er seine konstitutionsbiologische Sichtweise aufrollte, die in vielem der Lehre und den Auffassungen des deutschen Bakteriologen und Hygienikers Ferdinand von Hueppe, bis 1912 Inhaber des Prager Hygiene-Lehrstuhls, ähnelte.[72] Dennoch nahm Tandler in seinem Vortrag ausdrücklich Bezug auf den Konstitutionsbegriff von Friedrich Martius.

Unter Konstitution verstand Tandler demnach die „im Momente der Befruchtung bestimmten Eigenschaften des Somas" [der somatischen Körperzellen im Gegensatz zu den die Erbinformationen beinhaltenden Keimzellen; Anm. d. Verf.] oder – anders ausgedrückt – „die individuell varianten, nach Abzug der Art- und Rassequalitäten übrigbleibenden morphologischen und funktionellen Eigenschaften des neuen Individuums [...]. Konstitution [...] ist das somatische Fatum des Individuums."[73]

Dagegen verstand Tandler unter Kondition „was an einem Individuum durch Milieueinflüsse geändert werden kann." Während Konstitution „die unabänderlich gegebene Reaktionsfähigkeit" sei, bestehe Kondition aus der „Summe jener veränderbaren Eigenschaften, welche auf Reize reagieren"[74].

Von Martius übernahm Tandler den Begriff „Konstitutionsanomalie", mit dem nach Martius „spezifische individuelle Organschwächen"[75] bezeichnet wurden. Martius war der strikten Auffassung, dass Krankheiten überhaupt nicht vererbt werden könnten, sondern lediglich Krankheitsanlagen. Nach seiner Sicht existierten deshalb auch keine konstitutionellen Krankheiten, sondern eben Konstitutionsanomalien, die sich auf einzelne Organschwächen bezogen, jedoch keinesfalls eine allgemeine schwache Konstitution des Gesamtorganismus bedeuteten.

Prof. Tandler im Kreis seiner Studierenden im Seziersaal des Anatomischen Instituts

Mit dieser Argumentation grenzte er sich scharf von einer rassenhygienisch orientierten Konstitutionslehre – wie sie etwa von Ignaz Kaup (1870–1944) vertreten wurde – ab. So bezog sich Martius mit seiner Konstitutionspathologie ausdrücklich auf das Individuum, nicht auf die Rasse. Er unterschied schließlich zwischen einem Genotyp, dem vererbten konstitutionellen Element (der Krankheitsanlage), und einem Phänotyp, dem äußeren Erscheinungsbild der Krankheit.

Darüber hinaus lehnte Martius die Vorstellung einer Vererbung erworbener Eigenschaften dezidiert ab. Die Angst der Rassenhygieniker vor Degeneration erschienen ihm ebenso wie radikale eugenische Maßnahmen weitgehend übertrieben und deplatziert, wenngleich auch er die „Entartung einzelner Konstitutionsanomalien" konzedierte und diesbezüglich – allerdings in eingeschränktem Maß – staatlich kontrollierte eugenische Maßnahmen (hygienischer Ehekonsens, Rationalisierung des Präventivverkehrs, Schwangerschaftsabbruch nach eugenetischer Indikationsstellung) erwog.[76]

Zur Diagnostik von Krankheiten zog Tandler die Eigenspannung des ruhenden Muskels (Muskeltonus) heran, wobei er zwischen Normaltonus, Hypertonus und Hypotonus differenzierte. Der Muskeltonus könne wiederum konstitutionell oder konditionell sein. Während der konditionelle Muskeltonus von äußeren Faktoren wie Alter, Ernährungszustand, Krankheit oder Geschlecht der Individuen abhängig sei, bestimme der konstitutionelle Muskeltonus „vielfach" das „Lebensschicksal" des Individuums.[77]

Aufgrund seiner eigenen endokrinologischen Forschungen, deren Ergebnisse vornehmlich auf seinen Studien über Mitglieder der russischen Minderheit der Skopzen[78] und über „weibliche Frühkastraten des Rindes"[79] in der Tierzucht basierten, kam Tandler in diesem Zusammenhang zum Schluss, dass die Vererbung bestimmter erworbener Eigenschaften grundsätzlich möglich sein müsste: Milieueinflüsse auf die Kondition des Individuums würden „zunächst die Funktion der innersekretorischen Drüsen und erst durch diese das übrige Soma"[80] verändern (Konditionsänderungen). Tandler teilte darüber hinaus einen lamarckistischen Standpunkt, denn er war überzeugt, dass auch „die erworbenen, also die Konditionseigenschaften, durch die Vermittlung der innersekretorischen Keimdrüsenanteile in vererbbare, also konstitutionelle, übergeführt werden."[81]

Damit befand sich Tandler übrigens im Widerspruch zu Martius, der eine solche Vererbbarkeit erworbener Eigenschaften kategorisch ausschloss. Da nach Tandler somit die „Kondition der Eltern zur Konstitution der Kinder werden kann, wird die Konditionshygiene allerdings mittelbar zur Konstitutionshygiene der Kinder"[82]. Insoweit sich in Tandlers Verständnis demnach die Hygiene durch prophylaktische Maßnahmen bemühe, „Keimesschädigungen hintanzuhalten und mit Konstitutionsanomalien versehene Individuen von der Fortpflanzung auszuschließen, wird sie zur unmittelbaren Konstitutionshygiene."[83] Tandler ging sogar noch einen Schritt weiter und glaubte, dass „wenn Kondition in Individualkonstitution" umwandelbar sei, sich Individualkonstitution auch in „Rassenkonstitution" transformieren lasse.[84]

Angemerkt sei in diesem Zusammenhang, dass Tandler unter „Rasse" keinen sozialpolitischen, morphologischen oder biologischen Begriff verstand, sondern lediglich einen auf erbbiologischer Erfahrung gegründeten Sachverhalt: „Eine Gruppe artgleicher Individuen [Tandler sah alle Menschen als artgleich an; Anm. d. Verf.], ausgezeichnet durch eine Reihe von Merkmalen, welche bei der Kreuzung der betreffenden Individuen immer wieder in der für die Eltern charakteristischen Art und Weise zum Vorschein kommen, bildet eine Rasse."[85]

Nach Tandlers Auffassung könne nun „durch die Verallgemeinerung konstitutioneller Eigenschaften schließlich Rassenkonstitution geschaffen werden"[86]. Das Überleben der anpassungsfähigsten Individuen könne etwa konstitutionelle Eigenschaften soweit verfestigen, dass diese sich am Einzelindividuum nicht mehr als konstitutionelle Merkmale, sondern als Rassenmerkmale manifestieren: „Auf dem Wege der Kondition erworben, durch Konstitution fortgeerbt und verallgemeinert, würden demnach Eigenschaften funktioneller und morphologischer Art zu Rasseneigenschaften werden."[87] In seinem Denkgebäude wurde Konstitutionshygiene durch „das Bestreben, die durchschnittliche Konstitution der Individuen einer Rasse zu heben und so die Rassenkonstitution zu bessern, […] zur Rassenhygiene."[88]

In seinem Vortrag kam doch auch eine skeptische Vorsicht Tandlers gegenüber der Rassenhygiene zum Ausdruck, die klarmachte, dass er nicht zu den radikalen Vertretern der Rassenhygiene zählte. Er selbst hielt etwa die Konditionshygiene für den wesentlichsten Faktor zur Verbesserung der Individualkonstitution der nächsten Generation und damit auch der Rassenkonstitution. Maßnahmen der negativen Eugenik betrachtete Tandler größtenteils als verzichtbar, da seiner Meinung nach eine schlechte Kondition wiederum oft auf das Keimplasma insofern konstitutionsschädigend wirke, als solche Individuen, die eine radikale Rassenhygiene für eine „Ausmerze" in Betracht zöge, sich quasi von selbst von der Reproduktion ausschließen würden.[89]

Mit anderen Worten: Eine auf schlechter Kondition basierende Konstitutionsschädigung würde im Sinn einer „natürlichen Auslese" radikale eugenische Methoden weitgehend überflüssig machen. Und es war als Warnung zu verstehen, wenn er ausführte: „Die auf der Grundlage rassenhygienischer Vorschriften durchzuführende Selektion bei der Fortpflanzung der Individuen steht vorderhand noch vielfach im Widerstreit gerade mit jenen Gefühlen, welche durch Selbstbestimmungsrecht und persönliche Freiheit begründet sind. Ähnlich verhält es sich auch mit den rassenhygienischen Maßnahmen bei der Aufzucht. Solange charitative und nicht biologische Prinzipien die Richtlinien für die Aufzucht bilden, ist kaum ein besonderer

Julius Tandler (sitzend 4. v. l.) inmitten seiner KollegInnen, darunter Primaria Dr. Erna Greiner, Leiterin der Schulzahnklinik (sitzend 3. v. l.), und sein Assistent Dr. Anton Hafferl (sitzend 2. v. l.).

rassenhygienischer Erfolg zu erwarten. Die goldene Brücke vom charitativen Betätigungstrieb zur rassenhygienischen Logik ist lange noch nicht geschlagen."[90] Die Auflösung des Konflikts zwischen persönlicher Freiheit bzw. Selbstbestimmung und rassenhygienischem Vernunftdenken erschien ihm aus seiner Perspektive in weite Ferne gerückt.

In Tandlers Reflexionen zur Fürsorgepolitik, insbesondere im Zusammenhang mit der Jugendfürsorge, spielte der Gedanke des Überführens von Konditions- in Konstitutionsmerkmalen zweifelsfrei eine zentrale Rolle. Über die Verbesserung der Lebensumstände junger Menschen (Konditionsverbesserung) sollte eine bleibende Verbesserung der allgemeinen Konstitution der künftigen Generation erzielt werden. Diese soziallamarckistische Denkweise war untrennbar mit Tandlers bevölkerungspolitischen Auffassungen verbunden.

Goldscheids Menschenökonomie[91]

Die Auffassungen Tandlers waren weitgehend deckungsgleich mit den Thesen von Goldscheids sogenannter „Menschenökonomie".[92] Der Wiener Soziologe, Sozialphilosoph, Sozialreformer, und Mitbegründer der Soziologischen Gesellschaft in Wien, Rudolf Goldscheid (1870–1931), übrigens wie Tandler Sozialdemokrat, Freimaurer (Freimaurerbund zur aufgehenden Sonne: Loge „Ardens") und Gründungsmitglied der Österreichischen Gesellschaft für Bevölkerungspolitik, war darüber hinaus Pazifist, Menschenrechtsaktivist (Mitbegründer der Österreichischen Liga für Menschenrechte), Unterstützer der Frauenbewegung, Gründungsmitglied des Monistenbundes und der Deutschen Gesellschaft für Soziologie.[93]

1911 hatte er mit dem Buch „Höherentwicklung und Menschenökonomie – Grundlegung einer Sozialbiologie"[94] sein theoretisches Hauptwerk vorgelegt, bei dem es sich um ein komplexes sozialbiologisches Theoriengebäude handelt, das auf nationalökonomischen, biologischen, bevölkerungspolitischen und finanzsoziologischen Thesen sowie humanistischen Überlegungen basiert, den (Sozial-)Darwinismus ablehnt und sich stattdessen an den Neolamarckismus anlehnt.[95] Es war ihm ein Anliegen, die Forderungen der Arbeiter- und Frauenbewegung in sozialer, medizinischer und ökonomischer Hinsicht zu unterstützen.[96]

Ausgehend von der These, dass der Mensch ein wertvolles, aber eben nur begrenzt vorhandenes „Gut" sei, das nicht vergeudet werden dürfe, sondern mit dem sorgsam umzugehen sei, plädierte Goldscheid für eine systematische und ökonomische „Steuerung der menschlichen Produktivkräfte und Reproduktionsbedingungen".[97]

Seine Theorie ist durchzogen von Kosten-Nutzen-Abwägungen im Sinn einer „Höherentwicklung des Typus Mensch". Als wichtig erachtete er es, den Kostenwert des Menschen – die Aufwendungen für Aufzucht, Ausbildung und Unterhalt – und ihren Ertragswert – die Summe dessen, was sie durch ihre Arbeitskraft erwirtschaften – festzustellen und so in Einklang zu bringen, dass „ein Maximum an Mehrwert" erzielt werde.[98] Das „organische Kapital" (d. h. die Menschen) sei(en) nach rationalen Gesichtspunkten zu verwalten.

Menschenökonomie beschrieb Goldscheid zusammenfassend als „Bestreben, unsere Kultureigenschaften mit einem immer geringeren Verbrauch an Menschenmaterial, mit einer immer geringeren Vergeudung an Menschenleben zu erzielen, ist das Bestreben einer wirtschaftlichen Ausnützung, einer ökonomischeren Abnützung der menschlichen Arbeitskräfte wie des Menschenlebens überhaupt. [...] Die Menschenökonomie drängt auf Technik des Organischen hin, sie studiert den Aufbau, Umsatz und Zerfall der Arbeitskräfte, lehrt uns sparen mit dem organischen Kapital, bringt uns Wirtschaftlichkeit am wertvollsten Naturschatz bei, über den ein Land verfügt: Wirtschaftlichkeit an der menschlichen Arbeitskraft."[99]

Im Gegensatz zu den radikalen Eugenikern bzw. Rassenhygienikern, die die Menschen biologisch auf ihr Erbgut reduzierten, bezog sie Goldscheid ökonomisch auf ihren volkswirtschaftlichen Wert.[100] Menschenökonomie habe nach dem Ökonomieprinzip zu erfolgen, d. h. anzustreben sei eine Maximierung des Nutzeffekts bei gleichzeitiger Minimierung des Arbeitsaufwands. Leben sei letztlich eine „ökonomische Funktion", ihm sei ein „biologischer Utilitarismus" zugrunde gelegt.[101]

Das Ökonomieprinzip, das sich an dem Prinzip von Aufwandsersparnis und Ertragsoptimierung orientierende Denken, erklärte Goldscheid zur obersten ethischen Maxime. Moralisches Fundament der Menschenökonomie könne weder christliche Nächstenliebe noch der kategorische Imperativ Kants sein, sondern nur die „entwicklungsökonomische Notwendigkeit".[102] „Sittlich" sei daher ausschließlich, „was unsere Zwecke in der ökonomischsten Weise fördert".[103]

Für Goldscheid lag die „tiefste Bedeutung von Humanität in ihrer wirtschaftlichen Produktivität".[104] Bei einer Koinzidenz von „Gutem und Nützlichem" wandle sich Ethik in „Ethotechnik", unter der er „eine Art psychologischer Technik" versteht, die „untersucht, wie die psychische Maschinerie des Menschen gestaltet sein muß, damit sie gemäß den Postulaten der Entwicklungsökonomie funktioniert".[105]

Für die Bestimmung des Wertes eines Gutes bediente sich Goldscheid nicht des aus der Arbeitswertlehre stammenden quantitativen Wertmaßes, der den Wert eines Gutes nach der für die Produktion notwendigen Arbeitszeit bemisst, sondern eines qualitativen Wertmaßes, des „Entwicklungswerts", der sich an den „gesellschaftlich notwendigen Bedürfnissen" orientiert. Als solche erachtete Goldscheid die „im Interesse der Höherentwicklung wünschbaren menschlichen Begehren", die eine „gedeihliche Entwicklung sowohl des einzelnen Individuums, der einzelnen Familien, der einzelnen gesellschaftlichen Verbände, der nationalen Gemeinschaften, der verschiedenen Rassen, wie schließlich der Menschheit" begünstigen.[106]

Gemäß seiner „Entwicklungswerttheorie" schloss er, dass Entwicklungsökonomie eine planwirtschaftliche Rationalisierung benötige, wobei dabei der Soziologie die oberste Planungskoordination und -kompetenz zukomme. Diese habe „aus dem Verhältnis unseres intersubjektiven Wertens zu unserer objektiven energetischen Stellung in der Natur" festzustellen, „was angesichts des gegenwärtigen Standes der gesamten Wissenschaft als Höherentwicklung aufzufassen ist."[107] Daraus werde sich eine systematisch geordnete Werteskala ergeben, an deren Spitze der Mensch selbst stehe. Da die Herstellung der Entwicklungswerte von der Arbeitskraft des Menschen abhänge und der Mensch selbst jenen Wert darstelle, in dessen Interesse die Entwicklungswerte produziert werden, sei er sowohl Mittel als auch Entwicklungszweck. Allein aus diesem Grund bedeute Entwicklungsökonomie letztlich auch Menschenökonomie.[108]

Im Rahmen der Menschenökonomie stellte sich natürlich die zentrale Frage, „welcher Typus Mensch sich entwicklungsökonomisch am besten rentiert".[109] Der ideale Menschentypus war nach Goldscheid der „solid gearbeitete", leistungsfähige „Qualitätsmensch", der „produktiver" und auch rentabler sei, da die in ihn investierten Kosten sich rascher amortisieren würden.[110] Vor diesem Hintergrund war auch Goldscheids Kapitalismuskritik zu verstehen. Die kapitalistische Wirtschaftsordnung betreibe „Raubbau am organischen Kapital", kümmere sich aber weder um die „Befriedigung der Entwicklungsbedürfnisse" noch um die Schaffung „organischen Mehrwerts".[111]

In diesem Sinn unterstützte er auch die Gewerkschaften bei ihrem Kampf gegen die „organische Expropriation" der Arbeiter. Er verstand Sozialismus als „Bewirtschaftung der Arbeitskräfte im Interesse der Arbeiter selber", als „Planökonomie", bei der „das Gemeinwesen immer mehr zum Treuhänder des organischen Kapitals wird".[112] Vorbild für eine solche sozialbiologische Verwaltung, die auf Differenzierung und Individualisierung beruhe, war für Goldscheid die „Versicherungsgemeinschaft", in der „nicht nur der lebende und arbeitende Mensch einen Wirtschaftswert darstellt, sondern auch der sterbende Mensch im gleichen Sinne als Verlust für die Gesellschaft verbucht wird wie das sterbende Vieh, wie das kranke Vieh in der Rechnung des Landwirts als Passivposten figuriert."[113] Zur Rationalisierung der gesellschaftlichen Produktion müsse auch die Selbstrationalisierung des einzelnen Menschen treten, die darauf gerichtet sein sollte, die „qualifizierte Arbeitskraft mit dem höchsten möglichen evolutionistischen Nutzeffekt" zu verwerten.[114]

In diesem Zusammenhang drängt sich förmlich die Frage auf, was mit jenen Menschen geschehen solle, die „zur entwicklungsökonomischen Mehrwertproduktion"[115] nicht fähig seien. Der Kritik, seine Menschenökonomie würde – stringent weitergedacht – letztlich die Tötung von unheilbar

Kranken, alten hilflosen Leuten und Arbeitsunfähigen legitimieren, begegnete er mit einem ökonomisch konnotierten altruistischen Argument: „Es kann gar keine Frage sein, daß ein verfeinertes soziales Mitgefühl einen Entwicklungsfaktor höchster Potenz darstellt." Die Zuversicht, „auf die Dankbarkeit derjenigen rechnen zu können, für die man schafft", stelle „einen starken Motor unseres Betätigungsdrangs" dar.[116]

Goldscheid räumt zwar ein, dass Kranke, Alte und Invalide keinen direkten Mehrwert mehr schaffen könnten, doch sei „der indirekte Mehrwert, der durch deren Erhaltung zustande kommt, ein ganz erheblicher." Die entwicklungsökonomische Kritik zeige also, „daß die Erhaltung dieser Menschenkategorien äußerst wichtig ist."[117] Damit hatte Goldscheid eine moralische „Ökonomie des Mitleids"[118] etabliert, die selbst wieder argumentativ um die Frage des volkswirtschaftlichen Werts des Lebens kreiste.

So grotesk Goldscheids „Ökonomie des Mitleids" auch anmutet, gerade sie zeigt den entscheidenden Unterschied zwischen Menschenökonomie und den Positionen der radikalen Rassenhygieniker auf: Bei letzteren entschied das Ergebnis der Bilanzierung des individuellen Kosten- und Ertragswerts über die Einstufung des Menschen als „lebenswertes" oder „lebensunwertes Leben". Diese Kategorisierung hatte bei ihnen nicht mehr den Charakter menschenökonomischer Buchhaltung, sondern war in Form plakativer Kosten-Nutzen-Rechnungen Teil der Propaganda für die Maßnahmen der negativen Eugenik, insbesondere für die „Vernichtung lebensunwerten Lebens".

Qualitative Bevölkerungspolitik: Fürsorge als Menschenökonomie

Tandlers bevölkerungspolitische Ansichten kommen am markantesten und kompaktesten in zwei Referaten zum Ausdruck, die auch in Fachzeitschriften publiziert wurden. Zum einen handelt es sich um seinen Vortrag, den er am 24. März 1916 als Dekan der Medizinischen Fakultät der Universität Wien über die Thematik „Krieg und Bevölkerung" vor der Gesellschaft der Ärzte in Wien hielt.[119] Zum anderen sprach er im Februar 1923 – nunmehr bereits als Gesundheitsstadtrat der Stadt Wien – zur Thematik „Ehe und Bevölkerungspolitik".[120] In beiden Beiträgen rechtfertigte er sein sozialpolitisches Engagement, skizzierte seinen Fürsorgebegriff und gewährte tiefe Einblicke in seine biopolitische Vorstellungswelt.

Der Vortrag von 1916 basierte auf seinen bisherigen Kriegserfahrungen hinsichtlich der großen Anzahl an Opfern, Verwundeten und dauerhaft

Versehrten, der Ausbreitung von Hunger und Krankheiten sowie der sozialen Verelendung breiter Bevölkerungsschichten. In ihm begründete er sein bevölkerungspolitisches Anliegen unter den Bedingungen des Krieges, legte dar, dass die „bevölkerungspolitischen Kriegsschäden" eine „Schadensgutmachung" brauchen, und machte in Bezug auf das Schicksal der Kriegsinvaliden deutlich, dass karitative Zuwendung und private Wohltätigkeit höchst unbeständig und im Hinblick auf die Invalidenversorgung unzulänglich seien und es daher einer öffentlichen Fürsorge dringend bedürfe.[121]

Während er diesen Fürsorgegedanken 1916 noch umrisshaft skizzierte, konnte er im Vortrag von 1923 – nach der Etablierung des maßgeblich von ihm konzipierten Fürsorge- und Wohlfahrtssystems in Wien – denselben bereits ausführlich auf der Grundlage der Menschenökonomie von Rudolf Goldscheid exemplifizieren. Beide Vorträge enthielten, wie bereits angeführt, freilich rassenhygienische und eugenische Überlegungen, wenngleich das eigentliche Argumentationsfundament auf der These Goldscheids vom „organischen Kapital" ruht.

Wie Karl Sablik hinweist, fehlte dem 1916 – mitten in den Kriegstagen – gehaltenen Vortrag die gesellschaftliche und politische Breitenwirkung. Er war an ein Fachpublikum adressiert und wurde auch in diesem exklusiven Expertenrahmen gehalten, die an ihn anschließende Diskussion blieb ebenso auf den Ärztekreis beschränkt.[122]

Auffallend an dem Beitrag „Krieg und Bevölkerung" ist vordergründig – wie bereits Gerhard Baader in seiner Analyse ausführlich darlegt[123] –, dass Tandler sich in seiner bevölkerungspolitischen Analyse argumentativ an Goldscheids Menschenökonomie anlehnte, sich aber in terminologischer Hinsicht über weite Teile des Vokabulars der radikalen (deutschnationalen, deutsch-völkischen) Rassenhygieniker („Minderwertige", „Parasiten", „Ausmerze" etc.) bediente.

Zunächst charakterisierte Tandler den Krieg – ganz in sozialdarwinistischer Tradition – als „eine der zahlreichen Manifestationen des Lebens, eine monumentale Zusammenfassung des vieltausendfältigen Kampfes ums Dasein". Die Aufgabe des Arztes sah er in diesem Zusammenhang nicht nur darin, „die durch den Krieg gesetzten Wunden nach Möglichkeit zu heilen, Erkrankungen und Seuchen zu verhindern, respektive die davon Betroffenen zu heilen, sondern […] sich [auch] über die biologischen Veränderungen der Gesamtbevölkerung klar zu werden". Den gegenwärtigen Krieg qualifizierte er weder als „Rassenkrieg" noch als „nationalen Krieg", er sei „vielmehr der Krieg bestimmter Interessentengruppen und demnach vor allem ein ökonomischer Krieg".[124] Aufgrund des hohen Prozentsatzes der am Krieg Beteiligten klassifizierte er den Krieg auch als „wahren Volkskrieg", wobei „die Art der Kriegführung selbst viel tiefer in das ökonomische und soziale Dasein der am Kriege beteiligten Völker […] eingreift."[125]

Für Tandler waren ökonomische, soziale und biologische Faktoren aufs engste miteinander verbunden. Im Folgenden widmete er sich vor allem den vermeintlich negativen biologischen Folgen des Krieges, wobei er – im Einklang mit vielen anderen Bevölkerungswissenschaften und Eugenikern der damaligen Zeit – insbesondere auf die angebliche Gefahr einer durch den Krieg bedingten „negativen Auslese" (also einer in ihr Gegenteil mutierten „natürlichen Auslese") hinwies:

„Man kann eine auf Verbesserung gerichtete Selektion durch den modernen Krieg wohl vollkommen negieren, ja man kann sogar sagen, daß der Krieg eine Selektion der Schlechteren darstellt. Der Krieg vernichtet oder schädigt nicht nur jene Bevölkerungsgruppe, welche reproduktiv die wertvollste ist, sondern er trifft auch innerhalb dieser Gruppe gerade die wertvollsten, indem er seine Selektion auf die Rekrutierung gründet. Die in Gefahr sind, die fallen, oder geschädigt werden, sind die Mutigsten und Kräftigsten, die Besten; die ohne Gefahr zu Hause bleiben, am Leben bleiben, nicht geschädigt werden, sind die für diesen Kampf ums Dasein Untauglichsten. Den selektionistischen Wert des Krieges beschreibt kurz und bündig Schiller mit den Worten: ‚Denn Patroklus liegt begraben und Thersites kehrt zurück.'"[126]

Der Krieg habe dem „Bevölkerungskörper" „quantitative Schäden" und „qualitative" beigefügt, wobei Tandler den „qualitativen Schäden" größere Bedeutung und Tragweite beimaß. Unter den „quantitativen Schäden" subsumierte er all jene Individuen, „welche durch den Krieg unmittelbar oder mittelbar aus der gegebenen Bevölkerungsmenge durch den Tod ausgeschieden werden". Dazu rechnete er die im Krieg gefallenen Soldaten, aber auch Menschenverluste, die sich aus der kriegsbedingten Erhöhung der Sterblichkeit der Zivilbevölkerung, der Säuglingssterblichkeit bzw. des Geburtenrückgangs ergaben, und jene „von der Reproduktion Ausgeschlossenen", die durch die „Verbreitung von Geschlechtskrankheiten", insbesondere Gonorrhoe und Syphilis, „mittelbar durch den Krieg sterilisiert wurden".[127]

Die „qualitativen Schäden am Bevölkerungskörper" sah Tandler durch die große Anzahl an Invaliden gegeben. Invaliden, Herz- und Lungenkranken, Nierenkranken, Rheumatikern und Geisteskranken würde durch ihre „mindere Erwerbsfähigkeit" ein Schaden erwachsen, der nicht nur sie als

Individuen, sondern „den gesamten Wohlstand des Volkes" beträfe und eine beträchtliche „Einschränkung der Produktivität" nach sich zöge. In dieser Gruppe verortete er auch die Träger von Geschlechtskrankheiten, an deren Folgen noch die nächste Generation zu leiden habe. Qualitative Kriegsschäden würden aber auch aus den „Veränderungen des Milieus großer Bevölkerungsgruppen" resultieren: „Die weitgehenden Umschichtungen des materiellen Wohlstandes, den der Krieg mit sich bringt, sowie die Steigerung im Verbrauche bestimmter Genußmittel, schließlich auch die erhöhte Rassenmischung sind bedenkliche Gefahren für die Tüchtigkeit eines Volkes."[128]

Beim Thema „Rassenmischung", die für ihn Folge von kriegsbedingten Truppenumzügen und Flüchtlingsmigration war, ließ er zwar die Frage, „ob Reinzucht auch beim Menschen ein für die Rassentüchtigkeit besonders wichtiges Element ist", demonstrativ offen, womit er in diesem Punkt seine Distanz zu den Auffassungen der radikalen Rassenhygiene signalisierte. Doch ließ er keinen Zweifel daran, dass diese „Art der Rassenmischung" aus biologischer und bevölkerungspolitischer Sicht „in einem hohen Prozentsatz aller Fälle wohl nicht die glücklichste war".[129]

Im Kontext der „qualitativen Schäden" betonte Tandler das „selektionistische Moment" der militärischen Rekrutierung, weil „die Rekrutierten eine viel höhere Sterblichkeitsziffer besitzen als die Militärfreien".[130] Die Rekrutierung würde auf diese Weise eine „höhere Fortpflanzungsfähigkeit der körperlich Untüchtigen" begünstigen. Und in typisch rassenhygienischer Diktion führte er aus: „[...] je größer das Sieb der Assentierung wird, umso mehr bleiben die körperlich Miserablen für die Fortpflanzung erhalten, ein Umstand, der für die Degeneration der Bevölkerung nicht ohne Bedeutung ist. Zurück bleiben vor allem die Menschen mit den Störungen der Sinnesorgane. Gerade diesbezüglich wissen wir, daß eine ganze Reihe von Anomalien der Sinnesapparate eine besondere Durchschlagskraft in der Zahl der Erbqualitäten besitzt. Dazu kommen noch die Konstitutionsanomalien."[131]

Und einmal mehr artikulierte Tandler jene Degenerationsfurcht – die das von den Vertretern der radikalen Rassenhygiene propagierte Horrorbild von der „Überwucherung der Gesunden durch die Kranken" geradezu evozierte –, wenn er zur Schlussfolgerung gelangte: „Es ist selbstverständlich, daß auch diese Männer mit konstitutionellen Anomalien viel mehr zur Fortpflanzung kommen und daß daher die Wahrscheinlichkeit der Zunahme dieser Anomalien für die nächste Generation wachsen muß."[132]

Aufgrund der verheerenden biologischen Folgen des Krieges forderte Tandler eine „Schadensgutmachung", die in quantitativer (Hebung der

Geburtenziffern, Verminderung der Sterblichkeit, Bekämpfung der Geschlechtskrankheiten etc.) und qualitativer Hinsicht erfolgen sollte, um einen Ausgleich für die Menschenverluste zu schaffen. In diesem Kontext propagierte Tandler die Idee der sozialen Fürsorge durch die staatliche bzw. öffentliche Gewalt, wenngleich wiederum gekleidet in rassenhygienische Terminologie: „Bewegt sich das Bestreben der quantitativen Schadensgutmachung schon vielfach in dem Grenzgebiete zwischen biologischen und sozialen Maßnahmen, so ist die qualitative Schadensgutmachung noch viel mehr sozialer Natur. Auch hier ist der Staat vor allem berufen, ausgleichend zu wirken. Insoweit die qualitative Schädigung herbeigeführt wird durch mindere Arbeitsfähigkeit infolge von Invalidität, ist es Aufgabe des Staates, durch eine rationelle Arbeitsverteilung, nicht durch Unterstützung allein einzugreifen. Vorderhand sehen wir ja private Kreise, Wohltätigkeitsvereine und Gesellschaften im edlen Wettstreit Verwundete und Invalide pflegen und unterstützen. Man stellt aller Orten Invalide zur Arbeit an, man bemüht sich, die Arbeit für sie zuzurichten u. dgl., doch vergessen wir nicht, der Kampf ums Dasein ist nicht aufgebaut auf Mitleid und charitative Tätigkeit, sondern ist ein Kampf, in welchem der Stärkere und Tüchtigere schon im Interesse der Erhaltung der Art siegen muß und siegen soll. Für die große Mehrheit der Fälle ist der Invalide der schwächere. Das Gefühl wird sich abstumpfen, verfliegen. Daher ist es notwendig, daß die Invalidenversorgung in gesetzliche Bahnen gelenkt wird und nicht dem anfangs glühenden, später immer mehr erkaltenden Mitgefühl des einzelnen überlassen bleibt. Dazu ist notwendig, daß man die Minderarbeitsfähigen auf jene Posten stellt, auf denen sie noch konkurrieren können. Notwendig ist aber auch dazu eine zeitgerechte Unterstützung des Invaliden von seiten des Staates."[133]

Und er setzte fort: „Die Verschlechterung der Qualität trifft in diesen und ähnlichen Fällen der Invalidität allerdings nur unsere Generation [da auch nach Tandlers Sichtweise Invalidität nicht vererbbar ist; Anm. d. Verf.], indirekt aber auch die nächsten, denn das Herabsinken der Eltern in ein tieferes Milieu bedeutet in einem gewissen Prozentsatz ohne Zweifel nichts anderes, als das Hineinsetzen der Kinder in den Pauperismus. [...] Wir müssen uns darüber klar sein, daß gerade durch den Umstand, daß so viele Untüchtige, also Minusvarianten, infolge des Krieges zur Reproduktion kommen, die Gefahr der *Vermehrung dieser Minusvarianten* für die nächste Generation größer ist als für die heutige und daß damit die nächste Generation noch mehr bemüßigt sein wird, diese Minusvarianten zu erhalten und zu stützen. So grausam es klingen mag, muß es doch gesagt werden, daß die kontinuierlich immer mehr steigende *Unterstützung dieser Minusvarianten menschenökonomisch unrichtig und rassenhygienisch falsch ist.* Hier sprechen vor allem die Ziffern eine sehr merkwürdige Sprache. Auf der einen Seite gibt Deutschland im Jahre fast fünf Milliarden für Alkohol und Tabak aus, Ausgaben, welche ja gewiss zum Lebensgenuss gehörig sind, aber andererseits gewiss nicht als strikt rassenhygienisch bezeichnet werden können. Dienen sie doch vielfach der Erzeugung von Minusvarianten."[134]

In diesem Zusammenhang äußerte Tandler seine Überzeugung, „daß das kurzfristige Bestreben, überall zu helfen, auch die durch den Krieg gesteigerte qualitative Minderwertigkeit der Bevölkerung noch erhöhen wird und daß daraus dem gesunden Anteil des Volkes allzu große unökonomische Opfer erwachsen werden. Auch hier ist Rationalisierung am Platze […]." Seiner Überzeugung nach müsse Qualitätsverbesserung „aber auch bei der Bevölkerung, beim Kind, anfangen". Und er räumt ein: *„Menschenzucht ist vorderhand nicht Qualitäts-, sondern Quantitätszucht* und das, was als Qualitätszucht vielfach erwähnt wird, entbehrt der primitiven biologischen Prämissen."[135]

Dass Tandler mit dieser Aussage eigentlich den Vertretern der radikalen Rassenhygiene einen Seitenhieb versetzte, ging in der von ihm gewählten rigorosen rassenhygienischen Diktion beinahe völlig unter. In diesem Sinn schlussfolgerte er nämlich: „Können wir schon in der Reproduktion nicht qualitativ vorgehen, so sollen wir uns wenigstens bemühen, in der *Aufzucht die Qualitäten zu fördern.* Dazu gehört eine nach biologischen und sozialen Prinzipien geregelte Kinderfürsorge […]."[136]

In seiner Konklusion erhob er die Forderung, dass es die Aufgabe der Ärzteschaft sei, „die quantitativen Schädigungen nach Möglichkeit einzudämmen und eine möglichst große Zahl von Menschenleben zu erhalten […], die Qualitätsschädigungen in dem Einzelindividuum so gering als möglich werden zu lassen, doch damit ist die Aufgabe der Ärzteschaft nicht erledigt. Nicht um die Individualtherapie allein handelt es sich, vor uns liegt der aus vielen Millionen Menschen bestehende, geschädigte Volkskörper. Hier müssen wir durch Rat und Tat Hilfe leisten, hier bei der Hand sein, wenn es sich darum handelt, bei den nun kommenden Veränderungen sozialer und biologischer Natur, sei es gesetzgeberisch, sei es in der Verwaltung, mitzutun. Hier baut sich auf das weite Fundament biologischer Erkenntnis und ärztlicher Kunst, der medizinische Beitrag zu dem stolzen Bau der Volkswohlfahrt."[137]

Der Medizinhistoriker Gerhard Baader qualifiziert diese hier von Tandler entwickelte Idee der Volkswohlfahrt als ein Konzept sozialistischer Eugenik, „die auf einer endokrinologisch und lamarckistisch determinierten Konstitutionslehre" beruhe, „mit relativer Ferne von den radikalen Rassenhygienikern, die auch den deutschen sozialistischen eugenischen Diskurs […] im Umfeld von [Alfred] Grotjahn mehr und mehr bestimmten." Baader stellt darüber hinaus fest, dass Tandler „so sehr er auch selbst die deutsche sich stets radikalisierende rassenhygienische Diskussion rezipierte, sich mehr an Goldscheids Menschenökonomie orientierte."[138]

Als Tandler im Zusammenhang mit seiner Denkschrift bezüglich der Militärärzte am 28. Jänner 1917 von Kaiser Karl I. in Baden zu einer Audienz empfangen wurde, nützte er geschickt die Gelegenheit, um dem Kaiser darzulegen, dass soziale Fürsorge nicht wohltätige Armenpflege bedeute, sondern ärztliche Angelegenheit sei, und nur unter staatlicher Kontrolle geduldet werden könne. Darüber hinaus regte er die Schaffung eines „Sanitätsministeriums" an, in dem zentralbehördlich sämtliche öffentliche soziale und gesundheitliche Einrichtungen zusammengefasst sein sollten. Tatsächlich erfolgte im Juni und Juli 1917 auf der Grundlage kaiserlicher Entschließungen die Schaffung zweier Ministerien, eines Ministeriums für soziale Fürsorge und eines Ministeriums für Volksgesundheit.[139]

Die Zweiteilung des u. a. von ihm angeregten Sanitätsministeriums animierte Tandler, in der „Arbeiter-Zeitung" einen Artikel zu verfassen, der am 5. und 6. Juni 1917 unter dem bezeichnenden Titel „Volksgesundheit und Volkswohlfahrt" erschien. Darin begründete er noch einmal die Notwendigkeit der Zentralisierung und Organisation des öffentlichen Gesundheitswesens in einem Ministerium, skizzierte gleichzeitig aber schon jene Grundstrukturen und Richtlinien, an welchen sich ein kommendes, modernes Sozial- und Wohlfahrtswesen der Stadt Wien – an dessen Etablierung Tandler entscheidenden Anteil haben würde – aus seiner Sicht zu orientieren habe. In dem Artikel rekurrierte er wiederum auf seine zentralen bevölkerungspolitischen Thesen, die er bereits in seinem Beitrag „Krieg und Bevölkerung" dargelegt hatte.

Zum ersten Mal verzichtete er aber weitgehend auf die Terminologie der radikalen Rassenhygieniker, die bislang seine an Rudolf Goldscheid angelehnten menschenökonomischen Überlegungen in aller Regel camouflierte. Nun argumentierte er in Sprache und Diktion überwiegend als Menschenökonom: „Unter allen Gütern, die in diesem Kriege schwer gelitten haben, ist der Verlust an organischem Kapital, ausgedrückt durch die

Zusammenzählung der zugrunde gegangenen Menschen, am allergrößten. Gerade der Krieg, der bei oberflächlicher Betrachtung die Wertlosigkeit des Einzellebens zu erweisen scheint, zeigt in Wirklichkeit den hohen Wert des Menschenlebens, da er allen vor Augen führt, wie sehr Staatlichkeit und Staat an das Dasein der einzelnen Träger dieser Erscheinung gebunden sind. Der Krieg soll, wird und muß die Menschheit davon überzeugen, daß ein kräftiger und in jeder Beziehung gesunder Bevölkerungskörper für das Sein eines Staates die unumgängliche Bedingung ist. Der Staat ist eben nicht nur eine rechtliche und finanzielle, sondern auch eine organische Bedingtheit, und so wird er nicht nur durch Anarchie oder einen finanziellen Bankrott, sondern auch durch einen organischen Staatsbankrott vernichtet."[140]

Unter Berufung auf die durch den Krieg verursachten Schäden folgerte er: „All dies drängt wohl zu der Entscheidung, daß das noch vorhandene organische Kapital des Staates nun ernstlich verwaltet werden muß. Für diese menschenökonomische Verwaltung ist aber ein eigener Verwaltungsapparat vonnöten. Da in Zukunft Volksgesundheit und Volkswohlfahrt zu den Hauptangelegenheiten des Staatswesens gehören werden, kann ihnen nur durch die Errichtung eines selbständigen und unabhängigen Verwaltungskörpers gedient werden. Das aber ist ein Ministerium."[141]

Tandler wies auch darauf hin, dass die „Bedeutung der Volkswohlfahrt" schon in der Vorkriegszeit bekannt gewesen sei, doch die „ganz ungeheure Tragweite" der „Wohlfahrtseinrichtungen ist uns erst durch den Krieg noch deutlicher vor Augen geführt worden". Und schließlich nahm er Bezug auf die Notwendigkeit der Organisation und den Charakter des künftigen Wohlfahrtssystems, wobei in diesem Konnex auch sein demokratisches Bewusstsein und sein Solidaritätsgedanke aufschimmerten: „Was aber gefehlt hat, was sich aber vor allem durch Mängel in diesem Krieg bemerkbar gemacht hat, war die Organisation. Das ganze war mehr minder aufgebaut auf dem Prinzip der Barmherzigkeit, der Mildtätigkeit, war ein Wohltatssystem und viel zu wenig ein Wohlfahrtssystem. Alle Wohlfahrtseinrichtungen sind und bleiben Angelegenheiten der Organisation, sie müssen unten im Volk entstehen und müssen von unten nach aufwärts wachsen, müssen ihre Wurzeln haben in dem Gefühl der gegenseitigen Hilfsbereitschaft und können nur wachsen auf dem Boden des Gemeinschaftsgefühls und des sich daraus ergebenden Pflichtbewußtseins. Niemals aber kann man Wohlfahrtsideen von oben in das Volk hineintragen, dekretieren, oktroyieren. Daher ist und bleibt es Aufgabe des Staates und seiner Behörden, diese Organisationen anzuregen, zu unterstützen, zusammenzuschließen, für die Erleichterung des

Betriebes zu sorgen durch Belehrung und durch Hilfeleistung. Das alles ist nur möglich im engen Anschluß an die öffentliche Gesundheitspflege, deren Forderungen der Arzt zu formulieren hat."142

In demselben Artikel beschrieb er auch die wichtigsten Aufgabengebiete der öffentlichen Wohlfahrt: „Die Probleme, die dieser Krieg bevölkerungspolitisch vor uns aufgerollt hat, sind vor allem das Problem der Reproduktion der durch den Tod Abgegangenen, das sich fassen läßt in die Worte: Geburten- und Aufzuchtszahl, die Versorgung jener Menschheit, deren Arbeits- und Lebensfähigkeit durch den Krieg gelitten hat – Invalidenversorgung, die Bekämpfung der chronischen Volksseuchen – Tuberkulose und Geschlechtskrankheiten – und schließlich der Kampf gegen den Hunger – das Ernährungsproblem. Ich bin der Meinung, daß diese Probleme groß genug sind, um von einem eigenen Verwaltungskörper erwogen und so weit als möglich gelöst zu werden."143 Wiederum nannte er auch die Frage der Versorgung der Invaliden, die der Krieg auf ein ganz anderes Niveau gebracht habe, als ein zentrales Anliegen eines Volksgesundheitsministeriums: „Das alte Invalidenhaus gehört hoffentlich ebenso der Geschichte an wie der staatlich autorisierte Parasit, der Werkelmann."144

Auch wenn er mit dem Terminus „Parasit" abermals auf das Begriffsterrain der radikalen Rassenhygieniker abglitt, so bewegten sich seine Vorschläge im Zusammenhang mit der Invalidenversorgung gewiss nicht auf deren Niveau, sondern intendierten eine langfristige soziale Verbesserung der Lebensqualität der Invaliden: „Aus dem Stadium der freiwilligen Hilfeleistung, aus dem Stadium der Wohltätigkeit muß schon während des Krieges, vor allem aber nach dem Friedensschluß die Pflege der Invaliden in eine wirkliche Versorgung übergeführt werden. Da macht es die Höhe der Invalidenrente allein nicht, dazu gehört Fürsorge, Arbeitsvermittlung und alles, was drum und dran hängt […]."145

Das staatliche Wohlfahrtssystem werde überdies einen „Grundstock tüchtiger Fürsorgeärzte und Fürsorgeschwestern" benötigen, die eine gute Ausbildung und materielle Absicherung erhalten müssen. Dennoch war sich Tandler der vielen Schwierigkeiten bewusst, die mit der Realisierung eines solchen Wohlfahrtssystems in Zeiten der Ressourcenknappheit und der Mangelwirtschaft verbunden waren: „Wir gehen einer ernsten Zeit entgegen, in welcher Rationalisierung und Sparsamkeit auf jedem Gebiet notwendig sein wird."146

Wie eng in seinem Denken Bevölkerungspolitik und Menschenökonomie miteinander verschränkt waren, geht auch aus seinem Appell an die politisch

Verantwortlichen am Ende seines Artikels hervor: „Ich kann nur hoffen und wünschen, daß die Regierung und die gesetzgebende Körperschaft [...] daran geht, sich die furchtbaren Lehren dieses Krieges zu nutze zu machen und einzusehen, daß das organische Kapital des Staates, die drinwohnende Menschheit, das wertvollste Besitztum des Staates darstellt und dementsprechend gehegt und gepflegt und verwaltet werden muß. Und so wie es eine Wirtschaftspolitik und wirtschaftspolitische Aemter gibt, so gibt es auch eine Bevölkerungspolitik und soll es auch bevölkerungspolitische Aemter geben. Dort wo die Bevölkerungspolitik versagt hat, fehlt der Wirtschaftspolitik der Zweck."[147]

In der Formulierung Tandlers, dass die Menschheit „dementsprechend gehegt, gepflegt und verwaltet werden *muss*", schwang schon etwas von jenem Zwangsmoment mit, der jedem Fürsorgegedanken immanent ist. Entscheidend ist hier die Dosierung: Auf ein Minimum an Zwang kann wohl keine öffentliche Fürsorge (nicht nur jene Tandlers) verzichten, wird er im Übermaß forciert – wenn beispielsweise Fremdbestimmung und Bevormundung die Fürsorgepraxis dominieren –, verliert Fürsorge rasch ihre soziale, menschliche und ethische Dimension und Rechtfertigung. Das galt zu Tandlers Zeiten, das gilt heute.

Als Tandler seinen Vortrag „Ehe und Bevölkerungspolitik" im Februar 1923 hielt, war er bereits drei Jahre lang Wiener Gesundheitsstadtrat und konnte auf die ersten Erfolge und Leistungen des maßgeblich von ihm gestalteten modernen Wiener Wohlfahrtsmodells verweisen. In seiner Rede hatte er freilich wiederum im bevölkerungspolitischen Kontext eugenisch-rassenhygienische Argumente, Bilder und Termini verwendet, auf die noch später einzugehen ist.

Zunächst sollen jene zentralen Gedankengänge im Mittelpunkt des Interesses stehen, die Tandlers inhaltliche Nähe zur Menschenökonomie Goldscheids aufzeigen: „Staaten sind nicht nur wirtschaftlich und politisch, sondern auch organisch bedingte Daseinsformen der menschlichen Gesellschaft, wobei wir unter organischer Bedingtheit die Abhängigkeit des Staates von dem Zustande seines organischen Kapitals verstehen. Dieses aber wird repräsentiert durch die den Staat bildende Menschheit. Die Verwaltung dieses organischen Kapitals ist Gegenstand der Bevölkerungspolitik. [...] Bevölkerungspolitisch repräsentiert die Ehe eine Institution, welche die Reproduktion des Menschengeschlechtes im Sinne einer durch zielstrebige

Auslese günstigen Zeugung und durch eine rechtlich und materiell sichergestellte Aufzucht ermöglicht."[148]

Die Familie, die für „Zeugung und Aufzucht" verantwortlich zeichnet, sah Tandler demzufolge als soziologischen und bevölkerungspolitischen „Elementarorganismus": „Die Gesamtheit dieser Elementarorganismen, das ist die Gesamtheit der Familien in einem Staate, repräsentiert das organische Kapital desselben und bildet so das Objekt der Bevölkerungspolitik." Ihr Fundament sei „die Wertung des Menschenlebens, aber nicht vom individualistischen Standpunkt, nicht vom Standpunkt des Gesetzes und des Rechts, auch nicht vom Standpunkt des Gefühls und der Moral, sondern von jenem der Bevölkerungspolitik."[149]

Und unter Verwendung rassenhygienischer Terminologie fügte er hinzu: „Es gibt lebensunwertes Leben vom Standpunkt des Individuums, aber auch vom Standpunkt der Bevölkerungspolitik und auch hier geraten Individuum und Allgemeinheit oft in Konflikt."[150] Bevölkerungspolitik sei eigentlich „Verwaltungskunst des organischen Kapitals", die sich aber nicht nur um die allgemeine Wertung des Menschenlebens zu kümmern habe, sondern auch um „Quantität und Qualität des ihr anvertrauten Kapitals", womit er wiederum die quantitative und qualitative Bevölkerungspolitik meinte.[151]

Die Wohlfahrtspolitik habe den bevölkerungspolitischen Tatsachen Rechnung zu tragen und ihre finanziellen Ausgaben nach dem Gesichtspunkt der Sparsamkeit bzw. Wirtschaftlichkeit zu gestalten. In Bezug auf die Fürsorgeausgaben seines Gesundheitsressorts unterschied er zwischen „produktiven bevölkerungspolitischen Ausgaben" und „unproduktiven bevölkerungspolitischen Ausgaben": „Alle jene Ausgaben nämlich, welche die Reproduktionskraft eines Volkes, sei es in quantitativer, sei es in qualitativer Beziehung erhöhen, seine Produktions- und Arbeitsfähigkeit erhalten oder wiederherstellen, bezeichnen wir als produktive bevölkerungspolitische Ausgaben."[152]

Im Unterschied aber zu den radikalen Eugenikern bzw. Rassenhygienikern sah Tandler auch die „unproduktiven" Ausgaben aus ethischen und humanitären Gründen für gerechtfertigt an: „Humanität und Gerechtigkeit befehlen uns, auch für die Alten und Gebrechlichen, für die Siechen, für die Irren zu sorgen. Der größte Teil dieser Ausgaben ist unproduktiv, ist rein humanitär. Das Wohlfahrtsbudget eines Landes ist erst vom Standpunkt der Bevölkerungspolitik in Ordnung, wenn die produktiven Ausgaben die humanitären überwiegen. Soweit sind wir in Wien noch lange nicht."[153]

Eugenik

In den bisher untersuchten Reden und Schriften Tandlers zur Konstitutionslehre und zur Bevölkerungspolitik ist auf das Vorhandensein eugenischen Gedankenguts mehrfach hingewiesen worden, wobei das Paradoxon konstatiert werden konnte, dass Tandler mitunter die Terminologie der radikalen Rassenhygieniker verwendete, sich aber inhaltlich in aller Regel an Goldscheids Menschenökonomie orientierte.

An dieser Stelle soll deshalb insbesondere der Frage nachgegangen werden, welche Haltung Tandler zur Eugenik, insbesondere zur negativen Eugenik bzw. zur „Euthanasie", einnahm. Zur Erörterung dieser Thematik werden vor allem zwei Vorträge bzw. Publikationen Tandlers herangezogen, der bereits zum Teil diskutierte Beitrag „Ehe und Bevölkerungspolitik" von 1923 (Vortrag) bzw. 1924 (Publikation) und sein Vortrag über die „Gefahren der Minderwertigkeit"[154], den er am 13. Februar 1928 beim Österreichischen Bund für Volksaufartung und Erbkunde hielt.

Auch in seiner Rede zu den „Gefahren der Minderwertigkeit" stand der Aufgabenbereich der Bevölkerungspolitik am Beginn seiner Erörterungen, die zunächst ganz in der Diktion von Goldscheids Menschenökonomie („Verwaltung des organischen Kapitals" etc.) gehalten war. Tandler begründete darin erneut, warum qualitative Bevölkerungspolitik einer quantitativen vorzuziehen sei: „Vorderhand ist das Hauptbestreben der quantitativen Bevölkerungspolitik darauf gerichtet, durch Begünstigung der Aufzucht die Kindersterblichkeit zu vermindern, um so den Ausfall der geminderten Geburtlichkeit zu decken. Aber auch das geschehe vorderhand wahllos und führe zur sündhaften Aufzucht der Minusvarianten auf der einen Seite, zur Vergreisung der Menschheit auf der anderen."[155] Quantitative Bevölkerungspolitik allein sei deshalb ineffizient. Qualitative Bevölkerungspolitik setze hingegen auf Selektion, „Qualitätsverbesserung der einzelnen und der Gesamtheit", „Volksverbesserung" und „Aufartung".

Tandler warnte in seinem Vortrag vor einem bevölkerungspolitischen Notstand, der durch die höhere Kinderanzahl bzw. höhere Vermehrungsquote der „Minderwertigen" verursacht und durch den medizinischen Fortschritt ebenso wie die soziale Fürsorge noch verschärft werde: „Bedenkt man, daß gerade die normalen, also die mit Verantwortungsgefühl versehenen Eltern kinderarm bleiben, während die Unverantwortlichen, die Säufer, die Schwachsinnigen, die Verbrecher, durch keinerlei Verantwortungsgefühl gehemmt, viele Kinder in die Welt setzen, so erkennt man die ganze Größe der Gefahr. Uns droht eine Sintflut der Minderwertigen."[156]

Solche bevölkerungspolitischen Schreckensszenarien wurden damals übrigens nicht nur von Tandler propagiert, sondern gehörten zum argumentativen Standardrepertoire des eugenischen Diskurses und der rassenhygienischen Agitation. Dieser bediente sich Tandler noch ein weiteres Mal, wenn er – ganz im Sinn menschenökonomischer Buchführung – Bezug auf die steigenden Sozialkosten nahm, die „für die Erhaltung der Minusvarianten notwendig sind" und die den „biologische[n] Verfall unseres Volkes" beschleunigen: „Denn die Minderwertigen sind aus der Reihe der arbeitenden Menschen ausgeschlossen, sie schaffen nicht Werte, sondern konsumieren sie."[157]

Auf der Grundlage menschenökonomischer Logik erschienen Tandler die Ausgaben für die „Minusvarianten" – unheilbar Kranke, psychisch Kranke, Behinderte, Alkoholiker etc. – im Sinne eines wirtschaftlichen und bevölkerungspolitischen Kosten-Nutzen-Kalküls als Fehlinvestition. Zur Illustration nahm er eine Aufrechnung vor, in der er die Kosten der „unproduktiven Hilfsbedürftigen" den Ausgaben für die „produktiven Leistungsträger" (also die „normale" Mehrheitsbevölkerung) gegenüberstellte, eine Methode, die auch die radikalen Rassenhygieniker – allerdings noch weiter zugespitzt – anwandten: „Rund 300 idiotische oder schwachsinnige Kinder werden von der Gemeinde Wien in Anstalten gehalten. Jedes einzelne kostet 4 S [=Schilling] pro Tag. Rechnen wir aber nur 1000 S, so sind das 365.000 S im Jahr. Zirka 5000 Menschen befinden sich als Insassen in den Irrenanstalten der Gemeinde Wien. Sie kosten 30.000 S pro Tag, rund 11,000.000 S im Jahr. […] Hoche[158] gibt an, daß in Deutschland 20.000-30.000 Idioten in Anstalten leben. Einer kostet 1300 Mark im Jahr, alle zusammen also zirka 33,000.000 Mark jährlich. Da ein Idiot durchschnittlich 50 Jahre alt wird, kostet er 65.000 Mark. Wo gibt es einen normalen Menschen, wo ein Genie, für dessen Erhaltung die Gesellschaft solche Summen verwendet? Wie viele normale Kinder sind unterernährt, wie viele können nicht in die Schule gehen, weil sie keine Schuhe haben, wie viele müssen vorzeitig in den Beruf, ohne jene Menge des Wissens sich anzueignen, die notwendig wäre. Man hat kein Geld, weil man Idioten erhalten muß."[159]

Dass sich Tandler hier explizit auf Alfred Hoche berief, einen der beiden Autoren jener Publikation, die aus ärztlicher Sicht für „die Freigabe der Vernichtung lebensunwerten Lebens" plädierte und – wie kaum eine andere – die Euthanasie-Debatte in der Weimarer Republik stimulierte und geprägt hatte, zeigt, dass Tandler sehr wohl den Diskurs der deutschen Rassenhygiene verfolgte und einzelne Versatzstücke rezipierte.[160]

Um dem drohenden „biologischen Verfall" rechtzeitig im Sinn einer qualitativen Bevölkerungspolitik entgegensteuern zu können, müsse die Eugenik in Betracht gezogen werden: „Die Bestrebungen der Eugenik, der Entartung des Menschengeschlechtes durch Begünstigung in der Fortpflanzung des Tauglichen und durch die Behinderung der Reproduktion der Minusvarianten entgegenzutreten, ja an die Stelle der Entartung Aufartung zu setzen, sind nicht utopisch, wie vielfach gemeint wird."[161]

Tandler war sich der Begrenztheit der erbpathologischen Kenntnisse der damaligen Medizin durchaus bewusst, wenn er das eugenische Spektrum darauf einschränkte, „dort für Selektion zu sorgen, wo Minderwertiges oder Abwegiges mit Gleichem gepaart nur Gleiches zeugen kann".[162] Daher könne das gesamte Bestreben der Eugenik „nur auf zwei Momente hinauslaufen: die Gesunden, die voll Beanspruchbaren in der Fortpflanzung zu begünstigen, die Minderwertigen von ihr auszuschließen."[163]

Für Tandler hatte die erste Variante, also die positive Eugenik, Vorrang. Eugenik müsse das Ziel verfolgen, „die weitere Vermehrung der Minderwertigen zu verhindern", was in erster Linie durch die „Verhinderung der Zeugung Minderwertiger" geschehen solle.[164]

In diesem Zusammenhang wies Tandler auf die 1922 in Wien gegründete „Gesundheitliche Beratungsstelle für Eheberater" (kurz Eheberatungsstelle) hin,[165] die – unter der Leitung von Karl Kautsky jun. stehend – ursprünglich im Sinn der „Fortpflanzungshygiene" als langfristiges eugenisches Erziehungsprojekt konzipiert war. Tatsächlich entwickelte sich die Tätigkeit der Eheberatungsstelle – wie aus den Forschungsergebnissen von Herwig Czech hervorgeht – „nachfragebedingt sehr bald in Richtung einer Beratungsstelle für Verhütung und allgemeine sexuelle Probleme".[166] Auch nach der Darstellung des Sozialhistorikers Gerhard Melinz traten die eugenischen Ambitionen der von Tandler geschaffenen Eheberatungsstellen nach und nach in den Hintergrund: „Die Stellen entwickelten sich [...] im Verlauf der Jahre zu Ehe- und Beratungsstellen."[167]

In seiner Rede von 1928 musste Tandler eingestehen, dass die „Wiener Eheberatungsstelle [...] quantitativ vorderhand keinen sehr großen Erfolg" hatte. Dennoch hielt er am beratenden Charakter der Einrichtung fest, denn ihm bedeutete Eheberatung „Erziehung zur Verantwortlichkeit, zur generativen Ethik". Zwangsmaßnahmen wie gesetzliche Eheverbote lehnte er auf dem Gebiet der Bevölkerungspolitik ab, vor allem weil sie dem augenblicklichen „Rechts- und Pflichtbewußtsein des Volkes" nicht entsprechen würden.[168]

Doch dort, wo „Beratung, Erziehung, Weckung des Verantwortungsgefühls" bevölkerungspolitisch nicht greifen würden, werde die menschliche Gesellschaft nicht umhin können, „sich gegenüber jenen Minderwertigen, die ihr Schaden gebracht haben, des gebotenen Selbstschutzes zu bedienen. Wo Schwerverbrecher, Sexualverbrecher, Idioten, schwere Epileptiker die menschliche Gesellschaft mit den Produkten ihres Leibes zu gefährden beginnen, dort ist für Belehrung kein Raum, dort sind Taten erforderlich. Sterilisation, unter Umständen Kastration werden Gebot der Notwehr."[169]

Er verwies in diesem Zusammenhang auf eine entsprechende gesetzliche Bestimmung in Kalifornien aus dem Jahr 1909, die die Frage der Kastration bei verurteilten Sexualstraftätern regelt[170], beeilte sich aber darauf aufmerksam zu machen, dass Kastration einen schweren körperlichen Eingriff darstelle und eugenisch „keinesfalls die Methode der Wahl" sei.[171]

Tandler war überzeugt, dass für die „Ausschaltung eines Individuums aus der reproduzierenden Menschheit […] die verschiedenen Methoden der Sterilisation [genügen], die den Vorteil haben, den Operierten weder somatisch noch psychisch zu schädigen. Die Sterilisation ist daher im Sinne der Eugenik die Methode der Wahl."[172]

Für die Notwendigkeit der Sterilisation führte er allerdings nicht nur bevölkerungspolitische Argumente ins Treffen, sondern begründete sie auch mit einer zentralen These seiner Konstitutionslehre: „Die Unfruchtbarmachung der Minderwertigen beruht wissenschaftlich auf der Erkenntnis der Vererbbarkeit von Konstitutionsanomalien."[173]

Die Durchführung der Sterilisation knüpfte er jedoch analog zur Eheberatung an die Freiwilligkeit bzw. Zustimmung der betroffenen Personen. In diesem Zusammenhang wies er auf den Entwurf eines Sterilisationsgesetzes hin, der auf die Initiative des Zwickauer Arztes und Rassenhygienikers Gerhard Boeters[174] 1923 zustande kam, im sächsischen Landtag eingebracht wurde und eine landesweite, kontrovers geführte Debatte auslöste. Die Vorschläge Boeters gingen Tandler aber „unzweifelhaft zu weit, wenn er z. B. verlangt, daß Frauen, die zwei oder mehr uneheliche Kinder geboren haben, deren Vaterschaft zweifelhaft ist, sterilisiert werden sollen. Manche Forderungen Boeters sind zu unterschreiben, so die nach der Sterilisation blödsinnig geborener Kinder und der Insassen der Anstalten für Epileptiker und unheilbare Geisteskranke vor deren Entlassung. Boeters verlangt ganz richtig die Zustimmung der Eltern und des Vormundschaftsgerichtes für den

Eingriff. Über die Berechtigung des Arztes, eine solche Operation vorzunehmen und über den sich an diese Frage schließenden Rechtsstreit wollen wir uns hier nicht unterhalten."[175]

Über den Sterilisationsgesetzesentwurf von Boeters, dem Vertreter der radikalen Rassenhygiene, urteilte Tandler prägnant, dass „zu weit gehender Radikalismus schädlich sei".[176] Für ihn waren Aufklärung und Freiwilligkeit prioritär und unverzichtbare Voraussetzungen für die Durchführung einer Sterilisation: „Die Unfruchtbarmachung der Minderwertigen selbstverständlich unter allen Kautelen der Wissenschaft und der Menschlichkeit und unter voller Bürgschaft des Rechtes ist meiner Überzeugung nach eine unabweisliche Forderung. Ich bin der Meinung, daß viele Minderwertige über das zu erwartende Schicksal ihrer Kinder aufgeklärt, sich freiwillig der Unterbindung des Samenstranges resp. des Eileiters unterziehen werden. Auch hier ist zuerst die Aufklärung und nicht das Gesetz notwendig."[177]

Als amtsführender Stadtrat für das Gesundheits- und Wohlfahrtswesen der Stadt Wien lag es freilich auch gar nicht in Tandlers Kompetenz, ein solches Gesetz einzuführen. Nach damals geltender Rechtsauffassung war in Österreich die Durchführung einer Sterilisation nicht erlaubt.[178] Da es sich bei der Strafgesetzbarkeit um eine Bundessache handelte, lag es ausschließlich in der Kompetenz des österreichischen Parlaments – des Nationalrats und Bundesrats – die gesetzlichen Voraussetzungen für die Einführung einer Sterilisation nach eugenischen Gesichtspunkten auf freiwilliger Basis zu schaffen. Tatsächlich trug Tandler als Mitglied des (überparteilichen) Österreichischen Bundes für Volksaufartung und Erbkunde (ÖBVE) 1929 eine vom ÖBVE und dessen Vorsitzenden Univ.-Prof. Dr. Julius Wagner-Jauregg initiierte Petition an den Nationalrat mit, die auf eine Modifizierung des Strafrechts im Sinn der Einführung einer freiwilligen, eugenischen Sterilisation abzielte. Diese Petition wurde vom Nationalrat allerdings politisch nicht umgesetzt.[179]

Für Tandler war das Prinzip der Freiwilligkeit das Um und Auf einer künftigen gesetzlichen Regelung der eugenischen Sterilisation. Es kam ihm offenbar gar nicht in den Sinn, dass sich Personen trotz Aufklärung gegen die Sterilisation aussprechen und einer Operation ihre Zustimmung verweigern könnten: Monika Löscher weist zu Recht auf den neuralgischen Punkt hin, der in Tandlers Sterilisationsdebatte völlig ausgeblendet ist: „Auf die Frage, was passiert, wenn sich jemand als uneinsichtig zeigt, geht Tandler jedoch nicht ein."[180]

Bei seinen bevölkerungspolitischen Argumentationen bezog sich Tandler mehrfach auch auf die „Vernichtung lebensunwerten Lebens". So schrieb er etwa in dem Beitrag „Gefahren der Minderwertigkeit": „Wenn die Spartaner schwächliche Neugeborene am Taigetos ausgesetzt haben, so war dies eine bewußte Ausrottung, die in ihrer Intention vieles für sich hat, die aber in der Durchführung sicher mangelhaft gewesen ist."[181] In seinem Beitrag „Ehe und Bevölkerungspolitik" hatte er den „Kindermord" der Spartaner bevölkerungspolitisch kontextualisiert: Während Zivilisation und Kultur das jedem Menschen innewohnende Triebleben durch „Schranken des moralischen Bewußtseins" hemmen würden, verhalte es sich beim „Aufzuchtsinstinkt" ganz anders: „Hier schaffen Zivilisation und Kultur nicht Hemmungen, sondern Erweiterungen, Verantwortlichkeit, ja sogar Rationalisierungen. Ist doch beispielsweise der von den Lakedämoniern zielstrebig geübte Kindesmord nichts anderes, als von bevölkerungspolitischer Verantwortlichkeit diktierte Rationalisierung der Aufzucht."[182]

Tandler spricht sich aber eindeutig gegen eine Übertragung dieser Praxis auf die Gegenwart aus: „Gewiß, eugenetische Experimente im Sinne utopischer Menschenzucht, wie sie einzelnen vorschwebten oder durchgeführt wurden, sind weder wissenschaftlich begründet noch praktisch durchführbar."[183]

An anderer Stelle erörterte Tandler das „Problem der Vernichtung lebensunwerten Lebens" vor dem Hintergrund der für die „Irrenpflege" anfallenden „bevölkerungspolitisch unproduktiven Ausgaben": „Welchen Aufwand übrigens die Staaten für völlig lebensunwertes Leben leisten müssen, ist zum Beispiel daraus zu ersehen, daß die 30.000 Vollidioten Deutschlands diesem Staat 2 Milliarden Friedensmark kosten. Bei der Kenntnis solcher Zahlen gewinnt das Problem der Vernichtung lebensunwerten Lebens an Aktualität und Bedeutung. Gewiss, es sind ethische, es sind humanitäre oder fälschlich humanitäre Gründe, welche dagegen sprechen, aber schließlich und endlich wird auch die Idee, daß man lebensunwertes Leben opfern müsse, um lebenswertes zu erhalten, immer mehr und mehr ins Volksbewusstsein dringen. Denn heute vernichten wir vielfach lebenswertes Leben um lebensunwertes zu erhalten. Tradition und überkommene Humanität bindet die Gesellschaft derart, daß sie sich nicht berechtigt fühlt, lebensunwertes Leben zu vernichten. Dieselbe Gesellschaft, welche in ihrer Verständnislosigkeit, in ihrer leichtsinnigen Gleichgültigkeit hunderte von Kindern, darunter vielleicht Talente und Genies glatt zugrunde gehen lässt, füttert in sorgsamer Ängstlichkeit Idioten auf und rechnet es sich als eine Leistung an, wenn es ihr gelingt, denselben ein behagliches Greisenalter zu sichern."[184]

Tandler sprach hier eindeutig den Jargon der radikalen Rassenhygieniker, inhaltlich schwächte er die Schärfe der Argumentation mit einer wesentlichen Einschränkung ab: Gegen die Tötung „lebensunwerten Lebens" sprachen seiner Ansicht nach vorherrschende humanitäre Gründe. Der Blick des „Rassenhygienikers" Tandler war hier in die ferne Zukunft gerichtet, mit einem raschen Umdenken der Gesellschaft in dieser Frage, mit einer Verschiebung des allgemeinen Rechtsempfindens rechnete er nicht. Diese Veränderungen bilden in seinem Verständnis aber die unerlässlichen Grundvoraussetzungen, um die „Vernichtung lebensunwerten Lebens" durchsetzen oder realisieren zu können. Seine Argumentation blieb letztlich rein hypothetischer Natur, was sie freilich nicht weniger bedenklich macht. Beide hier angeführten Beispiele zeigen aber deutlich den Einfluss, den das Gedankengut insbesondere der deutschen radikalen Rassenhygiene auf Tandler ausübte.[185]

Von den Gedankenausflügen in den Bereich der radikalen Eugenik und Rassenhygiene hatte sich Tandler aber bald wieder stark distanziert. In einem Beitrag von 1932 lehnte Tandler die Euthanasie dezidiert ab: „Ich bin nicht der Meinung, daß bei der heutigen Einstellung der Menschheit, ja vielleicht auch bei der nach 100 Jahren, jemals der Arzt das Recht haben wird, Minderwertige zu töten, ich bin aber der Meinung, daß wir das Recht haben, ihre Geburt zu verhindern."[186]

Tandler erwies sich auch als scharfer Kritiker des eugenischen Radikalismus, da er eugenische Forderungen grundsätzlich an den jeweiligen Stand der medizinischen Forschung gebunden wissen wollte und in diesem Sinn für eine bescheidene Anwendung eugenischer Methoden plädierte: „Die bisher sichergestellten Ergebnisse der Vererbungslehre genügen als Grundlage bescheidener eugenischer Forderung. In dieser Bescheidenheit aber liegt die Wahrscheinlichkeit des Erfolges. Eugenischer Radikalismus, wie er von mancher Seite gepredigt wird, schädigt die Eugenik, die Befolgung nicht wissenschaftlich begründeter Indikationen kompromittiert sie."[187] Diese Sichtweise ist ein Indiz dafür, dass Tandler, hätte er so lange gelebt, niemals ein Befürworter des Massenmords der Nationalsozialisten an behinderten und psychisch kranken Menschen gewesen wäre.

Tandlers Verhältnis zur negativen Eugenik war jedenfalls zwiespältig. Obgleich er freiwillige Eheberatung, freiwillige Sterilisation und den „eugenetischen Abortus" für gangbare „bescheidenen Mittel der Auslese"[188] hielt,

sprach er sich im Zusammenhang mit der Diskussion um die Reform des
§ 144 des österreichischen Strafgesetzes („Abtreibung der Leibesfrucht") gegen eine „absolute Freigabe der Schwangerschaftsunterbrechung" aus. Seiner Ansicht nach sollte dieser Paragraph allerdings im Sinn einer Anerkennung einer medizinischen, sozialen und eugenischen Indikation reformiert werden.[189] Die eugenische Indikation konnte – seinem Ermessen nach – in bevölkerungspolitischer Hinsicht „vorderhand praktisch keine besondere Rolle" spielen. Bevölkerungspolitisch relevantes Instrument könnte sie nur dann werden, wenn die „wissenschaftlichen Grundlagen der Eugenik besser ausgebaut wären, als dies augenblicklich der Fall" sei.[190] Damit vertrat er auch hinsichtlich der eugenischen Indikation, für deren allgemeine Freigabe ihm einfach die wissenschaftlichen Voraussetzungen fehlten, den Standpunkt einer vorsichtigen, zurückhaltenden und bescheidenen Anwendung.[191]

Aufgrund seiner lamarckistisch-konstitutionsmedizinischen Position favorisierte Tandler vielmehr die Maßnahmen der positiven Eugenik. Geradezu spöttisch meinte er an einer Stelle: „Minusvarianten auszumerzen ist viel leichter als Plusvarianten zu züchten."[192] Er setzte vielmehr auf „Konditionshygiene": „Zur Fortpflanzung kommen am ehesten die Widerstandsfähigen, die am besten Angepaßten. Schon aus diesem Grund ist die Kondition für die Eugenik bedeutungsvoll. Alle hygienischen Bestrebungen und Erfüllungen, die sich auf die lebende Menschheit beziehen, sind nur imstande, auf die Kondition einzuwirken, daher ist alle Hygiene in diesem Sinne Konditionshygiene. Vorderhand erstreckt sich Konditionshygiene wahllos auf alle Menschen, und da in ihr, wie in jeder menschlichen Handlung Humanität und Barmherzigkeit walten muß, auch auf die Minusvarianten. Konditionshygiene fragt nicht nach lebenswertem oder unlebenswertem Leben."[193]

Der lamarckistisch-konstitutionsmedizinische Ansatz, dass „konditionelle (erworbene) Eigenschaften" der Eltern zu „konstitutionellen (ererbten) Eigenschaften" der Kinder werden können,[194] hatte Tandler in seinem bevölkerungspolitischen Theorienzusammenhang eigentlich die wissenschaftliche Legitimation für die politische Umsetzung seiner großen Sozialreformen in Wien geliefert: Die sozialen Verbesserungen der Lebens- und Umweltbedingungen sollten einen „neuen Menschen", einen „bevölkerungspolitisch hochwertigen" erschaffen helfen. In diesem Punkt befand sich Tandler wieder auf der Linie von Goldscheids Menschenökonomie. Auch Goldscheid kritisierte die radikalen Rassenhygieniker, die selektionistische Methoden wie die „präventive Fortpflanzungshygiene" zwar als Patentlösung anböten,[195] aber

„die Verbesserung der materiellen Lebensverhältnisse, Bildung und Gesundheitsfürsorge ignorierten."[196]

Festzuhalten bleibt: Julius Tandler war trotz der Implikation rassenhygienischer Begriffe und Sichtweisen kein Anhänger der „Euthanasie". Sein Verhältnis zur negativen Eugenik war ambivalent. Aus bevölkerungspolitischen Motiven befürwortete er die Sterilisation, der Aufklärung und Zustimmung der betreffenden Person vorausgehen mussten. Die in Wien unter seiner Verantwortung als Gesundheitsstadtrat etablierte Eheberatungsstelle arbeitete ebenso nach den Grundsätzen der Beratung bzw. Aufklärung und der Freiwilligkeit. Tandler lehnte grundsätzlich Zwang als Mittel der Durchsetzung eugenischer Ziele ab und vertraute stattdessen auf die Überzeugungskraft bevölkerungspolitischer Erziehungsarbeit bzw. Aufklärung.

Im nächsten Kapitel wird der Frage nachgegangen, ob und in welchem Ausmaß sich Tandlers bevölkerungspolitische und eugenisch-rassenhygienische Positionen in seiner politischen Tätigkeit im Wiener Gemeinderat widerspiegeln.

Der Politiker Julius Tandler

Die bevölkerungspolitischen und eugenischen Positionen Tandlers im Spiegel seiner Reden im Wiener Gemeinderat/ Landtag und ihre politische Relevanz

Quellenmäßige Grundlage für dieses Kapitel stellen die Sitzungsprotokolle (Stenographischen Berichte) des Wiener Gemeinderats bzw. Landtags (GRSP) für den Zeitraum 1920 bis 1934 dar. Die GRSP der Jahrgänge 1920 bis 1922 konnten, da sie bereits vom Gemeinderatspräsidium publiziert wurden, in der Wienbibliothek eingesehen werden. Die GRSP der Jahrgänge 1923 bis 1934 – im Umfang von mindestens 50.000 Seiten (ca. 5 Laufmetern) – werden im Wiener Stadt- und Landesarchiv verwahrt und sind vor Ort gesichtet bzw. ausgewertet worden.

Die Analyse der Reden, Debattenbeiträge bzw. Stellungnahmen von Gesundheitsstadtrat Univ.-Prof. Dr. Julius Tandler basiert auf der Auswertung der GRSP, wobei für die nachstehende Darstellung nur eine kleine, repräsentative Auswahl derselben herangezogen werden kann.[197]

Der Fokus der Untersuchung soll dabei vor allem auf jene Redepassagen Tandlers gelegt werden, die bevölkerungspolitische, eugenisch-rassenhygienische Inhalte bzw. darauf beruhende Argumentationen enthalten, die hinsichtlich Gedankengut und Terminologie als problematisch einzustufen sind und in offenem Widerspruch zu den Werten eines modernen humanistischen Menschen- und Weltbildes stehen.

Insbesondere soll anhand der GRSP auch der Frage nachgegangen werden, ob und in welchem Umfang jene bereits dargelegten eugenischen und (im Sinn der Goldscheidschen Menschenökonomie interpretierten) bevölkerungspolitischen Auffassungen, Positionen und Intentionen des Anatomen und Wissenschafters Tandler auch vom sozialdemokratischen Politiker und Amtsführenden Stadtrat für Wohlfahrtswesen der Stadt Wien Tandler im Bereich der Fürsorge- und Gesundheitspolitik im Wiener Gemeinderat bzw. Landtag vertreten wurden.

Menschenverachtende Terminologie im Kontext bevölkerungspolitischer Überlegungen

Zunächst einmal ist auffällig, dass der Anteil der bezüglich Rassenhygiene und Eugenik explizit inhumanen Aussagen Tandlers – gemessen an der Vielzahl seiner Wortmeldungen im Wiener Gemeinderat 1920–1933 – doch sehr minimal ist. Desgleichen ist bemerkenswert, dass diese Aussagen Tandlers in aller Regel in Zusammenhang mit Debatten um das städtische Wohlfahrtsbudget, um Zusatzkredite für Einrichtungen der Fürsorge oder um die Festsetzung bzw. Erhöhung der Verpflegskosten für die Versorgungsanstalten – kurzum in einem finanziellen Bezugsrahmen – fielen.

Ferner kann konstatiert werden, dass Tandler die aus der Rassenhygiene entlehnten Termini (wobei sich einzelne dieser Begriffe auch in den Publikationen Goldscheids zur Menschenökonomie finden) – „Minusvarianten", „Minderwertige", „Parasiten", „Schmarotzer" u. dgl. – zu Beginn seiner Ära als Gesundheitsstadtrat weit häufiger[198] verwendet als in den letzten Jahren seiner kommunalpolitischen Tätigkeit.

Eugenisch-rassenhygienisch konnotierte Aussagen und Argumente Tandlers finden sich vor allem im Kontext bevölkerungspolitischer Überlegungen, die er etwa bei der Rechtfertigung von Budgetausgaben im Sozial- und Gesundheitsbereich, im Bereich der Alters- und Jugendfürsorge, der Heil- und Pflegeanstalten, der Armenfürsorge, der Versorgungshäuser oder bei Themen wie der Bekämpfung von Tuberkulose oder Geschlechtskrankheiten anstellt.

Ein zentrales Ergebnis der Auswertung der GRSP sei bereits vorweggenommen: In jenen Redebeiträgen, in denen Tandler bevölkerungspolitisch argumentiert und dabei an manchen Stellen die Sprache der radikalen Rassenhygiene aufgreift, bleibt er inhaltlich stets an den Thesen der Menschenökonomie Goldscheids orientiert, und zwar in einem viel stärkeren Ausmaß, als dies bereits im Zusammenhang mit der Analyse seiner wissenschaftlichen Positionen festgestellt wurde. Die nachfolgenden Auszüge aus einzelnen Redebeiträgen Tandlers werden dies belegen.

Menschenökonomisches Kosten-Nutzen-Denken

In einer öffentlichen Sitzung des Wiener Gemeinderats vom 29. April 1921 stellt Tandler im Rahmen der politischen Debatte über die „Verpflegskostenfestsetzung für die Versorgungsanstalten der Gemeinde Wien" fest: „[…] Groß ist die Zufriedenheit der Menschen in den Versorgungshäusern ja nicht. Aber ich bitte, wollen Sie nicht vergessen, dass die Menschen in den Versorgungshäusern sich ja in einer Lage befinden, welche nicht danach angetan ist, besondere Zufriedenheit hervorzurufen. *Es sind doch Menschen, welche in dem Kampfe ums Dasein invalid geworden sind und abgewirtschaftet haben.* Bei solchen Menschen kann man eine besondere Eignung zur Zufriedenheit nicht finden."[199]

Tandler eröffnete mit diesem Statement seine Erwiderung auf die Vorwürfe seiner Vorrednerin und christlichsozialen Antipodin, Gemeinderätin (Stadträtin ohne Portefeuille) Dr. Alma Motzko, die sich kritisch mit der Alters- und Armenfürsorge der Stadt Wien auseinandersetzte und sich dabei auf die Unzufriedenheit von – ihrer Darstellung nach – mangelhaft betreuten und befürsorgten Pfleglingen berief.

Tandlers polemisch zugespitzte Eingangsreplik auf Motzkos Kritik weist eine sozialdarwinistische Sichtweise auf, wie der Terminus „Kampf ums Dasein" belegt. Diese ist darüber hinaus mit einem Kosten-Nutzen-Denken verzahnt, wie sie typischerweise der Menschenökonomie des Sozialphilosophen und Finanzsoziologen Rudolf Goldscheid zugrunde liegt. In der Planökonomie Goldscheids, die Bevölkerungspolitik als rationale „Bewirtschaftung des organischen Kapitals" begreift, stellt nur der lebende, gesunde und arbeitende Mensch einen Wirtschaftswert dar; Menschen, die „abgewirtschaftet haben", figurieren danach als Passivposten, als „unproduktiver Teil des organischen Kapitals". In Goldscheids Theorie nahm die Orientierung am Ökonomieprinzip zwar einerseits einen zentralen ethischen Stellenwert ein, andererseits war damit soziale Empathie keineswegs obsolet geworden. Goldscheid, der Altruismus ökonomisch zu begründen und zu rechtfertigen suchte, sprach sogar davon, dass „ein verfeinertes soziales Mitgefühl einen Entwicklungsfaktor höchster Potenz"[200] darstelle.

Rationalisierung der Wohlfahrt

Vor dem Hintergrund des großen sozialen Nachkriegselends sprach Tandler in derselben Rede vor dem Wiener Gemeinderat auch von der Notwendigkeit einer Reform der Armenpflege, wobei er als Anreiz für den Verbleib in der offenen Armenpflege eine größere finanzielle Zuwendung für die betreffenden Menschen in Aussicht stellte.

Aufgrund eingeengter Budgetmöglichkeiten (Nachkriegsinflation etc.) bemühte sich Tandler, den durch die prekären sozialen Zustände vermehrten Zustrom von Bedürftigen in die geschlossene Armenpflege effizienter zu regeln und nach ökonomischen Gesichtspunkten zu steuern. In seiner Sicht sei das „Volk von Wien [...] durch die vielen Arten der Hilfeleistung [...], die ihm in dieser schweren Zeit der Menschenkatastrophe zuteil wurden, bis zu einem gewissen Grade für Wohltätigkeitsakte überempfindlich geworden. [...] Unser Volk hat sich zu sehr an die Wohltätigkeit gewöhnt und es finden sich heute viele Menschen in Wien, welche Wohltätigkeitsakte für sich in Anspruch nehmen, obwohl sie eigentlich nicht hiezu berechtigt sind."[201]

Um dieser „Flucht ins Armenhaus", wie Tandler sich ausdrückte, entgegenwirken zu können, sah er auch die nachfolgende Generation in Pflicht und Verantwortung: „Das Hineingehen in eine geschlossene Anstalt ist für jeden ein bedeutsamer Entschluss. Ich habe während des Krieges und nach dem Kriege wohl viele Institutionen kennen gelernt, welche darnach angetan sind, das menschliche Mitleid zu erwecken. Ich kenne einen großen Teil der Spitäler während des Krieges und habe dort alles gesehen, was menschliches Elend bedeutet, und trotzdem muss ich gestehen, dass ich nichts kennen gelernt und nichts gesehen habe, was sich mit dem Anblicke eines Versorgungshauses vergleichen ließe. Wenn Sie bedenken, dass in diesem so viele Leute ihre einzige Beschäftigung darin finden, dass sie auf den Tod warten, so ist das das Furchtbarste, was man sich vorstellen kann (Zustimmung links). Ich zweifle nicht, dass bei richtiger Einflussnahme die Kinder sich doch entschließen werden, ihre Eltern eher vor dem Versorgungshause zu schützen als sie hineinzubringen, ja vielfach hineinzudrängen. Ich halte es für notwendig, dass man dieses Volk wieder zu der Verantwortlichkeit zurückführt, wie es ohne Zweifel vor dieser Sintflut der Wohltätigkeit besessen hat."[202]

Auch diese Denkweise der Verantwortung des Einzelnen und des Kollektivs (Verantwortung der Kinder für ihre bedürftigen Eltern, Verantwortung des Volks), der Rationalisierung von Kosten und Organisation (größtmöglicher Nutzungseffekt) sowie der Selbstrationalisierung des Individuums (Frage nach Sinn und Lebenszweck) lässt sich unschwer dem Denkgebäude Goldscheids zuordnen.

Dieser Vorstoß Tandlers spiegelt aber auch bereits seine Absicht wider, das Versorgungshaus Lainz künftig verstärkt in ein Krankenhaus für chronisch Kranke (geriatrisches Krankenhaus) umzugestalten. Mit der geplanten Zentralisation der Fürsorge für chronisch Kranke sollten die in den kleinen Armenanstalten eingerichteten Krankenabteilungen ersetzt werden, da diese kleinen Einheiten den vielfältigen Anforderungen der Pfleglinge ohnehin nicht entsprachen und aufgrund der anfallenden Kosten ökonomisch ineffizient waren.[203] Bis zum Ersten Weltkrieg hatten neben den Versorgungshäusern vor allem die Armenhäuser[204] in den einzelnen Bezirken, die aus Wohltätigkeitsakten kirchlicher Stellen bzw. (aristokratisch-)bürgerlichen Initiativen hervorgegangen waren, den Grundstock der geschlossenen Armenpflege der Stadt Wien gebildet. Deren schrittweise Schließung[205] stellte Tandler in der Gemeinderatssitzung vom 29. April 1921 in Aussicht.[206]

Tatsächlich wurden aber unter Stadtrat Tandler nur verhältnismäßig wenige Armenhäuser aufgelöst. Zufolge der Beschlüsse des Gemeinderatsausschusses III (Wohlfahrtseinrichtungen, Jugendfürsorge und Gesundheitswesen) vom 15. Juni 1921 und vom 17. Mai 1922 wurden die Armenhäuser[207] im XIX. Bezirk, Sandgasse (1921), im III. Bezirk, Gestettengasse, im XIII. Bezirk, Stockhammergasse, und im XXI. Bezirk, Jenneweingasse, aufgelassen und der Magistratsabteilung 45 (Wirtschaftsamt) übergeben, die diese Häuser zur Milderung der Wohnungsnot an Private vermietete.

Das am 7. Oktober 1920 aufgelöste und vorübergehend dem städtischen Jugendamt (Jugendfürsorge) überlassene Versorgungshaus St. Andrä an der Traisen ließ Stadtrat Tandler im Juli 1922 erneut Versorgungshauszwecken widmen. Infolge des Gemeinderatsbeschlusses vom 3. März 1922 wurde das Versorgungshaus Ybbs aufgelassen und an die Wiener Landes-Heil- und Pflegeanstalt Ybbs angegliedert.[208]

Aufgrund des Beschlusses des Gemeinderatsausschusses III vom 13. Juli 1927 erfolgte schließlich die Auflassung des Bürgerversorgungshauses im IX. Bezirk, Währinger Straße 45. Die verbliebenen Pfleglinge (1928 waren es noch 253) wurden in das Versorgungsheim Lainz übersiedelt. 1928 begann die Demolierung des Gebäudes.[209]

Während Tandler auf der einen Seite die Auflösung von Armen- bzw. Versorgungshäuser betrieb, ließ er auf der anderen Seite neue Objekte zum Zwecke der geschlossenen Armenpflege erschließen, wie das Versorgungshaus Baumgarten (Dezember 1920) im XIII. Bezirk (Hütteldorferstraße 188), das ursprünglich eine Landwehrkaserne gewesen war und zuletzt als Malariaspital in Verwendung gestanden hatte, das Versorgungshaus Meldemannstraße

(April 1922) im XX. Bezirk (Meldemannstraße 25–27), dessen Errichtung als Männerheim aus Mitteln der Kaiser-Franz-Josef-Jubiläumsstiftung für Volkswohnungen finanziert worden war und Bettgehern als günstige Wohnstätte gedient hatte, und das Versorgungshaus im IX. Bezirk (Galileigasse 8), das vormals als städtisches Waisenhaus fungiert hatte.[210]

Schließlich verfügte das Wohlfahrts- und Gesundheitsressort der Stadt Wien im Zeitraum 1929 bis 1931 über das Versorgungsheim Lainz (für Männer und Frauen), die Versorgungshäuser Baumgarten (für Frauen), Meldemannstraße (für Männer), Leopoldstadt (für Frauen), Liesing (für Frauen), Mauerbach (für Männer), Rochusgasse (für Frauen), Martinstraße (für Männer und Frauen) und St. Andrä an der Traisen (Männer und Frauen) sowie das Obdachlosenheim (ehemaliges Werk- und Asylhaus in der Arsenalstraße und das Gebäude Schobertplatz-Senngasse, X. Bezirk).[211]

Die städtischen Versorgungsanstalten – das Obdachlosenheim nicht mitgerechnet – hatten 1931 einen Normalbelag von 8.702 Betten und beherbergten 7.948 Pfleglinge im gesamten Jahr.[212] Darüber hinaus musste die Stadt Wien nötigenfalls Fürsorgebedürftige auch als Pfleglinge in fremden Anstalten auf ihre Kosten unterbringen.[213]

Für die Reorganisation der geschlossenen Armenfürsorge waren aber auch Entscheidungen relevant, die noch aus der Zeit vor Tandlers Amtsantritt als Amtsführender Stadtrat für Wohlfahrtseinrichtungen, Jugendfürsorge und Gesundheitswesen (10. November 1920) stammen. So hatte der Wiener Stadtsenat am 28. September 1920 beschlossen, dass sämtliche Wiener Humanitätsanstalten (Waisenhäuser, Kinderpflegeanstalten, Kinderheime, Heilanstalten usw.), für die bislang verschiedene Magistratsabteilungen zuständig gewesen waren, mit Wirkung vom 1. November 1920 einer eigenen Magistratsabteilung (MA 9) zu unterstellen, die bis dahin nur die Versorgungshäuser und das Krankenhaus der Stadt Wien verwaltet hatte. Durch diese für die Organisation des Anstaltswesens besonders wichtige Verfügung wurde es möglich, den Betrieb der Humanitätsanstalten der Stadt Wien sukzessive nach einheitlichen Gesichtspunkten zu organisieren.

Mit Beschluss des Wiener Gemeinderates vom 28. Mai 1920 war außerdem der Generalstabsarzt Dr. Franz Pick als Experte mit der Überprüfung der gesamten städtischen Humanitätsanstalten bestellt und mit der Mitwirkung an deren Reorganisation betraut worden.

Infolge des Trennungsgesetzes vom 29. Dezember 1921 kamen mit 1. Jänner 1922 noch weitere Anstalten in die Obhut der Magistratsabteilung 9, nämlich jene Anstalten, die das Land bzw. die Gemeinde Wien vom Land

Niederösterreich übernahm: die Heil- und Pflegeanstalten „Am Steinhof" und Ybbs, das Sanatorium Baumgartnerhöhe, das Zentralkinderheim mit Kinderheim in Schwadorf, die Erziehungsanstalt Eggenburg, die Taubstummenanstalt im XIX. Bezirk und das Seehospiz Lussingrande in Italien.[214]

Qualitative Bevölkerungspolitik in einem humanitären Rahmen

Gegen Ende seiner Rede vor dem Wiener Gemeinderat am 29. April 1921 rekurrierte Tandler auf den Terminus der „Minusvarianten", der ihm bereits in seiner bevölkerungspolitischen Analyse von 1916 „Krieg und Bevölkerung" als veranschaulichender Inbegriff der (Lebens-)„Untüchtigen" diente.

Hatte er bei seinem damaligen wissenschaftlichen Vortrag vor einem Fachpublikum als Dekan der Medizinischen Fakultät darauf Wert gelegt, die „Gefahr der Vermehrung dieser Minusvarianten für die nächste Generation" hervorzuheben und die steigende Unterstützung derselben als „menschenökonomisch unrichtig und rassenhygienisch falsch" qualifiziert, so argumentierte er als Stadtrat vor der politischen Zuhörerschaft des Wiener Gemeinderates anlässlich der Rechtfertigung der Zahlen des Wohlfahrtsbudgets 1920 inhaltlich geradezu in entgegengesetzter Weise, indem er auf Solidarität, Humanität und soziale Verpflichtung abstellt:

„Ich möchte Ihnen sagen, dass das Wohlfahrtsbudget dieser Stadt im vergangenen Jahr fast eine Milliarde [Kronen] ausgemacht hat. Ich kenne keine Stadt, welche in der furchtbaren Situation sich befände wie die unsrige und die mehr geleistet hätte, als wir. [...] Ich habe ausgerechnet, dass *das Wohlfahrtsbudget Wiens jedem Menschen in Wien, die Säuglinge inbegriffen, 100 K pro Jahr an Steuerleistung kostet*. Wenn wir annehmen, dass *nur ein Drittel der gesamten Bevölkerung produktive Arbeit leistet*, so gelangt man zu 300 K per Kopf und Jahr. *Das ist eine Belastung, welche man wohl als ungeheuer bezeichnen muss*. Wenn der Herr Finanzreferent [gemeint ist Finanzstadtrat Hugo Breitner] schließlich die Mittel zur Verfügung gestellt hat, so ist das eine Leistung, nach welcher das Referat beurteilt, als ein ganz weitherziges zu beurteilen ist. [...] Wir tun, was wir können. Unter dem ‚wir' verstehe ich nicht diejenigen, die hier verwalten, sondern *das Wiener Volk, welches sich tatsächlich abarbeitet, um seinen Minusvarianten eine Lebensmöglichkeit zu geben*. Wer nach Lainz hinausgeht und sieht, wie sich dort Anstalt an Anstalt reiht, und wer, wo immer er sich hinbegibt, sieht, dass irgend eine Heilanstalt oder Humanitätsanstalt steht, der muss sagen, was ich mir oft und oft gesagt habe: *Woher hat dieses Volk die Arbeitskraft, um all das zu erhalten, was als Minusvariante in Wien lebt?* Ich bin kein Freund der Bewunderung eines Volkes, weil das Ähnlichkeit hat mit Speichelleckerei, die mir vollkommen ferne liegt. Ich muss aber sagen, ich bewundere den *Arbeitsmut dieses Volkes, welches niemals überdrüssig wird, für Unglückliche und Hilflose Tag und Nacht zu arbeiten.* [...] Wenn man bedenkt, dass in den Anstalten Wiens ohne die Fondsspitäler alltäglich 15.000 Menschen erhalten werden müssen, so ist das eine ungeheure Leistung. Ich glaube, es täte unserem Ansehen im Auslande nur gut und es könnte vielleicht doch manchen Wohltäter dazu bringen, an die Stelle eines Wohlfahrtsaktes das strenge Gebot sozialer Pflichterfüllung zu setzen, wenn wir Wiener mit mehr Respekt über unsere Angelegenheiten reden würden und uns bewusst würden, dass wir in aller Not und Armut Ungeheures für unsere Kranken und Elenden leisten. [...] *Es ist eine Herzensangelegenheit, die ich hier vertrete.* Ich bitte Sie, das auch draußen im Volk zu sagen. Lassen wir bei all den Dingen das, was sonst im politischen Kampfe aufgeführt wird, weg! *Sicher ist, dass wir alle zusammen arbeiten müssen im Interesse dieser unglücklichen Menschen.* Das will ich hier gesagt haben (Lebhafter Beifall)."[215]

Im Anschluss an die Rede Tandlers wurde dessen Antrag auf Erhöhung der Verpflegskosten der Versorgungsanstalten von 60 auf 70 Kronen einstimmig vom Wiener Gemeinderat angenommen. Den Hintergrund für die zuletzt zitierten Ausführungen der Tandler-Rede bildeten angeblich von ausländischer Seite erhobene Vorwürfe, wonach die Wiener Stadtverwaltung aus eigener Kraft zu wenig unternehme, um das soziale Elend zu bekämpfen, und sich stattdessen auf die Wohltätigkeit ausländischer Spender verlasse.[216] Tandler ging es hier vordergründig um eine wirkungsvolle Entkräftung und Zurückweisung dieser Vorwürfe.

Darüber hinaus verstand es Tandler aber auch geschickt, vom „Arbeitsmut" der werktätigen Bevölkerung, die mit ihren Steuermitteln die Sozial- und Gesundheitsausgaben der Stadt Wien ermöglicht und mit ihrer Stimmenabgabe bei den ersten voll demokratischen Gemeinderatswahlen im Mai 1919 die Sozialdemokratie erstmals mit einer (absoluten) Mehrheit ausgestattet sowie mit der Wahrnehmung der Kommunalagenden beauftragt hatte, die Legitimität seiner Wohlfahrts- und Fürsorgepolitik herzuleiten.

Das nachgerade manichäisch-dualistische Bild, das Tandler in diesem Begründungszusammenhang zeichnete und mit dem er die (finanzielle und damit physische) Existenzabsicherung der „Minusvarianten", d. h. der „Kranken, Hilflosen und Elenden", durch die „Leistungsträger" („Plusvarianten"),

d. h. jene Menschen, die sich „tatsächlich abarbeiten", illustrierte, weist ihn einmal mehr als gelehrigen Schüler Goldscheids aus: In Tandlers Argumentation wird Humanität mit buchhalterischer Rationalität gleichgesetzt und eindeutig auf der Seite der „Plusvarianten" verbucht (nur durch ihr Handeln wird Humanität ermöglicht bzw. hergestellt). In ökonomischer Hinsicht werden Menschen dabei auf ihren volkswirtschaftlichen Wert reduziert.

Erst durch die Betrachtung des menschlichen Lebens als Kapital erschließt sich die Bedeutung des Begriffs „Minusvarianten": Gemeint sind jene Menschen, bei denen die Differenz aus „Kosten- und Ertragswert" negativ ausfällt, die nur Kosten verursachen und in der bevölkerungspolitischen Bilanz als „Passivposten" („Abschreibposten") aufscheinen.

Die Rede Tandlers vor dem Wiener Gemeinderat vom 29. April 1921 ist hinsichtlich ihres ambivalenten Gehalts ein Indikator dafür, dass Tandler seiner Wohlfahrtspolitik und seinem Fürsorgesystem qualitative bevölkerungspolitische Konzepte zugrunde legte, die er allerdings in einem humanitären Gesamtrahmen eingebettet wissen wollte.

Dieser humanitäre Gesamtrahmen kommt vor allem dadurch zum Ausdruck, dass Tandler nicht nur die „ungeheure Leistung", die seitens der Wiener Bevölkerung für die „Kranken und Elenden" aufgewendet wird, preist, sondern auch soziale Pflichterfüllung, Respekt und Bewusstseinsbildung hinsichtlich dieser Leistung einfordert. Am Ende seiner Rede bezeichnet er dieses Engagement als „Herzensangelegenheit" und mahnt überparteiliche, breite Zusammenarbeit „im Interesse dieser unglücklichen Menschen" ein.

Darüber hinaus ist Tandlers persönliches humanitäres Engagement im Umgang mit Pfleglingen der Kinder-, Jugend- und Altersfürsorge mehrfach belegt. So ging er selbst geringfügigen Beschwerden bezüglich der Lebensqualität von Pfleglingen in Alters- und Siechenheimen, die an ihn in Briefen oder Gemeinderatsanfragen herangetragen wurden, persönlich in Form von unangekündigten Visitationen (mitunter in Begleitung von Oppositionspolitikern) nach.[217]

Daran anschließend legte er über seine Überprüfungen Rechenschaft vor dem Wiener Gemeinderat ab, wies auf die tatsächliche Sachlage hin oder berichtete über die von ihm veranlasste Beseitigung von Missständen. Sein humanitärer persönlicher Einsatz wurde gelegentlich auch von der christlichsozialen Rathausopposition, allen voran von Dr. Alma Motzko, geschätzt.

So trat Tandler nachhaltig für eine Verbesserung der Lebensbedingungen der alten Menschen im Versorgungshaus Lainz ein: Er ließ den seit dem Ersten Weltkrieg in Lainz bestehenden „Erdbelag" – die infolge der

Überbelegung notwendige Unterbringung von Pfleglingen auf Bodenmatratzen – entfernen und den notwendigen Raumbedarf durch bauliche Erweiterungen decken.

Es war ihm außerdem ein Anliegen, den in den Anstalten befürsorgten Menschen insgesamt mehr Bewegungsraum – etwa durch die Schaffung von Tagräumen, die auch als beheizte Speiseräume dienten – zur Verfügung zu stellen.

Tandler wollte die am Beginn seiner Stadtratstätigkeit vorgefundenen Verhältnisse, „als die Leute ihre Mahlzeiten, zwischen den Betten sitzend, zu sich genommen haben", als man den jeweiligen Pflegling „zwischen zwei Betten, mit seinem Gesicht gegen die Wand gekehrt" und „fern jeder Bequemlichkeit" essen ließ, überwinden und radikal verbessern. Das Bild des alten Menschen, der „wie ein fressendes Tier [...], mit dem Gesicht zur Wand schauend, auf einem Nachtkastel sein Mittagsmahl verschlingt", sollte endgültig der Vergangenheit angehören.[218] Übrigens sind Tandlers persönliche, von humanitären Erwägungen geleitete Interventionen auf dem Gebiet der (geschlossenen sowie offenen) Kinder- und Jugendfürsorge ebenso belegt.[219]

Ökonomieprinzip mit Augenmaß

In der Sitzung des Wiener Gemeinderats vom 24. Juni 1921 sprach Tandler diesmal von „Minderwertigen", wobei er diesen Begriff synonym für jenen der „Minusvarianten" verwendete. Wiederum ging es im Kontext um die Rechtfertigung budgetärer Ausgaben.

Tandler trat für die Bewilligung eines Zuschusskredits für die geschlossenen Anstalten – u. a. die Heil- und Pflegeanstalten, die Versorgungs- und Waisenhäuser, das Krankenhaus Lainz, Erholungsheime sowie die Heilstätten für Tuberkulose – in der Höhe von 110 Millionen Kronen [Wert nach der Kaufkraft im Jahr 2016: 3,4 Millionen EUR; Anm. d. Verf.] ein. Dieser Zusatzkredit habe sich „trotz aller Sparsamkeit als notwendig" erwiesen, da sich allein die Beheizung der Anstalten auf 63,8 Millionen Kronen [Wert nach der Kaufkraft im Jahr 2016: 2 Millionen EUR; Anm. d. Verf.] belief. Ein wesentlicher Grund dieser Kostensteigerungen lag in den durch die Nachkriegsinflation bedingten Preissteigerungen, die sich nicht nur auf die Brennstoffe, sondern auch auf die Lebensmittel, Bedarfsartikel und Arzneimittel bezogen.

Tandlers Begründung für die Ausgaben erfolgte wiederum nach dem Muster menschenökonomischer Argumentation: *„Ich habe in einer früheren Auseinandersetzung betont, dass die Anforderung, welche die Pflege der*

Kranken, Minderwertigen, Siechen und Alten und vor allem der Kinder verursacht, eine Höhe angenommen hat, welche schon als ungeheuerlich zu bezeichnen ist. Ich habe schon erwähnt, dass rund eine Milliarde Kronen alle diese Dinge im Verlaufe des letzten Jahres die Gemeinde gekostet haben. Zu dieser Milliarde […] gehören nun diese 110 Millionen Kronen. […] Es ist selbstverständlich, dass eine ganze Reihe von Ausgaben nicht verändert werden konnte. Ich bin mir sehr wohl des Umstandes bewusst, dass es zu den furchtbarsten Dingen gehört, ein Budget in diesem Sinne zu vertreten und eine so ungeheure Zumutung an die steuerzahlenden Menschen zu stellen, die hier in Wien arbeiten. Auf der anderen Seite bitte ich nicht zu vergessen, um wen es sich handelt, für wen und wofür wir das Geld ausgeben und dass wir trotz aller Sparsamkeit und Ökonomie nicht unter ein gewisses Existenzminimum heruntergehen können. Es wäre schlecht angebracht, an der Beköstigung unserer Tuberkuloseheilstätten zu sparen. Lassen wir uns nicht täuschen! Was wir dort sparen, ist nur eine scheinbare Ersparnis, denn wir zahlen es drei- bis zehnmal zurück[220] [sic!], wenn die Menschen, die sich dort befinden, später in ihrer Arbeitsfähigkeit zurückbleiben. Das sind Dinge, welche ökonomisch und wirtschaftlich von größter Bedeutung sind."[221]

Befürwortung eugenisch orientierter Eheberatung

Am 27. Juni 1921 sprach Tandler in der Gemeinderatssitzung zum Thema „Wohlfahrtseinrichtungen". In seiner Rede räumte er seinen bevölkerungspolitischen Überlegungen breiten Raum ein, wobei er auch auf die Thematik der (eugenischen) Eheberatung Bezug nahm, wobei hier anzumerken ist, dass die diesbezüglich von Tandler gewünschte Einrichtung der „Eheberatungsstelle" erst im Jahr 1922 ihre Tätigkeit aufnahm.[222]

Seine Ausführungen begann er abermals mit einer Darlegung der These des „organischen Kapitals" im Sinne der Menschenökonomie Goldscheids: „Ich habe die ehrende Aufgabe, hier das Budget der Wohlfahrtspflege der Stadt Wien zu vertreten. Das Budget beträgt für dieses halbe Jahr 577 Millionen Kronen [Wert nach der Kaufkraft im Jahr 2016: 18,1 Millionen EUR; Anm. d. Verf.] […]. Nehmen wir ein Jahresbudget, so sind das 1,2 Milliarden [Wert nach der Kaufkraft im Jahr 2016: 37,7 Millionen EUR; Anm. d. Verf.]! Ich habe ausgerechnet, daß dementsprechend auf jeden Menschen, der heute in Wien lebt, fast 800 K [Wert nach der Kaufkraft im Jahr 2016: 25,13 EUR; Anm. d. Verf.] jährliche Abgabe entfällt. […] Sprechen wir aber nicht von der Größe dieser Abgabe, sprechen wir von den Zwecken, welchen diese Aufgabe gewidmet ist. Ich möchte zunächst bemerken, daß es ja eine bekannte Tatsache ist, allerdings eine Tatsache, welche viel zu wenig betont wird, welche noch viel zu wenig in die Köpfe jener Menschen gedrungen ist, welche zu verwalten berufen sind, daß alle Gemeinsamkeiten der Menschheit, gleichgültig ob sie Staat, Land oder Gemeinde sind, nicht nur rechtlich, nicht nur finanziell, sondern auch organisch bedingt sind. Dieses organische Kapital, das heißt die Menge der Menschheit, welche in der betreffenden Gruppe lebt, stellt die erste und wichtigste Vorbedingung für die Existenz der Gruppe im ganzen dar. Sie werden es daher begreiflich finden, daß dieses Budget sozusagen das Budget des organischen Kapitals in Wien bedeutet."[223]

Seine bevölkerungspolitischen Betrachtungen nahmen ihren Ausgang bei der Erörterung der demographischen Angaben zu Geburts- und Todesfällen, Geburtenrückgang etc. Als wichtiges Standbein der Bevölkerungspolitik betrachtete Tandler die erfolgreiche Bekämpfung der Seuchen und Infektionskrankheiten, die noch im Krieg eine hohe Sterblichkeitsrate mitverursacht hatten, aber „im vergangenen Verwaltungsjahr [1920] wohl keine besondere[n] Bevölkerungsverluste" mehr hervorriefen.[224]

Auf dem Gebiet der Bekämpfung der Geschlechtskrankheiten bekannte sich Tandler in dieser Rede als „absoluter Anhänger der Zwangsbehandlung", die er angesichts der Ansteckungsgefahr für die Jugend „nicht für eine Einschränkung der persönlichen Freiheit" hielt".[225] Großes Gewicht maß er in seinen Ausführungen der Einführung eines „Ehekonsenses" bei, worunter er im Prinzip die spätere eugenisch orientierte „Eheberatung" verstand: „Ich bin weit davon entfernt, aus einer Eheangelegenheit eine Staatsangelegenheit zu machen, aber eine bevölkerungspolitische Angelegenheit ist es schon deshalb, weil für die Produkte vieler dieser Eheschließungen die Allgemeinheit verpflichtet wird, zu sorgen. *Wer die Verhältnisse in unseren Versorgungshäusern kennt und weiß, was dort für Ehen geschlossen werden, den kann es nicht wundernehmen, wenn auch noch in Zukunft das Budget der Stadt Wien immer mehr und mehr durch die auf diesem Wege gezeugten Minusvarianten belastet wird.* Wenn ein Epileptiker eine Schwachsinnige heiratet, so gehört nicht viel Kenntnis der Vererbungstheorie dazu, um von vornherein sagen zu können, daß die Gemeinde Wien die Kinder dieser Ehe wird erhalten müssen, solange sie leben und wieweit das geht, sehen Sie daraus, daß wir nicht einmal ein Mittel dagegen haben, daß die Menschen in den Versorgungshäusern einander heiraten. Bei aller Hochachtung vor jenem Gefühle, das man landläufig Liebe nennt, bin ich doch der Meinung, daß auch der Finanzreferent der Stadt Wien mitzureden hat (Heiterkeit), wenn es sich darum handelt, die Kinder dieses Liebesaffektes aus den Kassen Wiens zu erhalten. Ich sehe darin eine Ungeheuerlichkeit, weil wir wissentlich etwas gestatten, was bevölkerungspolitisch ein Unsinn ist."[226]

Seine biopolitische Forderung nach einem eugenisch ausgerichteten „Ehekonsens" (Eheberatung) begründet Tandler hier mit erbpathologischen und menschenökonomischen Motiven. Gerade im Hinblick auf das Gefühlsleben von Menschen, insbesondere von psychisch Kranken und Hilfsbedürftigen, reduzierte Tandler – ganz auf Linie der Menschenökonomie – die Dimension der Humanität auf ihre wirtschaftliche Produktivität. Das Postulat, menschliche Beziehungen nach dem Ökonomieprinzip zu organisieren und einer fiskalischen Rationalisierung zu unterziehen, demaskiert Menschenökonomie letztlich in ihrer Inhumanität (im Sinn der heute geltenden Menschenrechte).

Kritik der Opposition

Auffallend ist, dass die an der Rassenhygiene orientierte Terminologie und die allgemeinen bevölkerungspolitischen, menschenökonomischen Ausführungen Tandlers vonseiten der Opposition – den christlichsozialen, deutschnationalen oder jüdischnationalen GemeinderätInnen – nicht im Geringsten kritisiert wurde. Kein(e) Vertreter(in) der Opposition im Wiener Gemeinderat hatte sich während Tandlers Amtszeit diesbezüglich zu Wort gemeldet und dessen rassenhygienischen Formulierungen problematisiert oder getadelt.

Das hängt zum einen damit zusammen, dass Tandler – im Gegensatz zu seinem Vorgänger Max Winter, der den Ruf eines „marxistischen Sozialdemokraten" hatte und deshalb enorm angefeindet wurde – bei seinem Amtsantritt bei allen Fraktionen den Nimbus des Wissenschafters, des sachbezogenen Experten genoss.

Auch Tandler selbst legte stets Wert darauf, als Arzt, als Fachmann in Erscheinung zu treten, betonte größtmögliche Distanz zu seiner eigenen Partei und versicherte, stets darauf bedacht zu sein, seine „Behörde zu entpolitisieren". Das führte u. a. auch zu Zwischenrufen vonseiten des politischen Gegners, wie in dem Fall von Leopold Kunschak, dem Vorsitzenden der christlichsozialen Gemeinderatsfraktion, während einer Tandler-Rede (zur Thematik der Verpflegskosten des Kaiser-Jubiläumsspitals): „Das ist die Antwort eines Referenten, der etwas versteht und seine Pflicht kennt!"[227]

An anderer Stelle erklärte Kunschak, dass seine Fraktion selbstverständlich für die von Gesundheitsstadtrat Tandler vorgeschlagenen Anträge stimmen werde, weil „sie sachlich fundiert und berechtigt seien"[228]. Es sei hier bereits angedeutet, dass Tandlers anfängliche Reputation als „unabhängiger Experte" im Gesundheitswesen angesichts der Radikalisierung des innenpolitischen Klimas im Lauf der 1920er Jahre rasch bröckelte und auch er sich nicht länger dem parteipolitischen Hick-Hack entziehen konnte.

Zum anderen erklärt sich das Schweigen der Opposition zur problematischen Diktion Tandlers dadurch, dass Oppositionspolitiker, wie beispielsweise der von 1923 bis 1925 von der christlichsozialen Partei in den Wiener Gemeinderat entsandte Anton Orel, eine noch radikalere, nämlich offen rassistisch-antisemitische Terminologie verwendeten, wobei sich in diesem Zusammenhang vor allem die nach Wien zugewanderten ostjüdischen Flüchtlinge als Zielscheibe für rassistische Hetze und als Sündenböcke für sämtliche ungelöste soziale Probleme – von der Arbeitslosigkeit über die Kriminalität bis hin zur Wohnungsnot – eigneten.[229] Orel erntete dafür jedenfalls heftige Kritik seitens der politischen Gegner (der Jüdischnationalen und der Sozialdemokraten).

Freilich erstaunt es in diesem Kontext zu registrieren, dass selbst ein so gebildeter, liberal und weltoffen gesinnter Repräsentant des Wiener Gemeinderats wie der Zionist und Jüdischnationale Dr. Leopold Plaschkes vor dem Gebrauch rassenhygienischer Terminologie nicht gänzlich gefeit war: Als er Gesundheitsstadtrat Tandler am 27. Juni 1921 im Gemeinderat von Missständen zwischen jüdischen und christlichen Pfleglingen im Versorgungshaus Lainz berichtete und ihn bat, in dieser Sache Abhilfe zu schaffen, erwähnte er bei der Nennung jüdischer Pfleglinge auch die *„geistig minderwertige* Jeanette Sandl".[230]

Aber diese Formulierung fiel in einem ephemeren, marginalen Zusammenhang, sie stand bestenfalls im Rang eines unbedachten Lapsus, eines peinlichen Fauxpas. Wenn Tandler hingegen von „Minderwertigen" oder „Minusvarianten" sprach, handelte es sich nicht um gelegentliche Ausrutscher oder Invektiven. Seine Terminologie war sorgsam gewählt, nicht selten von der radikalen Rassenhygiene übernommenes Vokabular, das seinen genauen Stellenwert und Platz in seinen bevölkerungspolitischen Theorien einnahm.

Während Tandlers allgemeine bevölkerungspolitische Thesen im Gemeinderat keineswegs kontrovers diskutiert wurden, riefen seine eugenisch fundierten Ideen des „Ehekonsenses" bzw. der „Eheberatung"[231] Widerspruch von christlichsozialer Seite hervor: Die diesbezügliche ablehnende Haltung der Gemeinderätin Dr. Alma Motzko, die aus ihrer christlichen

Auffassung vom bedingungslosen Wert des Lebens kein Hehl machte, kam aber nur sehr verschlüsselt und indirekt zum Ausdruck. Sie bettete nämlich ihre darauf bezogene Missbilligung in den Kontext ihrer wesentlich schärferen Kritik an der im deutschen Nachbarland gerade aufkeimenden Euthanasie-Debatte ein. Wenn sie außerdem die „von sozialistischer Seite" aufgestellte „Ansicht" kritisierte, „die Beschränkung der Geburtenzahl freiwillig zu gestatten", ließ sie – ganz nach ihrer katholisch-christlichen Weltanschauung – einen Interpretationsspielraum zu, der Tandlers Vorschlag einer eugenischen Eheberatung ebenso umfasste wie andere sozialdemokratische Positionen, etwa die Befürwortung verschiedener konzeptiver Methoden oder die Forderung nach der Legalisierung des Schwangerschaftsabbruchs (Abschaffung des § 144 StG).[232]

Im Mittelpunkt ihres Debattenbeitrages vom 27. Juni 1921 stand ihre Kritik an der im Deutschen Reich geführten Diskussion über die Tötung von „lebensunwerten Lebens": „Der Herr Referent [= Tandler] hat davon gesprochen, daß wir die Landesanstalten[233] übernehmen werden. Das sind Dinge, die zweifellos nicht nur von großem Werte für die Wiener Fürsorge sind, sondern auch ungeheure Kosten verursachen werden, die wir heute noch in gar keiner Weise abschätzen können […]. Wir müssen die Anstalten für unsere Siechen und ganz Elenden übernehmen, denn ich glaube, daß der Gedanke, der jetzt in Deutschland diskutiert wird, doch wohl für uns keine Geltung haben kann und sich bei uns niemals durchsetzen wird. Es ist das der Gedanke, der in folgerichtiger Fortführung der Auffassung des Mutterschaftsproblems von sozialistischer Seite aufgestellt worden ist; so wie man daran denkt und die Ansicht vertritt, die Beschränkung der Geburtenzahl freiwillig zu gestatten, wird auch draußen in Deutschland die Idee diskutiert, die blödsinnigen und unheilbaren Kranken, deren Dasein keinen Zweck für die Gesellschaft hat, nicht weiter zu erhalten. Das ist ein Gedanke, der ganz ernsthaft in den fachwissenschaftlichen Fürsorgeblättern erörtert worden ist. Ich glaube, daß die Wiener Bevölkerung dafür nie ein Verständnis haben wird, sie müßte denn den letzten Rest vom inneren Werte und Gefühle eingebüßt haben. Wir brauchen also diese Anstalten, aber wir müssen diese Anstalten auch entsprechend erhalten, wenn sie ihren Zweck weiterhin gerecht werden sollen."[234]

Bevölkerungspolitischer Begründungszusammenhang der Wohlfahrtsausgaben

Tandler nahm auch in den folgenden Jahren die Debatten über das Gesundheitsbudget im Wiener Gemeinderat zum Anlass, die Ausgaben für die Wohlfahrtseinrichtungen und soziale Fürsorge in einen bevölkerungspolitischen Begründungszusammenhang zu stellen.

Im Sinn seiner qualitativen Bevölkerungspolitik war es Tandler ein wesentliches Anliegen, den Anteil der Ausgaben „produktiver Art" am Gesundheitsbudget zu erhöhen. Am 20. Dezember 1924 führte Tandler dazu im Gemeinderat aus:

„Das Budget, [...] das sich auf die Wohlfahrtspflege der Stadt Wien erstreckt, umfasst für das heurige Jahr, [...] im ganzen eine Bruttoausgabe von 635 Milliarden [Kronen], das sind um 90 Milliarden mehr als im vergangenen Jahr. [...] Es ist selbstverständlich, dass wir uns auch hier bemüht haben, ein gewisses Gleichgewicht in den Leistungen herbeizuführen, und zwar entsprechend jenen Tendenzen, die ich hier an dieser Stelle schon des öfteren vertreten habe, Tendenzen, welche selbst wieder durch allgemeine bevölkerungspolitische Betrachtungen und Erwägungen diktiert sind. Und so wenig, als es mir in den früheren Jahren möglich war, hier ein Budget vorzulegen, das bevölkerungspolitisch bereits als ein gerechtes bezeichnet werden könnte, ebenso wenig ist dies auch heuer möglich. Auch dies ist eine Tatsache, die wir frei eingestehen müssen, über die wir hinwegkommen müssen, die aber dabei doch immer wieder den guten Willen offenbart, dies so rasch als möglich zu ändern. Denn ein gesundes, bevölkerungspolitisch gerechtes Budget müsste natürlich in seiner Gänze zu Gunsten der Jugend ausschlagen und dadurch wieder den Beweis dafür erbringen, dass diese Jugend, die durch Jahre hindurch gepflegt und gehegt worden war, schliesslich und endlich, in ihren Individuen alt geworden, der besonderen Altersversorgung entbehren kann. Davon kann nun natürlich noch keine Rede sein, im Gegenteil, wenn wir dieses Budget [...] nicht nach den Ziffern der Ausgaben und Einnahmen der einzelnen Zweige der Wohlfahrtspflege, sondern nach bevölkerungspolitischen Ideen zusammenstellen, so sehen wir, dass die Ausgaben unproduktiver Art, das sind vor allem die Ausgaben für die Altersversorgung jeglicher Art, viel grösser sind als diejenigen, die uns gegönnt ist, für die Jugend zu machen. [...] Ich möchte [...] hier nur sagen, dass von der Gesamtausgabe 339, also rund 340 Milliarden auf Ausgaben entfallen, die wir nicht als produktiv bezeichnen können, zum Unterschied von den rein produktiven Ausgaben, die die Summe von 251 Milliarden ausmachen."[235]

Obwohl Tandler der Auffassung war, dass es sich bei dieser Haushaltsbilanz um „ein vom bevölkerungspolitischen Standpunkt gewiss nicht glänzendes Budget" handelte und er ja auch entschlossen war, diesen Umstand zu ändern, ließ Tandler – seinen eigenen Angaben zufolge – weiterhin neue, massive Investitionen in Projekte der geschlossenen Fürsorge tätigen, die eigentlich „unproduktiver Art" waren. Tandler verwies hierbei vor allem auf den Ausbau des Versorgungshauses Lainz und die Errichtung eines neuen Versorgungshauses im 21. Wiener Gemeindebezirk, wofür er bereits im vorliegenden Budget eine erste Baurate in der Höhe von 10 Milliarden Kronen bereitstellte.[236]

„Produktive" versus „unproduktive" Ausgaben der Wohlfahrtspflege

Seit 1923 versuchte Tandler, ein „bevölkerungspolitisch gerechtes Budget", in dem die „produktiven" Ausgaben überwiegen würden, zu Wege zu bringen, was ihm letztlich aber erst für das Budget 1926 gelingen sollte. In der Debatte um den Budgetvoranschlag von 1926 räumte Tandler im Dezember 1925 freilich ein, dass „dieses Ereignis auf die ganz ungeheuren Ausgaben für die Kindergärten zurückzuführen" sei.[237] Lag das Verhältnis der „produktiven" zu den „unproduktiven" Ausgaben im Jahr 1923 laut Tandler bei 43,5 % zu 56,5 %, so verschoben sich diese Anteile im Jahr 1926 auf 54 % „produktive" Ausgaben und 46 % „unproduktive" Ausgaben.[238]

Anlässlich der Debatte über den Budgetvoranschlag 1927 erklärte Tandler, dass man sich bemühe, im Interesse einer „intensiveren Bewirtschaftung unseres organischen Kapitals" der „Zunahme der Fürsorge" – bedingt durch ein Anwachsen der Arbeitslosigkeit und des sozialen Elends – „nicht nur in die Breite, sondern auch in die Tiefe budgetär gerecht zu werden".[239]

Dann kam er auf die Budgetentwicklung zu sprechen: „[…] möchte ich Ihnen ganz kurz sagen, daß wir im Jahre 1923 35,8 Millionen Schilling [für die gesamte Wohlfahrtspflege; Anm. d. Verf.] ausgegeben haben. Dieser Betrag ist dann ununterbrochen gestiegen und ich kann heute um die Annahme eines Budgets bitten, dass die Höhe von 80 Millionen Schilling [1927] erreicht. Ich habe […] schon einige Male gesagt, daß für mich die Summe des ausgegebenen Geldes allein nicht maßgebend ist, sondern daß ich die Richtigkeit der Budgetierung auf dem Gebiete der Wohlfahrtspflege auf Grund des gegenseitigen Verhältnisses zwischen produktiver und unproduktiver Fürsorge suche. Wenn es uns nun im vergangenen Jahre zum erstenmale gelungen ist, die produktiven Ausgaben größer zu gestalten als die unproduktiven und ich auch damals kaum geglaubt habe, daß das eine Beständigkeit aufweisen dürfte [...], so kann ich heute melden, daß doch eine gewiße Beständigkeit vorhanden ist. Auch im heurigen Jahr [1927] geben wir beiläufig 53 % unserer Ausgaben für die produktive und nur 47 % für unproduktive Ausgaben der Wohlfahrtspflege aus."[240]

Auch bei der Debatte über den Budgetvoranschlag 1928 im Dezember 1927 brachte Tandler seinen Optimismus hinsichtlich der Stabilität des Verhältnisses zwischen „produktiven" und „unproduktiven" Ausgaben der Wohlfahrtspflege zum Ausdruck. Aus bevölkerungspolitischen Gründen sei es nicht gleichgültig, „wofür das Geld im Sinne der Verbesserung des organischen Kapitals ausgegeben" werde: „Im Laufe der Zeit hat sich nun gezeigt, daß wir immer mehr imstande waren, die Menge der produktiven Ausgaben zu erhöhen und jene der unproduktiven einzuschränken [...]." Diese Umschichtung der Ausgabenstrukturen waren aber nicht nur Tandlers Bemühungen geschuldet, sondern wurden auch durch eine Änderung der Geschäftsordnung 1927 beschleunigt, wonach die zur Verwaltungsgruppe IV[241] ressortierenden Agenden der Sozialpolitik dem Ressort Tandlers (Verwaltungsgruppe III – Wohlfahrtseinrichtungen, Jugendfürsorge und Gesundheitswesen) zugeschlagen wurden.

Vor dem Hintergrund dieser Verwaltungsrochade und unter Berücksichtigung der zusätzlichen sozialpolitischen Aufgaben konstatierte Tandler: „Nimmt man diese [= sozialpolitischen Ausgaben] dazu, so beträgt das Ausgabenbudget im heurigen Jahr im ganzen 99,94 Millionen, also rund 100 Millionen [Wert nach der Kaufkraft im Jahr 2016: 340 Millionen EUR; Anm. d. Verf.]."[242]

„Bevölkerungspolitisch gerechtes" Wohlfahrtsbudget (Ausgaben des Wohlfahrtsamtes, Verwaltungsgruppe III):

Wunschziel Tandlers: „Produktive Ausgaben" (bspw. Jugendfürsorge) sollen höher sein als „unproduktive Ausgaben" (bspw. Altersfürsorge)

Jahr	Brutto-Ausgaben der Wohlfahrts-pflege der Stadt Wien in Mio. Schilling (in Klammer: Kauf-kraft in Mio. EUR, Stand 2016)	„Produktive Ausgaben" (Jugendfürsorge, Gesundheitsfürsorge etc.) in Prozent	„Unproduktive Ausgaben" (geschlossene Fürsorge etc.) in Prozent
1923	35,8 (126,6)	43,5	56,5
1926	80 (285,8)	54	46
1927	87,8 (304,4)	53	47
1928	99,94 (339,8)	47	53

Quelle: Julius Tandler, GRSP 1923–1928. Währungsumrechnung im Vergleich zur Kaufkraft 2016 in EUR, Österreichische Nationalbank.

Dass dieser Umstand einen entscheidenden Einfluss auf das Verhältnis der „produktiven" und „unproduktiven" Ausgaben nahm, bestritt Tandler keineswegs: „Es ist klar, daß gerade die sozialpolitischen Ausgaben in der Rubrik der produktiven eingestellt werden müssen, wodurch nun selbstverständlich auch das gegenseitige Verhältnis zwischen produktiven und unproduktiven Ausgaben zu Gunsten der ersteren geändert wurde."[243]

Die „bevölkerungspolitisch gerechte" Bilanzierung: Kaum Auswirkungen auf die Praxis der Wohlfahrtspflege

Aufgrund der budgetären Darlegungen Tandlers, insbesondere in Bezug auf die Änderung der Ausgabenstrukturen der Wohlfahrtspflege zugunsten der produktiven Fürsorge, ist es kaum möglich, verlässliche Rückschlüsse auf eine eventuelle Verschlechterung der Versorgungssituation der Armen, Alten und Kranken, vor allem in der geschlossenen Fürsorge, zu ziehen.

Zum einen hatte Tandler neu hinzugekomme Budgetposten (sozialpolitische Ausgaben) zu den produktiven Ausgaben gezählt, die das ursprüngliche Verhältnis zwischen „produktiven" und „unproduktiven" Ausgaben der Wohlfahrtspflege verzerren. Zum anderen hat sich das Gesamtbudget der Wohlfahrtspflege von 1923 bis 1927 mehr als verdoppelt (und damit im selben Ausmaß die „unproduktiven" Ausgaben). Diese exorbitante Budgetexpansion lässt sich keineswegs mit dem Hinweis auf die massive Inflation[244] bzw. Teuerungsrate der Nachkriegszeit oder den Anstieg der Pfleglingszahlen argumentativ relativieren oder in ihrer Bedeutung kleinreden.

Sie fußte letztlich auf dem Steuerkonzept seines Parteifreundes, des Finanzstadtrates Hugo Breitner, der aus gesellschaftspolitischen Gründen eine Steuerpolitik mit dem Ziel einer sozial-fiskalischen Umverteilung forcierte, die nicht nur den Ausbau von Tandlers Wohlfahrtseinrichtungen (Institutionen der Kinderfürsorge, Bäder, Krankenhaus Lainz, Versorgungshäuser etc.) und sozialen Programmen sowie die finanzielle Absicherung der offenen Fürsorge, sondern auch die Errichtung der kommunalen Wohnungsbauten des Roten Wien ermöglichte.[245]

So erfolgten unter Tandler nicht nur große Investitionen in Bezug auf die Infrastruktur der Kinder- und Jugendfürsorge, sondern auch hinsichtlich der sozialen Fürsorge: Der Ausbau des Versorgungsheimes Lainz zum größten Alters- und Pflegeheim bzw. geriatrischen Krankenhaus Europas ist in diesem Zusammenhang ein Beispiel dafür.

Freilich wurden seitens der Opposition, insbesondere von Dr. Alma Motzko, Mängel und Missstände in Einrichtungen der sozialen Fürsorge aufgezeigt und konkrete Beschwerden – etwa über unzureichende Essensrationen in manchen Abteilungen des Versorgungsheimes Lainz – an Stadtrat Tandler herangetragen. Tandler war um den Ruf seines Wohlfahrtssystems sehr besorgt und setzte – wie er in den Gemeinderatssitzungen ausführte – alles daran, aufgedeckte Missstände so rasch wie möglich zu beseitigen. Vielen dieser Beschwerden ging er sogar persönlich vor Ort nach und war deshalb auch in der Lage, wenn sich Behauptungen als unrichtig herausstellten, die zugrundeliegenden Sachverhalte im Gemeinderat sachlich fundiert aufzuklären und – wenn sich Kritik in seiner Sicht als unberechtigt herausstellte – diese zu entkräften bzw. zu widerlegen.

Die Rahmen- und Versorgungsbedingungen konnten in den Heil- und Pflegeanstalten[246] sowie in den Versorgungshäusern[247] – im Vergleich zu jenen der letzten Kriegs- und Nachkriegsjahre – bis 1923/24 signifikant verbessert werden. Tandler ließ im Interesse der sozialen Gerechtigkeit die noch in den ersten Nachkriegsjahren in den Heil- und Pflegeanstalten geltenden fünf Verpflegsklassen auf drei reduzieren: Die Bedeutung sozialer Klassenunterschiede sollte – von seinem Anspruch her – in der Pflegeversorgung minimiert werden.

Eine große Herausforderung für die gesamte Wohlfahrtspflege – von den Einrichtungen der Kinderfürsorge bis hin zu den Versorgungshäusern – stellte die tägliche Sicherstellung einer ausreichenden und qualitativen Ernährung für die Pfleglinge dar. Denn die Ernährungsverhältnisse in Wien blieben die ganze Zwischenkriegszeit hindurch angespannt. Für große Teile der Bevölkerung standen Nahrungsmittel nicht im Überfluss zur Verfügung.

1922 übernahm Tandler die Schülerausspeisung, die sogenannte US-amerikanische Kinderhilfsaktion, von der „American Relief Administration" in die Verwaltung der Gemeinde Wien. Allein in diesem Bereich mussten täglich über 20.000 Kinder, die von Symptomen der Unterernährung betroffen waren, in Schulen und Kindergärten mit Mahlzeiten versorgt werden.[248]

Freilich wurden in Tandlers Ressort auch Strategien zur Senkung der Kosten in der geschlossenen Fürsorge ersonnen, ob sie so erfolgreich waren, ist eine andere Frage. In der Idealvorstellung Tandlers sollte die Armenfürsorge für gesunde Hilfsbedürftige mittels finanzieller Unterstützungen außerhalb der Anstalten erfolgen, da der Betrieb in den Versorgungshäusern naturgemäß kostspieliger war.[249]

Unter dem Gesichtspunkt der Erzielung möglicher Einsparungen eröffnete man beispielsweise Pfleglingen in Versorgungshäusern, deren Überleben außerhalb der Anstalten als möglich angesehen wurde, die Option, von der geschlossenen Fürsorge in die offene zu wechseln. Den Pfleglingen wurden allerdings der höchstmögliche Erhaltungsbeitrag und die erleichterte Wiederaufnahme im Bedarfsfall zugesichert.

Allerdings war es für diese nicht leicht, die damit zusammenhängenden bürokratischen Auflagen zu erfüllen: So wurde der Erhaltungsbeitrag nur ausbezahlt, wenn sie eine neue, ständige Unterkunft außerhalb der Anstalten nachweisen konnten.[250] Die auf diesem Weg erzielten Einsparungen im Bereich der „unproduktiven Kosten" lassen sich aber ebenso wenig quantifizieren, weil keine statistischen Auswertungen vorliegen, die darüber Auskunft geben würden, wie viele Pfleglinge von dieser Möglichkeit Gebrauch machten und wie viele von denen, die in die offene Fürsorge gewechselt waren, wieder in die geschlossene zurückkehrten.

Und selbst dort, wo aus Gründen der Rationalisierung kleinere Versorgungshäuser – wie beispielsweise die Armenhäuser im XIX. Bezirk, Sandgasse, im III. Bezirk, Gestettengasse, im XIII. Bezirk, Stockhammergasse, und im XXI. Bezirk, Jenneweingasse, sowie das Bürgerversorgungshaus im IX. Bezirk, Währinger Straße 45 – geschlossen wurden, musste das Gros der Pfleglinge wiederum in anderen städtischen Versorgungseinrichtungen, insbesondere im Versorgungshaus Lainz, untergebracht werden. Ökonomisierung, Sparsamkeit, Effizienz und Zentralisierung waren im menschenökonomischen Verständnis und sozialpolitischen Denken Tandlers tief verwurzelt und betrafen übrigens auch den Teil der „produktiven Ausgaben", wie die Einrichtungen der Kinderfürsorge. Ressourcen sollten auch hier nicht verschwendet, sondern optimal nach dem „Nutzeffekt" eingesetzt werden.

Zu tatsächlichen Leistungseinschränkungen, die sich aber auf alle Bereiche der Tandlerschen Wohlfahrtspolitik erstreckten, kam es erst zu Beginn der 1930er Jahre im Gefolge der Wirtschaftskrise, als auch der Umfang der von der Gemeinde Wien eingenommenen Steuern und Finanzabgaben massiv zurückging.[251] Dieser Trend verstärkte sich schließlich 1933, als die Bundesregierung Dollfuß über den Finanzausgleich – der Umverteilung der Steuereinnahmen zwischen Bund und Ländern – die für das Bundesland Wien bestimmten Budgetmittel dramatisch kürzte[252], was eine massive Einschränkung der Kapazitäten des Wohlfahrtssystems nach sich zog und auch die kommunale Wohnbautätigkeit zum Erliegen brachte. Aber das betraf schon die Zeit nach der Ära Tandler.

Tandlers sonstige Reden und Wortmeldungen im Gemeinderat

Außerhalb der Budgetdebatten und abseits der zuvor angesprochenen Themen hatte der bevölkerungspolitische Diskurs Tandlers bei seinen Reden und Wortmeldungen zu den verschiedenen Bereichen des Wiener Gesundheits- und Wohlfahrtswesens kaum eine nennenswerte Rolle gespielt. Es wurde schon festgestellt, dass die fragwürdigen Aussagen Tandlers in Bezug auf die Bevölkerungspolitik und Eugenik nur einen verschwindenden Anteil an dem gesamten Volumen seiner Redebeiträge ausmachten.

Die Debatten im Wiener Gemeinderat zur Gesundheits- und Wohlfahrtspolitik drehten sich mehrheitlich um ganz andere Themen, die sich an den von Stadtrat Tandler vorgenommenen sozialen Reformen, Änderungen und Erneuerungen orientierten: Berichte über den Ausbau der Einrichtungen der Jugendfürsorge, von Kindergärten, Horten, Mutterberatungsstellen, Schwimmbädern bis hin zu Schulzahnkliniken.

Des Weiteren standen Verwaltungsberichte, Personalfragen zu den verschiedenen Institutionen des Gesundheitswesens – u. a. den Wohlfahrtsanstalten, dem Krankenhaus Lainz, den Versorgungshäusern sowie Heil- und Pflegeanstalten – auf der Tagesordnung. Im Mittelpunkt standen vor allem sachbezogene Aspekte des Gesundheitswesens, die durchaus politisch brisant sein konnten und dementsprechend parteipolitisch kontrovers diskutiert wurden.

Tandler musste immer wieder um Zuschusskredite für seine Wohlfahrtsanstalten ansuchen, was im Gemeinderat meist ebenso auf breite Zustimmung stieß wie seine in der Sache begründeten Anträge auf Anhebung der Verpflegsgebühren. Auch gesundheitspolizeiliche Agenden – wie die Bekämpfung der Geschlechts- und Infektionskrankheiten sowie der Tuberkulose – und humanitäre Maßnahmen wie die Schulausspeisungen gaben kaum Anlass zu politischen Konflikten.

Der Reformpolitiker Tandler

Die wesentlichen sozialreformerischen Leistungen Tandlers auf dem Gebiet der Gesundheits- und Wohlfahrtspflege der Stadt Wien sind bereits im ersten Kapitel „Person und Lebenswerk Julius Tandlers" kurz vorgestellt worden. Im Folgenden sollen zwei wesentliche Aspekte seiner Reformpolitik behandelt werden, die Tandlers politisches Denken besonders charakterisieren.

Recht des Einzelnen auf staatliche Fürsorge und die Versorgungspflicht der Familie

Von seiner bevölkerungspolitischen Idealvorstellung aus erachtete Tandler die Pflicht der Versorgung Hilfsbedürftiger zuvorderst als Pflicht der Familie. Insbesondere sollten Kinder dann für ihre alten und kranken Eltern finanziell aufkommen, wenn sie mit ihnen in einem gemeinsamen Haushalt wohnten.

Schon unter den schwierigen sozialen Verhältnisse der unmittelbaren Nachkriegszeit zweifelte Tandler nicht daran, „daß bei richtiger Einflußnahme die Kinder sich doch entschließen werden, ihre Eltern eher vor dem Versorgungshause zu schützen, als sie hineinzubringen, ja vielfach hineinzudrängen. Ich halte es daher für notwendig, daß man dieses Volk wieder zu der Verantwortlichkeit zurückführt, welche es ohne Zweifel vor dieser Sintflut der Wohltätigkeit besessen hat."[253]

Diese Sichtweise, bei der Versorgung hilfsbedürftiger Menschen zunächst auf den Familienverband zu setzen, stand übrigens nicht im Widerspruch zu seinen vier Grundsätzen, die Tandler am 30. Juni 1921 dem Gemeinderat vorlegte und an denen sich seine Wohlfahrtspflege orientieren sollte: „Die Gesellschaft ist verpflichtet, allen Hilfsbedürftigen Hilfe zu gewähren. Individualfürsorge kann rationell nur in Verbindung mit Familienfürsorge betrieben werden. Aufbauende Wohlstandspflege ist vorbeugende Fürsorge. Die Organisation der Wohlstandspflege muss in sich geschlossen sein."[254]

Dennoch blieb der wichtigste Aspekt dieser Grundsatzerklärung der erste Satz, mit dem er den radikalen Charakterwandel darlegte, der in der Fürsorgeanschauung unter seiner politischen Verantwortung vollzogen werden sollte: Die völlige Umorientierung von einer Armenfürsorge, einer Wohltäterei, von einem demütigenden Almosenempfangen hin zu einer „verpflichtenden Übernahme der Fürsorgeaufgabe durch die Gesellschaft".

Von der formellen Festschreibung der Fürsorgepflicht der Gesellschaft leitete sich im Umkehrschluss für das Einzelindividuum ein Recht auf Fürsorge ab: Jeder Mensch hatte Anspruch auf die Fürsorgeleistung der Gesellschaft, wobei dieser Anspruch im Sinn einer sozialen Gerechtigkeit von Fürsorgebeamten geprüft werden musste.[255]

Im Sinn unseres heutigen Sozial- und Wohlfahrtsstaates handelte es sich hierbei um einen echten sozialen Fortschritt, um einen Meilenstein in der sozial- und gesellschaftspolitischen Entwicklung. Der Umsetzung eines solchen idealistischen Rechtsanspruchs auf staatlich gewährte Fürsorge waren jedoch in einem Gemeinwesen, das von Mangelwirtschaft, sozialer Not und begrenzten finanziellen Ressourcen geprägt und von unserer modernen Wohlstandsgesellschaft noch weit entfernt war, notgedrungen materielle Grenzen gesetzt: In der Realität konnte eine unentgeltliche Hilfeleistung nur dann erfolgen, wenn absolute Mittellosigkeit bestand.

Im Mittelpunkt stand das Subsidiaritätsprinzip: Erst für den Fall, dass eine ökonomische Selbsterhaltung für das Individuum nicht mehr möglich war, dass die eigene Arbeitskraft, das eigene Vermögen und die Unterstützung durch Dritte restlos ausgeschöpft waren, konnte die Wohlfahrtspflege auf den Plan treten.[256] Vor dem Hintergrund des Massenelends im Wien der Nachkriegszeit sollte der von Tandler konzipierte Prototyp des Wohlfahrtssystems für abertausende Hilfsbedürftige – vom Neugeborenen bis zum Greis, vom körperlich Versehrten bis zum psychisch Kranken – einen Fortschritt darstellen: Nun bestand ein Anspruch auf Versorgung, kein wirklich Hilfsbedürftiger sollte – zumindest vom theoretischen Anspruch her – um Wohltätigkeit betteln müssen. In diesem Punkt verstand sich Tandler nicht nur als Bevölkerungspolitiker, sondern vor allem auch als Sozialdemokrat.

Tandlers Humanitätsverständnis im Spannungsfeld bevölkerungspolitischer und menschenökonomischer Erwägungen

Zurück zur Frage des Verhältnisses von „produktiven" und „unproduktiven" Ausgaben der Wohlfahrtspflege im Sinn von Tandlers bevölkerungspolitisch-menschenökonomischen Erwägungen. Festzuhalten bleibt, dass der leichte Überhang an „produktiven" Ausgaben der Fürsorge zu keinen erheblichen Einschnitten in der geschlossenen Anstaltspflege geführt haben dürfte. Hier zeigt sich Tandlers Ambivalenz zwischen dem Anspruch seiner Theorie und den faktischen Gegebenheiten.

Betrieb, Personal und Verpflegung der vorhandenen und zum Teil ausgebauten Anstalten mussten bezahlt werden, daran konnte auch Tandler nicht rütteln, wollte er nicht eine absolute Versorgungskrise herbeiführen. Tandler ging es ja auch eher um eine langfristige Einsparung der „unproduktiven" Kosten im Sinn seiner bevölkerungspolitischen Theorie: Je mehr in Bereiche der Jugendfürsorge investiert werde, desto mehr würde man sich prospektiv an „unproduktiven" Kosten der Altersversorgung etc. ersparen, da die künftigen Generationen durch gezielte „Aufzuchtsförderung" (Konditionshygiene) gesünder und länger leistungsfähig seien. Er glaubte aufgrund seines neolamarckistischen Ansatzes daran, dass die Zahl der „Minusvarianten" durch bevölkerungspolitische Maßnahmen eines Tages nahezu zum Verschwinden gebracht werden könnte.

Mit dem Argument der langfristigen Ersparnis „unproduktiver" Kosten warb Tandler übrigens auch für die Fortführung des Wohnbauprogramms des Roten Wien. Tandlers Sichtweise deckte sich mit dem sozialdemokratischen Standpunkt, dass eine Verbesserung der Wohnverhältnisse sozial benachteiligter Bevölkerungsschichten positive Auswirkungen für die Volksgesundheit insgesamt zeitige. In bevölkerungspolitischer Hinsicht sah er in der Schaffung gesundheitsfördernder, leistbarer und menschenwürdiger Wohnungen konditionshygienische Zukunftsinvestitionen im Sinn von nachhaltigen Milieuveränderungen, die einen entscheidenden Beitrag zur Hebung des Gesundheitszustandes der Bevölkerung leisteten. Seiner soziallamarckistischen Denkweise zufolge musste die Formel „gesunde Wohnungen bedeuten gesunde Menschen" à la longue im Gesundheitsetat zu großen Ersparnissen führen.[257]

In seinem Beitrag „Mieterschutz und Volksgesundheit" in der sozialdemokratischen Zeitschrift „Arbeiterschutz" vom 15. Juni 1927 führte Tandler eine regelrechte Kampagne für das Wiener Wohnbauprogramm, dessen Notwendigkeit er neben medizinischen, sozialen und finanziellen Gründen auch humanitär rechtfertigte.[258] Gerade im Kontext der Würdigung des Umfangs und der Kosten dieses internationalen Vorzeigewohnprogramms bediente sich Tandler allerdings auch einer Argumentation, der aus heutiger Sicht jede humanitär-ethische Grundlage abging: Unzweideutig wies er darauf hin, dass chronisch und unheilbar Kranke einen („unproduktiven") Kostenfaktor darstellten, der eine erhebliche Einschränkung des kommunalen Wohnbauprogramms verursache:

„Wer die Wirkungen des Alkoholismus kennt und wer die Wirkungen der Geschlechtskrankheiten sieht, der weiß, welch ungeheure Ersparnis es bedeutet, für die gesamte Bevölkerung die schönsten Wohnbauten zu errichten. Ich pflege das immer durch Beispiele zu belegen an den Irrenanstalten unserer Gemeinde. Wenn unter 3.000 Irrsinnigen des Steinhofes 1.000 ihr unheilbares Dasein der Syphilis verdanken, wenn Sie überlegen, daß jeder solche Mensch täglich mindestens 5 Schilling kostet, können Sie sich ausrechnen, wie viele Wohnbauten wir errichten könnten, wenn wir diese Menschen nicht hätten. Wenn Sie sich überlegen, daß in Wien augenblicklich 42 Prozent aller Aufnahmen in die Irrenanstalten auf den Alkoholismus zurückgehen, so können Sie sich wieder ausrechnen, wie viele Wohnbauten wir wieder aufführen könnten, wenn diese Herrschaften etwas weniger besoffen gewesen wären."[259]

Auch wenn Tandler die Versorgung von psychisch und chronisch Kranken keineswegs in Frage stellt, so sind seine diesbezüglichen Ausführungen unbestreitbar inhuman, insbesondere bezüglich der zynischen Aufrechnung ihrer Lebenserhaltungskosten und hinsichtlich der von ihm vorgenommenen moralischen Verurteilung bzw. Abqualifizierung dieser Menschen. Die oben zitierte Stelle ist ein Paradebeispiel dafür, dass bei Tandler humanitäre Anliegen und Visionen gerade in bevölkerungspolitischen und menschenökonomischen Begründungszusammenhängen nicht selten mit menschenverachtenden Termini und Inhalten sowie diskriminierenden Sichtweisen bestimmten Personengruppen gegenüber amalgamiert waren. Bei der Rechtfertigung von sozialen und humanitären Ausgaben konnte oder wollte Tandler auf menschenunwürdige Argumente – wie beispielsweise die Aufrechnungen der Kosten von „Alkohol- und Syphiliskranken" – nicht verzichten, sie gehörten zu seinem rhetorischen Standardrepertoire.

Ungeachtet seines fortschrittlichen und fundierten naturwissenschaftlichen Weltbildes und dem Zeitgeist zum Trotz inklinierte Tandler im Gegensatz zu den frühen deutschen Pionieren der Rassenhygiene Wilhelm Schallmayer (1857–1919) und Alfred Ploetz (1860–1940), die eine moderne Rassenethik[260] propagierten, eher zu einem traditionellen Humanitätsverständnis. In seinen wissenschaftlichen Beiträgen plädierte Tandler zwar für eine „generative Ethik" oder „generative Verantwortung"[261], doch den entscheidenden Stellen seiner politischen Reden war ein Humanitätsbegriff immanent, der eindeutig in humanistischen Denkschemata älterer und neuerer Prägung – dem Sittengesetz (kategorischen Imperativ) Immanuel Kants[262], der Mitleidsethik Arthur Schopenhauers[263], dem atheistischen Humanismus von Karl Marx[264], der Verantwortungsethik Max Webers[265] oder dem Altruismus jüdisch-christlicher Tradition – wurzelte.

Tandlers Humanitätsgesinnung kann allerdings nicht losgelöst von seinen wissenschaftlichen Positionen betrachtet werden. Zwischen seinem Humanitätsgedanken und seinen lamarckistisch-konditionshygienischen, positiven eugenischen und menschenökonomischen Grundsatzüberzeugungen bestand ein absoluter Nexus. In Tandlers Verständnis war es zutiefst human, über eine gezielte Förderung der sozialen Verhältnisse junger Menschen (z. B. Investitionen in die Jugendfürsorge) – auf dem Weg der Vererbung erworbener Eigenschaften – die qualitative Verbesserung der genetischen Grundausstattung kommender Generationen voranzutreiben und auf diese Weise, in menschenökonomischer Hinsicht, durch eine „optimale Bewirtschaftung des organischen Kapitals" auch noch eine Kostenersparnis zu erwirtschaften. Dass seine bevölkerungspolitischen und menschenökonomischen Überlegungen gelegentlich mit seiner humanitären Grundsatzüberzeugung kollidierten, ist Tandlers Rede vor dem Wiener Gemeinderat vom 18. Dezember 1925 zum Budgetvoranschlag 1926 zu entnehmen:

„Wir müssen uns fragen, wieviel von den Ausgaben ist vorbeugenden, also produktiven Charakters, wieviel ist reparatorischen Charakters und schließlich wieviel von diesen Ausgaben ist im Sinne der Wiederaufforstung der menschlichen Gesellschaft vergeblich gewesen. *Dass die letzteren Ausgaben nicht minder unsere Pflicht sind wie erstere, ist ganz selbstverständlich. Wir sind durch das Gebot der Menschlichkeit dazu verpflichtet, den Alten und Bresthaften, den Unheilbaren und Irrsinnigen ihr Leben so gut als denkbar zu gestalten. Wir dürfen uns aber nicht täuschen, dass diese Ausgaben keinesfalls positiv sind.* Wenn man nach diesen Gesichtspunkten die Budgets vom Jahre 1923 bis heute beurteilt, so zeigt sich allerdings die sehr erfreuliche Tatsache, dass die Summe der produktiven Ausgaben die Hälfte der Ausgaben überschritten hat, so dass wir uns also den Forderungen nähern, die eine vernünftige Bevölkerungspolitik jederzeit wird stellen müssen, Forderungen, die deshalb so bedeutungsvoll sind, weil sie eine ganz andere Art der Wohlfahrtspflege in der Zukunft in sich schliessen. *Je grösser die produktiven Ausgaben der Gegenwart sind, um so geringer werden die unproduktiven Ausgaben der Zukunft sein.*"[266]

Im Hinblick auf die Begründung „unproduktiver", mitunter auch „produktiver" Ausgaben wies Tandler stets eine Ambivalenz zwischen ökonomischer bzw. bevölkerungspolitischer Sichtweise und humanitärer Gesinnung auf. Diesen inneren Konflikt löste Tandler auf seine Art: Zwar betonte er, dass ihm Humanität in seinem utilitaristischen, menschenökonomischen

Denken eher als „unvernünftig" erschien, doch gab er in seinem Handeln – nach einer inneren Abwägung beider Positionen – der Humanität den Vorzug. Dafür seien einige Beispiele aus den Gemeinderatssitzungsprotokollen angeführt: So empörte sich Tandler in einer Gemeinderatssitzung vom 18. Dezember 1925 über den hohen Kostenanteil, der seitens seines Gesundheitsressorts für „ausländische Kinder" im Bereich der offenen Jugendfürsorge aufgewendet werden musste. Bei diesen Kindern handelte es sich um Angehörige der Sukzessionsstaaten der Habsburgermonarchie, die von ihren Heimatstaaten oft in der Hoffnung auf die Wirksamkeit des Wiener Fürsorgesystems illegal abgeschoben worden waren.

Trotz seiner ökonomischen Bedenken befürwortete Tandler diese Ausgaben, wobei ihm seine Entscheidung aus humanitären Gründen nicht so schwer gefallen sein dürfte, zumal es sich ja um „produktive Kosten" handelte: „Ich möchte ganz kurz bemerken, dass hier in Wien beispielsweise auf dem Gebiete der offenen Jugendfürsorge 18 % unserer Ausgaben ausländische Kinder betreffen, […] eine ganz unerhörte Zahl. Es gibt meiner Ueberzeugung nach kein Land, in welchem eine solche Menge von Geld für Kinder ausgegeben wird, welche nicht dem betreffenden Lande zugehörig sind. Wir tun das, wir sind verpflichtet, meiner Ueberzeugung nach, aus Gründen der Menschlichkeit, das zu machen. Die verschiedenen Sukzessionsstaaten, welche sich sonst mit grosser Präzision der Einfuhr unserer Waren widersetzen, sind, was die Ausfuhr ihrer Kinder zu uns anlangt, äussert tolerant. Sie verstehen es auch, sich durch alle möglichen Mittel und Mittelchen davon zu schrauben, uns für ihre Kinder etwas zu bezahlen. Im Interesse der allgemeinen Fürsorge, im Interesse der Menschlichkeit und Menschenpflicht ist es natürlich, dass wir auch diese Kinder nicht verlassen, sondern für sie sorgen, aber ich halte mich verpflichtet, in einem so ernsten Augenblick und bei der Gelegenheit einer Budgetdebatte die verehrten Mitglieder des Gemeinderates auf diese kulturell hocherfreuliche, aber finanziell tief bedrückende Tatsache aufmerksam zu machen."[267]

Am 5. Dezember 1929 thematisierte Tandler im Gemeinderat eine ähnlich gelagerte Problematik, wobei es diesmal um „unproduktive Ausgaben" für vorwiegend psychisch kranke Pfleglinge ging, die zwar heimatrechtlich[268] nach Polen, der Tschechoslowakei, Ungarn, Italien oder Jugoslawien zuständig waren, doch trotz intensiver Bemühungen nicht in ihre Heimatstaaten zurückgeführt werden konnten. Tandler beklagte zwar die enormen Kosten, erklärte aber, dass ihm aus gesetzlichen Gründen nichts anderes übrig bleibe, als diese Menschen in den Anstalten aufzunehmen.

Abermals fußte seine – wenn auch nicht freiwillige – Entscheidung auf einer humanitären Abwägung, selbst wenn er diesmal das Wort Humanität in der Debatte umschiffte. Eine Abschiebung der ausländischen Pfleglinge kam für ihn jedenfalls nicht in Frage:

„Eine andere Sache ist es mit dem Ausland […]. Die ursprünglichen Verträge, die seinerzeit existiert haben, sind heute nicht mehr aktuell, denn ein großer Teil des Auslandes, das uns heute Geld schuldig ist, war ja zu der Zeit, in der Österreich die Konventionen geschlossen hat, selbst Österreich. Wenn uns heute die Leute aus Ungarn, aus der Tschechoslowakei, aus Jugoslavien und Polen nicht zahlen, was sollen wir denn da machen? […] Einen kranken Menschen nicht im Spital aufzunehmen, ist doch eine schwere Sache, auch wenn wir wissen, daß wir das Geld nicht hereinbekommen. Dazu kommt noch, daß wir zu bestimmten Aufnahmen absolut gezwungen sind. Was soll denn mit einem Irrsinnigen geschehen, der etwa nach Jugoslavien zuständig ist, aber in Wien lebt? Man muß ihn nach dem Gesetz aufnehmen. Ich kann mich der platonischen Meinung hingeben, daß eines Tages die Regierung des Staates, dem er zugehört, doch zahlen wird. Dieser Staat zahlt aber niemals. Es zahlt überhaupt kein Mensch. Wir müssen aber diese Leute dennoch aufnehmen und können daher dagegen nichts machen. Wir haben uns bemüht und alles Mögliche angestellt, aber es war ganz unmöglich. Die Tschechoslowaken nehmen sich wenigstens ihre Irrsinnigen nach Hause; dadurch sind die Kosten bedeutend gesunken, Ungarn gibt auf solche Dinge überhaupt keine Antwort, Jugoslavien und Polen nur hie und da. Da es keine internationale, keine zwischenstaatliche Konvention gibt, sind wir absolut machtlos. Es kann sich jeder in diesem Saale vorstellen, daß selbst dann, wenn man dieses Geld hätte, für dieses eine vernünftigere Verwendung zu finden wäre, als Irrsinnige aus Polen, aus der Tschechoslowakei, aus Ungarn, Jugoslavien […] aus Wiener Steuergeldern zu verpflegen. Das ist keine freiwillige Leistung von uns. […] Wie wollen Sie nachweisen, daß jemand in einem polnischen Dorf zuständig ist? Das ist ganz unmöglich. […] Viele oder manche Patienten kommen schon in der Absicht nach Wien, hier in Wien interniert zu werden. Es gibt Fälle, in welchen Irrsinnige mit Begleitern nach Wien kommen. Der Irrsinnige wird hier in Wien als irrsinnig agnosziert und wenn das nicht leicht gelingt, von den p. t. [= pleno titulo; Anm. d. Verf.] Begleitern auf die Straße gestellt, er wird dann von der Polizei aufgefangen und kommt via Beobachtungszimmer zu uns. […] Sie können der Überzeugung sein, daß wir auf gütlichem Wege alles zu tun trachten, was überhaupt möglich ist, aber diese 600.000 S [= Schilling], welche jährlich ausgegeben werden, sind für uns Wiener leider meiner Überzeugung nach endgültig verloren."[269]

Aus dem letzten Teil der Ausführungen von Stadtrat Tandler geht indirekt auch hervor, dass das von ihm mitbegründete Wiener Gesundheits- und Wohlfahrtswesen zur damaligen Zeit weit über die österreichischen Grenzen hinaus über Ansehen und Attraktivität verfügte.

Als Wiener Gesundheitsstadtrat war es Tandler ein großes humanitäres Anliegen, die 1920/21 in die Verwaltung der Stadt bzw. des Bundeslandes Wien übernommenen Waisenhäuser[270] und Erziehungsanstalten[271] nach modernen Prinzipien zu reformieren. Mangels eines Fürsorgegesetzes galten für diese Anstalten noch die alten, aus der Zeit der Monarchie stammenden rechtlichen Bestimmungen. Die Erziehungsanstalten waren demzufolge nach den Bestimmungen der Gesetze vom 24. Mai 1885 (RGBl., Nr. 89 u. 90, S. 208 ff. u. S. 210-214) als „Zwangsarbeits- und Besserungsanstalten" eingerichtet worden.[272]

Tandler setzte erste Schritte: Er ließ in den Waisenhäusern die uniforme Kleidung aufheben und die Aufseher durch Erzieherinnen mit moderner pädagogischer Ausbildung ersetzen. Darüber hinaus sollte mit je einer Heimmutter für 50 bis 60 Kinder eine Art „Familienersatz" geschaffen werden. Auch die Erziehungsanstalten wurden reformiert, die Führung der Anstalten liberalisiert, Strafmaßnahmen wie die Arrest- oder Prügelstrafe abgeschafft.[273] In den Erziehungsanstalten wurden „verwahrloste" bzw. „schwer erziehbare" Kinder und Jugendliche auf Gerichtsbeschluss oder durch polizeiliche Behörden aufgenommen. Diese sollten nicht mehr durch Zwangsarbeit, Arrest und Prügel diszipliniert bzw. „gebessert" werden. In den Anstalten wurde entsprechend moderner Pädagogikkonzepte nunmehr verstärkt Wert auf eine schulische Grundausbildung (Volksschule) gelegt und eine Ausbildung in diversen Handwerksberufen (Kleidermacher, Schuhmacher, Schlosser, Tischler, Korbflechter, Buchbinder, Fleischer, Bäcker; für Mädchen: Damenschneiderin, Weißnäherin, Modistin, Gärtnerin, Köchin) geboten. Diese neuen pädagogischen Ansätze sollten eine gesellschaftliche Resozialisierung bzw. Reintegration dieser jungen Menschen ermöglichen.[274]

Tandlers ambivalente humanitäre Haltung zeigte sich aber gerade auch im Bereich der Jugenderziehung: Am 4. Juli 1930 nahm Tandler zu einem Dringlichkeitsantrag der Gemeinderätin Marie Schlösinger von der oppositionellen „Einheitsliste" (Listengemeinschaft u. a. von Christlichsozialen und Deutschnationalen), der sich auf Unzukömmlichkeiten in der Erziehungsanstalt Eggenburg bezog, Stellung. Den Anlass für den Oppositionsantrag hatten u. a. Diebstähle und Gewalttätigkeiten von jugendlichen Zöglingen in Eggenburg geliefert.

In der Debatte drehte es sich u. a. auch um die Frage, wie mit den straffällig gewordenen Jugendlichen umzugehen sei, wobei VertreterInnen der „Einheitsliste" ein hartes Durchgreifen und strenge Strafen forderten. Tandler wiederum fand auf der Grundlage seiner konstitutionsbiologischen Überzeugung zu einem fortschrittlichen humanitären pädagogischen Ansatz, wenngleich uns heute die konstitutionsbiologische Begrifflichkeit und Argumentation in diesem Zusammenhang befremdlich erscheinen:

„Es wurde hier so gesprochen, als ob solche Dinge in einer Schule von talentierten und bestbegabten Kindern vorgefallen seien, als ob dort wirklich Menschen beisammen wären, von denen man verlangen könne, daß sie kraft ihrer konstitutionellen Veranlagung und kraft der Eigenschaften, die sie aus ihrem Milieu auf den Lebensweg mitbekommen können, Höchstleistungen der Moral, des Anstands und des Wissens bieten sollen. Wie ist das aber in Wirklichkeit? […] Wir wählen uns ja die Zöglinge nicht aus! Diese Zöglinge werden uns vom Jugendgericht zugewiesen und Frau Kollegin Schlösinger hat ganz richtig gesagt, es sind ‚Verwahrloste, die mit dem Gericht zu tun hatten.' Wir haben hier also eine Anhaltungsanstalt für Menschen, die zum größten Teil schon mit den Gesetzen der Gesellschaft schwer in Kollision gekommen sind. Wir übernehmen die ungeheuer schwierige Aufgabe, in vielen Fällen eigentlich den Kerker zu ersetzen und wir übernehmen diese Aufgabe aus einer Menschenpflicht heraus, weil wir nicht der Meinung sind, daß die Verbrecher absolut unverbesserlich sind und daß Kerker, Isolierung, Einsperren den Menschen natürlich nicht besser machen können. Aber das Menschenmaterial, das wir bekommen, das ist eben darnach. Und nun wundert man sich, daß dieses Menschenmaterial, das dort untergebracht ist, solche Dinge begeht! […] Sehen Sie, es wurde hier vom Strafen geredet. Hier stehen sich natürlich Weltanschauungen gegenüber. Die einen sind noch immer der Meinung, daß es die Strafe ausmacht, die anderen haben die Erfahrung, daß es die Strafe nicht ausmacht, weil es für diese Strafe keine ethische Grundlage gibt, weil strafen in den meisten Fällen rächen heißt und wir kein Recht haben, etwas an einem Menschen zu rächen, was an ihm die Natur verbrochen hat."[275]

Wiewohl sich die pädagogischen Ansätze Tandlers, die der Erziehungsarbeit eindeutigen Vorrang gegenüber der Bestrafung einräumten, in der Gemeinderatsdebatte von den Argumenten des politischen Gegners durchaus als fortschrittlich und human unterschieden, so waren sie doch von den

Ideen und Prinzipien der modernen pädagogischen Strömungen der damaligen Zeit – der aufkeimenden Psychoanalytischen Pädagogik oder der Psychoanalytischen Sozialarbeit des Erziehungsberaters August Aichhorn (1878–1949) – weit entfernt.[276]

Aichhorn, seit 1922 ordentliches Mitglied der Wiener Psychoanalytischen Vereinigung und eng mit Anna Freud (1895–1982) befreundet,[277] war schon in der Monarchie für seine Leistungen auf dem Gebiet der Jugendfürsorge ausgezeichnet worden. Er setzte seine Tätigkeit auch unter der sozialdemokratischen Wiener Gesundheitsverwaltung fort, zunächst als Leiter der Erziehungsanstalten Oberhollabrunn (1918–1921) und St. Andrä an der Traisen (1921–1923). Unter Stadtrat Tandler nahm Aichhorn von 1923 bis 1930 die Leitung der von ihm an den damaligen 14 Bezirksjugendämtern der Stadt Wien eingerichteten Erziehungsberatungsstellen wahr.[278]

Bei genauerer Betrachtung kontrastierten Aichhorns Ideen doch erheblich zu Tandlers Vorstellungen, in dessen Fürsorgekonzept neben sozialen Erwägungen bekanntermaßen auch bevölkerungspolitische, menschenökonomische, konstitutionsbiologische, konditionshygienische und eugenische Gesichtspunkte eine Rolle spielten. Diesen Gegensatz bringt die Autorin Renate Göllner, etwas zugespitzt, folgendermaßen auf den Punkt:

„In den von Tandler als unproduktiv apostrophierten, nicht Wert schaffenden gesellschaftlichen ‚Minusvarianten‘, wozu er auch Kriminelle rechnete, sah Aichhorn den schuldlos schuldig gewordenen Menschen. […] Während also der Staatssozialist Tandler seine Fürsorgemaßnahmen allein an der zukünftigen Produktivität der menschlichen Arbeitskraft ausgerichtet sehen will, steht im Mittelpunkt des psychoanalytischen Erziehungsberaters Aichhorn das einzelne Individuum, das beschädigte Leben, dem es unabhängig von zukünftiger ökonomischer Effizienz, vor allem um seiner selbst willen, aber als eines gesellschaftlichen Wesens, zu helfen galt."[279]

Freilich fiel dieser Unterschied in theoretischer Hinsicht viel stärker ins Gewicht als in der politischen Praxis. Tandler hatte ein Faible dafür, sich modern denkender Menschen zu bedienen, ohne gleichzeitig deren Ideen zur Gänze zu teilen. Während der Gesundheitspolitiker Tandler den städtischen Erziehungsberater Aichhorn nach Maßgabe förderte[280], waren seine medizinisch-naturwissenschaftlichen Sichtweisen und Positionen mit den Auffassungen des Psychoanalytikers Aichhorn wenig kompatibel.

Exkurs: Das Verhältnis Tandlers zu Sigmund Freud und der Psychoanalyse

In den unterschiedlichen wissenschaftlich-paradigmatischen Konstellationen dürfte auch einer der Hauptgründe zu suchen sein, warum sich zwischen Julius Tandler und Sigmund Freud[281] (1856–1939) respektive der Psychoanalyse kaum enge Berührungspunkte ausbilden konnten.

Obwohl die Biographien von Tandler und Freud an der Oberfläche eine Reihe von Parallelen und Gemeinsamkeiten aufweisen – beide entstammten einer jüdischen Familie, waren als Kinder mit ihren Familien aus Mähren nach Wien gezogen, hatten dasselbe Leopoldstädter Gymnasium besucht sowie an der Universität Wien Medizin studiert und wohnten im 9. Wiener Gemeindebezirk (Freud in der Berggasse 19, Tandler in der Beethovengasse 8) –, war es doch zwischen den zwei Persönlichkeiten zu keiner echten Annäherung gekommen.[282]

Ein loser, sporadischer Kontakt dürfte sich zwischen dem „Kriegsdekan" Tandler und dem „Vater der Psychoanalyse" Freud erst im Lauf des Ersten Weltkriegs ergeben haben. 1918/1919 fungierten immerhin beide temporär als Mitherausgeber in der von den deutschen Sexualwissenschaftern Iwan Bloch (1872–1922) und Albert Eulenburg (1840–1917) edierten „Zeitschrift für Sexualwissenschaft und Sexualpolitik".[283] Bei einer Analyse von Tandlers Publikationen fällt auf, dass Tandler gerade ein einziges Mal Sigmund Freud zitierte, und zwar in seinem Beitrag über „Ehe und Bevölkerungspolitik".[284]

Über persönliche Zusammenkünfte von Tandler und Freud ist ebenso wenig bekannt. Als gesichert darf vorausgesetzt werden, dass sie einander 1919/1920 im Rahmen der Untersuchungen der Kommission zur Erhebung militärischer Pflichtverletzungen aus der Zeit des Ersten Weltkriegs mehrmals begegnet sind.[285] Die Kommission war aufgrund eines Gesetzesbeschlusses der Provisorischen Nationalversammlung vom 19. Dezember 1918 ins Leben gerufen worden, vor ihr mussten sich u. a. der Wiener Psychiatrieordinarius Julius Wagner-Jauregg und vier weitere Ärzte wegen des Vorwurfs der „elektrischen Folter" von Militärangehörigen, die an „Kriegsneurosen" litten, verantworten.[286] Der damalige Unterstaatssekretär Tandler hatte im Rahmen der Kommission als stellvertretender Vorsitzender, Freud als Sachverständiger in Bezug auf den Fall Wagner-Jauregg fungiert.[287] In den Kommissionsbericht über den Fall Wagner-Jauregg vom 20. November 1920, der an Bundeskanzler Dr. Michael Mayr gerichtet war, hatte Tandler offenbar verschiedene Freud'sche Termini aufgenommen.[288]

Zwei weitere Zusammentreffen der beiden sind anlässlich Freuds offizieller Ehrungen von 1924 und 1926 dokumentiert. Als Freud an seinem 68. Geburtstag (6. Mai 1924) „Bürger der Stadt Wien" wurde, statteten ihm der nunmehrige amtsführende Stadtrat für das Gesundheits- und Wohlfahrtswesen Tandler in Vertretung des Wiener Bürgermeisters und der sozialdemokratische Gemeinderat, Kinderarzt und Psychoanalytiker Josef Karl Friedjung (1871–1946) einen feierlichen Besuch ab. Zwei Jahre später – zu Freuds 70. Geburtstag – überbrachten ihm Bürgermeister Karl Seitz und Tandler das Diplom des Bürgerrechts.[289]

Ebenso ist nachweisbar, dass zwischen Tandler und Freud in Bezug auf die strittige Frage der „Laienanalyse" ein intensiver Meinungsaustausch stattgefunden hat. Da die Ausübung der Psychoanalyse durch nichtärztliche Personen im Sinn des Kurpfuscherei-Gesetzes verboten war, machten sich Psychoanalytiker, wie Dr. Theodor Reik, der als Nichtmediziner „Laienanalyse" praktizierte, nach dem Gesetz strafbar.[290] Als eine Verfügung des Magistrats der Stadt Wien Dr. Reik die weitere Ausübung seiner psychoanalytischen Praxis untersagte, wandte sich Freud am 8. März 1925 brieflich an Stadtrat Tandler. In dem Schreiben übte Freud scharfe Kritik an der Magistratsverfügung, die er als „einen unberechtigten Übergriff zugunsten der ärztlichen Standesinteressen, zum Schaden der Kranken und der Forschung" bezeichnete. In seinen Zeilen erinnerte er Tandler an eine gemeinsame Unterredung, welche eine ihm sehr erfreuliche Übereinstimmung ihrer Anschauungen ergeben hatte. „Sie schienen meine Äußerung beifällig aufzunehmen, daß ‚als Laie in der Psychoanalyse jeder zu betrachten ist, der nicht eine befriedigende Ausbildung in der Theorie und Technik derselben nachweisen könne', gleichgültig, ob er ein ärztliches Diplom besitze oder nicht."[291]

Tandler dürfte – wie im Fall der Versuchskindergärten von Maria Montessori[292] (1870–1952) in Wien – der Psychoanalyse grundsätzlich wohlwollend gegenübergestanden sein, selbst wenn ihm die spezifische Konfiguration seines wissenschaftlichen Denkens und sein politisches Verantwortungsbewusstsein eine grundsätzlich vorsichtige und reservierte Haltung neuen Ideen gegenüber nach außen hin diktierten.[293]

Für die Psychoanalyse war Wien auch nach dem Ersten Weltkrieg ein harter Boden geblieben.[294] Das christlichsoziale und deutschnationale Parteienspektrum sowie die katholische Kirche tradierten die weltanschaulich-ideologischen, insbesondere antisemitischen Ressentiments der alten Lueger-Koalition und vermeinten, in der Psychoanalyse ein Naheverhältnis zu Liberalismus, Sozialismus und Judentum zu erblicken. Von der

Psychoanalyse und ihren Anhängern befürchteten sie den Verfall der alten bürgerlichen Ordnung, die Untergrabung der „christlichen Werte" und die Zerstörung des „moralisch-sittlichen Empfindens".[295]

Der Psychoanalyse blieb die Anerkennung als wissenschaftliches Fach vonseiten der Universität Wien nicht nur verwehrt, sie hatte darüber hinaus mit Anfeindungen vonseiten affiner, universitär etablierter Disziplinen zu kämpfen: In der klassischen, deskriptiven klinischen Psychiatrie, wie sie von Julius Wagner-Jauregg (1857–1940) oder seinem Nachfolger Otto Pötzl (1877–1962) repräsentiert wurde, gab es zwar vereinzelt Assistenten, die der Psychoanalyse nahestanden, diese hatten jedoch innerhalb der offiziellen Schulpsychiatrie keine Möglichkeit, eine Lehr- oder Forschungstätigkeit bezüglich psychoanalytischer Themen zu entfalten.[296]

Die Wiener Psychologische Schule stand wiederum weitgehend unter der Dominanz von Charlotte (1893–1974) und Karl Bühler (1879–1963), die die Psychoanalyse ablehnten. Ihre wissenschaftlichen Schwerpunkte lagen indes auf dem Gebiet der Sprach-, Denk-, Entwicklungs- und Jugendpsychologie.[297]

Bei den Sozialdemokraten hatte die Individualpsychologie Alfred Adlers (1870–1937), der 1911 mit Freud gebrochen hatte,[298] noch mehr Anklang als die Psychoanalyse gefunden. Adler hatte sich von Freuds Sichtweise, wonach Störungen der kindlichen Sexualität die Ursache der seelischen Probleme im Erwachsenenalter seien, abgewandt. Die psychischen Probleme Erwachsener führte er demgegenüber auf Minderwertigkeitskomplexe oder einen übersteigerten Aggressions- bzw. Geltungstrieb infolge missglückter Anpassung an die Gemeinschaft zurück. Sein Konzept des sozialen Gemeinschaftsgefühls stand dabei der sozialdemokratischen Ideologie naturgemäß näher als Freuds Sexualtheorie.[299]

Vor diesem Hintergrund ist es verständlich, warum die Psychoanalytiker bei der Umsetzung der Wiener Schulreform Otto Glöckels[300] (1874–1935) keine Rolle spielten. Der Wiener Stadtschulrat hatte in seine Schulreformen vorwiegend Individualpsychologen einbezogen.[301]

Selbst in den unter Stadtrat Tandler geschaffenen Einrichtungen der Kinder-, Jugend- und Schulfürsorge hatten die Vertreter der Psychoanalyse nur eine marginale Bedeutung. Hier dominierten die Vertreter der Schulpsychologie. So erfolgte unter der Leitung von Charlotte Bühler, die vor allem auf dem Gebiet der Kinder- und Jugendpsychologie arbeitete, die Einrichtung der ersten Kinderübernahmestelle, in der auch Beobachtungen an Kindern zu wissenschaftlichen Studienzwecken durchgeführt wurden.[302]

Im öffentlichen Fürsorge- und Erziehungswesen der Stadt Wien gab es für psychoanalytische Ansätze eigentlich nur in jenen Bereichen mehr Entfaltungsspielraum, die bis dahin von den VertreterInnen der universitären Psychologie bzw. der Individualpsychologie nicht völlig okkupiert worden waren. Dazu zählten der Bereich der Kindergärten und Horte sowie die Erziehungsberatung (in der beispielsweise August Aichhorn tätig war).[303]

Obgleich die Wiener Psychoanalytische Vereinigung stets penibel Distanz zur Politik im Allgemeinen und zur Parteipolitik im Besonderen wahrte, war ihr sehr wohl die Tatsache bewusst, dass die Psychoanalyse gerade in Teilen der Sozialdemokratie erhebliche Unterstützung und Sympathie genoss.[304] Speziell der linke Parteiflügel und die Spitzenrepräsentantinnen der sozialdemokratischen Frauenbewegung wie Therese Eckstein-Schlesinger[305] (1863–1940), Adelheid Popp (1869–1939) und Käthe Leichter[306] (1895–1942) bemühten sich nachhaltig um eine wissenschaftliche und öffentliche Anerkennung der Psychoanalyse.[307]

Auf dem vierten Kongress der Weltliga für Sexualreform, der im September 1930 in Wien stattfand, trafen führende Sozialdemokraten und Psychoanalytiker zusammen, um über die sozialen Ursachen psychischer und sexueller Not zu diskutieren.[308] Auf der Agenda des Kongresses standen die Themen Sexualreform, Sexualgesetzgebung, Wohnungsnot, Frauenfrage, Empfängnisverhütung und die Abschaffung des Paragraphen 144 StG (Abtreibung).

Der Direktor des Wiener Psychoanalytischen Ambulatoriums Eduard Hitschmann[309] (1871–1957), Wilhelm Reich (1897–1957), Paul Federn (1871–1950), Fritz Wittels (1880–1950) und (der Sozialdemokrat) Josef Karl Friedjung waren die bedeutendsten Vertreter der Psychoanalyse[310] auf dem Kongress.[311] Zu den prominenten sozialdemokratischen TeilnehmerInnen zählten Staatskanzler a. D. Karl Renner[312] (1870–1950), der Wiener Stadtschulratspräsident Otto Glöckel, der Soziologe Rudolf Goldscheid (1870–1931), der Bundesobmann der Sozialistischen Arbeiterjugend, Pädagoge und Anhänger der Individualpsychologie Otto Felix Kanitz[313] (1894–1940), die Nationalratsabgeordnete Adelheid Popp und – in Vertretung des Wiener Bürgermeisters – der Wiener Gesundheitsstadtrat Julius Tandler.[314]

Tandler als Feindbild und Hassobjekt inner- und außerhalb des Wiener Gemeinderates

Zu politisch kontroversen Debatten kam es im Zusammenhang mit der Einführung des öffentlichen staatlichen Fürsorgemodells, das von der christlichsozialen Opposition, die am Konzept der privaten Wohltätigkeit festhielt, abgelehnt wurde. Am neuen System wurde vor allem die staatliche Bevormundung kritisiert. Tandlers Fürsorgekonzept bewertete man bürgerlicherseits als eine Art Zwangsbeglückung, die darauf abzielen würde, den Menschen während des gesamten Verlaufs seines Lebens zu überwachen und sozial zu befürsorgen, eine Vorstellung, mit der man sich nicht anfreunden konnte bzw. wollte.

Tandler im Schatten des politischen Kulturkampfs

Die gesundheitspolitischen Debatten im Wiener Gemeinderat wurden im Lauf der 1920er Jahre zunehmend vom politischen Kulturkampf überlagert, der zwischen dem politischen Lager der Sozialdemokraten und jenem der Christlichsozialen tobte und sich vornehmlich an weltanschaulich-religiösen sowie gesellschafts- und kulturpolitischen Themen entzündete.

In den Sog dieser politisch-ideologischen Auseinandersetzung geriet auch Gesundheitsstadtrat Tandler, der sich als Sozialdemokrat keineswegs politisch links exponierte, nicht zuletzt aufgrund einiger von ihm vorangetriebener Projekte und Reformen.

In Tandlers Kompetenz fiel beispielsweise die Errichtung des Krematoriums.[315] Hinsichtlich des Baues und Betriebs der Feuerbestattungshalle in Simmering handelte sich Tandler massive Vorwürfe seitens der christlichsozialen Gemeinderatsfraktion ein, die dieses „atheistische" Werk, „diese Trutzburg des Freimaurertums" als „Provokation des religiösen Bewußtseins und Empfindens der gesamten christlichen Bevölkerung Wiens" wertete. Im Gemeinderat warf Alma Motzko Tandler vor, hunderte Millionen Kronen zu verschwenden, die besser in die Schaffung von Arbeitsplätzen investiert worden wären.[316] Leopold Kunschak sah in der Frage der Feuerbestattung sogar „Sprengstoffe", die „das Gebäude der Republik zum Zusammenbruch führen könnten".[317]

Antisemitisches Wahlplakat der Christlichsozialen Partei für die Nationalratswahlen 1930

Bei ihrem politischen Feldzug gegen das Krematorium erhielten die christlichsozialen GemeinderätInnen auch Schützenhilfe vom Wiener Erzbischof Friedrich Gustav Kardinal Piffl, der die Leichenverbrennung als „heidnische Sitte" geißelte. Im Wiener Diözesanblatt vom 31. Dezember 1922 erließ er „vorläufige Verfügungen" zur „Leichenverbrennung", die eindeutig gegen die von Tandler initiierte Errichtung der Feuerbestattungshalle in Simmering gerichtet war:

„Es ist den Katholiken ebensowenig gestattet, Feuerbestattungsvereinen anzugehören, wie es nicht gestattet ist, freimaurerischen Vereinigungen beizutreten. Die katholische Kirche verbietet strenge […] die Verbrennung der Leichen. Es darf darum kein Katholik anordnen oder billigen oder formell dazu mitwirken, daß die eigene Leiche oder die eines anderen verbrannt werde. Katholiken, welche die Verbrennung ihrer Leiche verfügt haben und in diesem Willensentschlusse bis zum Tode verharren, muß nach den Vorschriften der Kirche die kirchliche Einsegnung versagt werden."[318]

In seinem Hirtenbrief vom Jänner 1923 bezeichnete Piffl die Leichenverbrennung als „Kind der französischen Revolution" und sah hier vor allem „ausgesprochene Religions- und Kirchenfeinde" am Werk: „Hinter all den sanitären, ästhetischen und volkswirtschaftlichen Gründen, die man für die Leichenverbrennung ins Treffen führt, verbirgt sich nur der Haß des modernen Heidentums gegen die christlichen Glaubenslehren und der eitle Wahn, den Glauben an die Auferstehung und ein ewiges Jenseits in den Herzen der Gläubigen durch die gewaltsame und restlose Zerstörung des Christenleibes erschüttern und vernichten zu können."[319]

Heftigen Anschuldigungen sah sich Tandler auch im Zusammenhang mit der Krankenseelsorge im Versorgungshaus Lainz ausgesetzt. Tandler, für den Religion Privatsache war, wurde bezichtigt, die katholische Seelsorge in Lainz zu vernachlässigen bzw. zu erschweren.[320] Vertreter der christlichsozialen Opposition legten ihm zur Last, dass er dem Freidenkerbund für eine systematische Propaganda im Versorgungshaus Lainz freie Hand gebe.[321] Darüber hinaus wurde Tandler vorgehalten, dass er in den Wiener Humanitätsanstalten einen Abbau der geistlichen Krankenschwestern forciere.[322] Zu all diesen Vorwürfen hatte Tandler ausführlich Stellung genommen und sie inhaltlich überzeugend widerlegt.

Die mit dem Kulturkampf verbundenen Agitationen der Opposition mussten Tandler vor allem auf dem Gebiet der Kunst und Kultur empfindlich getroffen, wenn nicht persönlich verletzt haben. Tandler verkehrte nicht nur als Gast in den Salons von Berta Zuckerkandl-Szeps, Alma Mahler-Werfel oder Adele Bloch-Bauer, er pflegte auch selbst Umgang mit Kulturschaffenden, u. a. mit den Schriftstellern Franz Werfel und Gerhart Hauptmann sowie mit den Malern Carl Moll, Gustav Klimt und Herbert Boeckl.[323] Darüber hinaus war er ein großer Bewunderer des Komponisten Gustav Mahler (1860–1911) und des Bildhauers Anton Hanak (1875–1934).

Während er sich als Mitglied eines Proponenten-Komitees zeitlebens vergeblich um die Finanzierung und Errichtung eines Denkmals für den 1911 verstorbenen Gustav Mahler bemühte,[324] konnte er Hanak immerhin zahlreiche Aufträge im Bereich der Stadt Wien vermitteln.[325] Gerade an einem Prestigeprojekt dieser Zusammenarbeit zwischen Tandler und Hanak sollte die Opposition im Wiener Gemeinderat vehement Anstoß nehmen: Von christlichsozialer Seite wurde Tandler für die – aus ihrer

Das von Julius Tandler bei Bildhauer Anton Hanak in Auftrag gegebene und 1925 auf dem Wiener Zentralfriedhof errichtete Kriegerdenkmal „Schmerzensmutter"

Sicht – „misslungene" Gestaltung des Kriegerdenkmals „Schmerzensmutter" für die Gefallenen des Ersten Weltkrieges auf dem Wiener Zentralfriedhof verantwortlich gemacht. Mit der bildhauerischen Ausführung hatte er Anton Hanak beauftragt, der mit seiner Skulptur – wie Tandler ausführte – „ein herrliches Symbol der mütterlichen Trauer um die verlorenen Kinder des Volkes"[326] geschaffen habe.

Alma Motzko fasste die Kritik ihrer Fraktion, die eine erneute Vergabe und ein öffentliches Preisausschreiben forderte, am 20. Februar 1925 im Gemeinderat folgendermaßen zusammen: „Unsere Kritik wendet sich besonders der Figur zu." Die „Gebärde, welche diese Figur macht", sei „nicht die Gebärde der Trauer [...], wie sie unser Volk versteht, sondern es ist mehr eine stilisierte Gebärde des antiken Betens [...]."³²⁷ Motzko fehlte Entscheidendes: „Aber zur Idee der reinen Trauer muss bei einem Denkmal für unsere Krieger noch etwas hinzu kommen: die Verehrung und die Anerkennung ihrer Opfer! Ich betone, dieses aktive Sichhingeben bis zum letzten Blutstropfen enthält eine Unsumme von sittlichen Qualitäten, Mut und Tapferkeit und die Idee, sich um ein hohes Ideales willen hinzugeben, ist etwas, das solange die Menschheit denkt und lebt, Verehrung und Bewunderung gefunden hat. [...] und wir hätten schon gewünscht, dass wenigstens ein ganz schlichtes Kreuzsymbol dieses Denkmal geschmückt hätte."³²⁸

Angesichts dieser harschen und – von einem künstlerischen Standpunkt aus gesehen – eher engstirnigen Kritik fiel es Tandler nicht schwer, sich schützend vor einen Bildhauer zu stellen, der als Mitglied der Wiener Secession, der Wiener Werkstätte und Gründungsmitglied des Österreichischen Werkbunds im Hinblick auf sein Gesamtwerk internationale Anerkennung genoss.

In den Debatten des Wiener Gemeinderats blieben Ende der 1920er Jahre selbst die Sphären des Sports vom politischen Kulturkampf nicht verschont. Entsprechend politisch motivierte Kritik hagelte es beispielsweise für Tandler im Zusammenhang mit der Errichtung des Praterstadions, die insgesamt 9 Millionen Schilling [Wert nach der Kaufkraft des Jahres 2016: 29,7 Millionen EUR; Anm. d. Verf.] kosten sollte. So meinte etwa der Gemeinderat Hans Pfeiffer von der Fraktion „Einheitsliste" in der Gemeinderatssitzung vom 22. März 1929, dass Stadtrat Tandler das Stadion aus rein klassenkämpferischen Motiven bauen lasse und sich seine Berater ausschließlich in sozialdemokratischen Kreisen gesucht habe. Er kritisierte ferner, dass das Stadion mit großer Eile gebaut werde, weil 1931 „die sogenannte Arbeiter-Olympiade" stattfinde, die keine „Olympiade für die Besten, sondern nur für gewisse Klassen" wäre. Und er fuhr fort: „Die sozialdemokratischen Sportleute schimpfen über den sogenannten ‚bürgerlichen' Sport, ahmen dann aber alles das, was der bürgerliche Sport macht, sklavisch nach. Das ist auch bei der Olympiade der Fall. [...] Sie müssen aber natürlich Ihre Olympiade haben und weil sie keine wirkliche Olympiade haben können, müssen sie eine Arbeiter-Olympiade haben und dafür muß jetzt schleunigst das Stadion gebaut werden."³²⁹ Tandler entgegnete an anderer Stelle, dass der Bau des Stadions vor allem auch der Beschäftigung der Arbeitslosen diene.³³⁰

Eröffnung des Praterstadions: Bundespräsident Wilhelm Miklas bei seiner Ansprache; 3. v. l. Julius Tandler

Auf die Insinuation von Gemeinderat Pfeiffer, wonach der Stadionbau parteipolitisch motiviert sei, stellte Tandler in seiner Antwort klar, dass dies nicht der Fall sei, dabei ironisch das Verhältnis von Politik und Sport auf das Korn nehmend: „Ich erkläre noch einmal ebenso feierlich: Das ist keine parteipolitische Angelegenheit. […] Es gibt keine deutschnationale Bauchwelle und keine sozialdemokratischen Gelenksübungen. (Schallende Heiterkeit bei den Sozialdemokraten) In einer Gemeindeverwaltung und in der Welt sind nun halt verschiedene Anschauungen. Wir werden das nicht abschaffen. Ich weiß auch gar nicht, warum das immer beim Sport hier hervorgehoben wird! (GR Pfeiffer: Weil das keine parteipolitische Sache sein soll!) Die machen Sie daraus, wir haben das nicht getan! Ich habe während der ganzen Verhandlungen über das Stadion kein Wort über Sozialismus gesprochen. […] Im

Eröffnung des Praterstadions: Stadtrat Tandler beim Ankick

Stadion werden Weltanschauungsfragen nicht ausgekämpft werden. Davon können Sie überzeugt sein. Dafür gibt es einen anderen Kampfplatz. [...] Um Weltanschauung kann man nicht boxen!"[331]

Über den Zweck des Sports sagte er – ganz Konstitutionsmediziner und Konditionshygieniker – an anderer Stelle: „Es ist einmal meine Meinung, daß der Sport dazu da ist, um den Alkoholismus zu bekämpfen."[332]

Im Zuge der Verschärfung des politischen Klimas im Gemeinderat büßte Tandlers Image als parteiunabhängiger Experte immer mehr an Glaubwürdigkeit ein. Gelegentlich wurde Kritik an der (partei-)politischen Amtsführung des Gesundheitsressorts laut. Solche Vorwürfe suchte er insofern zu zerstreuen, als er seine eigene Parteigesinnung zwar nicht leugnete, aber stets hinter dem Schleier eines sachbezogenen Amtsverständnisses verbarg, wie beispielsweise im Jänner 1925: „Ich kann nur sagen, dass ich mir alle Mühe nehme, dieses Ressort nach Möglichkeit zu entpolitisieren."[333]

Der Einzug der Nationalsozialisten in den Wiener Landtag bzw. Gemeinderat 1932

Aufgrund der Landtags- und Gemeinderatswahlen vom 24. April 1932 waren nun auch die Nationalsozialisten mit 15 Mandaten im Wiener Landtag bzw. Gemeinderat vertreten. Die Sozialdemokraten kamen bei den Kommunalwahlen auf 66 Mandate und verteidigten damit ihre absolute Mehrheit, die Christlichsozialen erzielten 19 Mandate.

Durch den Einzug der 15 NS-Mandatare veränderte sich das politische Klima in den Landtags- und Gemeinderatssitzungen schlagartig. Mit Recht kann in diesem Zusammenhang von einer Verrohung der politischen Kultur und der sittlichen Umgangsformen gesprochen werden, die die Nationalsozialisten zu verantworten hatten.

So versuchten die Nationalsozialisten in aller Regel, den Ablauf der Tagesordnung mit Zwischenrufen rassistischer und frauenfeindlicher Art, persönlichen Schmährufen und Invektiven, Sprechchören, Tumulten u. dgl. zu stören. Ihnen war es offensichtlich darum gegangen, in das demokratisch gewählte und legitimierte Wiener Landes- und Gemeindeparlament einzuziehen, um es von innen heraus zu zerstören.

Die Nationalsozialisten machten im Gemeinderat aus ihrer Ablehnung der Demokratie gar kein Geheimnis, wie der Rede des NSDAP-Gemeinderats Dr. Kurt Hanke zu entnehmen ist: „Der Herr Bürgermeister hat in einer der letzten Sitzungen ein feierliches Bekenntnis zur Demokratie abgelegt […]. Die Nationalsozialisten lehnen die Demokratie ab. […] sie sind aber derzeit noch nicht in der Lage, die Verfassung zu ändern. […] Wir verlangen aber von den Parteien, die sich zur Demokratie bekennen, daß sie sich selbst auch in der Praxis auf dem Boden der Demokratie bewegen. Es genügt nämlich nicht, nur von der Demokratie zu sprechen, in Wirklichkeit aber diktieren zu wollen. Das wäre eine Komödie und jene, die diese Komödie zulassen, wären nichts anderes als Regisseure dieser Komödie."[334]

Die Vergiftung des politischen Klimas im Wiener Gemeinderat basierte auf einem Cocktail verschiedener Elemente. Jede politische Debatte mit den Nationalsozialisten war von vornherein zum Scheitern verurteilt, weil ihnen aufgrund ihres antidemokratischen, auf das diktatorische Führerprinzip aufgebauten Politikverständnisses jedes Mindestmaß an Meinungstoleranz und Akzeptanz des politischen Gegners fehlte. Dazu kamen ihr aggressives Auftreten, das mitunter in offene Gewalttätigkeit umschlagen konnte, und bewusstes Überschreiten sittlicher und ethischer Grenzen durch bewusste Provokationen.

Die NSDAP-Gemeinderäte machten sich regelrecht einen Sport daraus, gegen die demokratischen Spielregeln und insbesondere die Bestimmungen der geltenden Geschäftsordnung des Gemeinderates zu verstoßen, um damit Leitung und Betrieb der Gemeinderatsitzungen soweit wie möglich zu paralysieren. Zu diesem Spiel gehörte auch das Einbringen von unzähligen Anträgen zur Abänderung der Geschäftsordnung, wobei nicht wenige von diesen so mangelhaft vorbereitet waren, dass sie allein schon aufgrund von Formalfehlern zurückgewiesen werden mussten.

Das politische Klima im Gemeinderat war aber am nachhaltigsten durch die rassistische und antisemitische Hetze der NSDAP-Gemeinderäte beschädigt. Seit dem ersten Tag ihres Einzugs ins Gemeindeparlament beherrschte eine rassistisch-antisemitische Grundstimmung den Sitzungsalltag im Gemeinderat. Schon bei der konstituierenden Sitzung des Landtags und Gemeinderats wurde das offensichtlich, als der nationalsozialistische Fraktionsführer Alfred Eduard Frauenfeld ans Rednerpult trat und mit seinen Begrüßungsworten eine Unterscheidung zwischen „arischen" und „jüdischen" Mitgliedern des Gemeinderates traf, wobei er sich nur an erstere zu wenden gedachte: „Ich richte diese Worte an die anwesenden deutschen Volksgenossen und nicht an die übrigen Anwesenden […]."[335]

Bei der Gelöbnisleistung blieben die Nationalsozialisten übrigens demonstrativ sitzen. Als bei derselben Sitzung der amtsführende Stadtrat für das Finanzwesen Hugo Breitner seinen Stimmzettel abgab, rief ein Nationalsozialist: „Wieder ein Jud'!"[336] Und als Dr. Robert Danneberg als geschäftsführender Landtagspräsident die Vorsitzführung von Bürgermeister Karl Seitz übernahm, hagelte es „Jud' – Jud' – Jud'!"-Rufe im Saal.[337]

In den Fokus ihres rassenantisemitischen Hasses gerieten insbesondere jene sozialdemokratischen Gemeinderäte und Stadträte, die jüdischer Herkunft waren. Von nun an gehörten Zwischenrufe wie „Saujude!", „Saujude, dreckiger!"[338] zur Begleitmusik der politischen Debatten. Mitunter wurde darauf hingewiesen, dass es sich bei diesem oder jenem Redner im Gemeinderat um einen „Juden" oder „Hebräer" handle. In Debattenbeiträgen wurde von NS-Seite vielfach überhaupt eine Gleichsetzung der Sozialdemokratie mit dem „Judentum" bzw. „Freimaurertum" behauptet.

Vor dem Einzug der Nationalsozialisten in den Wiener Gemeinderat auf dem Rathausplatz, 24. Mai 1932

Die sozialdemokratischen Gemeinderäte reagierten auf diese rassistischen Invektiven und Diskriminierungen eher hilflos, die Christlichsozialen verhielten sich verhalten und schwiegen. Die Reaktionen der Sozialdemokraten schwankten wiederum zwischen Heiterkeit, Gelächter und Gegenrufen wie „Dummkopf", „Halt's Maul!" oder „Heil Sieghart!".[339] Mit ihren „Heil-Sieghart!"-Rufen zielten die sozialdemokratische Gemeinderäte darauf ab, die Verlogenheit und Heuchelei der Nationalsozialisten in Bezug auf ihren demonstrativ zur Schau gestellten rassistischen Antisemitismus aufzuzeigen. Bei Rudolf Sieghart (1866–1934) handelte es sich um einen österreichischen Bank- und Finanzfachmann, der u. a. von 1910 bis 1916 und von 1919 bis 1929 die Allgemeine österreichische Boden-Credit-Anstalt geleitet hatte.[340] Hinweisen und Gerüchten zufolge soll der nationalsozialistische

Fraktionsführer im Gemeinderat Frauenfeld in seiner Vergangenheit einen freundschaftlichen Umgang mit Sieghart, der katholisch getauft, aber jüdischer Herkunft war, gepflogen haben. Beim Versuch, die NSDAP-Gemeinderäte auf diese Weise zu kompromittieren, fielen von sozialdemokratischer Seite auch Zwischenrufe wie „Frauenfeld – Judenknecht!"[341], die sich aufgrund ihrer antisemitischen Färbung und Konnotation als Bumerang und Kardinalfehler erwiesen.

Auf dem Gebiet des Antisemitismus waren die Nationalsozialisten nicht mit antisemitischen Gegenargumenten oder Parolen zu schlagen. Diese Strategie, die mehr der Ohnmacht des Augenblicks geschuldet war, wurde aber auch von den Sozialdemokraten rasch ad acta gelegt. In den folgenden Gemeinderatssitzungen brodelte der Konflikt zwischen den Sozialdemokraten und Nationalsozialisten weiter, er sollte schließlich am 30. September 1932 in einer regelrechten Saalschlacht eskalieren, zu der es im Rahmen eines Protestauszugs der nationalsozialistischen Fraktionsmitglieder aus dem Gemeinderatssitzungssaal kam.[342] Zu stoppen war die rassistisch-antisemitische Agitation der Nationalsozialisten im Gemeinderat nicht, überall witterten sie „jüdische Korruption und Parteienwirtschaft" und geißelten „die sozialdemokratische, jüdische Bonzokratie".[343]

Auch die programmatischen Forderungen, die die NSDAP-Gemeinderatsfraktion erhob, waren von rassistisch-antisemitischen Grundsätzen durchdrungen. So forderten sie beispielsweise im Zusammenhang mit der Lösung des Wohnungsproblems bereits eine negative Sozialpolitik: Die Vergabe von Wohnungen sollte „in erster Linie an bodenständige Gemeindeangehörige, dann [an] andere deutsche Volksgenossen nach ihrem Grade der Bedürftigkeit" erfolgen. Jüdischen Mietern sollte seitens der Stadt Wien gekündigt werden.[344]

Die Tatsache, dass die sozialdemokratische Gemeindeverwaltung in den letzten zehn Jahren mehr als 60.000 Wohnungen errichtet hatte, wurde von ihnen geflissentlich ignoriert. In Debattenbeiträgen wurden u. a. die Namen jüdischer Mieter verlesen, um den Eindruck zu erwecken, als ob in den Gemeindewohnungen vorwiegend jüdische Mieter leben würden.[345]

Auch im Zusammenhang mit der im Gemeinderat bewilligten Stiftung von Ehrenpreisen für Ausstellungen von Wiener Künstlervereinigungen, insbesondere der Vereinigung bildender Künstler „Wiener Secession", des Künstlerbundes Hagen und der Genossenschaft der bildenden Künstler Wiens forderten die NS-Kommunalpolitiker, Fördermittel grundsätzlich nur an bodenständige und „arische" Künstler zu vergeben. NSDAP-Gemeinderat Riehl führte dazu aus: „[…] angesichts der entsetzlichen Not, die sowohl unter den Malern als auch unter den Bildhauern wie überhaupt unter allen Künstlern herrscht, wird es, glaube ich, umsomehr notwendig sein, ganz abgesehen von jeder antijüdischen Einstellung an alle derartigen Subventionen die absolute Bedingung zu stellen, daß nur Leute unseres Volkes mit Unterstützungen und Aushilfen bedacht werden."[346]

Die Machtergreifung Adolf Hitlers und der NSDAP im Deutschen Reich im Jänner 1933 bewirkte noch einmal eine weitere Radikalisierung der politischen Stimmung im Wiener Gemeinderat, da nun die nationalsozialistischen Gemeindevertreter mit noch mehr Selbstbewusstsein und Aggressivität auftraten.

In der Gemeinderatssitzung vom 24. Februar 1933 verursachte der NSDAP-Gemeinderat Karl Gratzenberger einen antisemitischen Eklat, als er gerade die Dringlichkeit eines Antrages seiner Fraktion an den Gemeinderat im Zusammenhang mit der „Winterhilfe" begründen wollte. Nach einem Zwischenruf des sozialdemokratischen Gemeinderats Otto Eisinger platzte aus Gratzenberger eine regelrechte antisemitische Hasstirade, die hier auszugsweise wiedergegeben sei: „*G. R. Gratzenberger:* Herr Bürgermeister, beruhigen Sie den Juden dort, das ist ein ekelhafter Jude! Das ist der ekelhafteste Jude hier herin [sic!]. (Zwischenrufe und Gegenrufe) Er ist ein aufgelegter Idiot. Sie sind nur wegen ihrer Blödheit da, sonst wären Sie nicht da! […] Kusch, Saujud, dreckiger! Asiat! (Zwischenrufe und Gegenrufe.) Herr Bürgermeister, der Jude soll Ruhe geben! Er ist ein Saujude, er soll ruhig sein! Saujud! Saujud! (Stürmische Gegenrufe bei den Sozialdemokraten. – Der Bürgermeister gibt das Glockenzeichen.) Wohnungsschieber! (Andauernder Lärm.) *Bürgermeister:* Ich bitte um Ruhe! Also Ruhe! Sie stören ja ihren eigenen Redner! Was wünschen Sie zu sagen? *G. R. Gratzenberger* (fortfahrend): Der Antrag ist deshalb dringend, weil wir der Überzeugung sind, daß die für die ‚Winterhilfe' gesammelten Spenden nicht dazu da sind, um einen Rassegenossen des Herrn Eiseles [gemeint ist offenbar Gemeinderat Eisinger; Anm. d. Verf.] gute Geschäfte machen zu lassen."[347] Bürgermeister Seitz konnte für diese antisemitische Entgleisung lediglich einen Ordnungsruf verhängen, andere disziplinierende Sanktionsmöglichkeiten standen ihm aufgrund der Geschäftsordnung des Gemeinderates nicht zur Verfügung.

Tandler und sein Gesundheitsressort im Fokus des NS-Rassenantisemitismus – Teil I

Gesundheitsstadtrat Tandler war in den Gemeinderatssitzungen 1932/1933 mehrfach persönliches Ziel für antisemitische Injurien und Schmähungen seitens der Mitglieder der NSDAP-Gemeinderatsfraktion. Zur Illustration seien im Folgenden zwei Beispiele angeführt:

Schon bei der konstituierenden Sitzung des Gemeinderates am 24. Mai 1932 wurde Gesundheitsstadtrat Tandler Opfer antisemitischer Beschimpfungen seitens nationalsozialistischer Gemeinderäte. Als Bürgermeister Seitz den Vorschlag für die Besetzung der Ämter der amtsführenden Stadträte verlas, erschallten bei den Namen Breitner und Tandler Zwischenrufe der Nationalsozialisten, worauf Seitz einmahnte: „Sie können doch nicht jedesmal, wenn Ihnen ein Name angenehm oder unangenehm in den Ohren klingt, Zwischenrufe machen!" Darauf antwortete Gemeinderat Frauenfeld mit dem Zwischenruf: „Nur bei Juden!"[348]

In der Gemeinderatssitzung vom 7. April 1933 kam es von nationalsozialistischer Seite ebenfalls zu einer spektakulären antisemitischen Invektive gegenüber Tandler. Tandler stellte einen Vertrag, der die Übertragung der Geschäfte des Berufsberatungsamtes der Gemeinde Wien an die Industrielle Bezirkskommission zum Inhalt hatte, zur Debatte und versicherte, dass das gesamte Personal, soweit es angestellt sei, von der Bezirkskommission übernommen werde. Nach Annahme des Antrages durch den Gemeinderat erschallte der Zwischenruf des NSDAP-Gemeinderates Hugo Mühlberger, offenbar auf zwei jüdische Mitarbeiter des Berufsberatungsamtes Bezug nehmend: „Und was ist mit den beiden Juden?" Stadtrat Tandler gab darauf die kurz angebundene Antwort: „Ich bin keine Auskunftsstelle über Juden!" Das empörte wiederum die Nationalsozialisten: „Sie haben als Berichterstatter Auskunft zu geben!" Worauf Tandler antwortete: „Ich habe die Antwort bereits gegeben!" Aus dem nun einsetzenden Gewirr an Rufen und Zwischenrufen ertönte die Stimme des NSDAP-Gemeinderates Konrad Rotter, der offenbar in Richtung Tandler „Kusch Jud!" rief und damit stürmische Entrüstungsrufe bei den Sozialdemokraten evozierte.[349] Bürgermeister Seitz erteilte Gemeinderat Rotter einen Ordnungsruf und erklärte: „Wir werden das hier nicht dulden. Ich werde Herrn Professor Tandler nicht beleidigen lassen."[350]

Der die Gemeinderatssitzung leitende Vorsitzende Seitz belehrte zunächst Gemeinderat Rotter, um sich dann nochmals schützend vor Stadtrat Tandler zu stellen, diesen für seine kommunalpolitischen Leistungen würdigend: „Wenn Sie eine Beschwerde über einen Zwischenruf haben, melden Sie es hier offiziell. Aber ein solches Vorgehen gegenüber einem Mann, der seit einem Jahrzehnt und länger im Dienste der Stadt sich in der aufopferungsvollsten Weise bemüht, werde ich hier nicht dulden."[351] Das Gesagte verhallte letztlich unter den Rufen der Nationalsozialisten – die meinten, Tandler solle sich anders benehmen, Rede und Antwort stehen oder abtreten – und den Gegenrufen der Sozialdemokraten. Mit Recht verweigerte Stadtrat Tandler eine Antwort auf eine Frage, mit der seitens der Nationalsozialisten nichts anderes als eine blanke rassistisch-antisemitische Diskriminierung intendiert war.

Exkurs: Tandler in der antisemitischen Kampfzone der Universität Wien

In diesem Zusammenhang sei darauf hingewiesen, dass Tandler ein Leben lang unter dem in Österreich herrschenden Antisemitismus litt. Er war 1869 im böhmischen Iglau als Kind jüdischer Eltern geboren worden und hatte eine religiöse Erziehung erhalten. Obgleich Tandler seine kulturell-jüdische Prägung zeitlebens nicht verleugnete, hatten seine Erfahrungen, die er während seiner Studien- und Assistentenzeit (1895–1910) am I. Anatomischen Institut der Universität Wien gesammelt hatte, dazu beigetragen, dass er als Dreißigjähriger kurz nach seiner Habilitation zum Katholizismus konvertierte und eine Protestantin heiratete.

Zwar war es ihm möglich, seinem akademischen Lehrer, dem jüdisch-liberalen Univ.-Prof. Dr. Emil Zuckerkandl 1910 als Ordinarius für Anatomie nachzufolgen, doch hatte er sich stets mit antisemitischen Anfeindungen insbesondere seitens der Studenten und Lehrenden des II. Anatomischen Instituts auseinanderzusetzen, die eher dem deutschvölkischen und konservativ-nationalen Milieu zuzurechnen waren. Generell muss betont werden, dass Österreich eine lang zurückreichende antisemitische Tradition hatte, die vor allem von deutschnationalen und völkischen, aber auch katholischen Studenten auf dem Boden der Universitäten eifrig gepflegt wurde. Antisemitische Kundgebungen, Proteste gegen die Berufung jüdischer Professoren und tätliche Angriffe auf jüdische StudentInnen standen bereits in der Monarchie, vor allem aber auch die ganze Zwischenkriegszeit über an der Tagesordnung.[352]

Insbesondere in den deutschvölkischen Studentenverbindungen und im Nationalsozialistischen Deutschen Studentenbund (NSDStB) zählten der völkische Gedanke – ein biologistisch determinierter Nationalismus – und ein rassistisch ausgerichteter Antisemitismus zum ideologischen Selbstverständnis. Antisemitische Einstellungen teilten übrigens damals auch nicht wenige Repräsentanten des katholischen CV, wie beispielsweise Emmerich Czermak.[353]

Die im Rahmen der studentischen Selbstverwaltung 1919 gegründete Deutsche Studentenschaft (DSt), in der ausschließlich die beiden „deutsch-arischen" Gruppen – die deutschvölkische Studentenorganisationen und die katholischen Organisationen – vertreten waren, wurde in den 1920er Jahren auch von der Universität Wien als alleinige repräsentative Vertretung der Studierenden anerkannt. Die DSt verstand sich somit als Vertretung der „deutsch-arischen" Studentenschaft gegenüber den Lehrenden und den akademischen Behörden. Sie hatte gesamtdeutschen Charakter, da die österreichische DSt als Kreis VIII („Deutschösterreich") Teil der Deutschen Studentenschaft des Deutschen Reichs war. Juden und Ausländer, insbesondere Slawen, waren aufgrund diskriminierender rassistischer Bestimmungen – in Form des „Arierparagraphen" bzw. der Erfordernisse der „deutschen Abstammung", der „deutschen Muttersprache" sowie des Bekenntnisses zur deutschen Nationalität – kategorisch von einer Mitgliedschaft bei der DSt ausgeschlossen. Aufgrund der völkischen, antidemokratischen, antiliberalen und antimarxistischen Orientierung der DSt waren in ihr auch keine liberalen, sozialdemokratischen oder kommunistischen Studentengruppen vertreten.[354]

Die DSt, die 1919 aus der „deutsch-arischen Liste" bzw. dem „deutsch-arischen Hochschulausschuss" hervorgegangen war, war im Prinzip nichts anderes als ein Wahlbündnis aus deutschvölkischen und katholischen Studierenden, die sich die „Erhaltung des deutschen Charakters der Hochschulen" und den Schutz derselben vor „volks- und rassefremden Elementen" zum hochschulpolitischen Ziel gesetzt hatten. Die an sich verfeindeten Lager der deutschvölkischen und katholischen Studentenorganisationen hatten mit der DSt eine gemeinsame Abwehrfront gegen jüdische, linke und liberale Kommilitonen gebildet.[355]

Diese sollten unter allen Umständen von jeder politischen Partizipation ferngehalten werden. 1919/20 war das zuständige sozialdemokratisch geleitete Staatsamt für Inneres und Unterricht zwar bestrebt, die Etablierung einer „deutsch-arischen" Studierendenvertretung zu verhindern, blieb damit aber letztlich erfolglos, da der Großteil der an den österreichischen Universitäten Lehrenden gleichfalls der deutschnationalen Gesinnung anhing und mit der DSt sympathisierte.[356]

Mit der Übernahme des Unterrichtsressorts 1920 durch die Christlichsozialen folgte auf die Interventionspolitik der Sozialdemokraten eine Politik der weitgehenden Nichteinmischung in die Belange der studentischen Selbstverwaltung, die mit dem fadenscheinigen Argument der Hochschulautonomie begründet wurde. Mit Nachdruck forderte die DSt einen Numerus clausus für jüdische Lehrende wie Studierende und protestierte vehement gegen die Berufung jüdischer Professoren. Auf Initiative der DSt und in Zusammenarbeit mit deutschnational gesinnten Professoren wurde 1923 ein Heldendenkmal in der Aula der Universität Wien, der „Siegfriedskopf", errichtet. Dieser symbolisierte gewissermaßen die völkisch-heroische Weltanschauung der DSt und diente der deutschvölkischen bzw. nationalsozialistischen Studentenbewegung (und nach 1945 über Jahrzehnte hinweg Ewiggestrigen) als Pilgerstätte.[357]

1930 wurde vom Akademischen Senat die Gleispachsche Studienordnung beschlossen, die weitgehend den völkisch-rassistischen Vorstellungen der DSt entsprach. Die von dem Strafrechtsprofessor Wenzel Gleispach konzipierte Studienordnung sah eine Zwangsmitgliedschaft aller Studierenden in den jeweiligen rassistisch definierten „Studentennationen" und de facto einen Numerus clausus für jüdische Studierende vor. Nachdem der Verfassungsgerichtshof im Juni 1931 die Gleispachsche Studienordnung aufgehoben hatte,[358] kam es an der Universität Wien erneut zu Attacken gegen jüdische und linke Studierende.

Gleispach, ein Antisemit und NS-Sympathisant, hatte bereits kurz nach seinem Amtsantritt als Rektor der Universität Wien im Herbst 1929 die Ausschreitungen von NS-Studenten gegen linke und jüdische Studierende am I. Anatomischen Institut Tandlers wohlwollend geduldet.[359] Aus den Studentenkammerwahlen 1931 ging der Nationalsozialistische Deutsche Studentenbund (NSDStB) schließlich als stärkste Kraft hervor und übernahm damit die Führung in der DSt. Nach einem 1933 an der Universität Wien erfolgten tätlichen Angriff von NSDStB-Mitgliedern auf katholische Studierende, wurde die DSt von der Regierung Dollfuß aufgelöst und durch eine regimegenehme, linientreue Studentenvertretung (Hochschülerschaft Österreichs) ersetzt.[360]

Diese Maßnahme brachte den antijüdischen Terror an den österreichischen Hochschulen aber keineswegs zum Verschwinden, er blieb auf universitärem Boden weiterhin omnipräsent. Nach dem „Anschluss" Österreichs an Hitler-Deutschland im März 1938 gipfelte er in der systematischen und restlosen Entfernung jüdischer Hochschullehrer und Studierender aus dem Universitäts- und Forschungsbetrieb. Sie wurden Opfer der NS-Verfolgungs-, Vertreibungs- und Vernichtungspolitik.[361]

Als nach Zuckerkandls Tod 1910 die Ernennung Tandlers zum Ordinarius für Anatomie absehbar wurde, nahm die deutschnationale, antisemitische Tageszeitung „Deutsches Volksblatt" in gehässiger Polemik gegen Tandlers bevorstehende Berufung Stellung, indem sie vor einer „Verjudung der Wiener Universität"[362] warnte.

Tandler machte als Anatomieprofessor zunächst eine erfolgreiche akademische Karriere und bekleidete von 1914 bis 1917 das Amt des Dekans der Medizinischen Fakultät. Als er darüber hinaus 1919 eine politische Laufbahn als Unterstaatssekretär und Leiter des Volksgesundheitsamtes und 1920 als Wiener Gesundheitsstadtrat begann, mutierte Tandler – als sozialdemokratischer Politiker, Jude und Freimaurer – zum Feindbild schlechthin für antisemitische, katholische und deutschnationale Studierende und Professoren.

Da sich in Tandlers Lehrveranstaltungen eher sozialdemokratische, kommunistische, liberale und jüdische Studierende sammelten, wurde das von ihm bis März 1934 geleitete I. Anatomische Institut der Universität Wien seit 1920 regelmäßig Zielscheibe von Gewalt- und Terrorakten deutschvölkischer und nationalsozialistischer Studierender. Das Institut blieb eigentlich nur 1928 und die ersten zehn Monate des Jahres 1929 – unter dem Rektorat des späteren Erzbischofs von Wien Theodor Innitzer – von Angriffen einigermaßen verschont. 1920, 1923, 1927 und 1932/1933 nahmen die Ausschreitung und Gewaltexzesse an seinem Institut besonders große Ausmaße an.[363]

Die jüdische Wochenschrift „Die Wahrheit" berichtete am 11. Februar 1927 etwa über die antisemitischen Krawalle an Tandlers Institut: „Wüste Szenen spielten sich vor allem vergangenen Freitag im Anatomischen Institut ab, vor welchem 300 bis 400 Hakenkreuzler aufmarschierten. Sie besetzten die Eingänge, den Hörsaal des Professors Tandler, den sie an der Abhaltung seiner Vorlesung hinderten, säuberten Hörsäle und Gänge von sozialistischen, demokratischen und jüdisch aussehenden Studenten und Studentinnen. Es herrschte ein ohrenbetäubender Lärm, ein wüstes Kampfgebrüll in den der Wissenschaft gewidmeten Räumen. Die Säuberungsaktion der Hakenkreuzler ging in eine wilde Schlacht über, bei der die Mediziner Roos, Rona und Maderas relativ schwer verletzt wurden. Einem wurde die ganze

Während eines Überfalls nationalsozialistischer Studenten auf das I. Anatomische Institut im Jahr 1933 werden jüdische StudentInnen mit Leitern in Sicherheit gebracht.

Wange zerfetzt. Eine Unzahl von Studenten wurde mit Stöcken geprügelt, jüdische Studentinnen erhielten Ohrfeigen und wurden auf die Straße hinausgeworfen. Als Dr. Maresch, der gegenwärtige Dekan der medizinischen Fakultät, sich schützend vor eine Gruppe sozialistischer Hochschüler stellte, hieben die Hakenkreuzler mit Stöcken auf ihn ein."[364]

Tandler selbst dokumentierte die antisemitischen Ausschreitungen gegen seine Lehrkanzel in einer „Chronologie des Terrors".[365] 1927 hatte er sich an

Der devastierte Hörsaal am I. Anatomischen Institut nach den Ausschreitungen nationalsozialistischer Studenten am 9. Mai 1933

Rektor Hans Molisch mit sehr dramatischen Zeilen um Unterstützung und Schutz seitens der akademischen Behörden gewandt: „Ich habe den Auftrag Anatomie zu lehren. In meinem Lehrauftrag steht nichts davon, dass ich mich prügeln lassen muss, und nichts davon, dass ich das Institut mit Brachialgewalt verteidigen muss."[366]

Von den durchwegs deutschnational und nationalsozialistisch gesinnten Rektoren der Zwischenkriegszeit – die akademischen Netzwerken wie dem Spann-Kreis oder der geheim agierenden „Bärenhöhle" angehörten[367], deren hauptsächlicher Zweck darin bestand, universitäre Karrieren jüdischer und linker Wissenschafter zu verhindern – konnte er sich freilich keine Hilfe erwarten. Selbst eine eigens am Institut eingerichtete Polizeiwache vermochte den Terror nicht zu unterbinden. Am 9. Mai 1933 mussten bedrängte Studierende seines Instituts sogar mittels Leitern aus den Fenstern in Sicherheit gebracht werden.[368] Kein anderer Professor der Wiener Universität war im 20. Jahrhundert vergleichsweise so massiven und nachhaltigen Anfeindungen des antisemitischen Blocks – bestehend aus katholisch-konservativen, deutschvölkischen und nationalsozialistischen Studierenden und Lehrenden – ausgesetzt wie Tandler.

Exkurs: Antisemitische Netzwerke an der Universität Wien

Nach dem Ersten Weltkrieg – insbesondere vor dem Hintergrund der Zuwanderung ostjüdischer Flüchtlinge – wurde in den deutschvölkischen und katholischen akademischen Milieus der österreichischen Universitäten verstärkt die Forderung nach einer Beschränkung des Anteils jüdischer Studierender und Lehrender erhoben. An der Universität Wien bildeten sich geheim operierende antisemitische Netzwerke, die eine gezielte Personalpolitik gegen jüdische, linke oder liberale Wissenschafter betrieben.

An der Rechts- und Staatswissenschaftlichen Fakultät trat hier vor allem der Ordinarius für Nationalökonomie und Gesellschaftslehre Othmar Spann in Erscheinung, der der „Fachgruppe Hochschullehrer" der „Deutschen Gemeinschaft" angehörte und vehement versuchte, bei Lehrstuhlbesetzungen konservative und rassistische Kriterien unbeschadet des offiziellen Berufungsverfahrens zur Geltung zu bringen.[369]

Spann erhielt dabei von seinen zahlreichen Anhängern und Schülern (Spann-Kreis) Schützenhilfe. Die „Deutsche Gemeinschaft" war ein antisemitischer Geheimbund und wurde 1919 von Vertretern deutschvölkischer und katholischer Studentenverbindungen ins Leben gerufen.[370] Zu ihren Mitgliedern zählten übrigens auch der spätere Bundeskanzler Engelbert Dollfuß und der nachmalige NSDAP-Reichsstatthalter in Österreich Arthur Seyß-Inquart, der aus dem nationalen katholischen Lager stammte.[371] Ihr Kampf galt dem „Ugtum", d. h. „Ungeradentum", worunter Marxismus, Liberalismus, Freimaurerei und Judentum verstanden wurden. Die „Deutsche Gemeinschaft" führte eine „Gelbe Liste" mit den Namen jüdischer Professoren, die es aus öffentlichen Positionen zu drängen galt. „Ungerade" Wissenschafter sollten boykottiert, ihre beruflichen Karrieren, insbesondere Habilitationen verhindert werden.[372]

An der Philosophischen Fakultät war wiederum das antisemitische Geheimnetzwerk unter dem Decknamen „Bärenhöhle" tätig, das sich nach seinem konspirativen Treffpunkt benannte, dem zwischen Stiege IX und VII im Hauptgebäude der Universität Wien befindlichen Seminarsaal des paläoontologisch-paläobiologischen Instituts, wo die Höhlenbären-Knochen-Sammlung des Paläobiologen Othenio Abel (der die Bärenknochen in der Drachenhöhle bei Mixnitz/Stmk. gefunden hatte) untergebracht war.[373] Diese geheime Professorenclique, die der prononcierte Antisemit und NS-Vorkämpfer Othenio Abel[374] gegründet hatte, war ein Zweckbündnis aus deutschnationalen und dem Cartell-Verband angehörenden Universitätslehrern. Seit Anfang der 1920er Jahre gelang es diesen, durch ihre Mitwirkung in Habilitations- und Berufungskommissionen bzw. in offiziellen universitären Funktionen (Dekan, Rektor) – über Interventionen und Absprachen – Habilitationen und Berufungen jüdischer, linker oder liberaler WissenschafterInnen an der Universität Wien beinahe gänzlich zu verhindern. Dem Geheimbund „Bärenhöhle" gehörten neben Abel u. a. der Pädagogikprofessor Richard Meister, der Urgeschichtsprofessor Oswald Menghin, die Historiker Heinrich Srbik und Hans Uebersberger, der Orientalist Viktor Christian und der Geologe Carl Diener an.[375]

Die Mitglieder der „Bärenhöhle" fungierten zeitweise als Rektoren und Dekane, Menghin und Srbik sogar als Unterrichtsminister. Die mächtige „Bärenhöhlen"-Clique versperrte auf diese Weise zahlreichen aufstrebenden jüdischen und linken WissenschafterInnen ihren Karriereweg an der Universität Wien. Betroffen waren davon u. a. die Physiker Karl Horovitz und Otto Halpern, der Philosoph Edgar Zilsel, die Zoologin Leonore Brecher und der Biologe Paul Weiss. Trotz bester Qualifikation wurden sie nicht habilitiert und mussten infolge der beruflichen Perspektivenlosigkeit lang vor 1938 emigrieren. Aufgrund ihrer Chancenlosigkeit bemühten sich viele jüdische WissenschafterInnen – wie etwa der Philosoph Karl Popper oder die Physikerin Marietta Blau – erst gar nicht um die Erlangung der Venia legendi.[376]

Tandler und sein Gesundheitsressort im Fokus des NS-Rassenantisemitismus – Teil II

1932/1933 stand Tandler nun auch heftigen Attacken der Nationalsozialisten im Wiener Gemeinderat gegenüber. Ihm wurde u. a. als Gesundheitsstadtrat vorgeworfen, vor allem bei den Personalbesetzungen im Wohlfahrts-, Spitals- und Anstaltswesen Juden zu bevorzugen. Am 23. November 1932 übte NSDAP-Gemeinderat Wolfgang Scholz in seiner Rede im Plenarsaal des Gemeinderats auf propagandistisch perfide Weise Kritik an der Personalpolitik des Gesundheitsressorts, indem er einen Interessenskonflikt zwischen dem für das Personalwesen der Stadt Wien verantwortlichen Stadtrat Paul Speiser und dem für das Gesundheitswesen zuständigen Stadtrat Julius Tandler konstruierte, den er in antisemitischer Richtung deutete:

„Ich befasse mich heute mit der Verwaltungsgruppe I, an deren Spitze der amtsführende Stadtrat Speiser steht, der in Personalangelegenheiten maßgebend ist. Wir wissen ganz genau, daß der Herr amtsführende Stadtrat Speiser kein leichtes Amt hat, wir wissen aber auch andererseits, daß der Herr amtsführende Stadtrat Speiser heute kein so großer Freund der Juden ist, wie er das seinerzeit war. Die Schuld daran liegt hauptsächlich in der Verwaltungsgruppe III [= Tandlers Ressort; Anm. d. Verf.]. Mit dieser Verwaltungsgruppe lebt er in Zwist. Wenn auch Stadtrat Speiser kein Antisemit ist – sein Antisemitismus ist mehr ein Wald- und Wiesenantisemitismus –, so ist es doch immerhin ein Antisemitismus. (Heiterkeit bei den Nationalsozialisten) Tatsache ist, daß die ausserordentliche Bevorzugung des auserwählten Volkes in der Verwaltungsgruppe III sogar dem Herrn amtsführenden Stadtrat Speiser über die Hutschnur geht."[377]

Generell sei darauf hingewiesen, dass die Nationalsozialisten gemäß ihren ideologischen Grundsätzen eine Umgestaltung des Wiener Gesundheits- und Wohlfahrtswesens nach rassistischen Kriterien verlangten, wobei Infrastruktur und Fürsorgeleistungen zuallererst den „deutsche Volksgenossen" zugutekommen sollten.

Darüber hinaus wurde von NS-Seite mehrfach moniert, dass sich im Sektor des städtischen Spitals-[378] und Gesundheitswesens[379] „lauter Juden" befänden. In den Fokus der Angriffe kam auch die Heil- und Pflegeanstalt „Am Steinhof", wo man eine „Verjudung der Ärzteschaft" behauptete, die durch die Sozialdemokratie gefördert worden sei. Der nationalsozialistische Gemeinderat Dr. Walter Riehl erblickte in der Anstalt Steinhof geradezu ein Paradies für „Ostjuden": „Der Herr Stadtrat erklärt aber, er frage nicht nach der Konfession, er schere sich nicht um die Rasse, ihm sei alles wurst. […] während sie sich nicht scheuen, wie es die Heil- und Pflegeanstalt Am Steinhof zeigt, fremde Leute anzustellen. Diese Anstalt ist ein besonderes Eldorado für Galizien geworden."[380]

Besonders perfid war, dass Riehl in seiner Rede die Namen von mehr als einem Dutzend am Steinhof tätigen Ärztinnen und Ärzten sowie Pflegepersonen verlas, die mehrheitlich aus osteuropäischen Ländern zugewandert waren, und diese öffentlich als „Juden"[381] an den Pranger stellte:

„Ein Dr. Julius Eisenthal stammt aus einem Ort in der Bukowina, ein Dr. Hermann Flamm, Anstaltsarzt, geboren 1893 in Sickiszynde in Polen, Dienstantritt 1. Mai 1931, Dr. Frank Klara, eine Ärztin, geboren in Budapest, Dienstantritt 11. Februar 1929, Dr. Karl Friedmann, geboren in Brody, Dr. Grauer Regina, geboren in Rzeszow, Polen, ein Dr. Ernst Löffler, der ist zufällig nicht in Polen geboren, aber in der Czechoslovakei, ferner Dr. Mannheim Luzie, Anstaltsärztin, geboren in Wien, aber selbstverständlich rein jüdischer Abkunft; Dr. Maria Morgenstern, geboren in Mailand, dann kommt ein Dr. Siegfried Nowotny, in Wien geboren, dann ein Dr. Leopold Olesker, in Brody geboren, ein Dr. Norbert Schwarzmann, in Wien geboren, aber russischer Jude. Dann kommt das Pflegepersonal; selbst dafür nehmen Sie schon Juden; da ist ein Alois Rosenzweig, Dienstantritt 1. Juni 1931, geboren in Rzeszow, Polen. Ich meine, Sie haben mehr Leute als Ärzte angestellt, die in Rzeszow geboren sind als in irgendeinem Wiener Gemeindebezirk; […] auch der derzeit in Ybbs stationierte Dr. Osias Lustmann stammt aus Rzeszow."[382]

Riehl setzte fort: „Die Verjudung des Ärztestandes ist durch die Sozialdemokratie derart gefördert worden, daß es heute überhaupt für Leute, die katholischen oder evangelischen Bekenntnisses sind, unmöglich ist, einen städtischen Ärzteposten zu bekommen. Jene die da unterkommen wollen, müssen zuerst konfessionslos werden. […] Das ist die einzige Möglichkeit für den Arier, um überhaupt in den städtischen Dienst aufgenommen zu werden und wirklich im städtischen Dienst vorwärts zu kommen, natürlich mit Ausnahme einiger Alibibeweise, einiger Renommierchristen, die man haben muß, damit man sagen kann, die stärkstvertretene Konfession, in diesem Fall Konfession als Hinweis auf wahrscheinliche Rasse, ist den Juden vorbehalten."[383]

Und er gab seiner Empörung Ausdruck: „Es ist ein Skandal sondergleichen, in einer solchen Zeit der Massennot der jungen geistigen Arbeiter dieser Stadt, gerade auf diesem Gebiete ausschließlich dem Judentum Tür und Tor zu öffnen. […] Wenn Sie diese Liste von den Angestellten und Ärzten am Steinhof sehen, dann sehen Sie die ganze scheußliche Situation, in der sich die Wiener Bevölkerung befindet, die nicht nur unter der marxistischen Herrschaft lebt, sondern gerade unter der bewußt jüdischen Rassenherrschaft zur Vertilgung der arischen Intelligenz unseres Volkes. (Beifall bei den Nationalsozialisten)"[384]

Interessant sind in diesem Zusammenhang auch die Aussagen, die von nationalsozialistischer Seite zur bevölkerungspolitischen Situation in Wien gemacht wurden. Im Kontext der von den Nationalsozialisten heftig kritisierten Verteilung der finanziellen Subventionen von Vereinen meinte dazu etwa Gemeinderat Adolf Wigbald Pichler am 15. Juli 1932 im Plenum des Gemeinderates: „Die Bevölkerung Wiens ist, Gott sei Dank, zum größten Teile noch deutscharischer Abkunft. [...] Ich bitte aber zu bedenken, aus welchen Kreisen sich Ihre Wähler vornehmlich zusammensetzen. Es wird Ihnen bekannt sein, daß eine große Anzahl der Juden, Tschechen und sonstigen Ausländer zu Ihren Wählern zählt; das sind lauter Fremdvölkische."[385]

Pichler forderte eine Änderung des Verteilungsprinzips der Förderungen nach nationalen völkischen Gesichtspunkten. So führte er Klage darüber, dass für die „rote Propagandastelle" des „Gesellschafts- und Wirtschaftsmuseums" eine Förderung von 22.000 Schilling aufgewendet werde, aber „für den Österreichischen Bund der Volksaufartung und Erbkunde, für den die verantwortlichen sozialdemokratischen Politiker wenig Verständnis haben" (was sich im Ausspruch des Bürgermeisters – „man müsse erst feststellen, was deutsche Nationalität sei" – widerspiegele), nur „den lächerlichen Betrag von 400 S zur Verfügung" stelle. Ähnliches gelte auch für die „Österreichische Gesellschaft für Bevölkerungspolitik und Fürsorgewesen – eine große Angelegenheit für unser Volk", für das aber „nur 200 S bewilligt" werde.[386]

Auch der Fraktionsvorsitzende der nationalsozialistischen Gemeinderäte Frauenfeld stellte Überlegungen zur bevölkerungspolitischen Lage Wiens an, für deren angeblich katastrophalen Zustand er die sozialdemokratische Politik des Roten Wien – und damit indirekt das von Tandler geleitete Wohlfahrts- und Gesundheitswesen – verantwortlich machte:

„Wir haben vor 15 bis 20 Jahren in Wien mehr als 2 Millionen Einwohner gehabt, heute zählt die Bevölkerung Wiens etwas über 1,8 Millionen. Wien hat aber nicht nur diese 200.000 deutschen Bewohner verloren, sondern in derselben Zeit, in der die Bevölkerungszahl gesunken ist, sind, wie die statistischen Nachweise sagen, über 200.000 Fremdstämmige nach Wien hereingekommen. Wir haben daher in Wirklichkeit über 400.000 bodenständige Menschen verloren. Das ist ein Anteil von 20 % und ein Beweis dafür, daß Wien als deutsche Stadt eine sterbende Stadt unter der Herrschaft der Sozialdemokratie geworden ist."[387]

Die bevölkerungspolitischen Sichtweisen, die die Nationalsozialisten im Wiener Gemeinderat einbrachten, waren aber nicht wie bei Tandler im Sinn der Menschenökonomie Goldscheids und des Soziallamarckismus ausgerichtet, sondern enthielten lediglich bevölkerungsstatistische (sachlich unrichtige) Aufrechnungen auf der Grundlage der NS-Rassentheorie. Die Nationalsozialisten nahmen in ihren Reden im Gemeinderat im bevölkerungspolitischen Kontext keinerlei Bezug auf eugenische oder rassenhygienische Inhalte, ihre diesbezüglichen Aussagen waren von rassistischem Gedankengut („Juden", „Fremdvölkische" usw.) geprägt und dominiert.

Vor diesem dargelegten Hintergrund wird klar, dass Tandler den Nationalsozialisten (nicht nur) im Wiener Gemeinderat kein Vorbild sein konnte. Dass Tandler Mitglied des Österreichischen Bundes für Volksaufartung und Erbkunde sowie der Österreichischen Gesellschaft für Bevölkerungspolitik war, spielte im Denken der an der Bevölkerungspolitik interessierten NS-Kommunalpolitiker keine Rolle. Im Zusammenhang mit ihrer Forderung nach Subventionserhöhung für diese Vereine hatten sich die NSDAP-Gemeinderäte nicht an Tandler gewandt. Ebenso nahmen sie bei ihren bevölkerungspolitischen Exkursen keinerlei Bezug auf die komplexen bevölkerungspolitischen Thesen und menschenökonomischen Grundlegungen Tandlers.

Im Gegenteil: Tandler galt ihnen als Jude, Sozialdemokrat und Gesundheitspolitiker des Roten Wien als absolutes Feindbild. Er wurde von den NSDAP-Gemeinderäten nicht nur antisemitisch beschimpft, sondern auch in personalpolitischer Hinsicht für die angebliche „Verjudung" des Gesundheits- und Wohlfahrtswesens der Stadt Wien verantwortlich gemacht.[388] Zwar hatte Tandler in der letzten Phase seiner Amtszeit noch die Genugtuung, das von der Regierung Dollfuß am 19. Juni 1933 erlassene Verbot der österreichischen NSDAP[389] zu erleben, das die Aberkennung sämtlicher NSDAP-Landtags- und Gemeinderatsmandate und insbesondere das Ausscheiden der Nationalsozialisten aus dem Wiener Landtag bzw. Gemeinderat nach sich zog.[390] Vonseiten Wiens erfolgte die Eliminierung der Nationalsozialisten aus dem Landtag bzw. Gemeinderat, dem Bundesrat, dem Stadtschulrat und den Bezirksvertretungen schließlich auf der Grundlage des vom Wiener Landtag beschlossenen Landesverfassungsgesetzes vom 30. Juni 1933 über das Erlöschen der Mandate der Nationalsozialistischen Deutschen Arbeiterpartei (Hitlerbewegung).[391]

Doch die ihm seitens der Nationalsozialisten zugefügten antisemitischen Kränkungen mussten bei ihm doch tiefe Verletzungen zurückgelassen haben. Freilich hatte sich Tandler als Wissenschafter sowie als Gesundheits- und Sozialpolitiker in seinen bevölkerungspolitischen Aussagen – auch im Wiener Gemeinderat – gelegentlich einer radikalen, an die völkische Rassenhygiene angelehnten Terminologie bedient, wenn er vorgeblich sozial unproduktive kranke und hilfsbedürftige Menschen in einem abwertenden Sinn als „Minusvarianten" und „Minderwertige" bezeichnete, deren Erhaltung und Befürsorgung ihm nach zweckökonomischen Kriterien widersinnig, aber aus Gründen der Humanität und politischen Erwägungen doch notwendig erschien.

Auf dem Zenit seiner politischen Karriere und vor dem Hintergrund seines Lebenswerks musste Tandler nun zur Kenntnis nehmen, dass er von den nationalsozialistischen Gemeinderäten auf der Grundlage der NS-Rassentheorie als Jude qualifiziert und damit dem „Untermenschentum" zugerechnet wurde. Die Nationalsozialisten dachten freilich im Traum nicht daran, den – aus ihrer Sicht – rassistisch als „minderwertig" Eingestuften eine humanitäre Behandlung im Sinne Tandlers zuzubilligen. In ihrer „arischen Volksgemeinschaft" war für Juden wie Tandler kein Platz vorgesehen. Das „jüdische Element" war zu eliminieren, und zwar unbarmherzig.

Politische Verfolgung, Emigration, Tod und Nachleben Tandlers

Rückzug aus der Kommunalpolitik unter dem Eindruck der politischen Reaktion und des antisemitischen Terrors

Im Wiener Gemeinderat von den Nationalsozialisten geschmäht, galt Tandler auf der internationalen Bühne als hoch angesehener Wissenschafter und erfahrener Gesundheitspolitiker. Seit Anfang der dreißiger Jahre wirkte er in der Hygiene-Sektion (Health Committee) des Völkerbundes (League of Nations) mit, wobei er den Vorsitz im Komitee für Schulhygiene innehatte. An zwei Völkerbundsitzungen in Genf – im September/Oktober 1930 und im Mai 1931 – hatte er nachweislich teilgenommen. Auch in den kommenden Jahren blieb er auf konsultative Weise für den Völkerbund tätig.[392]

Bereits im Herbst 1932 war Tandlers Parteifreund, der amtsführende Finanzstadtrat der Stadt Wien Hugo Breitner, der mit seinem kommunalen Steuersystem die Sozialreformen Tandlers ermöglicht hatte, zurückgetreten. Am 25. November 1932 war Dr. Robert Danneberg zum Nachfolger

Breitners gewählt worden.[393] In der Gemeinderatssitzung vom 24. Juli 1933 wurde Tandlers Rücktritt als Gesundheitsstadtrat bekannt gegeben und der amtsführende Stadtrat Karl Honay, der bislang für allgemeine Verwaltungsangelegenheiten zuständig war, zu seinem Vertreter gewählt.[394]

Der ursprünglich von Bürgermeister Seitz für die Nachfolge Tandlers vorgesehene sozialdemokratische Bundesrat und Sekretär der Parlamentsfraktion der sozialdemokratischen Abgeordneten Dr. Adolf Schärf hatte den Wechsel in dieses kommunalpolitische Amt jedoch mit der Begründung abgelehnt, dass er weder über eine medizinische Ausbildung noch über Erfahrung auf dem Sektor des Gesundheits- und Wohlfahrtswesens verfüge.[395] Tandler hatte sich 1933 hingegen dazu entschlossen, Einladungen der Universitäten in Schanghai und Peking anzunehmen, wo er Vorlesungen über Anatomie, Wohlfahrtspflege und Fürsorge halten sollte. Mit dieser Reise in den Fernen Osten erfüllte er sich einerseits einen alten Jugendtraum, andererseits konnte er wieder mehr wissenschaftlich und beratend tätig sein.[396]

Neben dieser ehrenvollen Berufung nach China war aber ein Bündel von Gründen für sein Ausscheiden aus der kommunalen Gesundheits- und Wohlfahrtspolitik ausschlaggebend. Zum einen trug mit Sicherheit die von den NS-Gemeinderäten verursachte politische Radikalisierung im Wiener Gemeinderat zu Tandlers politischem Rückzug bei. Tandler war ein Mann der Nüchternheit und Sachlichkeit, der Radikalismus und Gewalt zutiefst verabscheute. Ihn hatten die rassistisch-antisemitische Grundstimmung im Gemeinderat ebenso wie die zunehmenden antisemitischen Krawalle an dem von ihm geleiteten I. Anatomischen Institut der Universität Wien dahingehend bestärkt, sich zunehmend aus dem politischen Tagesgeschäft zurückzunehmen. Jedenfalls hatte er nach verlockenden und herausfordernden wissenschaftlichen Tätigkeiten im Ausland Ausschau gehalten.

Außerdem hatten 1933 bereits Budgetkürzungen, die auch sein Ressort betrafen, eingesetzt, die mit eine Rolle für Tandlers Demission gespielt haben dürften. Die nationalsozialistische Opposition hatte jede sich bietende Gelegenheit wahrgenommen, um die von ihm notgedrungen veranlassten Leistungskürzungen – wie etwa die Schließungen und Zusammenlegungen von Kinderhorten und anderen Einrichtungen der Kinderfürsorge – ins Kreuzfeuer der Kritik zu nehmen. Im März 1933 hatte zudem die Regierung Dollfuß den Nationalrat ausgeschaltet und autoritär zu regieren begonnen. Vor dem Hintergrund des sich zwischen der Bundesregierung Dollfuß und der sozialdemokratisch geführten Wiener Gemeindeverwaltung zuspitzenden politischen Konflikts rechnete er mit weiteren negativen Auswirkungen auf das Kommunal- und insbesondere Gesundheitsbudget, die den Handlungsspielraum und die Gestaltungsmöglichkeiten der von ihm geprägten Wohlfahrtspolitik erheblich einschränken würden.

Inwieweit sich das politische Klima zwischen Sozialdemokraten und Christlichsozialen auch auf kommunaler Ebene in Wien verschlechtert hatte, zeigt eine Rede, in der Dr. Alma Motzko mit der Politik des Roten Wien, dabei Tandlers Wohlfahrtspolitik nicht aussparend, am 19. Mai 1933 im Gemeinderat abrechnete: „Die Liebe zur Stadt Wien, zu der Stadt, deren Lebensinteressen Sie auf allen Gebieten seit 14 Jahren mit Füßen treten, die Liebe zu der Stadt, der armen Bevölkerung, bestimmt mich, nach wie vor bei der Behauptung zu verbleiben, daß der Tag zu segnen ist, an welchem ihrer Wirtschaft ein Ende gemacht wird, ein Staatskommissär der Regierung Dollfuß hier sitzt."[397]

Bisher wenig bekannt ist, dass für den politischen Abgang Tandlers als Gesundheitsstadtrat auch schwere Dissonanzen mit dem Verein sozialdemokratischer Ärzte verantwortlich gewesen sein dürften. Dessen Mitglieder hätten – nach Darstellung des Zeitzeugen Dr. Sigismund Peller – Tandler wiederholt wegen seiner angeblichen politischen Anbiederung an Deutschnationale und Christlichsoziale kritisiert.[398]

Entlassung, Vertreibung und Tod im Exil

Nachdem Tandler in der Ferne von den Februarkämpfen 1934 erfahren hatte, beschloss er allein schon aus Verantwortungsgefühl für seine MitarbeiterInnen am I. Anatomischen Institut nach Wien zurückzukehren. Als er im März 1934 in Wien ankam, wurde er als prominenter Sozialdemokrat kurzzeitig verhaftet und in der Folge vom Bundesministerium für Unterricht zwangsemeritiert. Die von Tandler gegen den ministeriellen Bescheid eingelegten Berufungen und Rechtsmittel hatten keinen Erfolg. Nach den Februarkämpfen 1934 wurden im Rahmen einer politischen Kündigungswelle insgesamt 58 sozialdemokratische Ärzte – von denen 56 jüdischer Herkunft waren – aus dem Dienst der Stadt Wien entlassen.[399]

Das autoritäre Dollfuß-Regime betrachtete Tandler als unliebsamen politischen Gegner, den es galt, im Hinblick auf seine öffentlichen Positionen, die er vormals bekleidete, kaltzustellen bzw. loszuwerden. Ihm sollte jede weitere offizielle politische oder wissenschaftliche Betätigung in Österreich verwehrt sein. Hierzulande war Tandler fortan ein vom Regime politisch Geächteter. Vor diesem Hintergrund wird klar, dass die „Emigration" Tandlers und vieler anderer sozialdemokratischer, linker und jüdischer Intellektueller bereits 1934 den Charakter einer politischen Vertreibung hatte, wenn diese auch nicht ein so großes Ausmaß annahm bzw. mit so rigorosen Mitteln betrieben wurde, wie dies bei der jüdischen Massenvertreibung durch die Nationalsozialisten nach dem März 1938 der Fall war.

Tief verletzt verließ Tandler Österreich und begab sich im Juni 1934 auf eine Vorlesungsreise nach New York. Über die USA, Hawaii und Japan erreichte er im März 1935 wiederum China, wo er eine Einladung des National College of Medicine of Shanghai erhalten hatte. Im September 1935 kehrte er nach Wien zurück, um im November desselben Jahres erneut eine Reise via USA nach China anzutreten, wo ihm eine Professur für Anatomie an der neu errichteten School of Medicine an der National Central University Nangking angeboten worden war.[400]

Kaum in New York angekommen, brach er seine Reise jedoch ab, da er die Einladung der sowjetischen Regierung annehmen wollte, an der Reform des sowjetischen Gesundheitswesens konsultativ mitzuwirken. Mit dem Volkskommissariat für Gesundheitswesen der UdSSR schloss er schließlich einen Zweijahresvertrag ab, der eine Beratertätigkeit in Bezug auf die Errichtung von Spitälern und die Reformierung der Medizinerausbildung vorsah.[401] Sein behördlicher Ansprechpartner war Nikolaj A. Semaschko, der Ordinarius für soziale Hygiene in Moskau. Als Unterstützung für seine Tätigkeit standen ihm zwei Ärzte zur Seite, Alfred K. George und der aus Wien stammende Walter Fischer.[402]

Während seines Moskau-Aufenthalts hatte Tandler auch engen Kontakt mit der Architektin Margarete Schütte-Lihotzky[403], die ihn als „liebenswürdigen Menschen" bzw. „liebenswerten Geretteten" apostrophierte und in ihren Erinnerungen auch über dessen tragisches Lebensende berichtete.[404]

Kurz nach Aufnahme seiner Arbeiten erkrankte Tandler ernsthaft und erlitt Anfälle von Angina pectoris. Als sich sein Gesundheitszustand weiter verschlechterte, wurde er von seinem Zimmer im Hotel National ins nahegelegene Kreml-Spital in Moskau überführt, wo er in der Nacht des 25. August 1936 im Alter von 62 Jahren an einem Herzanfall starb.[405]

Beisetzung und Nachrufe

Der Leichnam wurde in einem Sonderwagen der russischen Staatsbahnen nach Wien überstellt, die Kosten für die Einbalsamierung und den Transport hatte die sowjetische Regierung übernommen.

Am 8. September 1936 um 9 Uhr 15 fand die Einäscherung – in Anwesenheit des sowjetischen Gesandten, des früheren Wiener Bürgermeisters Karl Seitz und von Theodor Körner – in der Feuerhalle Simmering statt. Im Rahmen der – polizeilich überwachten – Trauerfeier hielt Univ.-Prof. Dr. Harry Sicher[406] – im Namen von Tandlers Schülern – eine bewegende Gedenkrede:

„So lange Julius Tandler lebte, konnten wir ihm ja nichts geben, denn er selbst besaß den Säckel des Fortunatus. Er gab und gab und schöpfte ihn nicht aus. Gab er schon im Hörsaal, im Seziersaal aus vollem Wissen und Können, seinen engeren Schülern und Mitarbeitern schenkte er Schätze an lebendigster Wissenschaft, die jeden Einzelnen reich machten. In seinem Institut wurde der Satz wahr, den er sich selbst zum Motto gewählt hatte: ‚Hier ist der Ort, wo der Tod sich freut, dem Leben zu helfen.' Und da Tandler immer Leben sprühte, war die Arbeit am Institut immer lebensvoll, nicht trockene Theorie, sondern am Leben orientierte Praxis. Und was im Institut an wissenschaftlichen Arbeiten von Tandler selbst und seinen Schülern geschaffen wurde, bleibt als äußeres Zeichen seiner Unsterblichkeit erhalten. Aber mehr als alles das, so wertvoll es ist: In seinen Schülern lebt Tandler weiter. Er, der nie die Distanz der Autorität kannte, der unter seinen Schülern immer als einer ihresgleichen sich gab, der darum auch nicht nur Verehrung, sondern Liebe und Freundschaft fand, er hat uns restlos zu dem gemacht, was wir sind. Wie könnten wir es ihm je vergelten, was wir ihm verdanken? Und so versprechen wir: Trotz des Bewußtseins eigener Unzulänglichkeit, seine Lehre zu bewahren und, soweit die Kräfte reichen, die er selbst in uns erweckt hat, diese Lehre weiterzugeben. Wie er uns nie sterben kann, wie er aus unserem eigenen Leben nie verschwinden kann, so wollen wir helfen, Tandlers Geist lebend zu erhalten im Dienste der Menschheit, die er so geliebt hat."[407]

Zwei Tage später – am 10. September 1936 – erfolgte die Beisetzung der Kapsel mit Tandlers Asche auf dem Urnenhain des Wiener Zentralfriedhofs.[408] Harry Sicher und Marianne Stein[409], die erste Frau als Assistentin am I. Anatomischen Institut, verfassten einen Nekrolog auf Tandler in der „Medizinischen Klinik" vom 16. Oktober 1936.[410] Anton Hafferl[411], ordentlicher Professor für Anatomie an der Universität Graz und langjähriger Assistent Tandlers, veröffentlichte einen Nachruf in der „Wiener klinischen Wochenschrift".[412] In einer Sitzung der Gesellschaft der Ärzte in Wien sprach deren Präsident Univ.-Prof. Dr. Anton von Eiselsberg[413] Worte des Gedenkens.[414]

Darüber hinaus wurde in den österreichischen Tageszeitungen Tandlers Ableben vermeldet. Die Zeitungsberichte – selbst jene der bürgerlich-konservativen Blätter wie der „Neuen Freien Presse", der „Reichspost" und der „Wiener Zeitung" – waren durchwegs sachlich gehalten und würdigten das Werk des Wissenschafters und Politikers Tandler.[415] Die in Österreich von der Regierung seit 12. Februar 1934 verbotene, nunmehr im tschechoslowakischen Exil in Brünn als Wochenblatt erscheinende „Arbeiter-Zeitung"[416] veröffentlichte am 30. August 1936 einen respektvollen Nachruf auf Tandler.[417] In der „Prawda" und in der „Deutschen Zentralzeitung" in Moskau erschienen hingegen stark ideologisch gefärbte Nachrufe, die Tandlers Person posthum für die politischen Ziele der Sowjetunion zu vereinnahmen suchten.[418]

Verdrängung, Rehabilitierung und Geburt des Tandler-Mythos

Nachdem Julius Tandler während der Zeit des Nationalsozialismus totgeschwiegen worden war, wurde er nach 1945 politisch rehabilitiert.

In der Zweiten Republik erhielt Tandler posthum zahlreiche Ehrungen, u. a. wurde der frühere Althanplatz im 9. Wiener Gemeindebezirk (Verkehrsfläche vor dem Franz-Josefs-Bahnhof) in Julius-Tandler-Platz umbenannt. 1960 wurde mit Mehrheitsbeschluss des Wiener Gemeinderates die „Prof. Dr. Julius Tandler-Medaille der Stadt Wien" geschaffen. Am Rande sei hier vermerkt, dass an der nach 1945 einsetzenden gedächtnispolitischen „Mythologisierung" von Person und Lebenswerk Julius Tandlers neben SPÖ und KPÖ auch die Wiener ÖVP – in der Person des Wiener ÖVP-Gesundheitsstadtrates Lois Weinberger – starken Anteil hatte. Weinberger hielt bei zahlreichen Gedenktafelenthüllungen zum Gedenken Tandlers die Laudationes.[419]

So wusste die kommunistische „Volksstimme" vom 20. Juni 1950 über die Enthüllung einer Gedenktafel für Tandler anlässlich des 25jährigen Bestehens der Kinderübernahmestelle ein wenig sarkastisch zu berichten: „Die Festrede aus diesem Anlaß ließ sich jener Weinberger nicht entgehen, dessen Parteifreunde Tandler aus dem Rathaus und von der Universität verjagten und ihn ins Gefängnis steckten. ‚Tandler hat Schweres mitgemacht und ertragen', sagte Weinberger mit frommem Blick nach oben, aber er steht heute auch in den Herzen jener, die einmal seine politischen Gegner waren ..."[420]

Die Wiener ÖVP-Gemeinderatsfraktion hatte übrigens bei der Gemeinderatssitzung am 8. April 1960 nicht für den von der SPÖ eingebrachten Antrag zur Stiftung der „Professor Dr. Julius Tandler-Medaille der Stadt Wien" gestimmt. ÖVP-Gemeinderat Bittner hatte damals die Nichtzustimmung der ÖVP-Fraktion folgendermaßen begründet: „Wir sind – das möchte ich gleich vorwegnehmen – in keiner Weise dagegen, daß das Andenken Professor Tandlers weiter bewahrt wird. Wir achten ihn, weil Tandler ein Mensch war, der sich in schwierigen Verhältnissen durchringen mußte, um zu seinem Beruf zu kommen, der es schwer hatte, sich beruflich durchzusetzen – nicht, weil seine Leistungen gering gewesen wären, sondern weil die damalige Atmosphäre der Wiener Universität Menschen wie Tandler absolut feindlich gesinnt war. Weil Tandler ein bedeutender Wissenschafter war, schätzen wir ihn, weil er ein guter und vielleicht überhaupt bedeutender Organisator der Wiener öffentlichen Fürsorge war, anerkennen wir ihn in Wien. Aber weil wir der Meinung sind, daß es bei dieser Medaille nicht um die Ehrung Professor Tandlers geht, sondern um die Ehrung der Menschen, die sich auf sozialem Gebiet verdient gemacht haben, glauben wir, daß eine Professor Dr. Julius Tandler-Medaille doch nicht geeignet ist, dem zu entsprechen, was mit der Schaffung einer solchen Medaille beabsichtigt werden sollte. Wir glauben, daß Tandler hier als Aushängeschild einer bestimmten politischen Richtung zu werten ist. […] Daß wir das Andenken Professor Tandlers ehren, hat Herr Vizebürgermeister Weinberger schon seinerzeit bewiesen, als er bei der Enthüllung einer Büste in anerkennenden Worten über Julius Tandler gesprochen hat. Weil aber in diesem Falle die Voraussetzungen einer unparteiischen Ehrung aller jener Menschen, die auf sozialpolitischem Gebiet tätig sind, nicht gegeben sind, weil uns die Medaille in der vorgeschlagenen Form als keine geeignete Ehrung solcher verdienstvoller Menschen erscheint, darum sind wir ebenso wie im Stadtsenat nicht in der Lage, dem Antrag unsere Zustimmung zu geben."[421]

Die Wertschätzung Tandlers erfuhr in den 1970er Jahren in der Ära des sozialdemokratischen Wiener Gesundheitsstadtrats Univ.-Prof. Dr. Alois Stacher (1925–2013) einen Höhepunkt.[422]

Tandlers Leistungen hinsichtlich seines monumentalen Lebenswerks, der Schaffung eines sozialstaatlichen Fürsorge- und Wohlfahrtsmodells, sind bis heute allgemein anerkannt. Seit den 1990er Jahren bilden vor allem die in Tandlers wissenschaftlichen Publikationen bedenklich erscheinenden Äußerungen zu Bevölkerungspolitik, Eugenik und der Vernichtung „unwerten Lebens" den Gegenstand kritischer wissenschaftlicher Aufarbeitung. In den letzten Jahren hat sich die Kritik an diesen Aussagen auch in der Öffentlichkeit seitens der Medien und Politik verstärkt.

Eugenik und Rassenhygiene in Österreich vor 1938: Genese, Strukturen, Protagonisten und Diskurse

Bevor eine abschließende konkludierende Bewertung des Verhältnisses von Julius Tandler zur Eugenik und Rassenhygiene vorgenommen werden kann, ist es notwendig und sinnvoll, einen kurzen Überblick über die wesentlichen Sachverhalte, die konstitutiven Voraussetzungen bzw. Strukturen und die Eckpunkte der historischen Entwicklung der Eugenik in Österreich bis 1938 zu geben.

Eugenik und Sozialismus

Zunächst sollen einige grundlegende Überlegungen zum Verhältnis von Sozialdemokratie und Eugenik bzw. Rassenhygiene angestellt werden. Denn auf den ersten Blick erscheint ein logischer Zusammenhang, eine Verbindung zwischen Sozialismus und Eugenik aufgrund der fundamental unterschiedlichen Gesellschaftskonzepte, die ihnen zugrunde liegen, geradezu absurd. Bis in die jüngste Zeit galten Sozialismus und Eugenik im zeit- und medizingeschichtlichen Forschungsdiskurs als unvereinbar.[423] Sozialismus strebte zuvorderst die Änderung der bestehenden gesellschaftlichen Verhältnisse mit dem Ziel an, soziale Gleichheit und Gerechtigkeit in einer klassenlosen Gesellschaft zu verwirklichen. Eugenik hingegen wollte mittels Förderung der als erblich hochwertig klassifizierten Menschen („positive Eugenik") und mittels Maßnahmen zur Verhinderung der Vermehrung von Menschen, die als erblich minderwertig eingestuft wurden („negative

Eugenik"), eine genetische Verbesserung von Mensch und Gesellschaft im Sinn einer „qualitativen Höherentwicklung" erreichen.[424]

Tatsächlich aber dürfte die ideologische Affinität von Sozialismus und Eugenik größer gewesen sein, als bislang vermutet wurde. Eugenische Themen und Fragestellungen waren jedenfalls in der Politik der deutschen und österreichischen Sozialdemokratie durchaus von Relevanz.[425]

Die Verbreitung von Darwins Evolutionstheorie

In Österreich waren vor 1848 der Entwicklung und Etablierung der Naturwissenschaften generell durch das illiberale und von der Zensur bestimmte geistig-politische Klima der Metternich-Zeit starke Schranken gesetzt.[426] Bemühungen zur Popularisierung der Naturwissenschaften blieben im frühen und mittleren 19. Jahrhundert auf Initiativen einzelner Wissenschafter oder auf private Vereine begrenzt. Erst der Anbruch der liberalen Ära in den späten 1860er Jahren, die Verwirklichung des bürgerlichen Verfassungsstaates und die konstitutionelle Verankerung der politischen Grundrechte boten den Wissenschaften größere Freiräume und Möglichkeiten der Entfaltung.[427]

Mit dem Rückenwind der liberalen Aufbruchsbewegung setzte eine breite Wissenschaftspopularisierung ein, die zum Aufstieg und Prestigegewinn der Naturwissenschaften führte und somit auch zur Verbreitung der Erkenntnisse von Charles Darwins Evolutionstheorie in Teilen der deutschen und österreichischen Gesellschaft entscheidend beitrug.[428] Neben Materialismus und Positivismus begünstigte vor allem der Szientismus die Popularisierung und Durchsetzung der Darwinschen Theorie gegen die weltanschaulichen Widerstände in der Öffentlichkeit. Der Szientismus war dabei „als Leitwährung der liberalen Öffentlichkeit" so dominant, „dass die Theologen als die gleichsam natürlichen Gegner des Darwinismus nicht auf ihrem Terrain, als Theologen, gegen die in Streit stehende Theorie auftraten, sondern sich des Rückhalts konfessionell gebundener oder aus anderen Gründen skeptischer Naturwissenschafter versicherten".[429]

Darwins Theorie fand nicht nur bei Teilen der bürgerlichen Gesellschaft Anklang, sondern stieß auch bei Theoretikern der Arbeiterbewegung – wie Karl Marx, Friedrich Engels oder Karl Kautsky – auf positive Resonanz.

Insbesondere die von dieser Theorie ausgehende Vorstellung, dass es möglich sei, die menschliche Entwicklung auf der Basis naturwissenschaftlicher Erkenntnisse im Sinn des Fortschritts zu steuern, übte auf sozialistische Denker eine große Anziehungskraft aus.[430] Die Erkenntnisse des Darwinismus wurden in Deutschland und Österreich insbesondere von dem Zoologen und Anatomen Ernst Haeckel und seinem 1906 gegründeten Monistenbund popularisiert, dem Personen aus unterschiedlichen politischen Lagern angehörten und dessen Ideen zweifelsohne auch ihre Wirksamkeit in Teilen der Sozialdemokratie entfalteten.[431]

Eugenik als Sozialtechnologie

Seit dem Ende des 19. Jahrhunderts konnten die deutsche und die österreichische Sozialdemokratie ihren politischen Einfluss erheblich vergrößern. Im selben Zeitraum gewannen Konzepte der Eugenik im Kontext relevanter werdender bevölkerungspolitischer Fragen an Boden. Dabei bildete vor allem das Degenerationsproblem eine wesentliche Schnittstelle zwischen Sozialismus und Eugenik.[432]

Denn nicht nur die Exponenten eines konservativ-nationalen Kulturpessimismus, sondern auch maßgebliche Vertreter der politischen Linken waren davon überzeugt, dass sich die europäischen Gesellschaften des späten 19. Jahrhunderts in einem Prozess des Niedergangs befinden. So diagnostizierte Karl Marx im „Kapital", dass die kapitalistische Produktion die „Volkskraft an der Lebenswurzel" getroffen habe und die industriellen Arbeits- und Lebensverhältnisse die Ursache für die „Degeneration der industriellen Bevölkerung" seien, die „nur durch beständige Absorption naturwüchsiger Lebenselemente vom Lande verlangsamt" werde.[433]

Indem sich sozialdemokratische Theoretiker zunehmend mit Fragen der Reproduktion und des Wachstums der Arbeiterklasse, mit den sich damals stellenden Themen der Geburtenregelung, der „Degeneration" etc. auseinandersetzen mussten, begannen sie, sich in wachsendem Maße der eugenischen Argumentation zu bedienen. Sie begriffen Eugenik insofern als attraktive Option, als diese eine „sozialtechnologische Lösung des allseits konstatierten ‚Entartungsproblems' anbot, die mit weiterem sozialpolitischem Fortschritt grundsätzlich vereinbar schien".[434]

Sozialismus als „höhere Stufe im Kampf um das Dasein"

Innerhalb der deutschen und österreichischen Sozialdemokratie erfuhr das Denksystem Darwins insbesondere durch den sozialdemokratischen Theoretiker Karl Kautsky (1854–1938), der nach dem Tod von Friedrich Engels als Gralshüter des marxistischen Erbes galt, eine Popularisierung.[435] In Anlehnung an Engels erblickte Kautsky im Sozialismus eine „höhere Stufe" im „Kampf um das Dasein" und räumte dem „sozialen Trieb" der „proletarischen Klassensolidarität" demnach größere Siegeschancen im Klassenkampf ein als einer Gesellschaft, die sich „aus egoistischen und unter einander concurrierenden Mitgliedern" zusammensetze.[436] Kautsky schätzte an Darwin auch dessen ideologiekritische Wirkungsweise, wie aus seinem Beitrag im Parteiorgan „Der Sozialist" aus dem Jahr 1879 hervorgeht: Indem Darwin den natürlichen Ursprung der organischen Welt nachweise, erübrige sich der „Hinweis auf die göttliche Autorität, mit welcher man alle sozialen Ungerechtigkeiten zu rechtfertigen versuchte". Darwins Evolutionstheorie berge das Prinzip der stetigen Entwicklung in sich, das antikonservativ wirke, weil es fortan Besseres an die Stelle des Alten setze. Damit habe ein Konservatismus, der „alles Bestehende mit dem falschen Schimmer eines ehrwürdigen Alters" umhülle, ausgedient.[437] Kautsky teilte die Auffassung, dass Marx und andere sozialistische Denker dieses Prinzip auf die Sozialwissenschaften übertragen hätten. Für die „Detailforderungen" des Sozialismus war seiner Meinung nach aber ausschließlich die Ökonomie zuständig.[438]

Die Entwicklung eugenischer Positionen in der Sozialdemokratie: Karl Kautsky

Freilich setzte sich Kautsky auch mit den Publikationen der frühen Vertreter der aufstrebenden Eugenik-/Rassenhygiene-Bewegung in Deutschland auseinander, die ihrerseits wiederum meist die Werke Kautskys studiert hatten und sozialistischen Ideen gegenüber aufgeschlossen waren. So rezensierte Kautsky beispielsweise die Erstlingsschrift Wilhelm Schallmayers[439] (1857–1919), „Die drohende physische Entartung der Culturvölker"[440], die als erste deutsche wissenschaftliche eugenische Abhandlung anzusehen ist. In seiner

Rezension unterzog Kautsky Schallmayers Vorschlag, „untaugliche Individuen" von der Fortpflanzung auszuschließen, einer vehementen Kritik: „[...] aber wohin gelangen wir, wenn wir die Entartung als Massenerscheinung betrachten? Dann heißt der Vorschlag nichts anderes, als die Bevölkerung ganzer Stadtviertel, ganzer Fabriksdistrikte, ja unter Umständen ganzer Provinzen mit wenigen Ausnahmen zum Zölibat [zu] verurtheilen [...]."[441]

Kautsky, der mit Schallmayer in der Diagnose hinsichtlich der Degeneration der proletarischen Massen übereinstimmte, war sich der Tatsache bewusst, dass ein Ausschluss weiter Teile der Bevölkerung von der Fortpflanzung nicht durch Freiwilligkeit oder Verzicht zu erreichen war. Für ihn waren Forderungen nach Zwangsmaßnahmen oder Pläne für eine staatliche Regulierung der Reproduktion unrealistisch, eine „künstliche Zuchtwahl" unter den kapitalistischen Bedingungen zum Scheitern verurteilt.[442] Erst in einer sozialistischen Gesellschaft könnte – frei von Zwang und staatlicher Bevormundung – eine „Sozialeugenik" realisiert werden, in der die öffentliche Meinung, das Gewissen der Eltern und die medizinische Beratung die Fragen der Eheschließung und Fortpflanzung vernünftig (im Sinn eines „erbgesunden Nachwuchses") regeln könnten.[443]

Sozialdemokratische Eugenik im Sinn des Soziallamarckismus

Ähnlich wie der Brite Karl Pearson[444] postulierte Kautsky eine Vereinbarkeit von Sozialismus und Eugenik. Trotz seines ausgeprägten Sozialbiologismus stand jedoch eine spezifische sozialistische Eugenik niemals im Mittelpunkt seines politischen Denkens.[445] In eugenischen Belangen blieb für Kautsky der traditionelle sozialistische Soziallamarckismus maßgeblich, der von der Vererbung erworbener Eigenschaften ausging und dementsprechend sozialen Umweltverbesserungen Priorität einräumte. Freilich geriet diese neolamarckistische Sichtweise durch den von den Neodarwinisten in Bezug auf die wissenschaftliche Vererbungslehre vorangetriebenen Erbdeterminismus, der eine milieutheoretische Einwirkung von Umwelteinflüssen auf das menschliche Erbgut immer mehr minimierte, auch immer mehr unter Druck.[446]

Gerade den von den Sozialdemokraten erhobenen Forderungen nach einer Verbesserung der gesellschaftlichen Verhältnisse und sozialen Umweltbedingungen standen die Rassenhygieniker, wie beispielsweise Wilhelm Schallmayer oder Alfred Ploetz, distanziert bis ablehnend gegenüber, da sie in sozialpolitischen Reformen ebenso wie im Fortschritt der modernen Medizin grundsätzlich Faktoren erblickten, die ihrer sozialdarwinistischen Sichtweise nach die Ausbildung von Degenerationen begünstigten und letztlich kontraselektorisch im Sinn einer Schwächung der „natürlichen Auslese" wirkten. Dadurch kämen – nach Schallmayer – bei der Fortpflanzung verstärkt erbgesundheitlich „nicht hochwertige" Individuen zum Zug.[447] Ploetz bezeichnete in diesem Sinn alle Maßnahmen, die sich auf den „Schutz der Schwachen" bezogen, als „Formen der Contraselektion".[448]

Die Konstituierung sozialistischer Eugenik

Die Annäherung von Sozialismus und Eugenik bzw. die Konstituierung einer sozialistischen Eugenik wurden auch dadurch begünstigt, dass beide geistigen Strömungen – Sozialismus und Eugenik – als aufklärerische, moderne, aufstrebende Bewegungen galten. Theoretiker und Praktiker der Sozialdemokratie rezipierten somit eugenische Sichtweisen und Grundsätze und legten sie bestimmten Politikkonzepten zugrunde. In diesem Zusammenhang muss aber darauf hingewiesen werden, dass diese eugenischen Konzepte zu keinem Zeitpunkt den Mainstream sozialdemokratischer Politik dominierten.[449] Auf diese Weise kam es zur Herausbildung einer sozialistischen bzw. sozialdemokratischen Eugenik, die zunächst überwiegend als „positive Eugenik" in Erscheinung trat. Je mehr sich in diesen biologistischen Gesellschaftsauffassungen der Interessensschwerpunkt vom Einzelindividuum auf die Gesamtheit der Gesellschaft verlagerte, desto anfälliger bzw. aufgeschlossener wurden diese Konzepte letztlich auch für Maßnahmen der „negativen Eugenik".[450]

Freilich hatte sich nicht nur eine sozialistische bzw. sozialdemokratische Eugenik herausgebildet, sondern auch andere Eugenik-Ausrichtungen. Für alle diese Richtungen blieben ihre nationalen Prägungen bestimmend. Eine wesentliche Rolle bei diesem Differenzierungsprozess spielte jedoch – wie Gerhard Baader hinweist – die Frage, „ob im Kontext der jeweiligen nationalen Kulturen positive oder negative Eugenik zur bevölkerungspolitischen Leitlinie wird".[451]

Hygiene, Sozialhygiene, Rassenhygiene

Insbesondere im Hinblick auf die weitere nationale Ausdifferenzierung der sozialistischen bzw. sozialdemokratischen Eugenik in Deutschland und Österreich lassen sich – grob vereinfachend – folgende Entwicklungslinien skizzieren: In der zweiten Hälfte des 19. Jahrhunderts stellte sich die Eugenik im schwelenden Konflikt zwischen den medizinischen Leitwissenschaften der Zellularpathologie von Rudolf Virchow[452] und der Bakteriologie Robert Kochs[453] auf die Seite der Hygiene.[454]

Vor allem nach dem Ersten Weltkrieg entwickelte sich einerseits eine größtenteils negativ ausgerichtete Eugenik, die sich in Richtung Rassenhygiene radikalisierte und die immer mehr zu einer gesellschaftlich anerkannten Leitdisziplin für gesundheits- und gesellschaftspolitische Fragen wurde. Andererseits etablierte sich in Deutschland auch eine Soziale Hygiene bzw. Sozialhygiene, die sich zwar vor allem an sozialwissenschaftlichen Fragen orientierte, sich jedoch in bevölkerungspolitischen Zusammenhängen der eugenischen Argumentation bediente.[455]

Da die meisten Vertreter der Sozialhygiene zur Sozialdemokratie tendierten, repräsentierte sie die sozialistische bzw. sozialdemokratische Eugenik Deutschlands. Führender Repräsentant der Sozialhygiene war Alfred Grotjahn, der eine ordentliche Professur für Sozialhygiene an der Universität Berlin bekleidete.[456] Die Vertreter der Sozialhygiene versuchten sich von den Positionen der radikalen Rassenhygiene abzugrenzen. Da sich die Sozialhygieniker aber – wie Gerhard Baader ausführt – auf den in der Weimarer Republik einsetzenden rassenhygienischen Diskurs einließen, der bevölkerungspolitische Fragen unter den Prämissen der Erbpathologie behandelte und zunehmend auf Maßnahmen der negativen Eugenik abstellte, konnten sie sich letztlich der Dynamik und Radikalisierung dieses Diskurses nicht mehr entziehen, obgleich die überwältigende Mehrheit von ihnen diese Radikalisierung nicht vorangetrieben hatte.[457]

Die Gesellschaft für Rassenhygiene

Diese Radikalisierung wurde vor allem von den Vertretern der „Deutschen Gesellschaft für Rassenhygiene" (DGfRh), in der neodarwinistisch orientierte, prononcierte Rassenhygieniker tonangebend und richtungsweisend waren, forciert. An dieser Stelle sei kurz der historische Gründungszusammenhang dieser Einrichtung dargelegt: Bereits am 22. Juni 1905 war auf Initiative des Mediziners Alfred Ploetz[458] die „Gesellschaft für Rassenhygiene" (GfRh) in Berlin ins Leben gerufen worden, die weltweit die erste rassenhygienisch-eugenische Vereinigung darstellte. Ende Dezember 1905 gehörten ihr bereits 31 Mitglieder an, darunter der Psychiater Ernst Rüdin, der Ethnologe Richard Thurnwald, der Jurist Anastasius Nordenholz, der Biologe Ludwig Plate, die Ärztin Agnes Bluhm, der Botaniker Erwin Baur, der Schriftsteller und spätere Literaturnobelpreisträger Gerhart Hauptmann, der Hygieniker Max von Gruber, der Arzt Wilhelm Schallmayer, der Hygieniker Ignaz Kaup und der Sozialhygieniker Alfred Grotjahn. Der Zoologe Ernst Haeckel, der Gynäkologe Alfred Hegar und der Genetiker August Weismann zählten zu den Ehrenmitgliedern der GfRh. Als Publikationsorgan diente der GfRh das bereits 1904 von Ploetz gegründete „Archiv für Rassen- und Gesellschaftsbiologie".[459]

Im April 1907 konstituierte sich formell die Berliner Ortsgruppe der GfRh (Leitung: Karl Schmilinsky, Mediziner), im September desselben Jahres erfolgte die Gründung einer Münchner Ortsgruppe (Münchner GfRh), die von Max von Gruber geleitet wurde. Im Vorstand der Münchner Ortsgruppe waren neben Ploetz (der nach München übersiedelt war) und Rüdin auch Nordenholz und der Zoologe Franz Theodor Doflein vertreten. Prominente Mitglieder der Münchner GfRh waren neben Schallmayer der Psychiater und Neuropathologe Alois Alzheimer (der als erster die später nach ihm benannte Demenzkrankheit beschrieb), der Verleger Julius Friedrich Lehmann (ein Anhänger der völkischen Bewegung, Aktivist des Kapp-Putsches, Unterstützer und späteres Mitglied der NSDAP, in dessen Verlag wichtige rassenhygienische, rassentheoretische, antisemitische und NS-ideologische Werke erschienen), Anita Ploetz-Nordenholz (die zweite Frau von Ploetz), der Physiologe und Anthropologe Johannes Ranke (der Neffe des Historikers Leopold von Ranke), der Neuropathologe Hugo Spatz (ab 1937 Direktor des Kaiser-Wilhelm-Instituts für Hirnforschung in Berlin) und der Arzt Arthur Wollny (der 1910 gemeinsam mit Ploetz und Lenz die Geheimorganisation „Ring der Norda" gründete, die auf die „Rettung der nordischen Rasse" bzw. die Pflege einer „nordisch-germanischen Rassenhygiene" abzielte und ihre Mitglieder zum Bekenntnis an den „nordischen Gedanken" verpflichtete).[460]

Vor dem Ersten Weltkrieg wurden weitere Ortsgruppen konstituiert, u. a. 1909 in Freiburg unter der Leitung des Anatomen und Anthropologen

Eugen Fischer (der in Deutsch-Südwestafrika Forschungen zu „Rassenkreuzungen" unternahm; 1927–1942 Direktor des Kaiser-Wilhelm-Instituts für Anthropologie, menschliche Erblehre und Eugenik in Berlin-Dahlem, Wegbereiter der NS-Rassengesetze) und seines Schülers Fritz Lenz (der zu einem der führenden NS-Rassenhygieniker Hitlerdeutschlands aufsteigen sollte) sowie 1910 in Stuttgart. Der Münchner Ortsgruppe kam mit Abstand die größte Bedeutung zu.[461]

Von der Internationalen Gesellschaft für Rassenhygiene zur Deutschen Gesellschaft für Rassenhygiene

Sämtliche Ortsgruppen waren auch Teil der im Jänner 1907 gegründeten „Internationalen Gesellschaft für Rassenhygiene" (IGfRh), die Verbindungen zu eugenischen Organisationen in den Niederlanden, Norwegen, Schweden, den USA und Großbritannien – insbesondere zu der 1908 von Sir Frances Galton ins Leben gerufenen „Eugenics Education Society" – unterhielt. Galton konnte 1910 als Ehrenpräsident der IGfRh gewonnen werden. Von einer internationalen Zusammenarbeit versprachen sich die Eugeniker die Erhöhung ihres Einflusses auf Politik, Gesellschaft und Wissenschaft. Auf dem ersten internationalen eugenischen Kongress, der auf Einladung der britischen Eugenics Education Society vom 24. bis zum 30. Juli 1912 in London stattfand und an dem auch Vertreter der IGfR teilnahmen, wurde u. a. die Gründung des künftigen „Permanent International Eugenics Committee" angeregt, das die internationale Zusammenarbeit der Eugeniker koordinieren und die nationalen Organisationen bei der Etablierung der Eugenik als Wissenschaft unterstützen sollte.[462]

Das von Ploetz favorisierte alternative Konzept, die verschiedenen nationalen eugenischen Organisationen – insbesondere die britische Eugenics Education Society – in die IGfRh zu integrieren und damit unter dominierenden deutschen Einfluss zu bringen, erhielt insbesondere von britischer Seite eine dezidierte Ablehnung. Im März 1910 hatte sich unter dem Vorsitz von Max von Gruber überdies die DGfRh konstituiert, die sich zwar den Beschlüssen der IGfRh verpflichtet sah, ihre Hauptaufgabe aber als Vertretung der Ortsgruppen innerhalb des deutschsprachigen Raums definierte.

Im Rahmen der Internationalen Hygiene-Ausstellung, die das Dresdner Hygiene-Institut 1911 veranstaltete, organisierten Gruber, Ploetz und Rüdin in Eigenregie die „erste Ausstellung der jungen Wissenschaft der Rassenhygiene", die der rassenhygienischen Bewegung zum ersten Mal eine größere Breitenwirkung in der deutschen und internationalen Öffentlichkeit bescherte. Vor dem Hintergrund des Ersten Weltkrieges verstärkten sich die nationalen Tendenzen der Eugenik-Bewegung. Im Juli 1916 beschloss die IGfRh auf ihrer Hauptversammlung in Jena die De-facto-Auflösung und Eingliederung in die bestehende (nationale) DGfRh.[463]

Die nationale Integrationskraft von Eugenik und Rassenhygiene im Deutschen Reich nach 1918

Für Deutschland hatte die Eugenik bzw. Rassenhygiene die Funktion – wie Michael Hubenstorf und Paul Weindling unisono feststellen – eines tendenziell Einheit stiftenden politischen Projekts, „das weit über die einzelnen weltanschaulichen Kreise, Parteiungen und Lager hinausgriff".[464] So war auch der Sozialhygieniker Grotjahn Mitglied der „Deutschen Gesellschaft für Rassenhygiene" (DGRh), die den rassenhygienischen Diskurs in Deutschland in den 1920er und 1930er Jahren entscheidend beeinflusste. Die Leitlinien dieser Gesellschaft wurden von prononcierten Rassenhygienikern wie Wilhelm Schallmayer, Ernst Rüdin und Fritz Lenz[465] bestimmt, die ihre radikalen Positionen in ihrem internationalen Publikationsorgan „Archiv für Rassen- und Gesellschaftsbiologie" veröffentlichten.[466]

Insbesondere in der Zeit der Weimarer Republik waren eugenische Institutionen und deren Vertreter bemüht, im Sinn dieses Einheitsbestrebens nach dem Grundsatz der Verständigung und des Kompromisses zu agieren. So wirkten die Vertreter der sozialistischen bzw. sozialdemokratischen Eugenik zusammen mit radikalen Rassenhygienikern aber auch an der Vorbereitung eines Gesetzesentwurfs zur Sterilisation als erblich minderwertig definierter Personen mit, wobei die Sterilisation an das Kriterium der Freiwilligkeit gebunden war. Dieser Gesetzesentwurf, der in der Weimarer Republik weder die gesellschaftspolitische Anerkennung erhielt noch politisch implementierbar war, verschwand vorübergehend in der Schublade. Von dort wurde er freilich 1933 von den Nationalsozialisten wieder herausgeholt und unter Eliminierung des Aspekts der Freiwilligkeit am 1. Januar 1934 als „Gesetz zur Verhütung erbkranken Nachwuchses" in Kraft gesetzt.[467] In den folgenden Jahren wurden mehr als 400.000 Menschen in NS-Deutschland aufgrund dieses Gesetzes Opfer der Zwangssterilisation.

Frühe Eugeniker bzw. Rassenhygieniker

Im Gegensatz zu Deutschland koppelte die Eugenik in Österreich nicht ausschließlich an der Disziplin der Hygiene an. Eugenische Vorstellungen tauchten hierzulande um die Jahrhundertwende im Kontext mit Lebensreformkonzepten etwa der Jugendbewegung oder des Arbeiter-Abstinentenbundes auf. Medizinischem und biologischem Wissen wurde von einer wachsenden Zahl von Intellektuellen eine hohe Kompetenz bei der Lösung von sozialen Problemen zuerkannt, die die Frage der Gleichberechtigung der Frauen ebenso implizierten wie das im Gefolge der Industrialisierung und Verstädterung auftretende Problem der Verelendung breiter Bevölkerungsschichten. Zu den frühen Eugenikern bzw. Rassenhygienikern Österreichs zählten der Hygieniker und Bakteriologe Max von Gruber (1853–1927), der Physiologe und ärztliche Berater des Arbeiter-Abstinentenbundes Rudolf Wlassak (1865–1930) sowie der Anthropologe Rudolf Pöch (1870–1920), die allesamt unter dem prägenden Einfluss des deutschen Rassenhygienikers Alfred Ploetz standen.[468] Gruber hatte für die Entwicklung der Rassenhygiene in Österreich eine besondere Schlüsselrolle gespielt, zumal zwei seiner Schüler – Ignaz Kaup und Heinrich Reichel – zu den wohl bedeutendsten und einflussreichsten österreichischen Rassenhygienikern zählten.

Max von Gruber als Sozial- und Rassenhygieniker

Unter dem Ordinarius Max von Gruber[469], der von 1891 bis 1902 die Lehrkanzel am Institut für Hygiene der Universität Wien leitete, nahm rassenhygienisches Gedankengut noch keinen zentralen Stellenwert ein. Internationale Berühmtheit erfuhr sein Name vor allem im Zusammenhang mit seinen bakteriologischen und immunologischen Forschungen. Zusammen mit dem britischen Pathologen Herbert Edward Durham (1866–1945), der 1895/96 am Wiener Hygiene-Institut arbeitete, entdeckte Gruber 1896 die

Bakterienagglutination (der auf einer Antigen-Antikörper-Reaktion basierenden Zusammenballung von Bakterien), womit er den Grundstein für die Serologie legte, die zunächst vor allem für die Diagnose von Typhus und Cholera nutzbar gemacht wurde. Erst mit seiner 1902 erfolgten Berufung als ordentlicher Professor für Hygiene an die Universität München (in der Nachfolge von Hans Buchner und Max Pettenkofer) erfolgte seine Radikalisierung als Exponent der deutschen Rassenhygiene (1907 Vorsitzender der Münchner GfRh).[470]

Die in der älteren Literatur mitunter erhobene Behauptung[471], Gruber wäre in seiner Wien-Zeit sozialpolitisch engagiert gewesen, entbehrt jedoch – wie Michael Hubenstorf akribisch nachweist – jeder faktischen Grundlage. Er war weder für eine engere Anbindung der Hygiene an die Sozialwissenschaften eingetreten noch hatte er sozialpolitische Maßnahmen zur Umweltverbesserung im Sinn der deutschen Sozialhygieniker um Alfred Grotjahn forciert. Seine Leistungen in den Bereichen der Sanitätsgesetzgebung, der Städtesanierung oder der Schulhygiene, insbesondere seine Gutachtertätigkeiten auf dem Gebiet der Wasserversorgung, der Abwasserbeseitigung, der Lebensmittelhygiene, der Desinfektion oder der Bauordnungen bewegten sich stets im Rahmen der klassischen Hygiene, d. h. der physikalisch-chemischen Laboratoriumshygiene.[472]

Bei Gruber und seinem Vorläufer und Kollegen Ferdinand Hueppe wurden „Armut, Elend und Not [...] beständig mit Schmutz und Unsauberkeit in Verbindung gebracht. Den Schmutz galt es durch hygienische Maßnahmen und Erziehung zu peinlicher Sauberkeit, auch in moralischem Sinn, zu beseitigen. Damit würden – implizit – auch Elend und Not aufhören. Jenseits der Konstatierung von Schmutz und der auf den Fuß folgenden moralischen Empörung drang soziale Analyse nicht weiter vor. Der Ekel vor dem Schmutz konstituierte quasi eine Erkenntnisbarriere."[473]

In seinen Stellungnahmen zur Jugenderziehung, zur Alkoholfrage und zu sexuellen Problemen, insbesondere zur Prostitution, kam Grubers rassenhygienisches Denken bereits ansatzweise zum Vorschein: Am 9. Mai 1900 hielt Gruber im sozialwissenschaftlichen Bildungsverein an der Universität Wien den Vortrag „Die Prostitution vom Standpunkte der Sozialhygiene aus betrachtet".[474] Darin teilte er etwa mit dem italienischen Psychiater und Kriminalanthropologen Cesare Lombroso (1835–1909) die Einschätzung, dass ein „Teil der Prostituierten (als) von Geburt aus minderwertig"[475] sei. Infolge der enormen Verbreitung der Geschlechtskrankheiten und der intensiven Ansteckung unter den Prostituierten, könne Prostitution niemals ungefährlich sein.

Des Weiteren dozierte er, „dass der Geschlechtsverkehr dann, aber nur dann sittlich ist, wenn er im Dienst der Fortpflanzung, der Erzeugung einer gesunden, tüchtigen, edlen Rasse steht"[476], „dass nur bei einem strenge geregelten, in den Dienst der Fortpflanzung und der Aufzucht gestellten Geschlechtsleben Gesundheit und Leben eines Volkes bestehen bleibe"[477] und dass die „Ehe von vornherein wenigstens in einem gewissen Ausmaße eine Auslese der körperlich und sittlich Tüchtigeren, der ökonomisch besser situierten trifft"[478]. Diese Auslese sei andererseits aber auch durch eine „Beschränkung der Volksmehrung, durch bewusste Zuchtwahl, durch Ausschluss der Untauglichen und Minderwertigen von der Fortpflanzung [...] vernunftgemäß herbeizuführen [...]"[479]. Inhaltlich und terminologisch hatten diese Zeilen weit weniger mit Sozialhygiene als vielmehr mit Rassenhygiene zu tun.[480]

Die Soziale Medizin Ludwig Telekys

Von der „Sozialhygiene" Grubers – die einer inhaltlichen Leerstelle glich, die nach und nach durch rassenhygienisches und rassistisches Gedankengut ersetzt wurde – unterschieden sich die Vertreter der eigentlichen Sozialen Medizin in Österreich, zu denen u. a. Ludwig Teleky[481], der Internist Maximilian Sternberg[482], der Individualpsychologe Alfred Adler, Sigismund Peller[483] und der Gesundheitspolitiker Heinrich Grün zählten. Die österreichischen Sozialmediziner orientierten sich an Sozialreformen, standen in aller Regel der Sozialdemokratie nahe und waren weitgehend jüdischer Herkunft. Sie beschäftigten sich mit der Frage nach den „sozialen Bedingungen in der Ätiologie von Krankheiten und den daraus folgenden Konsequenzen für Diagnose, Therapie, Prävention, Fürsorge und Sozialpolitik"[484]. Die Soziale Medizin österreichischer Prägung war nicht aus dem Fach der Hygiene hervorgegangen, sondern war als interdisziplinäres Fach entstanden.[485]

Im Gegensatz zu den (Sozial-)Hygienikern Gruber und Kaup beschrieben die sozialwissenschaftlich orientierten Sozialmediziner „den Schmutz in der Lebensumwelt ihrer Klienten noch weitaus detaillierter, jedoch ohne moralische Abwendung und Identifizierung der kritikwürdigen Umweltverhältnisse mit den ihnen ausgesetzten Personen"[486]. Im Unterschied zu den (Sozial-)

Hygienikern Gruber und Kaup waren die Sozialmediziner eben nicht von einer moralischen Erkenntnisbarriere blockiert, ihr relativ unvoreingenommener Zugang ermöglichte ihnen die detailgenaue Erkenntnis der Krankheitsursachen aus den Lebensverhältnissen und Arbeitsbedingungen: „Nicht moralische Anleitung und Zurechtweisung, sondern Verständnis und Analyse unbürgerlicher Lebensbedingungen und Verhaltensweisen in einer detailliert beschriebenen sozioökonomischen Umwelt machten den Kern ihrer Darstellung aus."[487]

Ebenso ist bei den Vertretern der österreichischen Sozialmedizin ein sorgfältiges wissenschaftliches Arbeiten insbesondere im Hinblick auf die Begründung ihrer Forschungsergebnisse zu konstatieren, das sich offenbar an Max Webers Postulat der „Wertfreiheit" orientierte (und keineswegs ein sozialpolitisches Engagement ausschloss)[488]. Ein solches Bemühen um wissenschaftliche Objektivität im Sinn von Redlichkeit, Beweisbarkeit, Gültigkeit und Überprüfbarkeit fehlte den österreichischen „Sozialhygienikern" bzw. Rassenhygienikern zur Gänze.[489]

Während in Österreich die eigentliche Sozialmedizin „Soziale Medizin" hieß, herrschte im Deutschen Reich dafür der Begriff „Soziale Hygiene"[490] bzw. „Sozialhygiene" vor, die entscheidend von Alfred Grotjahn (1869–1931), Alfons Fischer (1873–1936), Arthur Schloßmann (1867–1932) und Adolf Gottstein (1857–1941) geprägt wurde.[491] Eugenik bzw. Rassenhygiene kam übrigens bei der österreichischen Sozialen Medizin – im Gegensatz zur deutschen Sozialhygiene – als Arbeitsgebiet überhaupt nicht vor. Der österreichische Sozialmediziner Ludwig Teleky (1872–1957), der von 1911 bis 1921 als Privatdozent das „Seminar für Soziale Medizin" im Hauptgebäude der Universität Wien leitete, war einem eher praktischen sozialmedizinischen Konzept verpflichtet und lehnte den Terminus „Sozialhygiene" ab.[492] Unter dem Ordinarius Roland Graßberger (1867–1956), der von 1923 bis 1936 dem Wiener Hygiene-Institut vorstand, und insbesondere Heinrich Reichel (1876–1943), der von 1923 bis 1933 die dortige Abteilung für Soziale Hygiene und amtsärztlichen Unterricht leitete, wurde in Österreich Sozialhygiene fast ausnahmslos als Rassenhygiene definiert.[493] Das war ein wesentlicher Unterschied zu Deutschland und sollte eine konstitutive Voraussetzung für die Entwicklung der sozialdemokratischen Eugenik in Österreich bilden.

Für den Medizinhistoriker Michael Hubenstorf stellt die „Soziale Hygiene" in Österreich zumindest für den Zeitraum 1902 bis 1917 eine „biologistische Gegenkonzeption" zur „Sozialen Medizin" dar, die er bereits 1893 bei dem Hygieniker, Bakteriologen und Konstitutionsmediziner Ferdinand

Hueppe (1852–1938) ausformuliert sieht. Ähnlich wie bei Gruber war in Hueppes Konzept jedwede empirisch-sozialwissenschaftliche Methodik ausgespart, umso mehr setzte es auf konstitutionstheoretische, eugenische bzw. rassenhygienische sowie rassenanthropologische Inhalte.[494]

Soziale Medizin versus Soziale Hygiene

Zu diesen österreichischen Sozialhygienikern rechnet Hubenstorf eine politisch höchst inhomogene Gruppe von Medizinern und soziologischen Trabanten, wie die deutschvölkisch bzw. antisemitisch orientierten (Rassen-)Hygieniker Max von Gruber, Arthur Schattenfroh, Ignaz Kaup und Heinrich Reichel, den imperialistisch-weltpolitisch gesinnten Liberalen Viktor Mataja (1857–1934), den Volkswirtschaftler und Minister mehrerer k. k. Kabinette (zuletzt 1918 weltweit erster Sozialminister in der k. k. Regierung Hussarek), und Michael Hainisch[495] (1858–1940), den Agrarökonomen und von 1920 bis 1928 ersten österreichischen Bundespräsidenten, sowie die (jüdischen) Sozialdemokraten Julius Tandler und Rudolf Goldscheid, den Mitbegründer der Soziologischen Gesellschaft in Wien und der Deutschen Soziologischen Gesellschaft in Berlin.[496]

Wenngleich Tandler gerade in seinen bevölkerungspolitischen und eugenischen Argumentationen eine Reihe von Gemeinsamkeiten mit der Gruppe der österreichischen Sozialhygieniker ausweist – wie etwa die radikale Terminologie, die negative moralische Bewertung sozialer Randgruppen, konstitutionstheoretische Bezüge oder den Verzicht auf empirisch-statistische Untersuchungen –, so unterscheidet er sich doch wiederum von dieser durch seinen konditionshygienischen Ansatz, seine neolamarckistische Positionierung (die er mit Goldscheid teilt) sowie durch seine inhaltliche Ausrichtung (in Fragen der Freiwilligkeit, Beratung, Humanität etc.) auf die deutsche Sozialhygiene um Grotjahn.

Spätestens mit dem Ende des Ersten Weltkriegs hatte die Gruppe der österreichischen „Sozialhygieniker" bzw. Hygieniker eine absolute Hegemonie gegenüber den (jüdischen und sozialdemokratischen) Vertretern der Sozialen Medizin hergestellt. (Sozial-)Hygieniker wie Gruber[497] (in München), Kaup (1918/1919 Staatssekretär für Volksgesundheit) oder Schattenfroh (1917/1918 Dekan der Medizinischen Fakultät der Univ. Wien) erreichten nicht nur einflussreiche politische und hochschulpolitische Ämter und

Funktionen, sondern konnten die weitere Entwicklung der Sozialen Medizin in Wien blockieren.[498] Nach Telekys Berufung nach Deutschland 1921 konnte auf Betreiben der (Sozial-)Hygieniker an der Universität Wien jede weitere Habilitation[499] im Fach Soziale Medizin verhindert werden. An die Stelle von Telekys Seminar für Soziale Medizin trat die am Hygiene-Institut eingerichtete und von Reichel geleitete Abteilung für Soziale Hygiene und amtsärztlichen Unterricht, die auch die von Teleky aufgebaute sozialmedizinische Bibliothek übernahm. Konsequenterweise begann Reichel ab dem Sommersemester 1920 Vorlesungen zur „Rassenhygiene" zu halten, die ebenso wie das von ihm 1923 etablierte „Sozialhygienische Seminar" Studierenden aller Fakultäten offenstanden.[500] Der Kreis der Teleky-Schüler sah sich letztlich entweder bereits unter der austrofaschistischen Regierungsdiktatur 1934–1938 oder spätestens unter der im März 1938 in Österreich einsetzenden NS-Herrschaft zur Emigration (in die USA) gezwungen.[501]

Die Protagonisten der Rassenhygiene in Österreich

Während die drei aus Österreich stammenden Wissenschafter, der Ethnologe Richard Thurnwald[502] (1869–1954) sowie die Hygieniker Max von Gruber und Ignaz Kaup[503] (1870–1944) zu den einflussreichsten Protagonisten der Rassenhygiene in Deutschland zählten, traten in Österreich die beiden „Sozialhygieniker" und Gruber-Schüler Kaup und insbesondere Heinrich Reichel (1876–1943) als frühe Vorkämpfer der Rassenhygiene bereits vor dem Ersten Weltkrieg in Erscheinung.

Ignaz Kaup

Von 1907 bis 1912 stand Ignaz Kaup der Hygieneabteilung der preußischen „Zentralstelle für Volkswohlfahrt" in Berlin vor, in der er gemeinsam mit dem Leiter der Gesundheitsabteilung Max Christian eugenisch-rassenhygienischem Denken den Weg ebnete. Diese 1906 gegründete öffentlich-rechtliche Einrichtung war übrigens aus der 1891 ins Leben gerufenen sozialdemokratischen „Zentralstelle für Arbeiterwohlfahrtseinrichtungen" hervorgegangen. Kaup war einer der ersten Rassenhygieniker, der für seine explizite rassenhygienisch-programmatische Arbeit staatliche Fördermittel erhielt.[504]

Als Abteilungsvorstand der Zentralstelle für Volkswohlfahrt in Berlin regte Kaup die Schaffung einer ebensolchen Einrichtung für Wien an. 1913 wurde schließlich die „Deutsch-Österreichische Beratungsstelle für Volkswohlfahrt", die politisch deutschnational bzw. deutschvölkisch ausgerichtet war, gegründet. Die Beratungsstelle vertrat die Forderung, staatliche Fürsorge bzw. Wohlfahrt nur für körperlich und sittlich taugliche „Volksgenossen" zu leisten. Ihr eigentliches Hauptziel war es, den Einfluss des deutsch-österreichischen Bevölkerungsanteils in quantitativer und qualitativer Hinsicht innerhalb der multiethnischen Habsburgermonarchie zu vergrößern bzw. eine „Eindeutschung fremdvölkischer Elemente" soweit wie möglich zu versuchen.[505]

Nach seiner Rückkehr nach Wien 1917 wurde Kaup jeweils als Sektionschef einer sozialhygienischen Sektion im k. k. (österreichischen) Innenministerium (1917/1918) und später im Staatsamt für soziale Verwaltung (1919) tätig. Als deutschvölkischer Gegenspieler des Sozialdemokraten Tandler wirkte er – in seiner Funktion als Staatssekretär (= Minister; Anm. d. Verf.) für Volksgesundheit in der Staatsregierung Renner I – 1918/1919 am Aufbau der Gesundheitsverwaltung der Ersten Republik mit. Als Privatdozent (1920 tit. ao. Prof.) am Wiener Hygiene-Institut war er entscheidend an der Verdrängung der Sozialen Medizin und ihrer Ersetzung durch Rassenhygiene beteiligt. Ein von ihm 1919/1920 geplantes sozialhygienisches (rassenhygienische) Institut kam in Wien jedoch nicht zustande. Nach seinem Wiener Gastspiel kehrte er wiederum nach München zurück, wo er 1920 eine außerordentliche Professur für Sozialhygiene an der Universität München annahm.[506]

1922/1923 führte Kaup mit dem Rassenhygieniker Siegfried Lenz (1887–1976), der ihm 1917 als „Sozialhygieniker" ans Münchner Hygiene-Institut gefolgt war, eine Kontroverse, in der die von Lenz vertretene Position einer „nordischen Rasse" bzw. einer ausschließlich neodarwinistisch-selektiven Rassenhygiene und die von Kaup verfochtene Sichtweise einer an der „Konstitutionspflege" orientierten „Volkshygiene" aufeinanderprallten. Kaup ging es in Abgrenzung von der Idee der „nordischen Rasse" vor allem darum, die „rassenmäßige Zusammengehörigkeit der Österreicher mit den Deutschen als ‚Wesenseinheit' zu beweisen".[507] Dieses wissenschaftliche Bestreben war mit seinem politischen deutschnationalen „Anschluss"-Denken verknüpft, das die staatliche Angliederung der Republik Österreich an das Deutsche

Reich zum Ziel hatte. Für diese Zielsetzung engagierte sich Kaup nicht nur wissenschaftlich, sondern nach der Machtübernahme der Nationalsozialisten im Deutschen Reich verstärkt auch politisch, indem er 1934/1935 den Vorsitz (Hauptleiter) des nationalsozialistischen „Hilfsbundes (Kampfrings) der Deutsch-Österreicher im Reich" engagierte, dessen Hauptzweck in der Vorbereitung des „Anschlusses" Österreichs an Hitlerdeutschland lag.[508]

Heinrich Reichel

Nicht zu Unrecht bezeichnete der führende Rassenhygieniker der NS-Zeit Otmar von Verschuer (1896–1969)[509] den Hygieniker Heinrich Reichel[510] posthum als einen „der ersten Vorkämpfer" für Rassenhygiene „im früheren Österreich".[511] Bereits am 4. November 1913 hielt Reichel im „Naturwissenschaftlichen Verein an der Universität Wien" einen Vortrag mit dem Titel „Über Rassenhygiene", bei dem es sich – auf akademischem Boden Österreichs – vermutlich um einen der frühesten wissenschaftlichen Vorträge zur Eugenik gehandelt haben dürfte.[512]

In dem Vortrag betonte er vor allem den engen Konnex zwischen Rassenhygiene und Rassenbiologie. Wissenschaftliche Rassenhygiene sei als „Orientierung aller Ergebnisse rassenbiologischer Forschung auf den Zweck der Rassenerhaltung" zu verstehen. Als „Hauptaufgaben einer menschlichen Rassenhygiene" definierte Reichel damals die genetische „Erforschung der Defektmutationen und ihrer Ursachen" sowie „ihre Verhütung".[513] In Abgrenzung zum Neolamarckismus nahm er unter Bezugnahme auf die Gesetzmäßigkeiten der Mendelschen Protogenetik einen erbdeterministischen (neodarwinistischen) Standpunkt ein. Da Reichel somit die Möglichkeit der Vererbung erworbener Eigenschaften dezidiert ausschloss, kam für ihn – anders als beispielsweise für den Sozialdemokraten Tandler – eine Verbesserung der „genetischen Konstitution Untüchtiger" durch soziale, pädagogische oder ökonomische Maßnahmen bzw. Reformen nicht infrage. In diesem Sinn war Reichels Rassenhygiene konservativ, „auf das ‚Bewahren' der sozialen Verhältnisse ausgerichtet"[514]

Auf universitärer Ebene war Reichel nicht nur maßgeblich an der Verdrängung von Telekys Sozialer Medizin beteiligt, sondern spielte auch bei der Einführung von Lehrveranstaltungen zur Eugenik bzw. Rassenhygiene eine Vorreiterrolle. Ihm gelang 1923 sogar die universitäre Institutionalisierung von Rassenhygiene, wenngleich die entsprechende von ihm geleitete „Abteilung für Soziale Hygiene und amtsärztlichen Unterricht" am Wiener

Hygiene-Institut den Terminus Rassenhygiene nicht in ihrem Namen führte. Über diese Institutsabteilung konnte er sich schließlich einen bedeutenden Kreis von Schülern und Anhängern aufbauen.[515]

Eine enge Zusammenarbeit pflegte Reichel mit dem deutschvölkischen Turnpädagogen Karl Gaulhofer (1885–1941), einem Beamten des Unterrichtsministeriums (Referat für „körperliche Erziehung in Wien") und Lehrbeauftragten des Instituts für Turnlehrerausbildung an der Universität Wien, der insbesondere die pädagogische Ausbildung der TurnlehrerInnen auf rassenhygienische Fundamente stellte. Zu diesem Zweck hielt Reichel ab 1923 mehrmals die Vorlesung „Sozial- und Rassenhygiene für Turnlehrer", deren Besuch Gaulhofer seinen Studierenden dringend empfahl.[516]

Reichels energische Bemühungen, Rassenhygiene in Wien oder Graz als universitäre Disziplin in Form von Instituts- oder Lehrstuhlgründungen zu etablieren, blieben allerdings bis 1938 ebenso erfolglos wie analoge Bestrebungen des Grazer Dermatologen Rudolf Polland (1876–1952) oder des antisemitischen „Vereins deutscher Ärzte in Österreich".[517] Die Institutionalisierung von Rassenhygiene als wissenschaftliche Disziplin konnte in Österreich erst mit dem Beginn der NS-Herrschaft realisiert werden.[518]

Insbesondere engagierte sich Reichel im bevölkerungspolitischen bzw. bevölkerungswissenschaftlichen Diskurs, der in Österreich verstärkt gegen Ende des Ersten Weltkriegs einsetzte. An ihm nahmen vorwiegend StatistikerInnen, ÄrztInnen, BeamtInnen, PolitikerInnen und FürsorgerInnen teil, die die demografischen Folgen des Krieges – die Bevölkerungsverluste, der generelle Geburtenrückgang, die Säuglingssterblichkeit, die Landflucht (Binnenmigration), die hohe Zahl unehelicher Geburten – hinsichtlich ihrer Ursachen analysierten und diverse Lösungsansätze kontrovers diskutierten.[519] Einen wichtigen institutionellen Knotenpunkt des bevölkerungswissenschaftlichen Diskurses stellte die Österreichische Gesellschaft für Bevölkerungspolitik (ÖGBP) dar, die am 26. Juni 1917 auf Initiative zweier hochrangiger Beamter der k. k. Statistischen Zentralkommission, des liberal gesinnten Viktor Mataja und des bürgerlich-konservativen Wilhelm Hecke (1869–1945), sowie des sozialdemokratischen Mediziners Julius Tandler gegründet worden war. Reichel wurde bereits im Juli 1919 in den Vorstand der ÖGBP aufgenommen.[520]

In seiner bevölkerungspolitischen Arbeit „Die Männerstadt. Ein Beitrag zum Großstadt- und Familienproblem"[521] vertrat Reichel den Standpunkt, dass die Menschen der Großstadt infolge des Geburtenrückgangs vom Aussterben bedroht seien. Die niedrige Fortpflanzungsrate insbesondere der

„erblich Höherwertigen" resultiere aus einem mangelnden „Willen zur Familie", der durch die gewerbliche Frauenarbeit erheblich herabgemindert sei. Als Lösung präsentierte er in seinem reaktionär-patriarchalen Gesellschaftsentwurf eine räumliche Trennung von Lohnarbeit, die Männern vorbehalten bleiben sollte, und Wohnbereichen am Rande der Stadt, in denen Frauen ihren reproduktiven und erzieherischen Aufgaben nachgehen sollten.[522] Reichels sozial- und rassenhygienisches Gedankengut zielte im bevölkerungspolitischen Kontext darauf ab, an den tradierten Rollenbildern und Geschlechterverhältnissen festzuhalten.[523]

In späteren Publikationen erblickte er neben der gewerblichen Frauenarbeit auch in der Empfängnisverhütung und im großstädtischen Luxusleben weitere Ursachen für den Geburtenrückgang. Sein rückwärtsgewandtes Familienmodell sah er am besten in einer ländlichen Siedlungsweise bzw. im Ideal des Bauerntums verwirklicht. Mit solchen Konzepten glaubte Reichel, auch sozialen Problemen wie etwa der Jugendarbeitslosigkeit beikommen zu können.[524] In seinem 1931 veröffentlichten Beitrag „Arbeitslose Jugend und Innenbesiedlung"[525] reagierte er auf die massive Jugendarbeitslosigkeit mit dem Modell eines „Gartendorfs", in dem arbeitslose Jugendliche – nach Prüfung ihrer körperlichen bzw. psychologischen Eignung und den Regeln einer „soldatischen Organisation" entsprechend – angesiedelt werden sollten. Die „gartenwirtschaftliche Bodenbebauung" würde diesen nicht nur einen Arbeitsplatz, sondern auch eine Versorgungsgrundlage bieten.[526] Reichel verstand seine Siedlungspolitik als wichtige positive eugenische Maßnahme, war sich aber sehr wohl der Tatsache bewusst, dass sich seine kostenintensiven Siedlungskonzepte vor dem Hintergrund der prekären wirtschaftlichen Lage Österreichs vor allem in finanzieller Hinsicht nicht realisieren ließen.[527]

Reichel, der der Familie einen zentralen Stellenwert in seinem eugenisch-rassenhygienischen Denkgebäude einräumte, favorisierte deshalb auch die biologische Familienforschung als wichtige rassenhygienische Methode. Der Grundgedanke dieser Methode war, jeden Einzelnen zu familiären Nachforschungen hinsichtlich möglicher Erbkrankheiten zu motivieren und dadurch der Bevölkerung insgesamt generativ verantwortliches Handeln zu vermitteln. Bei Verdacht auf Vererbung genetisch bedingter Krankheiten sollte von einer Fortpflanzung Abstand genommen werden. Mit Unterstützung des Volksgesundheitsamtes erstellte Reichel bereits 1919 einen standardisierten Fragebogen, der ihm zur Erhebung und Sammlung vererbungswissenschaftlichen Materials diente.[528]

Die Hauptsorge Reichels galt der Erhaltung der erbgesunden Familie, die für ihn die „biologisch optimale Reproduktionsform" darstellte.[529] Als besonderes Problem begriff er den Verzicht „gesunder und tüchtiger Menschen" auf die Fortpflanzung, die durch „Ehelosigkeit, Spätehe und Einschränkung der ehelichen Fruchtbarkeit" teils freiwillig des individuellen Vorteils wegen, teils unfreiwillig aus wirtschaftlicher Not heraus ihre Kinderzahl eher gering hielten.[530] Um dem Trend der rückläufigen Geburtenzahlen bei den sozial höheren Schichten (der „differentiellen Geburtenrate") bzw. den „überdurchschnittlich Begabten", zu denen er „Großstädter, Soldaten, gelehrte Berufe" rechnete, entgegenzuwirken, befürwortete Reichel – ähnlich wie Tandler – eine eugenisch orientierte Eheberatung. Dabei habe eine Lenkung der „Gattenwahl" durch die „Erziehung in Haus und Schule" zu erfolgen. Anders als Tandler sah er bei der „Gattenwahl" über den Aspekt der Beratung und Aufklärung hinaus den verpflichtenden Austausch von Gesundheitszeugnissen für Ehewillige als notwendig an und zog Eheverbote im eugenischen Sinn für besonders schwere Fälle in Erwägung. Für psychisch Kranke kamen für ihn auch „die Zwangsmittel der Asylierung und Sterilisierung" in Frage, wobei er aus Kostengründen der Methode der Zwangssterilisierung den Vorzug gab.[531]

Heinrich Reichel darf eine zentrale Bedeutung für die eugenische Bewegung in Österreich beigemessen werden. Aufgrund seiner leitenden Funktionen in eugenischen Vereinen (u. a. „Wiener Gesellschaft für Rassenpflege", „Grazer Gesellschaft für Rassenhygiene", Österreichischer Bund für Volksaufartung und Erbkunde) verfügte er über entscheidende Kontakte zu deutschnationalen, sozialdemokratischen und auch katholischen EugenikerInnen ebenso wie zu Ministerialbeamten im Volksgesundheitsamt und im Unterrichtsministerium, wo er sich um die Verankerung von Eugenik im Mittelschulunterricht bemühte.[532] Es gelang ihm, eugenisch-rassenhygienisches Gedankengut durch Vorträge, wissenschaftliche Publikationen und Ausstellungen zu popularisieren, wie beispielsweise im Rahmen der Wiener Hygiene-Ausstellung von 1925, in der er zusammen mit dem Anthropologen Univ.-Prof. Dr. Otto Reche (1879–1966) die „Abteilung Fortpflanzung, Vererbung und Rassenhygiene" gestaltet hatte. In der Folge intensivierte Reichel seine Kooperation mit Reche bzw. dessen Nachfolger Josef Weninger (1886–1859) und der universitären Anthropologie in Wien, die sich in den 1920er Jahren neben rassentheoretischen Fragestellungen verstärkt der „erb- und rassenbiologischen Forschung" (Familienforschung, Stammbäume, Abstammungsgutachten) zuwandte.[533]

Reichel war der erste Vertreter Österreichs in der internationalen Vereinigung eugenischer Organisationen, der „International Federation of Eugenic Organizations" (IFEO). Seit 13. September 1928 gehörte er u. a. neben den deutschen Rassenhygienikern Adolf Ploetz, Eugen Fischer und Ernst Rüdin der IFEO an, die von Stefan Kühl als „Internationale der Rassisten" bezeichnet wird.[534]

Als Universitätsprofessor für Hygiene unternahm er erstmals den Versuch, Rassenhygiene an einer österreichischen Universität als wissenschaftliche Disziplin zu institutionalisieren. Seine Rolle als Lehrer und Integrationsfigur der eugenischen Bewegung in Österreich sowie als Vorreiter der NS-Rassenhygiene ist unbestreitbar.[535]

In der NS-Zeit hatte Reichel, der selbst weder der NSDAP noch einer ihrer Organisationen bzw. Gliederungen angehörte, als Wissenschafter zweifellos an Einfluss verloren. Das von ihm aufgebaute eugenische Netzwerk blieb aber weiterhin wirkungsmächtig, zumal einige seiner Adepten nach 1938 – als NS-Rassenhygieniker – einen erfolgreichen akademischen Karriereweg beschritten. So konnte der Psychiater und Kriminalbiologe Friedrich Stumpfl (1902–1994), ein Schüler Wagner-Jaureggs, über Vermittlung seines Mentors Ernst Rüdin im April 1939 vertretungsweise die Professur für Erb- und Rassenbiologie an der Universität Innsbruck übernehmen, bis er fünf Monate später mit Erhalt des Lehrstuhls zum Direktor des Instituts für Erblehre und Rassenhygiene avancierte. Karl Thums (1904–1976), der wie andere Reichel-Schüler Mitglied des deutschvölkischen Flügels der Jugendbewegung „Wandervogel" gewesen war, wurde – gleichfalls mit Unterstützung Rüdins – schließlich 1940 zum Professor für Erb- und Rassenhygiene an der Deutschen Karls-Universität Prag berufen.[536]

Frühe eugenische Initiativen auf behördlicher und politischer Ebene

Anfang der 1920er Jahre regten sich in Österreich erste Initiativen und Bestrebungen, eugenische Vorstellungen auch politisch zu realisieren bzw. mittels konkreter Maßnahmen umzusetzen. Diese Aktivitäten gingen – in Ermangelung explizit eugenischer Vereinsstrukturen – in erster Linie von einzelnen Medizinern, Beamten und Politikern aus.

In diesem Zeitraum begann auch die oberste Gesundheitsbehörde Österreichs, das Volksgesundheitsamt (im Bundesministerium für soziale Verwaltung), ihre behördliche Aufmerksamkeit eugenischen Themen zu widmen, wie aus der gelegentlichen Rezeption eugenischer Werke hervorgeht. Zum fixen Bestandteil des behördlichen Aufgabenprogramms des Volksgesundheitsamtes avancierte „Rassenhygiene" aber erst im Mai 1925, nachdem sich bereits eugenische Vereine erfolgreich konstituiert hatten. „Bevölkerungspolitik und Rassenhygiene" war zuvor bereits am 21. Februar 1924 in der Geschäftsordnung des Obersten Sanitätsrates verankert worden.[537] Der Oberste Sanitätsrat, dem renommierte Ärzte angehörten, war das höchste Beratungsorgan des Volksgesundheitsamtes, das nicht nur bei der Erörterung medizinischer Grundsatzfragen eine Schlüsselrolle spielte, sondern auch aufgrund seiner Kernkompetenz, der Erstellung von Fachgutachten (u. a. in Bezug auf Stellenvergaben), erheblichen Einfluss auf die Besetzung wichtiger medizinischer Posten (in Anstalten etc.) nehmen konnte. Für den programmatischen Teil der Geschäftsordnung zeichneten übrigens der Wiener Oberstadtphysikus Dr. August Böhm (1865–1931), der Psychiater und spätere Nobelpreisträger Univ.-Prof. Dr. Julius Wagner-Jauregg (1857–1940) – beide deutschnational bzw. deutschvölkisch gesinnt – sowie der Leiter des Volksgesundheitsamtes Dr. Karl Helly (1865–1932) verantwortlich.[538] Damit war eugenisch-rassenhygienisches Gedankengut zumindest auf oberster gesundheitsbehördlicher Ebene salonfähig geworden.[539]

Im Juni 1921 präsentierte der Wiener Landessanitätsrat, der als medizinisches Expertengremium gewissermaßen auf Landesebene ein Äquivalent zum (bundesbehördlichen) Obersten Sanitätsrat bildete, einen Gesetzesentwurf, der obligatorische Gesundheitszeugnisse für sämtliche EhekandidatInnen vorschlug, die von Amtsärzten erstellt werden sollten. Die Gesetzesvorlage sah ferner Eheverbote für Personen mit erblichen oder ansteckenden Krankheiten vor. Zur Feststellung der Eheerlaubnis sollten drei Kommissionen gebildet werden, die nach den Kategorien „Geschlechtskrankheiten", „Tuberkulose" und „unheilbare" Geisteskrankheiten bzw. körperliche und psychische Schädigungen eine Entscheidung treffen sollten.[540] Dies war eine Forderung, die im Wesentlichen auch dem Rassenhygieniker Heinrich Reichel entsprach, der dem Wiener Landessanitätsrat angehörte. Eine entsprechende parteipolitische Initiative ließ in dieser Sache nicht lang auf sich warten: Am 23. November 1921 brachten Nationalratsabgeordnete der Großdeutschen Volkspartei eine Gesetzesinitiative ein, die inhaltlich weitgehend deckungsgleich mit dem Gesetzesentwurf des Wiener

Landessanitätsrates war. Demnach sollten Personen, die mit „erblichen oder ansteckenden Krankheiten behaftet" waren, mit Eheverboten belegt und damit von der Reproduktion ausgeschlossen werden. Mit dieser Maßnahme war beabsichtigt, den „verderblichen Wirkungen des Weltkrieges" für das „deutsche Volk" – insbesondere der liberalen Sexualmoral, dem Alkoholismus und Geburtenrückgang – entgegenzuwirken.[541] Keine der beiden Gesetzesanträge zur Etablierung von eugenisch begründeten Eheverboten ließ sich allerdings bis 1938 politisch durchsetzen.

Robert Stigler

Ähnliche Vorschläge propagierte der – seit 1915 als außerordentlicher und seit 1921 als ordentlicher Professor für Anatomie und Physiologie der Haustiere – an der Wiener Hochschule für Bodenkultur lehrende Dr. Robert Stigler (1878–1975). Stigler, der von 1897 bis 1903 an den Universitäten Wien, Kiel und Bern Medizin studiert hatte, betrieb bereits vor dem Ersten Weltkrieg rassenphysiologische Forschungen.[542] Dabei ging es ihm um den wissenschaftlichen Nachweis physiologischer Unterschiede – auf der Ebene des Organismus und der Körperfunktionen – zwischen den menschlichen „Systemrassen". Von Oktober 1910 bis April 1911 nahm er als wissenschaftlicher Leiter an einer Ostafrika-Expedition teil, die von dem Wiener Architekten Rudolf Kmunke organisiert worden war.[543] Als sein Vorbild dürfte der deutsche Rassenanthropologe, Rassenhygieniker und spätere NS-Rassentheoretiker Eugen Fischer gedient haben, der 1908 eine Forschungsreise nach Deutsch-Südwestafrika zum Studium von „Rassenkreuzungen" („Rehobother Bastards") unternommen hatte, um anhand einer Untersuchungsgruppe von 300 Mischlingen niederländischer Kolonialherren und afrikanischer Ureinwohner in Rehoboth die (mittlerweile falsifizierte) These zu untermauern, dass sich menschliche „Rassenmerkmale" nach den Mendelschen Regeln vererben würden.[544] Stigler führte in Uganda – teils unter Gewaltanwendung – Reihenuntersuchungen an nicht freiwilligen afrikanischen Probanden durch, wobei er Daten bezüglich Körperfunktionen wie Blutdruck, Atmung, Körpertemperatur oder Schmerzempfindlichkeit erhob. Die Untersuchungen verliefen schmerzhaft und hinterließen bei den Probanden oftmals Verletzungen.[545]

Politisch war Stigler Mitglied mehrerer schlagender Verbindungen, u. a. in der Wiener Burschenschaft Moldavia. Im völkisch-antisemitisch-rassistischen akademischen Milieu der Wiener Gesellschaft für Rassenpflege und der Wiener Anthropologischen Gesellschaft entfaltete er rege Aktivitäten. Nach dem Historiker Wolfgang Neugebauer war Stigler von dem antisemitischen und antifeministischen Philosophen Otto Weininger (1880–1903), dem rassistischen Sektierer („Ariosophen") Jörg Lanz von Liebenfels (1874–1954), dem Rassenanthropologen Gustav Kraitschek (1870–1927) und dem katholisch-nationalen antisemitischen Prähistoriker (und 1938 Unterrichtsminister im NS-Anschlusskabinett von Seyß-Inquart) Oswald Menghin (1888–1973) beeinflusst.[546] Stigler schrieb Juden und Feministinnen eine „kulturzerstörerische Sexualität" zu, die zum „Untergang des Abendlandes" führen würde.[547] Bereits in den 1920er Jahren war Stigler Anhänger der NS-Bewegung, 1932 trat er der NSDAP bei. Seit 1931 leitete er die medizinische Gruppe der von Alois Scholz gegründeten „Abteilung Rasse und Rassenhygiene" in der Wiener NSDAP-Gauleitung, der Vorgängerin des „Rassenpolitischen Amtes der NSDAP".[548]

In rassenhygienischer Hinsicht trat Stigler bereits 1918 für eine rigide Regelung von Eheschließungen nach eugenischen Gesichtspunkten ein, wobei die „Gattenwahl" über „staatliche Ehevermittlungsstellen" erfolgen sollte. Seine diesbezüglichen Forderungen legte er – unter mehrfacher inhaltlicher Bezugnahme auf den Rassenhygieniker Max von Gruber – in einem Beitrag in der Wiener Medizinischen Wochenschrift von 1918 nieder.[549]

Durch eine obligatorische staatliche Ehevermittlung sollte garantiert werden, dass „nur gesunde Leute" zur Heirat gelangten. Die Möglichkeit zur Eheschließung sollte seiner Überzeugung nach an unbedenkliche Gesundheitszeugnisse geknüpft werden. Darüber hinaus sollte der kriegsbedingte Geburtenrückgang durch „Eheerleichterungen, Kinderbeihilfen, Auszeichnungen und Belohnungen kinderreicher Frauen" eine Gegensteuerung erfahren. Als Gegenstrategie zur „negativen Auslese" des Weltkriegs postulierte Stigler, dass „der Kindersegen körperlich, geistig und moralisch Tüchtiger gefördert und dadurch der Überwucherung derselben durch rassenhygienisch Minderwertige entgegengetreten" werden müsste.[550]

Durch die „Förderung frühzeitiger Ehen" sollte die „Ausbreitung der Geschlechtskrankheiten infolge des außerehelichen Geschlechtsverkehrs" eingedämmt werden. Sein rassenhygienisches Programm brachte er auf die Formel: „Es sollen möglichst viele, möglichst gesunde und tüchtige Menschen möglichst frühzeitig heiraten."[551]

„Rassenmischungen" lehnte er mit dem Verweis auf Eugen Fischers Untersuchungen zu den „Rehobother-Bastards" ab, da „bei der Kreuzung eines hochwertigen Vaters mit einer minderwertigen Mutter oder umgekehrt, die

Nachkommenschaft aller Wahrscheinlichkeit nach im allgemeinen minderwertiger als der Vater ist". Stigler schlussfolgerte: „Die Wahrscheinlichkeit, eine hochwertige Nachkommenschaft zu zeugen, ist um so größer, je wertvoller beide Eltern sind." „Hochwertig" konnten seiner rassistischen Ansicht nach offenbar nur die Angehörigen der „europäisch-nordischen Rasse" sein.[552]

Im Besonderen wandte sich Stigler aber auch gegen Emanzipation und Feminismus. Die „wahren Frauenrechte" seien „Ehe und Mutterschaft". Die „Frauenemanzipation", „welche man übrigens auch bei Naturvölkern und im Altertum sporadisch auftreten und ebenso rasch wieder verschwinden sah, entspringt wohl meist entweder abnormen Zuständen der inneren Sekretion oder der häufig wohl infolge Mangels der Ehegelegenheit gekränkten weiblichen Eitelkeit, also erst recht einem typischen weiblichen sekundären Geschlechtsmerkmal". Um jeweils eine Verweiblichung bzw. Verweichlichung des Mannes und eine Vermännlichung der Frau zu verhindern, empfahl Stigler die Förderung der Fortpflanzung jener Männer und Frauen, „welche über möglichst ausgesprochene sekundäre Geschlechtsmerkmale verfügen".[553]

Mit der Etablierung der austrofaschistischen Regierungsdiktatur Dollfuß 1934 wurde Stigler als Parteigänger der NSDAP aus politischen Gründen von der Hochschule für Bodenkultur entlassen. Er blieb aber weiterhin in der nunmehr illegalen NSDAP aktiv. Nach dem Anschluss Österreichs an Hitler-Deutschland 1938 konnte er rasch wieder an die Hochschule für Bodenkultur zurückkehren, wo er von 1938 bis 1945 Vorstand des Instituts für Anatomie und Physiologie für Haustiere war. Von 1938 bis 1941 hielt er Pflichtvorlesungen zur Rassenhygiene an der Medizinischen Fakultät der Universität Wien und erhielt dort 1941 auch eine ordentliche Professur für Physiologie des Menschen. Im Juli 1940 führte er wiederum rassenphysiologische Untersuchungen an afrikanischen und asiatischen Kriegsgefangenen im Kriegsgefangenenlager Kaisersteinbruch im Burgenland durch.[554]

Nach 1945 verlor Stigler im Rahmen der Entnazifizierung seine universitären Positionen und wurde 1947 pensioniert. Dennoch konnte er seine rassenphysiologischen Studien erfolgreich fortsetzen und die Ergebnisse seiner früheren Forschungen publizieren.[555] Erst im Mai 2014 wurde ihm posthum die 1972 verliehene akademische Auszeichnung „Ehrenring" durch den Senat der Universität für Bodenkultur Wien mit der Begründung aberkannt, „dass Prof. Stigler in seiner Forschung und Lehre nationalsozialistisches und rassistisches Gedankengut verbreitete".[556]

Johannes Ude

Frühe eugenisch begründete Initiativen setzte auch der Grazer römisch-katholische Theologe, Priester, Lebensreformer[557] und Hochschullehrer Univ.-Prof. Dr. mult. Johannes Ude[558] (1874–1965), der ab 1917 kleinere populärwissenschaftliche Aufsätze und Schriften zur Rassenhygiene verfasste. Mit seinen eugenischen Vorschlägen bestärkte er einerseits die katholische Sexualmoral, die kirchlichen Positionen zu Ehe und Familie, andererseits instrumentalisierte er seine erbbiologische Argumentation als Werkzeug im Kampf gegen Prostitution, Alkoholismus, Liberalismus, Feminismus und Urbanisierung.[559] Udes Familien- und Siedlungsgedanke ähnelte stark den Vorstellungen Heinrich Reichels.[560] Bereits 1917 hatte Ude den Verein „Österreichs Völkerwacht" begründet, dessen Hauptaufgabe er in der „Bekämpfung der öffentlichen Unsittlichkeit" in Graz sah. Mit den im Eigenverlag seines Vereins herausgegebenen Schriften propagierte er „Rassenhygiene und Bevölkerungspolitik", beides verstand er gleichermaßen als Verrichtung eines patriotischen Werks.[561] Mit Udes Abstinenz- und Sittlichkeitsthematik war auch eine antisemitische Haltung verknüpft.[562] Ude blieb dem katholisch-christlichsozialen Milieu verbunden. So hatte er 1927 bei den Nationalratswahlen für die Christlichsoziale Partei kandidiert, obgleich ihm die Ausübung eines Mandats vonseiten des zuständigen Bischofs untersagt wurde. Aufgrund antikapitalistischer Tendenzen im NSDAP-Parteiprogramm („Brechung der Zinsknechtschaft") hegte Ude anfängliche Sympathien für den Nationalsozialismus, die nach dem Novemberpogrom 1938 allerdings in eine erbitterte Gegnerschaft umschlugen.[563]

Julius Tandler

Auch der Anatom und Sozialdemokrat Julius Tandler zählt zu den frühen Eugenikern Österreichs. Am 7. März 1913 hielt Tandler auf Einladung von Max von Gruber vor der (1910 gegründeten) Deutschen Gesellschaft für Rassenhygiene über das Thema „Konstitution und Rassenhygiene" einen Vortrag, der bereits im Kapitel „Der Wissenschafter Tandler" detailliert analysiert wurde.[564] Dass Tandler der Einladung Grubers gefolgt war, ist ein Indiz dafür, dass er den damaligen rassenhygienischen Diskurs in Deutschland mit brennendem Interesse verfolgte. Acht Monate später referierte übrigens

Heinrich Reichel zum ersten Mal über Rassenhygiene an der Universität Wien.

Vorsitzender der Sektion Sozialbiologie und Eugenik in der Gesellschaft für Soziologie

Auch die vom Soziologen Rudolf Goldscheid 1907 gegründete Gesellschaft für Soziologie in Wien bot Tandler ein Forum für die wissenschaftliche Auseinandersetzung mit eugenischen Themen. Im November 1913 hatte Goldscheid in dieser Gesellschaft eine eigene Sektion für Sozialbiologie und Eugenik eingerichtet, für die er Tandler als Vorsitzenden und den Biologen Paul Kammerer als Sekretär gewinnen konnte.[565] Goldscheid, der mit dem Begründer der Rassenhygiene Alfred Ploetz einen intensiven Diskurs über Rasse und Gesellschaft führte, war an der Sozialbiologie besonders interessiert. Denn Goldscheid zählte zu jenen Soziologen, die mit den Rassenhygienikern um die Kernkompetenz auf dem Gebiet dieser jungen Disziplin konkurrierten. Am 19. Dezember 1913 hielt Tandler im Rahmen einer Veranstaltung der Soziologischen Gesellschaft als Vorsitzender der neugeschaffenen Sektion für Sozialbiologie und Eugenik seine erste Vorlesung an der Philosophischen Fakultät der Universität Wien.[566] Die Sektion erwies sich somit als eine frühe Schnittstelle sozialdemokratischer Eugenik in Österreich.[567] Goldscheid selbst begriff seine menschenökonomischen Thesen, die einen nachhaltigen Einfluss auf den Mediziner, Gesundheits- und Sozialpolitiker Tandler hatten, in ihrer Gesamtheit sogar als „Grundlegung der Sozialbiologie", wie der Untertitel seines 1911 veröffentlichten Hauptwerks „Höherentwicklung und Menschenökonomie" lautete.[568]

Neolamarckistische Orientierung

Darüber hinaus einte Tandler, Kammerer und Goldscheid eine neolamarckistische Grundüberzeugung. Wie Veronika Hofer herausgearbeitet hat, kritisierten die Soziallamarckisten „Darwins Metapher vom ‚Kampf ums Dasein' und wiesen dabei schon die wichtigste Vorausannahme Darwins, das Malthussche Prinzip zurück. Denn die Gültigkeit der Malthusschen These vom exponentiellen Wachstum der Individuen, der zwangsläufigen Überproduktion von Individuen in einem beschränkten Raum von Ressourcen, zweifelte man in der Übertragungsmöglichkeit auf die Biologie an. Damit erklärte man die theoretische Voraussetzung des Darwin'schen

Selektionsprinzips für den Artumwandlungsprozess von vornherein für nur eingeschränkt gültig."[569]

Tandler, Kammerer und Goldscheid betrachteten den „Kampf ums Dasein" zwar als Tatsache, bezweifelten jedoch, dass dieser der alleinige Auslesefaktor sei. In diesem Sinn lehnten sie die Auffassung der Neodarwinisten ab, die das Selektionsprinzip als das dominierende Prinzip der Evolution begriffen. Mit ihrer neolamarckistischen Position konnten sie sich freilich mit derselben Selbstverständlichkeit wie die Neodarwinisten auf Charles Darwin berufen, da Darwin zeitlebens zumindest insofern Lamarckist gewesen war, als er der Vererbung erworbener Eigenschaften stets einen gewissen Stellenwert in seiner Evolutionstheorie eingeräumt hatte. Eine lamarckistische Sichtweise hatte Darwin etwa auch in seiner „Pangenesistheorie" vertreten, mit der er die Variabilität in Tier- und Pflanzenpopulationen (Vererbungserscheinungen) erklären wollte. Darwins Annahme, dass alle Körperzellen winzige Keime abgeben, die in die Keimzellen gelangen und auf diese Weise die nächste Generation in ihren Merkmalen gestalten, dass das Keimgut also im ganzen Körper entstünde, wurde vom Begründer und Hauptvertreter des Neodarwinismus August Weismann (1834–1914) widerlegt, der die sexuelle Fortpflanzung (Reproduktion) als „Variationen-Generator" interpretierte.[570]

Abgrenzung von Weismanns Neodarwinismus

Der Biologe und Evolutionstheoretiker Weismann vertrat in seinen Publikationen, beginnend mit seinem 1883 veröffentlichten Werk „Über die Vererbung", eine Zuspitzung des Selektionsprinzips, eine harte selektionistische Position, die die Vererbung erworbener Eigenschaften dezidiert verwarf und nur noch die Vererbung angeborener Eigenschaften wissenschaftlich gelten ließ. Mit seinen Schriften „Die Continuität des Keimplasmas als Grundlage einer Theorie der Vererbung" (1885) und „Das Keimplasma. Eine Theorie der Vererbung" (1892) postulierte er[571], dass vielzellige Lebewesen aus Keimzellen, die die Erbinformation enthalten, und Körperzellen (somatische Zellen oder Soma) bestehen, die die Körperfunktionen ausführen. Seiner Theorie zufolge enthalte der Zellinhalt der Keimzellen, das Keimplasma (die gesamte Erbsubstanz), die bei der Entwicklung neuer Individuen wieder vollständig in die Keimzellen übergehe, so dass durch die Generationen eine Kontinuität des Keimplasmas gegeben sei. Da die Entwicklung der Keimzellen vollkommen getrennt von der der Körperzellen verlaufe (Keimbahn) und insbesondere das Keimplasma in seiner Gesamtheit nur in der Keimbahn weitergegeben werde, könnten äußere Einflüsse, die auf den Körper (somatische Zellen) einwirken (erlernte Fähigkeiten, erworbene Eigenschaften), keinerlei Wirksamkeit auf das Keimplasma ausüben und seien folglich von der Vererbung ausgeschlossen („Weismann-Barriere").[572]

Rudolf Goldscheid unterzog die empirisch untermauerte, jedoch apodiktische neodarwinistische Argumentation Weismanns einer grundlegenden, sehr modern anmutenden Kritik, in der er die Hypothese bzw. „Lehre vom inneren Milieu" aufgriff, die sich letztlich in prospektiver Hinsicht als wichtige Prämisse für die Entwicklung der Epigenetik (die sich mit der Modifizierung der Genaktivitäten durch Umwelteinflüsse beschäftigt) als Teil der heutigen Entwicklungsbiologie erwies.[573] Mit seiner Kritik ging es Goldscheid um eine Rechtfertigung seiner neolamarckistisch verstandenen „evolutionistischen Gesellschaftskonzeption", mit der er das „Bild einer sich planmäßig stetig höher entwickelnden Menschheit" verband, „die ganz auf das Konzept des inneren Milieus und seiner angenommenen Sensibilität als Fähigkeit der treuen Umsetzung von Umwelteigenschaften setzte".[574]

Zu ganz ähnlichen evolutionstheoretischen Erkenntnissen wie Weismann kam der britische Naturforscher, Geograph, Anthropologe und Biologe Alfred Russel Wallace (1823–1913), ein Weggefährte Darwins. Wallace teilte insbesondere Weismanns Positionen der natürlichen Selektion als zentraler Faktor der Evolution und des Ausschlusses erworbener Eigenschaften von der Vererbung. Der Neodarwinismus von Weismann und Wallace polarisierte fortan in Anhänger (beispielsweise Francis Galton) und Gegner und zertrümmerte die gemeinsame Front der Darwinisten, die durch eine Pluralität von Positionen und Standpunkten gekennzeichnet war und deren kleinster gemeinsamer Nenner das Bekenntnis zu Darwins Evolutionstheorie gewesen war.[575]

Weismann war bemüht, seine neodarwinistische Theorie gegenüber den Verteidigern neolamarckistischer Positionen, wie beispielsweise Ernst Haeckel oder Herbert Spencer, zu behaupten. Mit dem britischen Sozialphilosophen und Soziologen Herbert Spencer[576] (1820–1903) führte er in den 1890er Jahren eine wissenschaftliche Kontroverse, in der er seine Theorie der Kontinuität des Keimplasmas gegenüber dem neolamarckistisch orientierten Evolutionskonzept Spencers, das auf soziokulturellen Beobachtungen beruhte, argumentativ rechtfertigte und öffentlichkeitswirksam profilierte.[577] Der von Weismann vertretene Neodarwinismus („Weismannismus") legte letztlich zusammen mit den erst um 1900 wiederentdeckten Mendelschen Vererbungsregeln die Fundamente für die moderne, bis heute gültige Synthetische

Theorie der Evolution. Nach der Jahrhundertwende war der Aufstieg des Neodarwinismus im deutschsprachigen Raum auf universitärer Ebene nicht mehr zu bremsen.[578] In den 1920er Jahren hatte er weitgehende Anerkennung und die Stellung eines naturwissenschaftlichen Dogmas erreicht.

Auch die überwältigende Mehrheit der Eugeniker bzw. Rassenhygieniker – darunter Ploetz, Schallmayer, Lenz, Rüdin, Gruber, Schattenfroh und Reichel – entschied sich für die Position Weismanns. In Österreich blieb nur eine Minderheit von WissenschafterInnen, die überwiegend im sozialdemokratischen, linken bzw. linksliberalen Milieu angesiedelt war, neolamarckistischen Positionen verbunden. Für Tandler diente gerade der neolamarckistische Ansatz als theoretische Grundlage und Begründung für seine spätere Sozial- und Wohlfahrtspolitik als Wiener Gesundheitsstadtrat, die eng mit den Auffassungen seiner „qualitativen Bevölkerungspolitik" verzahnt war und in positiv-eugenischer Richtung darauf abzielte, durch eine massive Förderung der sozialen Lebensbedingungen insbesondere benachteiligter, bedürftiger und junger Menschen (Konditionshygiene) die genetische Konstitution und Gesundheit der künftigen Generationen nachhaltig zu verbessern.

Erbdeterministische und neolamarckistische Sichtweisen spalteten nicht nur das Feld der Biologen und Eugeniker, sondern führten beispielsweise auch hinsichtlich der Ätiologie von Krankheiten zu unterschiedlichen Positionierungen: So teilten etwa der deutschvölkische Rassenhygieniker Reichel und die sozialdemokratische Schriftstellerin und Eugenikerin Oda Olberg die Auffassung, dass bei der Tuberkulose eine Erbkomponente bzw. eine erbliche Prädisposition vorliege, während Tandler – in Konkordanz mit dem heutigen medizinischen Forschungsstand – die Tuberkulose als „soziale", milieubedingte Infektionskrankheit einstufte.[579]

Österreichische Gesellschaft für Bevölkerungspolitik

Wie mehrfach in dieser Arbeit aufgezeigt, hatte sich Tandler bereits während des Ersten Weltkrieges intensiv mit den enormen kriegsbedingten Menschenverlusten, insbesondere dem damit verbundenen Geburtenausfall bzw. dem Geburtenrückgang, auseinandergesetzt.[580] Als besorgniserregend empfand er auch jene qualitativen Schäden an der Bevölkerung, die der Krieg bewirkt bzw. verstärkt hatte: den Anstieg der Geschlechtskrankheiten (wie der Syphilis), die Fehlgeburten bzw. Sterilität nach sich zogen, die Steigerung des Alkohol- und Tabakkonsums, die hohe Zahl an Invaliden, Kranken oder seelisch Geschädigten. Tandler ging es mit seiner „qualitativen Bevölkerungspolitik" darum, diesen Schäden mit einem sozialpolitisch effizienten Programm gegenzusteuern. In diesem Sinn lässt sich auch mit Recht konstatieren, dass bei Tandler der Fürsorgegedanke regelrecht „aus dem Geist des Krieges" geboren wurde.[581] Mit medizinischen Maßnahmen, Mitteln der staatlichen Fürsorge und sozialpolitischen Förderungen sollte etwa die Senkung der Säuglings- und Kindersterblichkeit sowie der Tuberkulosesterblichkeit, die Verbesserung der Lebensverhältnisse unehelicher Kinder, die Hebung der sozialen Rahmenbedingungen für Eltern, insbesondere mit zwei oder mehreren Kindern, erreicht werden.[582]

Dass Tandler ein brennendes Interesse an bevölkerungswissenschaftlichen Fragen hatte, geht allein schon aus der Tatsache hervor, dass er 1917 Mitbegründer der Österreichischen Gesellschaft für Bevölkerungspolitik (ÖGBP) war und als stellvertretender Vorsitzender derselben agierte. Obgleich die ÖGBP eine überparteiliche Organisation war, in der sich Vertreter sämtlicher politischer Lager (wie u. a. die bürgerlich-konservativen Bevölkerungsstatistiker Wilhelm Hecke und Wilhelm Winkler vom Bundesamt für Statistik, der deutschvölkische Rassenhygieniker Heinrich Reichel, der Liberale Viktor Mataja, die Sozialdemokraten Tandler, Goldreich, Karl Kautsky jun., Oda Olberg) zum Teil mit sehr konträren Positionen am bevölkerungswissenschaftlichen Diskurs beteiligten, entwickelte sie sich in der Ära des Wiener Gesundheitsstadtrates Tandler zu einer Art Thinktank, in dem Experten des Sozial- und Gesundheitswesens über den Aufbau eines Fürsorge- und Sozialsystems des Roten Wien diskutierten.[583] Auf den einmal jährlich stattfindenden ÖGBP-Tagungen referierten u. a. Fach- und Führungskräfte aus den Wiener medizinischen und sozialen Einrichtungen (Kinderspitälern, Entbindungsanstalten, Jugendämtern, Erziehungsanstalten u. dgl.) – darunter nicht wenige Fürsorgerinnen – über geeignete Maßnahmen zur Bekämpfung von Tuberkulose und Syphilis sowie zur Verbesserung des Gesundheitszustandes und der Erziehung von Kindern und Jugendlichen. Die Referate und Diskussionsbeiträge wurden übrigens in den „Mitteilungen der Österreichischen Gesellschaft für Bevölkerungspolitik (und Fürsorge)" im Zeitraum 1918 bis 1937 veröffentlicht. Tandler wusste die ÖGBP offenbar geschickt in konsultativer Hinsicht als wichtige Diskussionsplattform und für seine Sozial- und Gesundheitspolitik als notwendiges Korrektiv zu nutzen.[584]

Als bevölkerungspolitische Hauptanliegen der Sozialdemokraten können – nach Gudrun Exner – vor allem der „Aufbau des Schwangeren- und Mutterschutzes, die Verbesserung des Gesundheitssystems und der Kampf gegen die damals noch strengen Strafbestimmungen bei Schwangerschaftsabbruch, den Paragraph 144", genannt werden. Mit Ausnahme der Reform des § 144 StG ließen sich die anderen sozialdemokratischen Kernforderungen in der Amtszeit von Gesundheitsstadtrat Tandler im Roten Wien politisch weitgehend umsetzen.[585]

Menschenökonomie als Leitfaden

Gerade in seinen bevölkerungspolitisch ambitionierten Schriften und Reden geizte Tandler gelegentlich nicht mit menschenverachtenden Formulierungen und Aussagen („Minusvarianten", „Minderwertige" etc.), die er gezielt vor allem bei der Aufrechnung von „produktiven" und „unproduktiven" Sozialausgaben einsetzte. Die Terminologie erinnert zwar stark an den Jargon der deutschnationalen bzw. deutschvölkischen Rassenhygieniker, doch orientiert sich Tandler inhaltlich an dem sozialen Reformkonzept der Menschenökonomie Goldscheids. Aus diesem Grund interpretierte er die Folgen des Geburtenrückgangs in prospektiver Hinsicht bei Weitem nicht so bedrohlich, als dies konservative Bevölkerungswissenschafter oder deutschvölkische Rassenhygieniker zu tun pflegten.[586] Getreu seiner soziallamarckistischen Überzeugung ging es ihm nämlich darum, im Hier und Jetzt sozialpolitische Reformen umzusetzen und somit den Gefahren der Zukunft das Wasser abzugraben. Die Menschenökonomie Goldscheids lieferte ihm dafür den argumentativen Leitfaden: Der Geburtenrückgang müsste demnach keine unbedingte Gefährdung des Wohlstands und der nationalen Sicherheit bedeuten, „wenn man das quantitativ nun weniger reichlich vorhandene ‚organische Kapital' qualitativ besser ‚ausnütze', das heißt durch eine bessere Ausbildung, eine bessere Gesundheitsversorgung und durch ein Sozialversicherungssystem mehr Produktivität aus diesem erwirtschafte."[587] Damit ließe sich einer „schleichenden Degeneration des Staatsvolks" effizient entgegenwirken.

Soziale Bevölkerungspolitik

Tandler grenzte bereits 1918 seine „soziale Bevölkerungspolitik" ganz bewusst von einer konservativ-imperialistischen bzw. nationalen Bevölkerungspolitik ab, die in Kriegszeiten massenhaft Menschenopfer billigend in Kauf nehme. Bevölkerungspolitik musste für Tandler auch eine sozialistische Fundierung aufweisen: „Weder die imperialistische noch die nationale

Bevölkerungspolitik nahm aber unmittelbar auf die Struktur der Bevölkerung Rücksicht, zum Unterschied von der sozialen, bei welcher die Aufteilung des Volkes in Klassen von besonderer Bedeutung ist. Die Bevölkerungspolitik ist gebunden an das Auftreten des Sozialismus und findet ihren Ausdruck im Kampf des Proletariats gegen den Kapitalismus. Sie ist ohne jeden Zweifel die Bevölkerungspolitik der Zukunft, sie ist jene, welche den strukturellen Aufbau der Bevölkerung am meisten berücksichtigt."[588]

Seinem Konzept der „sozialen Bevölkerungspolitik" ist allerdings wiederum jene Ambivalenz inhärent, die sich durch sein gesamtes bevölkerungspolitisch-eugenisches Denken zieht.[589] In seinem Vortrag „Ehe und Bevölkerungspolitik" von 1923 (1924 als Aufsatz publiziert) nahm er eine Interessensabwägung zwischen dem Anspruch auf individuelles Glück und den bevölkerungspolitischen Forderungen des Staates bzw. der Gesellschaft vor, die er dialektisch in der Synthese der „sozialen Bevölkerungspolitik" auflöste, wobei er hier eine schwindelerregende Gratwanderung zur Wahrung der menschlichen Würde vornahm. Bei seiner Argumentation bediente er sich einer utilitaristischen Ethik, die sich an Jeremy Benthams[590] (1748–1832) Leitprinzip vom „größten Glück der größten Zahl" orientiert haben könnte. Bei seiner Abwägung präferierte er – vom ethischen Standpunkt aus – eindeutig die Forderungen der Gesellschaft gegenüber dem Glück des Einzelnen. Immerhin konzedierte er, dass es nicht nur um die Frage gehen könne, wie viele Menschen aufgezogen werden, sondern auch, ob ihnen ein „lebenswertes Leben" bevorstehe: „Innerhalb der menschlichen Gesellschaft auf der Höhe ihrer Organisation kann und muss vom Einzelindividuum mit Recht verlangt werden, dass es sein Glück, ja seine Existenz, dem Glück und der Existenz der Gesellschaft hintansetze. Und wie auch sonst im Leben das Unglück, ja sogar die Vernichtung, die Aufopferung des einzelnen, das Glück der Allgemeinheit bedeuten kann, so kann auch eine individuell unglückliche Ehe eine bevölkerungspolitisch glückliche sein."[591] Eine analoge Schlussfolgerung zog er an anderer Stelle am Beispiel des Selbstmordes: „Es kann auch die Selbsttötung für das Individuum ein Gewinn, bevölkerungspolitisch aber ein Verlust sein."[592] Wer den Primat der Gemeinschaftsinteressen über die individuellen Interessen argumentiert, rechtfertigt jedoch stillschweigend (oder nimmt billigend in Kauf), dass die Entscheidung darüber, wer überhaupt zu Glück fähig ist bzw. wessen Leben als „lebenswert" zu qualifizieren ist, beim Bevölkerungspolitiker liegt.[593]

Tandlers Eheberatungsstelle[594]

Die 1922 vom Wiener Gesundheitsstadtrat Tandler auf kommunaler Ebene per Gemeinderatsbeschluss errichtete „Gesundheitliche Beratungsstelle für Ehewerber" (Eheberatungsstelle) stellte ein zentrales „Moment" von Tandlers „qualitativer Bevölkerungspolitik" dar und sollte eine Eheberatung vom medizinischen und eugenischen Standpunkt aus gewährleisten. Sie war europaweit die erste Einrichtung ihrer Art. Die Eheberatungsstelle nahm am 1. Juni 1922 unter der Leitung von Dr. Karl Kautsky jun. ihre Tätigkeit in den Räumen des Wiener Gesundheitsamtes, in der Rathausstraße 9, auf.[595]

Die Eheberatungsstelle entsprach – von Tandlers Intention und Anspruch her gesehen – dem Konzept der „Fortpflanzungshygiene"[596] („Fortpflanzungsauslese", „generativen Hygiene") und stellte damit eine Maßnahme der „negativen Eugenik" dar, da die eugenische Beratungstätigkeit ja letztlich darauf hinauslaufen sollte, „erbkranken Nachwuchs", d. h. die Geburt von Kindern mit genetisch bedingten Beeinträchtigungen, zu verhindern. Die Tätigkeit der Eheberatungsstelle kann aber auch im Sinn der „positiven Eugenik" bewertet werden, sofern sich die Ratschläge der jeweiligen Fürsorgeärzte auf sozialhygienische, sexualhygienische oder fürsorgerische Aspekte bezogen.[597]

Die Eheberatungsstelle verstand sich ursprünglich als Anlaufstelle für Menschen aller sozialen Schichten, die sich auf eine Eheschließung vorbereiteten und eine freiwillige eugenische Beratung in Anspruch nehmen wollten. Mittels einer entsprechenden fachlichen Aufklärung sollte den Eheleuten ihre Verantwortung für die Nachkommenschaft ins Bewusstsein gehoben werden. In einer offiziellen Broschüre der Eheberatungsstelle wurde deshalb an die moralische Pflicht des Einzelnen appelliert: „Wer eine Ehe eingeht, ohne sich zu vergewissern, ob er gesund ist, übernimmt eine schwere Verantwortung seinem Ehegenossen und seinem Nachkommen gegenüber. Jedermann hat deshalb die sittliche Pflicht, bevor er sich zu einer Ehe entschließt, das Urteil eines sachverständigen Arztes über seinen Gesundheitszustand einzuholen."[598]

Befragungen mittels standardisierter Formulare zur Erhebung der Anamnese, die Aufnahme von Befunden sowie umfangreiche medizinische Untersuchungen sollten klären helfen, ob die Heiratswilligen für eine Ehe bzw. die Fortpflanzung geeignet waren. Dabei standen insbesondere Fragen nach „vererbbaren Krankheiten, Krankheitsneigungen sowie Krankheiten, die die Konstitution der Nachkommen verändern können"[599], im Mittelpunkt der

Untersuchung. Bei der Familienanamnese wurde u. a. gefragt, ob in der Familie Fälle von Heiraten unter Blutsverwandten, von Selbstmorden oder von Schwerhörigkeit und Taubheit vorlagen. In der persönlichen Anamnese wurde die individuelle Krankengeschichte rekonstruiert, wobei hier insbesondere Erkrankungen wie Tuberkulose, Kretinismus, Diabetes, Rachitis, Fettsucht, Gicht, Haemophilie, Geisteskrankheiten, Epilepsie, Alkoholismus und andere Suchterkrankungen, Neigung zur Prostitution sowie Nervenkrankheiten, Degenerationszeichen und Geschlechtskrankheiten von besonderem Interesse waren. Außerdem sollte die körperliche und geistige Entwicklung der EhewerberInnen zum Zeitpunkt ihrer frühen Kindheit und in der Pubertät sowie ihr Sexualverhalten erfragt werden.[600]

Eine Untermauerung der Befunde des Beratungsarztes konnte im Bedarfsfall durch Konsultationen und Stellungnahmen externer Fachärzte, durch Überweisungen in Krankenhausabteilungen oder Institutionen der Fürsorge sowie durch eine Überprüfung seitens einer Kommission des Wiener Landessanitätsrates erfolgen. Die Eheberatungsstelle arbeitete vor allem eng mit den Einrichtungen der Mutterberatungsstelle, der Alkoholentwöhnung (Trinkerheilstätte „Am Steinhof") und auf dem Gebiet der Bekämpfung der Geschlechtskrankheiten mit den zuständigen Stellen des Gesundheitsamtes (Beratungsstellen für Geschlechtskranke, Abendambulatorien für Geschlechtskranke etc.) zusammen.[601]

Die KlientInnen der Eheberatungsstelle waren in der Praxis hauptsächlich „Arbeiter, Angestellte und Hausgehilfinnen".[602] Entgegen den Erwartungen begann sich die KlientInnenstruktur in spezifischer Hinsicht bald nachhaltig zu verändern: Neben klassischen EhewerberInnen wandten sich zunehmend auch bereits verheiratete Personen, Alleinstehende oder auch Jugendliche in „Sexualnot" (so der damalige Terminus) an diese städtische Beratungseinrichtung. Den neuen KlientInnen ging es weniger darum, ihre Eignung zur Fortpflanzung feststellen zu lassen, vielmehr suchten sie Hilfe und Rat bei ihren konkreten sexuellen Ängsten und Problemen, bei Fragen der Sexualhygiene und Empfängnisverhütung. Die Beratung fand wöchentlich an zwei Abenden, jeweils zwischen fünf und sechs Uhr, statt.[603]

In ihren Publikationen zu Themen der Sexualaufklärung und Sexualhygiene blieb die Eheberatungsstelle weit hinter ihren modernen reformpolitischen Ansprüchen zurück. Zwar ging sie in ihren Schriften beispielsweise auf die „Sexualnot in Wien" wiederholt ein, doch nahmen sich die diesbezüglichen Ausführungen in inhaltlicher, sprachlicher und pädagogischer Hinsicht äußerst moralisierend aus. Sexualität wurde – nach sozialhygienischer

Gepflogenheit – stets aus dem Blickwinkel der Reproduktion bzw. der Kinder oder aus der Perspektive möglicher Krankheiten betrachtet: „Der Ehepartner kann gesundheitlich geschädigt werden durch direkte Übertragung ansteckender Krankheiten (Tuberkulose, Syphilis, Tripper), sozial durch Arbeitsunfähigkeit des Gatten, durch sinnlose Vermögensvergeudung infolge von Trunksucht oder Geisteskrankheit, gesellschaftlich durch gesetzwidriges Verhalten des Gatten (Homosexualität, Alkoholismus), in seinem Gemütsleben durch Unfruchtbarkeit, Gefühlskälte der Impotenz des anderen Teiles und noch mannigfaltige andere Weise."[604]

Die Eheberatungsstelle propagierte damit ein Bild der Sexualität, das ausnahmslos ein Gefährdungs- und Bedrohungspotential sowohl für die Gesundheit des Individuums wie für die gesamte Volksgesundheit widerspiegelte. Diese einseitige Zuschreibung charakterisierte die US-amerikanische Historikerin Britta McEwen hinsichtlich ihrer sozialen Schlussfolgerungen treffend: „Gemäß einer solchen Sicht von Ehe war Sex die Quelle von Infektionen, öffentlicher Schande und emotionaler Verkrüppelung des Individuums."[605] Sexualität wurde in diesem Kontext als Angelegenheit wahrgenommen, die von der Eheberatungsstelle in sozialdisziplinierender Hinsicht „gezügelt und gezähmt werden sollte".[606]

Trotz intensiver Werbemaßnahmen blieb der Erfolg der Eheberatungsstelle bescheiden. Von 1922 bis 1932 nahmen 4.300 (bis 1934 5.000) Personen die Beratungsstelle in Anspruch, in diesem Zeitraum konnten insgesamt 8.600 Sitzungen verzeichnet werden.[607]

Tandler und Kautsky jun. mussten beide den Misserfolg der Eheberatungsstelle in quantitativer Hinsicht eingestehen,[608] wenngleich Kautsky jun. das Argument der geringen Besucherzahlen geradezu salomonisch zu relativieren suchte, wenn er meinte, dies sei „wenig im Vergleiche zu den Eheschließungen, viel, wenn man die Neuheit der Einrichtung, das mangelnde Vertrautsein der Bevölkerung mit eugenischen Gedankengängen in Betracht zieht"[609].

Noch weitaus erfolgloser dürfte die Grazer kommunale Eheberatungsstelle gewesen sein, die 1923 auf Initiative der Grazer Sozialdemokraten nach dem Wiener Vorbild ins Leben gerufen worden war. 1923 hatten gerade einmal gezählte 14 Personen die Beratungsstelle frequentiert, und dies vorwiegend aus Gründen der Diagnose und Therapie von Infektions- und Geschlechtskrankheiten. Auch 1924 belief sich die Besucherzahl lediglich auf 24 Personen.[610]

Diesen Misserfolg der Wiener und Grazer Eheberatungsstelle im Hinblick auf ihre eugenischen Zielsetzungen führten insbesondere die deutschnationalen bzw. deutschvölkischen Rassenhygieniker darauf zurück, dass die Teilnahme an diesen Eheberatungen auf Freiwilligkeit basierte, die sie als „Hauptschwäche" dieser Institutionen qualifizierten.[611] Tandler und Kautsky jun. hielten dagegen an den Prinzipien der Freiwilligkeit und des Verantwortungsgefühls des Einzelnen fest.[612]

Eine anders gelagerte Kritik erwuchs der Eheberatungsstelle vonseiten bürgerlich-konservativer Repräsentanten und der römisch-katholischen Kirche. Ihr wurde vorgeworfen, ihren Tätigkeitsschwerpunkt auf eine allgemeine Sexualberatung verlegt zu haben, die sexuelle Freizügigkeit begünstige und damit der Auflösung aller Familienwerte Vorschub leiste. Die Eheberatungsstelle wurde von konservativer Seite gelegentlich als „wilde Sexualberatungsstelle" oder als Einrichtung des „Sozialbolschewismus" verunglimpft.[613]

Nach den Februarkämpfen 1934 wurde die Eheberatungsstelle, die dem katholisch-autoritären Dollfuß-Regime ein Dorn im Auge war, geschlossen. 1935 erfolgte jedoch unter anderen politischen Vorzeichen eine Neueröffnung der Wiener kommunalen Eheberatungsstelle, die nunmehr unter der ärztlichen Leitung des im Oktober 1934 aus Hitlerdeutschland nach Österreich geflohenen katholischen Theologen und Gynäkologen Albert Niedermeyer[614] stand, der die Einrichtung ganz im Sinn einer katholischen Eheberatung (bzw. katholischen Sexualethik) bis 1938 weiterführte.[615]

Die Organisationsstrukturen der österreichischen Eugenik vor dem Hintergrund der politisch-weltanschaulichen Lager bis 1938

Hinsichtlich ihrer Organisationsgründungen und intellektuellen Debatten konstatiert Michael Hubenstorf für die österreichische Eugenik generell „eine deutliche Verspätung" im internationalen und insbesondere mittel- und osteuropäischen Vergleich.[616] Darüber hinaus war die österreichische Eugenik bis 1933/1934 – im Unterschied zur deutschen – entsprechend der drei politischen Lager, insbesondere der Katholiken bzw. Christlichsozialen, der Sozialdemokraten und der Deutschnationalen (bzw. später der Nationalsozialisten), institutionell aufgespalten.

Deutschnationale bzw. deutschvölkische Eugenik

Völkisch-deutschnationale Eugenik bzw. Rassenhygiene unterschied sich – nach Thomas Mayer – durch vier Merkmale von den katholischen und sozialdemokratischen Eugenik-Varianten, nämlich durch die „Bildung explizit eugenischer Vereine", einen „Familienbegriff als konzeptionellen Mittelpunkt von Ideologie und Methode", die „Betonung der ‚nordischen Rasse' und des Antisemitismus" und die „Versuche universitärer Institutionalisierung von Eugenik".[617]

Im Lager der deutschvölkisch orientierten Rassenhygieniker spielten negativ-eugenische Maßnahmen eine immer gewichtigere Rolle. Die Option einer freiwilligen eugenischen Eheberatung, wie sie Julius Tandler 1922 im Roten Wien realisiert hatte, wurde vonseiten der deutschnationalen Eugeniker zunehmend kritisiert. Vor allem in der Freiwilligkeit erblickten sie die Ursache für die Ineffizienz der sozialdemokratischen Eheberatungsstelle. In seinem Beitrag „Zeitgemäße Eugenik" von 1935 bezeichnete der deutschnationale Nobelpreisträger und Psychiater Julius Wagner-Jauregg die fakultative Eheberatung als eugenisch wertlos, bekannte sich zu dem im nationalsozialistischen Deutschen Reich eingeführten Sterilisationsgesetz (Gesetz zur Verhütung erbkranken Nachwuchses vom 14. Juli 1933) und bedauerte, dass die Realisierung eines solchen Gesetzes in Österreich noch nicht möglich sei: „Von unserem Staate aus stehen wir diesen Bestrebungen gegenwärtig als Beobachter gegenüber, denn wir leben in einem Staate mit vorwiegend katholischer Bevölkerung, und die gegenwärtige Regierung ist bestrebt, die Staatseinrichtungen mit der katholischen Lehre in Einklang zu halten."[618] Vergeblich hatte der katholische Moraltheologe Univ.-Prof. DDr. Albert Niedermeyer versucht, Wagner-Jauregg in einem persönlichen Gespräch 1935 von seiner Befürwortung der Sterilisation abzubringen.[619]

Die absolute Dominanz neodarwinistischer Positionen bzw. eines deterministischen Vererbungsverständnisses im Lager der deutschvölkischen Rassenhygiene führte dazu, dass bei ihren Protagonisten eugenische Projekte, die auf Aufklärung, Erziehung und Verantwortung des Einzelnen aufbauten, auf wachsende Ablehnung stießen und positiv-eugenische Maßnahmen an Attraktivität und Plausibilität verloren.

Der Misserfolg der Eheberatungsstelle Tandlers lieferte Rassenhygienikern wie Heinrich Reichel quasi den Beweis, dass eugenischer Erfolg letztlich nur durch Methoden der negativen Eugenik zu erreichen sei.[620] Dementsprechend wurden in den Konzepten deutschnationaler Eugeniker eben obligatorische Gesundheitszeugnisse, staatliche Eheverbote, Asylierungen oder (Zwangs-)Sterilisationen präferiert. Rudolf Polland setzte sich beispielsweise bei eugenisch unerwünschten Schwangerschaften von Prostituierten, unheilbar Geisteskranken, Kriminellen und Vergewaltigungsopfern für die Legalisierung der eugenisch indizierten Abtreibung ein.[621]

Bereits 1930 dürfte in Österreich der Sterilisation vonseiten der deutschvölkischen Rassenhygieniker eindeutig Priorität vor allen anderen zur Disposition gestellten „negativ-eugenischen Maßnahmen" eingeräumt worden sein. Thomas Mayer führt dies auf mehrere Faktoren zurück, u. a. auf „das vor allem von deutschnationaler Seite wahrgenommene Scheitern der Wiener öffentlichen Eheberatung, die Wirtschaftskrise Ende der 20er Jahre, die Finanzierungskrise des öffentlichen Gesundheitssystems und die Rezeption zunehmender Sterilisationsgesetze und -vorlagen, in vor allem protestantisch geprägten Ländern."[622]

Die deutschvölkische Eugenik manifestierte sich vor allem in den – zum Teil Geheimbundcharakter aufweisenden – akademischen Netzwerken der Oberösterreichischen (Vorsitz: Internist Richard Chiari), Grazer (Vorsitz: Dermatologe Rudolf Polland) und Wiener „Gesellschaft für Rassenpflege" bzw. Rassenhygiene (Vorsitz: Anthropologe Otto Reche, ab 1927 Alois Scholz, Professor an der Technisch-gewerblichen Bundeslehranstalt Mödling), die wiederum lokale Filialgesellschaften der „Deutschen Gesellschaft für Rassenhygiene" (DGRh) waren.[623]

Insbesondere die – u. a. von dem Anthropologen Otto Reche[624], dem Hygieniker Heinrich Reichel[625] und dem Anatomen Eduard Pernkopf[626] – 1925 gegründete „Wiener Gesellschaft für Rassenpflege" (WGR) verbreitete Grundsätze und Konzepte der radikalen Rassenhygiene, die Methoden der negativen Eugenik, darüber hinaus die Idee einer „nordischen Rasse" und einen rassistischen Antisemitismus an den Universitäten und in der Öffentlichkeit. Bereits lange vor 1938 handelte es sich bei dieser Gesellschaft um eine nationalsozialistische Tarnorganisation.[627] Daneben gab es in Wien auch noch die 1924 von Dr. Robert Körber, dem Leiter des Kulturamtes der Deutschen Studentenschaft, und dem Vorsitzenden der Deutschen Studentenschaft Fred Ebert ins Leben gerufene „Deutsche Gesellschaft für Rassenpflege", bei der es sich gemäß Statuten offiziell um eine Wiener Sektion der

DGRh handelte. Diese Organisation wies aber keinerlei wissenschaftliche Tätigkeit auf, sondern diente ausschließlich der völkisch-antisemitischen und nationalsozialistischen Propaganda, weshalb sie 1937 vereinspolizeilich aufgelöst wurde. Körber[628], der im deutschvölkisch-antisemitischen Milieu der Universität Wien eine zentrale Rolle spielte und sich zu einem fanatischen Nationalsozialisten entwickelte, und seine Organisation arbeiteten eng mit der WGR zusammen.[629]

Der Vorsitzende der WGR Otto Reche (1879–1966), der 1924 die Nachfolge Rudolf Pöchs an der Universität Wien als Ordinarius für Anthropologie und Ethnographie antrat und zum Vorstand des Instituts für Anthropologie avancierte, vertrat eine erbbiologisch begründete Rassenanthropologie und war ein wesentlicher Mitgestalter der NS-Rassenideologie.[630] Da er vom „Wert der Blutgruppenforschung für die Rassenlehre" überzeugt war, war er auch führend an der Gründung der „Deutschen Gesellschaft für Blutgruppenforschung" beteiligt und deren erster Vorsitzender.[631] Ziel dieser Gesellschaft war nach Reche, eine flächendeckende Erhebung der Blutgruppen und anderer „wichtiger Rassenmerkmale" durchzuführen, um „endlich einmal einen zuverlässigen Überblick über [die] rassische Zusammensetzung der europäischen Völker […] zu gewinnen"[632].

In der Eröffnungssitzung der WGR, die am 18. März 1925 im Festsaal der Universität Wien stattfand, referierte Reche über „Die Bedeutung der Rassenpflege für die Zukunft unseres Volkes". Darin begründete er den engen Konnex zwischen „Rassenlehre" und Rassenhygiene, wobei er „Rasse" als „Blutgemeinschaft" definierte, die er – unter Zuhilfenahme der Terminologie Weismanns – wiederum mit der „Kontinuität des Keimplasmas", der „Keimplasma-Gemeinschaft", identifizierte, worunter er das „über die Generationen vermittelte Erbgut" verstand. „Rassenreinheit" war für Reche oberstes „rassenpflegerisches Gebot", „Rassenmischung" galt ihm als das größte Übel, da diese noch mehr als die Inzucht das genetische Erbgut verschlechtern würde. Reche beklagte einerseits die „negative Auslese" des Krieges, die die „Besten" und „Tüchtigsten" vernichte, und andererseits ebenso die kontraselektorische Wirkung von Kultur, Zivilisation, Domestikation und Humanität: „Durch die fortgeschrittene Humanität, durch die Hygiene und hochstehende ärztliche Kunst werden außerdem zahlreiche Menschen am Leben und fortpflanzungsfähig erhalten, die unter natürlichen Verhältnissen ausgemerzt worden wären." Gegen die anhaltende Degeneration empfahl er die „Sanierung der Rasse" und eine „bewusste Rassenpflege" als Gegenstrategie.[633]

Reches rassenpflegerisches Maßnahmenpaket enthielt folgende Eckpunkte: eine entsprechende „Zuchtwahl"; das Verbot von Genussmitteln wie Alkohol, Nikotin, Rauschgift, Kaffee und Tee; die „Unterbindung der Vermehrung Geisteskranker" und die „Austilgung von geborenen Verbrechern" durch Sterilisationsgesetze und Eheverbote; die Verhinderung der „Rassenmischung" durch entsprechende Einwanderungsgesetze; die Förderung der „guten Erbstämme"; die Steuerbegünstigung kinderreicher Familien; die Verankerung der Rassenpflege im Schulwesen; die Bekämpfung von Landflucht und Überindustrialisierung; die Dezentralisierung der Großstädte.[634]

Reche erachtete die Errichtung einer staatlichen Aufsichtsbehörde für notwendig, die die rassenpflegerischen Maßnahmen steuern sollte. Für ihn hatte die Rassenpflege einen staatspolitischen Stellenwert: „Die Rassenpflege muß die Grundlage der gesamten Innenpolitik und auch mindestens eines Teils der Außenpolitik werden. Jedes einzelne Gesetz müßte vor dem Erlaß darauf geprüft werden, wie seine rassenpflegerischen Folgen sein werden."[635]

Aufgrund seiner Erfahrungen als Rassen- und Blutgruppenforscher und Dozent am Kriminalistischen Institut des Polizeipräsidiums in Wien entwickelte Reche das anthropologisch-erbbiologische Abstammungsgutachten, welches ab 1926 auf Vermittlung des Wiener Bezirksrichters Anton Rolleder[636] in Vaterschaftsprozessen zusammen mit anderen Methoden – wie dem Blutgruppengutachten – als „Indizien-Beweis" (Vaterschaftsgutachten) zur Anwendung gelangte. Reches nicht unumstrittene Vaterschaftsgutachten beinhalteten Wahrscheinlichkeitsaussagen, die auf Ähnlichkeitsvergleichen von Blutgruppenmerkmalen, der Haar- und Augenfarbe, der Papillarlinien der Fingerkuppen und der Formmerkmale von Kopf, Gesicht, Augen, Ohren und Nase beruhten.[637]

Mit dem Beginn der NS-Herrschaft in Österreich im März 1938 erfüllte sich die Vision Reches, und die Rassenhygiene kam in allen staatlichen Bereichen zum Durchbruch, wobei die WGR eine wichtige Vorreiterrolle gespielt hatte. Im NS-Staat erlebte die WGR – wie alle anderen deutschvölkischen eugenischen Vereine – eine wahre Blütezeit. Die nunmehrige „Ortsgruppe Wien" der Deutschen Gesellschaft für Rassenhygiene (DGRh) weitete ihre Tätigkeit auf ganz Österreich aus und zählte 1939 mit ca. 1.000 Mitgliedern zur größten DGRh-Ortsgruppe der Deutschen Gesellschaft für Rassenhygiene mit annähernd 1.000 Mitgliedern.[638]

Die WGR erwies sich – nach dem Urteil von Thomas Mayer – als „Erfüllungsgehilfin für die NS-Erb- und Rassengesetzgebung", nicht zuletzt weil sie wichtige Aufklärungsarbeit für das in Österreich seit dem 1. Jänner 1940 eingeführte NS-Sterilisationsgesetz leistete.[639] Für Wolfgang Neugebauer liegt die Bedeutung der WGR vor allem darin, „dass von der ersten Stunde an Personal für die rassenhygienische Arbeit zur Verfügung stand. Vor 1938 nur Angedachtes, Geplantes oder Intendiertes konnte nun mit dem Instrument der staatlichen Gesundheits- und Sozialpolitik eines totalitären Regimes in die Wirklichkeit umgesetzt werden, erfassten flächendeckend die gesamte Bevölkerung und das ganze Land und kulminierten in beispiellosen Verbrechen".[640]

Katholische Eugenik

Im Gegensatz zu den deutschvölkischen Rassenhygienikern vollzogen die katholischen Eugeniker die Radikalisierung zur „negativen Eugenik" nicht mit. Die Grundwerte der katholischen Religion wie Nächstenliebe, christliches Mitleid oder die bedingungslose Bejahung des menschlichen Lebens erschwerten grundsätzlich das Eindringen eugenischer Postulate in das katholische Milieu. Das katholische Lager blieb in seiner überwältigenden Mehrheit gegenüber den Forderungen der negativen Eugenik defensiv eingestellt.[641] Die eugenische Sterilisation wurde ebenso wie der eugenisch indizierte Schwangerschaftsabbruch dezidiert abgelehnt. Die sozialdemokratische Eheberatung wurde aufgrund ihrer Sexualberatung als Gefahr für die Intaktheit der katholischen Familienwerte wahrgenommen. Die Amtskirche propagierte demgegenüber die katholische Sexualethik als „bessere Eugenik".[642]

Dennoch gab es vereinzelte katholische Eugeniker wie die deutschen Theologen Joseph Mayer (1886–1967) und Hermann Muckermann (1877–1962), die für eine selektionistische Eugenik eintraten und die Forderung nach einer gesetzlich geregelten (Zwangs-)Sterilisation erhoben.[643]

Der Caritasfunktionär und Moraltheologe Mayer bemühte sich, die sittliche Erlaubtheit der Sterilisation moraltheologisch zu begründen.[644] Für Mayer hatten „Geisteskranke, die moralisch Irren und andere Minderwertige […] so wenig ein Recht, Kinder zu erzeugen, als sie ein Recht haben, Brand zu stiften."[645]

Muckermann, der Biologe und Jesuit war, ging es um eine „Assimilierung der Eugenik im Katholizismus". Er engagierte sich im rassenhygienischen Diskurs, wurde 1922 Mitglied der DGRh und 1927 Abteilungsleiter für Eugenik am Kaiser-Wilhelm-Institut für Anthropologie. „Erbgesunde" waren seiner Ansicht nach staatlich durch positive eugenische Maßnahmen zu fördern, für „Erbkranke" sah er dagegen die Asylierung oder Sterilisation vor.[646] Muckermann war äußerst erfolgreich darin, eugenische Themen durch Vorträge und Publikationen in der Öffentlichkeit zu popularisieren, weshalb er von vielen Eugenikern geschätzt wurde. Enge Kontakte unterhielt Muckermann auch mit Heinrich Reichel. Im Rahmen einer Vortragsreihe von Reichel referierte Muckermann über die „Grundlagen der Vererbungswissenschaft" in der von der Österreichischen Gesellschaft für Volksgesundheit organisierten „Stunde der Volksgesundheit", die 1930 vom damaligen österreichischen Rundfunk, der RAVAG, ausgestrahlt wurde.[647]

Nach der NS-Machtergreifung in Deutschland näherte sich Muckermann dem Nationalsozialismus an und akzeptierte ideologische Grundpositionen wie die nordische Rassentheorie und den Antisemitismus. 1934 warnte er in seinem „Grundriß der Rassenkunde" vor Ehen mit „Fremdrassigen", insbesondere Juden: „Man berufe sich nicht auf die Taufe, die aus einem Juden einen Christen macht. Die Taufe [...] ändert niemals sein Erbgefüge."[648]

Für die katholische Eugenik wurde letztlich die von Papst Pius XI. am 31. Dezember 1930 veröffentlichte Eheenzyklika „Casti connubii" richtungsweisend, die unter Berufung auf die körperliche Integrität des Menschen die Maßnahmen negativer Eugenik (Abtreibung, Sterilisation, Euthanasie) grundsätzlich verwarf und nur einige positive eugenische Maßnahmen wie Aufklärung, Aufzeigen der Verantwortung und ärztliche Eheberatung erlaubte. Die Enzyklika bedeutete für die deutschen katholischen Eugeniker wie Joseph Mayer oder Hermann Muckermann einen Rückschlag, da sie katholische Eugenik auf eine positive Eugenik beschränkte, die nur über sozial- und familienpolitische Maßnahmen umgesetzt werden konnte.[649]

Katholische Eugenik trat in Österreich in organisierter Form erst mit der 1932 gegründeten „St. Lukas Gilde" (die nicht ausschließlich ein eugenischer Verein war), der katholischen Ärzteschaft bzw. im Verband „Österreichischer Familienschutz" in Erscheinung. Von 1932 bis 1938 wurden von diesen Organisationen hauptsächlich Konzepte einer positiven Eugenik (Fürsorgemaßnahmen etc.) im Kontext der christlichen Sozial- und Familienpolitik entwickelt, die im Wesentlichen den Standpunkt der katholischen Sexualmoral vertrat.[650]

Medizinisch-katholische Eugeniker verbanden katholische Sittlichkeits- und Moralvorstellungen mit eugenischen Ideen. Sie bedienten sich ebenso einer sozialdarwinistischen Terminologie („Minderwertige" etc.) wie einer erbbiologischen Argumentation. Nach ihrer Auffassung bildeten insbesondere Alkohol, ein „zügelloses Sexualleben" und die Geschlechtskrankheiten erbschädigende Faktoren, die Kriminalität, psychische Krankheiten und „moralischen Schwachsinn" nach sich ziehen würden. Diesen „degenerativen Auswüchsen" sollte mit einer Rückbesinnung auf katholische Werte und einer Orientierung an der Sittlichkeit entgegengewirkt werden.[651] Einzelne katholisch-eugenische Mediziner, wie der Pädiater und Mitbegründer der „St. Lukas Gilde" Herbert Orel, der erbbiologische Untersuchungen zu Verwandtenehen in der Erzdiözese Wien durchgeführt hatte, geriet in den 1930er Jahren – vor allem auf der sprachlichen Ebene – vermehrt in den Einfluss der NS-Rassenhygiene, seine ablehnende Haltung gegenüber der Sterilisation und des Schwangerschaftsabbruchs behielt er jedoch bei.[652]

Auf der Tagung der „St. Lukas Gilde", die im Jänner 1934 unter dem Motto „Die Stellung der Familie in Volk und Staat" stattfand, skizzierte Orel vor hohen Politikern und weltlichen sowie kirchlichen Würdenträgern des Ständestaates seine eugenischen Visionen. Neben grundsätzlichen Ausführungen zur Vereinbarkeit von kirchlicher Lehre und Eugenik gab er zu bedenken, dass „soziologisch weniger erfreuliche" Bevölkerungsgruppen eine „differenzierte Fürsorge" benötigten, und pries die „guten, alten Zeiten", in denen noch eine wirkungsvolle Eugenik betrieben worden sei, wobei eine „rücksichtslose Justiz", die „Hexenverbrennungen" und die „Flucht übler Subjekte nach Amerika" zur Befreiung des Landes von den „Minderwertigen" beigetragen hätten.[653]

Unmittelbar nach der Familientagung wurden der Regierung Resolutionen übergeben, die Forderungen u. a. nach einer Einführung von Ehegesundheitszeugnissen, der Verankerung eines Unterrichtsfaches Eugenik in der Schule, nach Eheverboten für Verwandte und Geschlechtskranke sowie nach einer Schaffung konfessioneller Eheberatungsstellen beinhalteten. Die Neueröffnung der nunmehr von Albert Niedermeyer nach pastoralen Gesichtspunkten geleiteten Wiener Eheberatungsstelle im Sommer 1935 entsprach somit einer Kernforderung der katholischen Eugenik.[654]

Sozialdemokratische Eugenik

Die sozialdemokratische Eugenik wurde in Österreich von einzelnen maßgebenden Persönlichkeiten repräsentiert. Im Gegensatz zu den deutschvölkischen Rassenhygienikern formierten sich die sozialdemokratischen Eugeniker nicht in einer explizit eugenischen, parteiinternen Vereinsstruktur. Einzelne von ihnen – wie Julius Tandler oder Karl Kautsky jun. – gehörten zwar dem Österreichischen Bund für Volksaufartung und Erbkunde

(ÖBVE)⁶⁵⁵ an, der seit 1931 unter der Leitung des Nobelpreisträgers und deutschnationalen Psychiaters Julius Wagner-Jauregg stand, doch spiegelte sich in der Mitgliederstruktur des Vereins die gesamte politisch-weltanschauliche Bandbreite – freilich in unterschiedlicher Gewichtung – der damaligen Zeit. An der Gründung des ÖBVE 1928 waren übrigens Mitglieder des medizinischen Beraterkreises von Bundespräsident Michael Hainisch, der persönlich sehr an eugenischen Fragen interessiert war und 1909 der Internationalen Gesellschaft für Rassenhygiene beigetreten war, führend beteiligt gewesen.⁶⁵⁶

In den Reihen des ÖBVE fanden sich deutschnationale, sozialdemokratische, (mit diesen undifferenziert oft in einen Topf geworfene) jüdisch bürgerlich-liberale sowie christlichsoziale Mediziner und zwei Repräsentanten der WGR.⁶⁵⁷ Aufgrund seiner politisch heterogenen Zusammensetzung lassen sich allein von der Tätigkeit des Vereins, die auf Breitenwirksamkeit und Popularisierung von „Maßnahmen zur Volksgesundheit"⁶⁵⁸ ausgerichtet war, nur schwerlich konkrete Rückschlüsse auf die einzelnen eugenischen Positionen seiner Mitglieder ziehen.

Aufgrund seines parteiübergreifenden Charakters positionierte sich der ÖBVE insgesamt wie sein deutscher Namensvetter „Deutscher Bund für Volksaufartung" eher in Richtung einer gemäßigteren Eugenik-Variante.⁶⁵⁹ Doch exponierte er sich gelegentlich auch öffentlich für Maßnahmen der negativen Eugenik: So richtete der ÖBVE 1929 beispielsweise eine – auch von Tandler mitgetragene – Petition an den Nationalrat, in der er eine Änderung des Strafrechts im Sinn der Einführung einer freiwilligen, eugenischen Sterilisation urgierte, die aber im katholisch geprägten Österreich politisch ohne Konsequenzen blieb.⁶⁶⁰

Dass Tandler diese gesetzliche Petition mitunterstützte, zeigt einmal mehr seine ambivalente Haltung gegenüber der negativen Eugenik. Zwar favorisierte er aufgrund seiner konditionshygienischen Überlegungen grundsätzlich Maßnahmen der positiven Eugenik, mit seinem konstitutionsbiologischen Ansatz hatte er aber auch stets die Sterilisation als eugenische Methode erwogen, deren Praktizierung er allerdings nur mit Einschränkungen (zurückhaltende Anwendung, vorangehende Aufklärung und Zustimmung des betroffenen Personenkreises) realisiert wissen wollte.⁶⁶¹ Seine Unterstützung der ÖBVE-Petition ist vor allem auch vor dem Hintergrund des Scheiterns der Eheberatungsstelle in Wien zu sehen, was ihn vermutlich – dem Trend der österreichischen Eugenik folgend – dazu veranlasste, sich deklaratorisch für die Einführung eines Sterilisationsgesetzes zu engagieren. Seine

Überzeugung, dass eine Sterilisation nur auf freiwilliger Basis geschehen dürfe, revidierte er jedoch zeitlebens nicht.[662]

Nach 1933/1934 änderte sich die personelle Zusammensetzung des ÖBVE: Immer mehr sozialdemokratische Ärzte, die gesundheitspolitische Ämter innehatten, verloren während der Regierungsdiktatur Dollfuß/Schuschnigg aufgrund ihrer politischen Gesinnung ihre berufliche Stellung. Angesichts der politischen Entwicklung schieden ebenso die deutschnationalen Vertreter aus dem ÖBVE aus. Unter dem zunehmenden Einfluss des Konstitutionspathologen Julius Bauer[663] beschäftigte sich der Verein zuletzt fast zur Gänze mit genetischer Grundlagenforschung.[664]

Im Lager der sozialdemokratischen Eugenik gab es eigentlich nur einen nennenswerten Vertreter, der die neolamarckistische Grundpositionierung von Julius Tandler, Paul Kammerer, Rudolf Goldscheid, Karl Kautsky jun. und Rudolf Wlassak ablehnte und sich stattdessen zu einem deterministischen Erbverständnis im Sinn des Neodarwinismus bekannte, nämlich den Kinderarzt und Juristen Felix Tietze (1883–1960)[665]. Seine abweichende Haltung konstituierte für ihn eine gewisse Außenseiterrolle unter den sozialdemokratischen Eugenikern, die aber auch durch seinen späten Beitritt zur Sozialdemokratischen Arbeiterpartei Anfang der 1930er Jahre vorgezeichnet war. Aufgrund seiner jüdischen Herkunft hatte er mit Anfeindungen gerade seitens seiner neodarwinistisch orientierten Kollegen zu rechnen, die politisch mehrheitlich völkisch-deutschnational und antisemitisch eingestellt waren.[666]

Tietze nahm eine differenzierte eugenische Position ein: So lehnte er aus Kostengründen die Methode der Asylierung grundsätzlich ab. Er trat zwar für die Sterilisation von „Schwachsinnigen", Schizophrenen und Psychopathen ein, betonte aber – ähnlich wie Tandler – die Notwendigkeit weiterer genetischer Forschung, um eugenische Sterilisationen rechtfertigen zu können. Im Kontrast zu Tandler und Wagner-Jauregg hielt er die Sterilisation von Kriminellen nicht für zielführend, da er die Kriminalität nicht als erblich bedingt ansah. Seine Präferenz ging generell in Richtung negativ-eugenischer Maßnahmen, da nur diese – seiner Ansicht nach – einen unmittelbaren und effektiven Eingriff zur genetischen Verbesserung der Gesellschaft ermöglichen.[667]

Neben Heinrich Reichel war Tietze übrigens der zweite österreichische Vertreter (als Sekretär des ÖBVE) in der „International Federation of Eugenic Organizations" (IFEO). Tietzes Pläne, sich an der Universität Wien für Sozial- bzw. Rassenhygiene zu habilitieren, wurden vermutlich von Heinrich

Reichel durchkreuzt. Wegen seiner Befürwortung der Sterilisation war er 1934 im sogenannten Grazer Sterilisationsprozess[668] mitangeklagt. Im März 1938 musste Tietze vor den Nationalsozialisten nach England flüchten, wo er 1942 Mitglied des Royal College of Surgeons und des Royal College of Physicians wurde. Nach 1943 war er u. a. in einem psychiatrischen Krankenhaus in Plymouth tätig. Er starb 1960 in London.[669]

Die Repräsentanten der sozialdemokratischen Eugenik waren in den 1920er Jahren auch an der Diskussion über die Legalisierung der Abtreibung, die sie befürworteten, beteiligt, wobei für sie die Abtreibung als eugenische Maßnahme gegenüber der sozialpolitischen Dimension der Frage eher eine untergeordnete Rolle spielte.[670] Im Vergleich dazu positionierten sich die katholischen Eugeniker als grundsätzliche Gegner der Abtreibung. Der Mainstream der deutschvölkisch orientierten Rassenhygieniker lehnte eine generelle Freigabe der Abtreibung u. a. mit der Begründung ab, dass diese eine staatliche Lenkung einer rational-eugenisch ausgerichteten Geburtenkontrolle verhindern würde. Vonseiten deutschvölkischer Rassenhygieniker wurde hingegen gelegentlich eine eugenisch-indizierte Zwangsabtreibung ventiliert, wie sie etwa vom Vorsitzenden der Grazer Gesellschaft für Rassenhygiene Rudolf Polland vertreten wurde. Diese Option sollte vor allem Personengruppen (u. a. Prostituierten, Geisteskranken, Kriminellen, Vergewaltigungsopfern) betreffen, bei denen „nach den Vererbungsregeln" höchstwahrscheinlich „minderwertiger Nachwuchs" zu erwarten sei.[671]

Der Kampf gegen das restriktive Abtreibungsgesetz (die §§ 144-148 StG)[672], das für die „Abtreibung der eigenen Leibesfrucht" (Unterbrechung der Schwangerschaft) schwere Kerkerstrafen vorsah, nahm in der österreichischen Sozialdemokratie einen zentralen Stellenwert ein. Die Initiative für eine Reform des Abtreibungsgesetzes ging primär von der sozialdemokratischen Frauenbewegung aus, wobei die markanten SDAP-Politikerinnen Therese Schlesinger, Adelheid Popp, Gabriele Proft, Anna Boschek, Amalie Seidel, Emmy Freundlich oder Marie Emhart in dieser Frage eine wichtige Rolle spielten. Diese Forderung zählte zum Kernprogramm sozialdemokratischer Frauenpolitik, deren Hauptziel die volle Gleichstellung der Frauen in rechtlicher, sozialer und politischer Hinsicht war.[673]

Innerhalb der SDAP dürfte weitgehend Konsens darüber bestanden haben, dass die geltenden strafrechtlichen Bestimmungen des Abtreibungsgesetzes reformbedürftig waren, Meinungsverschiedenheiten existierten aber hinsichtlich der Frage, „was an die Stelle des § 144 treten soll bzw. ob überhaupt

Das Plakat der Sozialdemokratischen Arbeiterpartei: „Der neue Paragraph 144 im neuen Strafgesetz", wurde im Wiener Bezirk Favoriten mit einem Aufruf an die Frauen, dem Vortrag von Stadtrat Prof. Tandler beizuwohnen, 1927 veröffentlicht.

etwas an seine Stelle treten muss".[674] Auf den sozialdemokratischen Frauenreichskonferenzen 1919 und 1920 erhob Johann Ferch, der Vorsitzende des „Bundes gegen den Mutterschaftszwang", im Sinne einer Fristenlösung die Forderung, dass Abtreibung bis zum dritten Schwangerschaftsmonat straffrei gestellt werden solle. 1920 verabschiedete die Frauenreichskonferenz eine Resolution zur Abänderung der §§ 144-148 StG im Sinn einer Fristen- und Indikationenlösung[675].

Entsprechende Anträge auf Änderung des Strafgesetzes brachten die Abgeordneten Adelheid Popp und Gabriele Proft 1920, 1923, 1927 und 1932 im Nationalrat ein, die jedoch von der Parlamentsmehrheit der christlichsozialen und deutschnationalen Abgeordneten jeweils abgelehnt wurden.

Zwar entschied 1922 der Oberste Gerichtshof unter Berufung auf die allgemeine Notstandsbestimmung des Strafgesetzes (§ 2 lit. g StG), dass der Abbruch der Schwangerschaft straffrei bleibe, wenn er zur Abwendung einer Gefahr für das Leben der Schwangeren vorgenommen werde. Eine explizite medizinische Indikationsregelung wurde dennoch nicht ins österreichische Strafrecht aufgenommen.[676]

Die Praxis der einschlägigen Rechtsprechung bewegte sich somit im rechtlichen Graubereich. So lag es im Ermessen des einzelnen Richters, ob er im Fall einer offensichtlichen Notlage die allgemeine Notstandsbestimmung des Strafgesetzes zur Anwendung brachte, wonach eine Handlung dann kein Verbrechen darstelle, „wenn die Tat durch unwiderstehlichen Zwang oder in Ausübung gerechter Notwehr" erfolgte (§ 2 lit. g StG) bzw. „wenn ein solcher Irrtum mit unterlief, der ein Verbrechen in der Handlung nicht erkennen" ließ (§ 2 lit. e StG).[677] Hardliner wie der Generalprokurator des Obersten Gerichtshofes und Professor für Kriminologie Dr. Erwein Höpler (von Hermingen), die in Bezug auf die Abtreibung für eine rigorose Strafverfolgung eintraten, waren allerdings davon überzeugt, dass die Berufung auf eine Notstandshandlung meist als Vorwand für die Aushebelung des § 144 StG missbraucht werde. 1923 erließ Höpler eine Weisung, die Krankenhäuser und Ärzte dazu verpflichten sollte, bereits beim geringsten Verdacht auf einen Verstoß gegen die §§ 144-148 StG eine Meldung bzw. Anzeige zu erstatten.[678]

Aus dieser grundlegenden Rechtsunsicherheit vermochten eigentlich nur wohlhabendere Frauen – wie Maria Mesner ausführt – einen Vorteil zu ziehen: „Diese hatten im Fall einer ungewollten Schwangerschaft eher als arme Frauen die Möglichkeit, zu einem Arzt zu gehen, sich eine Gesundheitsgefährdung attestieren und dann einen Abbruch durchführen zu lassen – in einem Krankenhaus, in einer Arztpraxis, in einem Sanatorium, mitunter auch in einer Privatwohnung. Es gab keine klaren gesetzlichen Regelungen, welche konkreten Notsituationen einen Abbruch rechtfertigten."[679] Frauen, die nicht über die entsprechenden finanziellen Ressourcen verfügten, blieb nur die Option, sich in die Hände von Hebammen bzw. „Engelmacherinnen" zu begeben und großer Gefahr für Leib und Leben auszusetzen.[680]

Für eine Reform des § 144 StG traten einzelne ExponentInnen des linken Parteiflügels ebenso ein wie VertreterInnen von Vorfeldorganisationen, beispielsweise der „Vereinigung Sozialdemokratischer Ärzte". Eine Unterstützung erhielten die sozialdemokratischen Reformbemühungen auch durch die Aktivitäten des bereits erwähnten „Bundes gegen den Mutterschaftszwang" und der 1928 gegründeten „Sozialistischen Gesellschaft für Sexualberatung und Sexualforschung".[681]

Auf der Tagung des 4. Kongresses der Weltliga für Sexualreform, der im September 1930 in Wien stattfand, erklärte Adelheid Popp in ihrem Referat „Geburtenregelung und Menschenökonomie" den kriegsbedingten Geburtenrückgang als „Gebärstreik" der Mütter, „als Protest gegen Militarismus und Kapitalismus". Der Krieg habe zu einem Gesinnungswandel bei den Proletarierfrauen geführt, die früher eine Vielzahl an Kindern zur Welt brachten, nun aber keine Kinder mehr gebären wollten, „um sie am ‚Altar des Vaterlandes', am ‚Schlachtfeld der Ehre' verstümmeln, morden oder hinschlachten zu lassen". Popp plädierte dafür, im Interesse der verzweifelten Frauen, die keine Alternative zur Abtreibung hätten, „nicht nur die medizinische und eugenische, sondern auch die soziale Indikation […] im Gesetze zu verankern." Die Unterbrechung der unerwünschten Schwangerschaft sollte nicht mehr heimlich und mit einem erheblichen Gesundheitsrisiko von unqualifizierten Hebammen durchgeführt werden müssen, sondern legal „in Krankenanstalten oder durch besonders bestellte Krankenkassenärzte" erfolgen können.[682]

Die Vertreter der sozialdemokratischen Eugenik setzten sich mit der Frage der (eugenisch indizierten) Abtreibung nicht nur im bevölkerungspolitischen Diskurs auseinander, sondern leisteten auch einen entscheidenden Beitrag zur innerparteilichen Abtreibungsdiskussion. Besondere Relevanz erhielt die Diskussion vor dem Hintergrund der seit 1922 in Gang befindlichen österreichischen Strafrechtsreform, die eine Angleichung bzw. Vereinheitlichung des Strafrechts mit dem Deutschen Reich zum Ziel hatte.[683] Im Kontext der Strafrechtsreform bezogen die wichtigsten sozialdemokratischen Eugeniker, Tandler und Kautsky jun., eine eindeutige Position.

In seinem Beitrag „Mutterschaftszwang und Bevölkerungspolitik" aus dem Jahr 1924 warnte Tandler zunächst vor einer „schrankenlosen" Anwendung des Abortus, die er aus bevölkerungspolitischer und klassenkämpferischer Perspektive ablehne. Zur Untermauerung seiner Position zitierte er zwei Sätze Otto Bauers: „Der einzelne Arbeiter mag ja behaglicher leben, wenn er weniger Kinder zu betreuen hat. Aber die ganze Arbeiterklasse kann ihr Ziel nicht erreichen, sie kann die Fesseln des Kapitalismus nicht brechen, wenn sie ihre Zahl nicht vermehrt."[684] Tandler sprach sich aber letztlich für eine medizinische, eugenische und soziale Indikation aus.

Die Notwendigkeit der medizinischen Indikation stand für ihn außer Streit. Die eugenische Indikation spielte für Tandler „vorderhand praktisch keine besondere Rolle". Diese „wäre aber von hohem bevölkerungspolitischen Interesse, wenn die wissenschaftlichen Grundlagen der Eugenik besser ausgebaut wären, als dies augenblicklich der Fall ist."[685]

Die soziale Indikation verteidigte er unter Berufung auf Untersuchungen des Sozialmediziners Sigismund Peller gegen die Vorwürfe des katholisch gesinnten Ministerialdirektors im deutschen Reichsjustizministerium Dr. Ernst Schäfer (1882–1945), wonach die soziale Indikation vor allem die persönlichen Wünsche (etwa nach körperlicher Schönheit), Bequemlichkeiten und den Leichtsinn der schwangeren Frauen berücksichtige: „Wer diese proletarischen Familien mit ihrem Kinderreichtum kennt, wer die abgerackerten, in der Fabriksarbeit und in der Hausarbeit erschöpften Frauen gesehen hat, wird kaum der Meinung sein können, daß hier Leichtsinn die Triebfeder der Fruchtabtreibung ist."[686] An die soziale Indikation reihte Tandler aber auch Fälle, denen gesellschaftliche Beweggründe zugrunde liegen, wie „Notzucht, Schändung und Blutschande", für die er ebenso eine Indikationslösung forderte.[687]

Tandler räumte jeder schwangeren Frau das Recht ein, eine „soziale Indikation zu verlangen". Über die Indikationsstellung sollte jedoch eine Kommission entscheiden, die „unter dem Vorsitz eines Richters […] aus einem Arzt, einer Frau, einem Anwalt des Embryo und einem gewählten Vertreter der Gesellschaft" bestehen sollte.[688] Tandler empfahl, eine solche Kommission beim Sitz eines jeden Bezirksgerichts einzurichten. Als Grundlage der Entscheidung sollten der Kommission zwei Gutachten von Sachverständigen dienen. Eine Berufungsmöglichkeit gegen die Entscheidungen der Kommission war in Form eines „Appellationsverfahrens" vor einem eigenen „Appellationshof" vorgesehen. Die Durchführung des Abortus würde von einem freiwählbaren Arzt oder in einem öffentlichen Krankenhaus erfolgen.[689]

Die Zahl der Schwangerschaftsunterbrechungen wollte Tandler von vornherein durch einen weiteren Ausbau der Schwangerenfürsorge und sozialpolitische Maßnahmen eindämmen. Tandler betrachtete den menschlichen Embryo als einen „Teil der Gesellschaft und nicht [als] Eigentum der Mutter".[690] In diesem Sinn sprach er sich gegen eine absolute Freigabe der Schwangerschaftsunterbrechung aus, weil dies bedeuten würde, „der menschlichen Gesellschaft jeglichen Einfluß auf die Reproduktion zu nehmen, die Existenz der Gesellschaft von dem Gutdünken der einzelnen abhängig zu machen".[691]

Für Tandler war die Frage der Reform des Abtreibungsgesetzes in sozialer, gesellschaftlicher, bevölkerungspolitischer und eugenischer Hinsicht mit einem erzieherischen Anliegen verbunden, welches an das Verantwortungsgefühl des Einzelnen appellierte: „Wenn in dem Kampfe zwischen dem eigenen Egoismus und dem Altruismus, wenn in der Schwebe zwischen Individualismus und Kollektivismus einmal die Majorität der Menschen dahin gekommen sein wird, nicht nur ihre gesellschaftlichen Rechte zu beanspruchen, sondern ihre Pflichten gegenüber der Gesellschaft zu erfüllen, dann wird der § 144, in welcher Fassung immer er bestehen möge, sicher überflüssig sein, dann werden aber auch die Bedingungen für die Existenz der menschlichen Gesellschaft andere sein."[692]

Für eine Schwangerschaftsunterbrechung im Sinn einer medizinischen, eugenischen und sozialen Indikation argumentierte auch Karl Kautsky jun., der Leiter der Wiener Eheberatungsstelle. Seiner Meinung nach hatte der § 144 nicht zu einer Verringerung der Schwangerschaftsabbrüche geführt, sondern eher das „Pfuscherunwesen" befördert, das für die unsachgemäß behandelten Frauen oftmals ein jahrelanges Siechtum oder einen qualvollen Tod zur Folge hatte.[693]

Der Sozialmediziner Sigismund Peller erhob hingegen die komplette Abschaffung des Abtreibungsgesetzes zur Forderung, „in der man sich auf keine Kompromisse einlassen darf". Peller bewies eine realistische Einschätzung, wenn er feststellte, dass dieses Ziel „jedoch mit Rücksicht auf die herrschenden politischen Verhältnisse, mit Rücksicht auf die religiösen Bindungen wie auf die nationalistischen Strömungen nicht so bald zu verwirklichen" sei.[694] Er verwies darauf, dass dem Abortus in der bevölkerungspolitischen Diskussion viel zu große Bedeutung beim Zustandekommen des Geburtsausfalls zugeschrieben werde.

Der Kampf gegen den Abortus auf dem Wege des Gesetzes (§ 144 StG) könne deshalb zu keinem Resultat führen. Peller bezeichnete das Gesetz als

„grausam, gesundheitsgefährlich, sozial ungerecht, zur Erfüllung der ihm gestellten Aufgabe unfähig und absurd".[695] Bis zur endgültigen Beseitigung des Gesetzes sollen sozialpolitische und sozialmedizinische Maßnahmen – u. a. eine intensive Aufklärung über Gefahren und ihre Vermeidung, ein Ausbau der sozialpolitischen Gesetzgebung sowie eine Ausdehnung der Spitalsbehandlung zur Vermeidung und Behandlung der Spätfolgen einer Abtreibung – die Not der Abortierenden lindern.[696]

Schließlich wurde die Frage der Reform des § 144 StG auch auf dem Linzer Parteitag 1926 behandelt, wobei es zu heftigen Diskussionen über verschiedene Optionen und Alternativen kam. Der von Otto Bauer erzielte Kompromiss entsprach im Wesentlichen der Position Julius Tandlers, die schließlich Eingang in das Linzer Parteiprogramm fand.[697] Darin war fortan die Forderung nach einer medizinischen, eugenischen und sozialen Indikationenregelung festgeschrieben. Allerdings wurde die Abtreibung insgesamt negativ gewertet, sie sei jedoch nicht durch Strafe, sondern durch „Beratung und soziale Fürsorge" zu bekämpfen. Die Straffreiheit sollte an die Durchführung durch ärztliches Personal in einer öffentlichen Heilanstalt gebunden sein. Über die eugenische und medizinische Indikation hätten ÄrztInnen zu befinden, die Entscheidung über die soziale Indikation fiele in die Kompetenz der „öffentlichen Fürsorge". Darüber hinaus sollte die Abtreibung unentgeltlich erfolgen.[698]

In den österreichischen Strafgesetzentwurf von 1927, der in einem Sonderausschuss des Nationalrats beraten wurde, in dem die Mandatare der Seipelschen Koalitionsregierung aus Christlichsozialen, Großdeutschen und Landbund über die Stimmenmehrheit verfügten, fand letztlich in Bezug auf die beabsichtigte Reform des § 144 StG nur die medizinische Indikation Eingang. Aufgrund des Scheiterns der deutsch-österreichischen Verhandlungen zur Strafrechtsreform blieb der österreichische Strafgesetzentwurf von 1927 Makulatur, er wurde vom Nationalrat nicht als Gesetz beschlossen.[699]

Eugenik – ein Phänomen der Moderne

Wie sehr Eugenik aber auch außerhalb des engeren wissenschaftlichen Diskurses und fernab des weltanschaulich-ideologisch geprägten eugenischen Organisationsrahmens als Bestandteil des damaligen progressiven Zeitgeistes begriffen wurde, wird anhand zweier prominenter jüdischer linker

Intellektueller deutlich, die eugenischen Fragestellungen und Argumenten nicht nur Interesse, sondern auch Sympathie entgegenbrachten.

So schrieb etwa Otto Neurath – seines Zeichens Nationalökonom, Sozialreformer, Mitbegründer des Wiener Kreises, Erfinder der Wiener Methode der Bildstatistik und Direktor des Wiener Gesellschafts- und Wirtschaftsmuseums – zusammen mit seiner Frau, der Nationalökonomin und Frauenrechtlerin Anna Schapire-Neurath, in der Einleitung des 1910 auf Deutsch in Leipzig erschienenen Werks von Francis Galton „Genie und Vererbung" (engl. Originalausgabe: „Hereditary Genius", London 1869): „Wer mit offenem Auge die Entwicklung der Zukunft vorauszuschauen versucht, sieht als die größten Probleme, welche die Menschheit in immer stärkerer Weise bewegen werden, die Verbesserung der sozialen Ordnung und die Verbesserung unserer Rasse, zwei Ziele, die eng miteinander zusammenhängen. Der Ruhm aber, in entscheidendem Maße die Bewegung für die systematische Verbesserung der Rasse in unserem Zeitalter eingeleitet zu haben, gebührt Francis Galton und seiner Eugenik."[700]

In ähnlicher Weise beschäftigten den jüdischen Schriftsteller und Journalisten Arthur Koestler[701] Fragen der Eugenik, Vererbungslehre und des Lamarckismus Paul Kammerers.[702] Diese Beispiele weisen darauf hin, dass die aufstrebende Wissenschaft der Eugenik und der Sozialismus gleichermaßen als Phänomene der Moderne, als Projekte der Aufklärung und des Fortschritts mit einem ungetrübten Optimismus wahrgenommen wurden.

In diesem Zusammenhang sei nur kurz auf die Tatsache verwiesen, dass auch in anderen europäischen und außereuropäischen Staaten – in den skandinavischen Ländern, England, der Schweiz oder in den USA – eugenische Diskurse stattfanden und zumindest zeitweise eine Umsetzung eugenischer Programme – wie beispielsweise der Sterilisation – in die Praxis erfolgte.[703]

Als Sympathisanten eugenischer Vorstellungen und Ideen traten auch dort Intellektuelle aus den unterschiedlichsten politischen und sozialen Lagern auf. So verschiedenartige Persönlichkeiten wie der Schriftsteller George Bernard Shaw, der Labour-Politiker und Ökonom Harold Laski, die Sozialreformerin Beatrice Webb oder der konservative Politiker Winston Churchill vertraten in der Frage der Eugenik einen befürwortenden Standpunkt.[704] Der linksliberale Nationalökonom John Maynard Keynes dürfte hingegen der British Eugenics Society wiederum mehr als „Aushängeschild" gedient haben.[705]

Resümee: War Tandler ideologischer Wegbereiter der NS-Massenvernichtung von sogenanntem „lebensunwerten Leben"?

Wie ist Julius Tandler vor dem Hintergrund der hier differenziert dargelegten Entwicklung der Eugenik, insbesondere der sozialdemokratischen Eugenik, in Deutschland und Österreich zu beurteilen? Wie sind seine menschenverachtenden bevölkerungspolitischen Aussagen in seinen wissenschaftlichen Schriften und seinen politischen Reden im Wiener Gemeinderat zu bewerten? Wie war sein Verhältnis als Naturwissenschafter und Politiker zu Eugenik, Rassenhygiene und „Euthanasie"? War er gar ein ideologischer Wegbereiter der NS-Massenvernichtung von sogenanntem „lebensunwerten Leben", wie gelegentlich von politischer Seite behauptet wird?

Zunächst einmal muss festgehalten werden, dass die österreichische sozialdemokratische Eugenik nicht unter denselben dominierenden Einfluss der radikalen (deutschvölkischen bzw. späteren nationalsozialistischen) Rassenhygiene geriet, wie dies bei den deutschen sozialdemokratischen Eugenikern bzw. Sozialhygienikern in der Weimarer Republik der Fall war. Deshalb hatten radikale negative eugenische Konzepte und Positionen für die österreichischen sozialdemokratischen Eugeniker nicht annähernd die Bedeutung, die sie für ihre deutschen Kollegen hatten. Positive Eugenik-Konzepte, die auf eine Förderung der bevölkerungspolitisch als „wertvoll" eingestuften Mitglieder der Gesellschaft abzielten, nahmen aufseiten der österreichischen sozialdemokratischen Eugenik einen deutlich höheren Stellenwert ein als negative eugenische Programme.

Diese markante Diskrepanz ist zunächst dem Umstand geschuldet, dass in der österreichischen und deutschen sozialdemokratischen Eugenik in medizin- bzw. naturwissenschaftlicher Hinsicht verschiedene paradigmatische Voraussetzungen gegeben waren.

Bei den österreichischen sozialdemokratischen Eugenikern – insbesondere bei Tandler und Kammerer – war die Konstitutionslehre (Vererbung von Konstitutionsanomalien) zur Leitwissenschaft für ihre eugenischen Vorstellungen und Sichtweisen geworden. Dieser konstitutionsbiologische Ansatz begünstigte in Verbindung mit ihrem Neolamarckismus (Vererbung erworbener Eigenschaften) die Entwicklung des in Wien umgesetzten sozialmedizinischen Reformwerks. Tandler, Kammerer und Goldscheid waren überzeugte Neolamarckisten. Als solche waren sie spätestens in der zweiten Hälfte der 1920er Jahre vom Mainstream der neodarwinistisch orientierten (deutschvölkischen) Eugeniker bzw. Rassenhygieniker auch in Wien marginalisiert.

Dagegen spielten in der deutschen sozialdemokratischen Eugenik der 1920er Jahre konstitutionsbiologische oder neolamarckistische Positionen kaum eine Rolle. In Deutschland stand die Medizin insgesamt unter dem Dogma der Zellularpathologie Rudolf Virchows (und der Bakteriologie Robert Kochs), die eine Entwicklung einflussreicher konstitutionsbiologischer Positionen kaum zuließ. Außerdem war aus dem – seit dem Ende des 19. Jahrhunderts schwelenden – Konflikt zwischen Neolamarckismus und Neodarwinismus Letzterer in Deutschland siegreich hervorgegangen. Nachdem August Weismann mit seiner Keimplasmatheorie den Darwinismus gewissermaßen aller lamarckistischen Elemente „bereinigt" hatte, blieb in den deutschen akademischen Netzwerken der Neodarwinismus dominierend.[706] Aufgrund der weitgehenden Erosion des neolamarckistischen Ansatzes wandten sich auch die deutschen Sozialhygieniker, Grotjahn und seine Schüler, zunehmend von der positiven Eugenik ab und verstärkt der negativen Eugenik zu.

Ein weiterer Grund, warum die österreichische sozialdemokratische Eugenik, die – wie dargelegt – weder in explizit eugenischen Vereinen organisiert war, noch eine einheitliche parteiliche Position darstellte, tendenziell weit weniger radikal ausgerichtet war als ihr deutsches Pendant, lag in der politisch-weltanschaulichen Aufgliederung der österreichischen Eugenik: Die Vertreter der radikalen Rassenhygiene waren in Österreich fast ausnahmslos in den drei deutschnational-völkisch orientierten Gesellschaften für Rassenpflege (bzw. Rassenhygiene) in Oberösterreich, Graz und Wien (WGR) konzentriert.

Die Vertreter dieser Gesellschaften positionierten sich extrem in Richtung negativer Eugenik und verbanden rassenhygienisches mit antisemitisch-rassistischem Gedankengut. So verfügte gerade die WGR bereits lange vor dem März 1938 über intensive Verbindungen zum Nationalsozialismus. Nach Horst Seidler und Andreas Rett warb die WGR „intensiv für den nordischen Gedanken und kann sehr wohl als Wegbereiter des Nationalsozialismus in Österreich bezeichnet werden"[707].

In den Nachrichten der WGR wurde nach dem März 1938 stolz auf die Vorkämpferrolle hingewiesen, die ihre Mitglieder in Bezug auf die Unterstützung der NS-Bewegung in Österreich gespielt hatten: „Schon vor dem Parteiverbot waren führende Mitglieder unseres Ausschusses im Rassenpolitischen Referat der Partei tätig. Diese Beziehungen wurden in der Verbotszeit noch wesentlich ausgebaut und auf sämtliche Gliederungen der Partei ausgedehnt. Es entwickelte sich eine rege Tätigkeit in Form von Schulungskursen und Vorträgen. Auch konnte den Leitern des N. S. Juristenbundes und des N. S. Ärztebundes zur Zeit der Auflösung durch Aufnahme in unsere Fachausschüsse die weitere Arbeit ermöglicht werden."[708] Und in einem anderen Bericht aus dem Jahre 1939 hieß es, dass der „Kampf für die rassenhygienische Idee zu einem leidenschaftlichen Einsatz für den Nationalsozialismus"[709] geführt habe.

Nach dem „Anschluss" Österreichs an Hitlerdeutschland im März 1938 kam das rassenhygienische Gedankengut, wie es in der WGR vertreten wurde, in sämtlichen staatlichen Bereichen zum Durchbruch, wobei in diesem Zusammenhang der „Wiener Gesellschaft für Rassenpflege" – wie Wolfgang Neugebauer ausführt – „eine wichtige Vorreiterfunktion zukam".[710] Nicht zuletzt ermöglichte sie den Einrichtungen der NS-Gesundheits- und Sozialpolitik – in ideologischer, fachlicher und personeller Hinsicht – die rasche und effiziente Aufnahme und Intensivierung ihrer rassenhygienischen Arbeit, die in zahlreichen Verbrechen gipfelte.[711] Tatsächlich war also die WGR (wie auch die Oberösterreichische und Grazer GR) ein wichtiger politischer und ideologischer Wegbereiter des Nationalsozialismus in Österreich.

Bei der Beurteilung des Anatomen und Mediziners Julius Tandler – eines der wichtigsten Repräsentanten der österreichischen sozialdemokratischen Eugenik – müssen hingegen seine endokrinologische Ausrichtung, seine lamarckistisch-konstitutionsmedizinische Orientierung und seine Bezugnahme auf Goldscheids Menschenökonomie, die von den Mitgliedern der WGR und den radikalen Rassenhygienikern nicht geteilt wurden, in Rechnung gestellt

Julius Tandler bei einer Anatomievorlesung an der Universität Wien

werden. Aufgrund dieser Positionen hatte sich Tandler tendenziell eher der positiven Eugenik zugewandt. In seiner qualitativen Bevölkerungspolitik gab er der Konditionshygiene den Vorzug. Durch die sozialen Verbesserungen der Lebens- und Umweltbedingungen aller Menschen zielte er in prospektiver Hinsicht auf die Erreichung einer „bevölkerungspolitisch hochwertigen", d. h. erbgesunden Gesellschaft ab.

Seine spezifischen Ansätze hatten ihm – abseits seiner sozialdemokratischen Gesinnung – von wissenschaftlicher Seite her Begründung und Sinn geliefert, die Verwirklichung eines sozialmedizinischen Reformprogramms in Wien in Angriff zu nehmen. Darüber hinaus war sein Verhältnis zur negativen Eugenik widersprüchlich. In diesem Bereich lag mit Sicherheit eine Beeinflussung seitens der deutschen sozialdemokratischen Eugenik, der Sozialhygieniker um Grotjahn, vor. Wie diese befürwortete er aus bevölkerungspolitischen Motiven die Sterilisation, knüpfte sie allerdings an den Grundsatz der Aufklärung und Freiwilligkeit der in Frage kommenden Personen.

Der in Wien unter seiner Verantwortung als Gesundheitsstadtrat etablierten Eheberatungsstelle waren die von ihm vertretenen Grundsätze der Beratung, Aufklärung und Freiwilligkeit zugrunde gelegt. Tatsächlich entwickelte sich die Eheberatungsstelle allerdings zu einer Stelle für sexuelle Beratung, Aufklärung und Verhütung. Tandler lehnte grundsätzlich Zwang als Mittel der Durchsetzung eugenischer Ziele ab und vertraute stattdessen auf die Überzeugungskraft bevölkerungspolitischer Erziehungsarbeit.

In der Terminologie und in Teilen seiner bevölkerungspolitischen bzw. eugenischen Argumentation war Tandler von der radikalen Rassenhygiene beeinflusst. Die sprachliche Diktion seiner hier untersuchten wissenschaftlichen Beiträge, die menschenverachtende Begriffe wie „Minusvarianten", „Minderwertige", „Parasiten" u. dgl. enthielten, und jene Textpassagen, in denen er in bevölkerungspolitischen Zusammenhängen die Vernichtung „lebensunwerten Lebens" ins Kalkül zog, können nicht bagatellisiert werden und sind geeignet, der ethisch-moralischen Integrität Tandlers schweren Schaden zuzufügen.

Dennoch blieb Tandler auch in diesem Kontext inhaltlich weniger der deutschen radikalen Rassenhygiene als vielmehr der Goldscheidschen Menschenökonomie verpflichtet. Diese ließ ihn zwar aus Kosten-Nutzen-Erwägungen den Gedanken der Vernichtung „lebensunwerten Lebens" argumentativ zur Disposition stellen, aber auch gleich wieder im selben Moment aus Gründen der Humanität verwerfen.

Er war ein Kritiker des eugenischen Radikalismus, da er die Anwendung eugenischer Maßnahmen an den jeweiligen medizinischen Forschungsstand und an das Rechtsempfinden der Bevölkerung gebunden wissen wollte. In diesem Sinn plädierte er für eine bescheidene Anwendung eugenischer Methoden.

Auch wenn Tandler in historischer Perspektive den Kindermord der Spartaner als eine „von bevölkerungspolitischer Verantwortlichkeit diktierte Rationalisierung der Aufzucht" bewertete, so lehnte er die Vernichtung „lebensunwerten Lebens" in gegenwärtiger und prospektiver Hinsicht dezidiert ab: „Ich bin nicht der Meinung, daß bei der heutigen Einstellung der Menschheit, ja vielleicht auch bei der nach 100 Jahren, jemals der Arzt das Recht haben wird, Minderwertige zu töten […]."[712]

Dass freilich auch der von ihm vertretenen gemäßigten Position der negativen Eugenik (Sterilisation auf Basis der Freiwilligkeit und Aufklärung) eine – nach dem metaphorischen Bild der „schiefen Ebene" – „innere Logik" der Radikalisierung, d. h. der „Entwicklung von Sterilisation, eugenisch indiziertem Abortus bis hin zur ‚Euthanasie'"[713], zugrunde lag, dass negativer Eugenik „prinzipiell ein der Vernichtungsideologie zugehöriger Charakter"[714] innewohnte, erkannte Tandler nicht.

In diesem Zusammenhang soll noch einmal unterstrichen werden, dass Tandler trotz der Verwendung bedenklicher rassenhygienischer Begriffe und Sichtweisen kein Anhänger der „Euthanasie" war. Der Medizinhistoriker Gerhard Baader hat Tandlers ambivalentes Verhältnis zur Eugenik folgendermaßen charakterisiert: „Was er beklagt, sind vor allem die noch zu geringen Erfolge in der Erbforschung und besonders in der Erbpathologie, die es noch verhindern, Grundsätze der negativen Eugenik in konkrete Maßnahmen in Eugenik und Fürsorge umsetzen zu können. Deshalb hatte für ihn – anders als für die deutschen sozialistischen Eugeniker, die zusammen mit radikalen Rassenhygienikern an der Vorbereitung eines Sterilisationsgesetzes gearbeitet hatten – eine gesetzliche Regelung, für so wünschenswert er sie auch in bestimmten Fällen hielt, keine Priorität. Er setzte bei allen eugenischen Maßnahmen – auch bei denen der negativen Eugenik – auf Freiwilligkeit und auf Aufklärung."[715]

Julius Tandler war sich als Wissenschafter (und Politiker) des grundlegenden Widerspruchs zwischen den inhumanen Idealen der Eugenik und den Prinzipien einer humanitären Ethik bewusst. In diesem Spannungsfeld war er ein „Zerrissener". So dozierte er in seinen Schriften und Reden mitunter vom Standpunkt einer „generativen Ethik" aus, stellte das Gemeinwohl über das individuelle Glück und akzeptierte damit das mit der „natürlichen Auslese" in Verbindung stehende Elend. Doch beließ er es dabei, die negativen Konsequenzen dieses ethisch-generativen Denkens – oftmals in menschenverachtender Terminologie und auf belastende Weise – zu skizzieren. In den entscheidenden Momenten bezog er jedoch in Theorie und Praxis – nach einem Prozess des dialektischen Abwägens – eine ethisch-humanitäre Position, für die ein Satz prototypisch stand: „Humanität und Gerechtigkeit befehlen uns, auch für die Alten und Gebrechlichen, die Siechen, für die Irren zu sorgen."[716] Der neurotische Konflikt zwischen „generativer Ethik" und humanitärem Empfinden/Handeln blieb für den sozialdemokratischen Eugeniker Tandler charakteristisch.

Diese Einschätzung des Wissenschafters Tandler steht im Wesentlichen auch im Einklang mit jener des Politikers Tandler. Als Amtsführender Stadtrat für das Wohlfahrts- und Gesundheitswesen der Stadt Wien hatte er – gemessen am quantitativen Umfang seiner Wortmeldungen – nur gelegentlich, insbesondere im Rahmen seiner Budgetreden, zu bevölkerungspolitischen und eugenischen Themen Stellung genommen. Auch hier bediente er sich bedenklicher Termini („Minusvarianten", „Minderwertige"), die dem Jargon der deutschen sozialistischen und darüber hinaus der radikalen Rassenhygiene entnommen waren. Seine Argumentationen fußten aber auf dem Boden der Menschenökonomie Goldscheids. Gerade jene Redepassagen, in denen er die „unproduktiven" Ausgaben für sozial Hilfsbedürftige den „produktiven" Ausgaben für die Mitglieder der „gesunden" Leistungsgesellschaft im Sinn einer Kosten-Nutzen-Abwägung gegenüberstellte, dienten ihm letztlich zur politischen und ethischen Rechtfertigung der vorgesehenen Budgetausgaben.

Wenn er auch die Ausgaben für die Fürsorge der Jugend in bevölkerungspolitischer Hinsicht als wichtige, prophylaktische Investitionen in die Zukunft der Gesellschaft betrachtete, so war der Staat seiner Überzeugung nach dazu verpflichtet, aus Gründen der Humanität und politischen Notwendigkeit die Versorgung alter, kranker und pflegebedürftiger Menschen zu gewährleisten. Seitens der damaligen Rathausopposition wurden diese Argumente nicht in Frage gestellt. Zwar gelang Tandler 1926, die Ausgabenstrukturen im Sinn eines „bevölkerungspolitisch gerechten" Wohlfahrtsbudgets zugunsten der „produktiven Fürsorge" zu verschieben, angesichts der Verdopplung des Gesamtbudgets seines Ressorts (seit 1923) führte diese Veränderung des Ausgabenschlüssels aber zu keiner nachhaltigen Beeinträchtigung der Versorgung der Altersheime, Versorgungshäuser sowie Heil- und Pflegeanstalten. Die Veränderung dieses Ausgabenverhältnisses war in erster Linie den zahlreichen Innovationen Tandlers auf dem Gebiet der Jugendfürsorge geschuldet. Die Schaffung und der Betrieb der Jugendfürsorgeeinrichtungen, aber auch große Investitionen in die Altersfürsorge – wie beispielsweise der Aus- und Umbau des Versorgungsheims Lainz zu einem Krankenhaus für chronisch Kranke – basierten auf jenen spezifischen fiskalischen Mehreinnahmen, die seitens der sozialen Steuerpolitik von Finanzstadtrat Hugo Breitner lukriert und auch Tandlers Ressort zur Verfügung gestellt werden konnten.

1921 vertrat Tandler im Gemeinderat außerdem – wie schon zuvor in seinen wissenschaftlichen Schriften – die Notwendigkeit einer eugenisch orientierten Eheberatung, die er mit erbpathologischen und menschenökonomischen Motiven begründete. Eheberatung wollte er als langfristiges eugenisches Erziehungsprogramm verstanden wissen, das auf Aufklärung,

Beratung und Freiwilligkeit beruhen sollte. Insofern Tandlers Eheberatungsstelle 1922 nach diesen Überlegungen konzipiert war, wäre sie grundsätzlich auch mit der päpstlichen Eheenzyklika Pius XI. „Casti Connubii" von 1930 kompatibel gewesen. In der Praxis etablierte sich die Einrichtung jedoch immer mehr als Sexualberatungsstelle, die die Menschen vor allem in Fragen der Verhütung konsultierten.

In den Gemeinderatssitzungen wurde Gesundheitsstadtrat Tandler 1932/1933 wiederholt Zielscheibe heftiger rassistisch-antisemitischer Attacken der NSDAP-Gemeinderatsfraktion. Die nationalsozialistischen Kommunalpolitiker warfen ihm u. a. die „Verjudung" der Ärzteschaft und des Gesundheits- und Wohlfahrtswesens vor.

Im Verständnis der NSDAP-Gemeinderäte sollten die von Tandler aufgebauten sozial- und gesundheitspolitischen Leistungen der Stadt Wien nur der „arischen" Bevölkerung zugutekommen. Die bevölkerungspolitisch-rassistischen Sichtweisen, die die Nationalsozialisten im Wiener Gemeinderat einbrachten, schlossen Tandler aufgrund seiner jüdischen Herkunft, seiner Mitgliedschaft bei den Freimaurern und seines exponierten Engagements für die Sozialdemokratie, die von NS-Seite mit „Judentum" gleichgesetzt wurde, von der „rassenreinen", „arischen Volksgemeinschaft" aus.

Für die Nationalsozialisten im Wiener Gemeinderat, für ihr Handeln und Denken war Tandler weder Vorbild noch Vordenker, weder Ideengeber noch Wegbereiter. In den Augen der Nationalsozialisten war er als Mensch und Gesundheitsstadtrat vielmehr ein Hassobjekt, auf das sich der von den Nationalsozialisten in und außerhalb des Gemeinderats betriebene aggressive Rassenantisemitismus fokussierte. Diesen bekam Tandler auch als ordentlicher Professor für Anatomie an der Universität Wien seitens der deutschvölkischen und nationalsozialistischen Professoren- und Studentenschaft zu spüren. Das von ihm geleitete I. Anatomische Institut war mehrfach Schauplatz antisemitischer Ausschreitungen.

Gegen Ende seines Lebens war Tandler seitens der Regierungsdiktatur Dollfuß/Schuschnigg von politischer Diskriminierung und Verfolgung betroffen. Er wurde 1934 kurzfristig inhaftiert und verlor seinen Lehrstuhl infolge der vom Unterrichtsministerium verfügten Zwangsemeritierung. Als politisch Verfemter nahm er schließlich eine Berufung nach Moskau an, von der er lebend nicht mehr zurückkehren sollte. Hätte Tandler darüber hinaus die Etablierung der NS-Herrschaft in Österreich im März 1938 erlebt, wäre er zweifelsohne Opfer der antijüdischen NS-Verfolgungs-, Vertreibungs- und Vernichtungspolitik geworden.[717]

Aufgrund der hier vorgenommenen analytischen Einschätzungen des Wissenschafters und Politikers Tandler kann die Bilanz gezogen werden, dass Tandlers fragwürdige und ethisch untragbare Aussagen, die sich im bevölkerungspolitischen Kontext seiner Schriften und Reden insbesondere auf die Vernichtung „lebensunwerten Lebens" bezogen hatten, in seiner Gesundheits- und Wohlfahrtspolitik in Wien keinen Niederschlag fanden.

Seine gelegentlich an die radikale Rassenhygiene angelehnte, unzweideutig inhumane Terminologie stand im Widerspruch zu seinen eugenischen und sozialpolitischen Positionen. Er war kein Anhänger der „Euthanasie". Sein bevölkerungspolitisch-eugenischer Ansatz, der auf dem Fundament konstitutionsmedizinischer, neolamarckistischer und menschenökonomischer Überlegungen beruhte, fand in der Praxis seiner Gesundheitspolitik insofern eine Umsetzung, als er auf die Verbesserung der sozialen Lebensverhältnisse der Menschen (im Sinn seiner Konditionshygiene) und auf eugenische Aufklärung und Erziehung des Einzelnen zu verantwortungsbewusstem Handeln in Bezug auf die Fortpflanzung abzielte.

Seine Befürwortung der Sterilisation erbkranker Menschen verknüpfte er wiederum mit Freiwilligkeit und Aufklärung. Dafür wurde Tandler letztlich von den Vertretern der radikalen Rassenhygiene kritisiert, die gerade den Aspekt der Freiwilligkeit als Schwäche und Ineffizienz seines eugenischen Ansatzes auffassten. Die eugenischen Positionen der radikalen deutschvölkischen Rassenhygieniker, wie sie etwa in der „Wiener Gesellschaft für Rassenpflege" vertreten wurden, hielten soziale Verbesserungsmaßnahmen der Menschen für überflüssig und setzten auf Zwangsmaßnahmen (Zwangssterilisationen) und letztlich auf die „Ausmerze der Minderwertigen". Es waren die Vertreter der radikalen Rassenhygiene, die ideologisch den Weg aufbereiteten, der zu den verbrecherischen NS-Euthanasieaktionen führte, denen – nach heutigem Forschungsstand – 200.000 psychisch Kranke und Behinderte im „Großdeutschen Reich" (inkl. Österreich) zum Opfer fielen.

Gerade diese Differenzierung wird abseits der wissenschaftlichen Diskussion über Tandlers Verhältnis zur Eugenik in der politischen Auseinandersetzung um die Bewertung von Werk und Person Tandlers mitunter ausgeblendet, insbesondere wenn dieselbe für parteipolitische Zwecke vereinnahmt wird. So werden insbesondere Auszüge aus Tandlers 1924 publiziertem Beitrag „Ehe und Bevölkerungspolitik", in dem sich ethisch verwerfliche Aussagen Tandlers zur Vernichtung „lebensunwerten Lebens" finden, aus dem argumentativen Gesamtzusammenhang gerissen und Tandler – wie beispielsweise aus einem FPÖ-Beschlussantrag an den Wiener Gemeinderat vom 25. Juni 2012 hervorgeht – zu einem „Wegbereiter der nationalsozialistischen Vernichtungspolitik" gestempelt.

In diesem Antrag wird die „Anbringung von Bedenktafeln am Julius-Tandler-Platz im 9. Wiener Gemeindebezirk" gefordert, die auf die „verhängnisvolle Rolle Julius Tandlers als Vorreiter der NS-Politik betreffend die Auslöschung des damals so bezeichneten ‚lebensunwerten Lebens'" hinweisen sollen.[718] In ähnlicher Weise argumentieren auch ultra(rechts)katholische Gruppen[719], die belastete Tandler-Zitate als „Munitionsdepot" und „argumentativen Steinbruch" für die Konstituierung von letztlich (leicht durchschaubarer) parteipolitischer Kritik instrumentalisieren.

Unter dem Vorwand einer Kritik an Tandlers Aussagen wird in Wahrheit ein verdeckter Angriff auf die gesamte Wohlfahrts- und Gesundheitspolitik des Roten Wien mit der Absicht geführt, das sozialstaatliche Modell zu diskreditieren und zu delegitimieren.

Selbst der ÖVP-Behindertensprecher Franz-Joseph Huainigg lässt jede historische Differenzierung vermissen, wenn er im Feuilleton der „Presse" die Forderung nach einer Umgestaltung des Julius-Tandler-Platzes in eine „Mahn- und Gedenkstätte" erhebt.[720] Zumindest Huainigg dürfte einer fundamentalen Fehleinschätzung unterliegen: Tandler hatte in dem Beitrag von 1924 keineswegs die Forderung nach der Vernichtung „lebensunwerten Lebens" gestellt, wohl aber diesen unerträglichen Gedanken zur Disposition gestellt. Aber das ist ein entscheidender Unterschied. Während für die FPÖ vordergründiger parteipolitischer Aktionismus im Mittelpunkt ihrer „Tandler-Kritik" steht, geht es Huainigg aber um eine wissenschaftliche, seriöse, tabulose Aufarbeitung der Thematik, eine Sichtweise, der sich auch der Autor dieses Buches vorbehaltlos anschließt.

Tandler zum Wegbereiter der NS-Vernichtungspolitik umzudeuten, käme aber einer groben Geschichtsfälschung gleich, würde bedeuten, die maßgebliche Rolle der eigentlichen ideologischen Ideengeber und Wegbereiter der nationalsozialistischen Medizinverbrechen, der Vertreter der radikalen Rassenhygiene, zu verdrängen, zu verwischen und zu verharmlosen. Es würde darauf hinauslaufen, die fundamentalen Unterschiede zwischen Tandlers Positionen und jenen der radikalen Rassenhygieniker zu nivellieren und dadurch zu negieren. Die radikalen Rassenhygieniker hatten Tandlers Theorien (Konstitutionslehre, Soziallamarckismus, Menschenökonomie) weder rezipiert noch positiv bewertet. Sie bedienten sich nicht seiner Argumentation und nahmen seine bevölkerungspolitischen, eugenischen Sichtweisen nicht zur Grundlage ihrer Positionierung. Tandlers Ideen- und Theorienwelt wurde schlichtweg nicht benötigt. Die Vertreter der radikalen Rassenhygiene hatten ihre eigenen, weitaus radikaleren Positionen. Während der NS-Herrschaft hatte sich außerdem kein einziger NS-Rassenhygieniker retrospektiv auf den Eugeniker und Juden Tandler berufen. Der Neolamarckismus, wie ihn u. a. Tandler, Kammerer und Goldscheid vertraten, wurde von den Nationalsozialisten nach 1933 bzw. 1938 mit unerwünschten „linken", sozialistischen Positionen in Zusammenhang gebracht und als das Produkt einer „liberal-jüdisch-bolschewistischen Wissenschaft" verunglimpft.[721] Für die NS-Rassenhygieniker waren die Auffassungen des linken Juden Tandlers irrelevant. Im Übrigen hatte sich auch Tandler von der NS-Rassenhygiene eindeutig distanziert.[722]

Diese Differenzierungen (bezüglich der unterschiedlichen eugenischen Richtungen und Positionen) werden auch mit einem Hinweis auf Foucaults Konzept der Gouvernementalität nicht gänzlich irrelevant.[723] Freilich waren – so gesehen – Tandlers gemäßigte eugenische Positionen Teil eines modernen Machtdispositivs der Eugenik, spielten sie im Rahmen eines mental, instrumentell und strukturell unterschiedlich konfigurierten biopolitischen Kräftefelds eine Rolle, doch keineswegs bildeten sie ein Einfallstor für die gesellschaftliche Akzeptanz der NS-Eugenik. Die Ansicht, dass Tandler mit der Propagierung eugenischer Ideen den Boden für eine spätere Akzeptanz der von den Nationalsozialisten in Österreich eingeführten Erb- und Rassengesetzgebung aufbereitet hätte, ist insofern paradox, weil sie im Umkehrschluss insinuiert, dass die Umsetzung der rassenhygienischen und rassistischen Politik der Nationalsozialisten ohne Tandlers „Vorleistung" erheblich erschwert gewesen wäre. Es ist Monika Löscher beizupflichten, die im Sinn einer differenzierten Analyse die Postulierung einer „geradlinige[n] Teleologie vom Sozialdarwinismus über die Eugenik und Rassenhygiene hin zur NS-Euthanasie" aus epistemologischer Sicht problematisiert.[724]

Eine differenzierte Betrachtung ist auch in der öffentlichen Debatte um die Umbenennung von Verkehrsflächen wünschenswert, die den Namen historisch belasteter Personen tragen. Die zum Zweck einer kritischen Bestandsaufnahme der Wiener Straßennamen von Kulturstadtrat Dr. Andreas Mailath-Pokorny beauftragte und von dem renommierten Zeithistoriker Univ.-Prof. DDr. Oliver Rathkolb geleitete Historikerkommission hat hier wertvolle Grundlagenarbeit geleistet. Von der Expertenkommission wurden 4.359 personenbezogene Verkehrsflächen untersucht, wobei in 159 Fällen eine „kritische Benennung" festgestellt werden konnte, die u. a. auf den Kriterien einer mehr oder weniger stark ausgeprägten problematischen

Einstellung der Namensgeber zu Demokratie, Antisemitismus, Rassismus und Nationalsozialismus basierte.

In dem Abschlussbericht der Kommission wurde in Bezug auf Julius Tandler (Namensgeber des „Julius-Tandler-Platzes" im 9. Wiener Gemeindebezirk), der vollkommen zu Recht nicht zum historisch belasteten Personenkreis gezählt wird, zumindest weiterer Diskussionsbedarf konstatiert.[725]

Wie wenig nuanciert die mediale Debatte in diesem Zusammenhang geführt wurde, zeigte sich anlässlich der 2012 erfolgten Umbenennung des Dr.-Karl-Lueger-Rings in Universitätsring. Von konservativen Kreisen wurde hier eine undifferenzierte Gleichsetzung der historischen Bewertungen von Karl Lueger und Julius Tandler betrieben und in die öffentliche Diskussion eingebracht. Dabei kann die historische Belastung Luegers unbeschadet seiner kommunalpolitischen Leistungen für Wien (Hochquellenwasserleitung, Stadtbahn, Gas- und Elektrizitätsversorgung etc.) zweifelsfrei dargelegt werden: Als christlichsozialer Reichsratsabgeordneter und späterer populärer Wiener Bürgermeister nutzte Lueger den Antisemitismus als zentrales und wirkungsvolles Instrument seiner politischen Agitation. Lueger hatte den Antisemitismus in Gesellschaft und Politik salonfähig gemacht. In „Mein Kampf" berief sich Hitler übrigens auf Lueger als eines seiner Vorbilder.[726] Hitlers Verehrung von Lueger ging sogar so weit, dass er 1910 an dessen Begräbnis auf dem Wiener Zentralfriedhof teilnahm.

Auch in der seit 2003 schwelenden Diskussion um die Vergangenheit des österreichischen Nobelpreisträgers und Psychiaters Univ.-Prof. Dr. Julius Wagner-Jauregg ergeben sich grundlegende Bewertungsunterschiede zu Julius Tandler. In Bezug auf die Rassenhygiene und die Frage der eugenischen (Zwangs-)Sterilisation engagierte sich Julius Wagner-Jauregg schon sehr früh u. a. in wissenschaftlichen Beiträgen – zwar in gemäßigter Sprache, doch unverkennbar in der Tendenz – für die nationalsozialistische Position (NS-Erbgesundheitsgesetze) und erteilte gleichzeitig den zur Diskussion stehenden katholischen Konzepten (Eheberatung etc.), aber auch der bis 1934 von sozialdemokratischer Seite gepflogenen Praxis in Wien eine klare Absage.[727]

In seinem Beitrag von 1931 „Über Eugenik" stellte Wagner-Jauregg psychisch kranke Menschen, denen er in seiner Eigenschaft als ordentlicher Professor für Psychiatrie und Vorstand der Wiener Psychiatrischen Universitätsklinik eigentlich nach bestem Wissen und Gewissen hätte helfen sollen, auf dieselbe Ebene wie Verbrecher und plädierte unbarmherzig für die Sterilisierung beider Gruppen.[728] In seinem unmittelbar vor dem Tod verfassten und posthum (1941) erschienenen Werk „Über die menschliche

Lebensdauer" betonte Wagner-Jauregg die Notwendigkeit der Rassenhygiene durch den Arzt und den ärztlich beratenen Gesetzgeber und würdigte die von den Nationalsozialisten eingeführten „deutschen Rassenschutzgesetze"[729], die die „Ausmerzung der schlimmsten Erbgefügsänderungen, wie sie die menschlichen Erbkrankheiten und Erbübel darstellen"[730], anbahnten.

Dabei rekurrierte Wagner-Jauregg auf den NS-Terminus „Rassenschutzgesetze", der nicht nur das „Gesetz zur Verhütung erbkranken Nachwuchses" vom 14. Juli 1933, sondern auch die im September 1935 erlassenen „Nürnberger Gesetze" einschloss, die die Grundlage für den systematischen Ausschluss der Juden und anderer „Fremdvölkischer" (wie beispielsweise der Roma und Sinti) aus der deutschen Gesellschaft bildeten.

Darüber hinaus war Wagner-Jauregg Mitglied bei der Großdeutschen Volkspartei, die über ein rassistisch-antisemitisch orientiertes Parteiprogramm verfügte, sowie bei der deutschnational ausgerichteten und schlagenden Burschen- bzw. Sängerschaft der „Ghibellinen", die den „Arierparagraphen" in ihren Satzungen hatte.[731] Ferner war er zutiefst im völkisch-antisemitisch geprägten akademischen Milieu der Universität Wien verankert, dem auch jene Studierenden zuzuordnen sind, die die antisemitischen Attacken auf Tandler und sein I. Anatomisches Institut in den 1920er und 1930er Jahren ausführten. Im Gegensatz zu Tandler näherte sich Wagner-Jauregg schließlich kontinuierlich dem Lager der Nationalsozialisten an. So trat er 1937 als Proponent für den „Deutschsozialen Volksbund" auf, mit dem der organisatorische Zusammenschluss von „Nationalen" und Nationalsozialisten innerhalb der „Vaterländischen Front" versucht werden sollte. Sein pronazistisches Engagement gipfelte schließlich in seinem Antrag auf Aufnahme in die NSDAP, den er noch kurz vor seinem Tod am 22. April 1940 gestellt und eigenhändig unterzeichnet hatte.[732]

In einem Punkt wird der Unterschied zwischen Wagner-Jauregg und Tandler besonders deutlich: Während Wagner-Jauregg in gemäßigter Sprache im Grunde die Positionen der (radikalen) NS-Rassenhygiene einnahm, vertrat Tandler in einer gelegentlich radikalen, den deutschen Rassenhygienikern (tlw. den deutschen sozialistischen Eugenikern) entlehnten Terminologie prinzipiell einen gemäßigten eugenischen Standpunkt.

Julius Tandler bleibt freilich vor dem Hintergrund seines monumentalen Lebenswerks eine höchst widersprüchliche Persönlichkeit als Wissenschafter und Wiener Gesundheitsstadtrat der Ersten Republik, angesiedelt in einem

Spannungsfeld zwischen humanitär-sozialpolitischem Engagement und bevölkerungspolitisch-eugenischem Denken.

Auch diese Arbeit vermag keinen endgültigen Schlussstrich unter die im Gang befindliche kritische Auseinandersetzung mit Tandlers eugenischem Gedankengut zu ziehen. Wichtige Forschungslücken, wie etwa der Stellenwert der bevölkerungspolitischen und eugenischen Positionen Tandlers in seinen Reden im Wiener Gemeinderat, konnten geschlossen werden. Es konnte ebenso klar herausgearbeitet werden, dass Tandler kein Anhänger der radikalen Rassenhygiene, kein Befürworter der „Euthanasie" und kein Vordenker bzw. Wegbereiter der nationalsozialistischen Medizinverbrechen war.

In der vorliegenden Untersuchung hat sich eindeutig herauskristallisiert, dass Tandler seine spezifischen konstitutiven wissenschaftlichen Voraussetzungen (Konstitutionslehre, Neolamarckismus) im Kontext seiner bevölkerungspolitischen Überlegungen als Legitimationsbasis für die Umsetzung seiner großen Sozial- und Gesundheitsreformen in Wien dienten.

Hinsichtlich anderer Fragen ermuntert die Arbeit zu weiterer kritischer Forschung und Diskussion, wie etwa bezüglich seines ambivalenten Verhältnisses zur Eugenik oder der Untermauerung seines bevölkerungspolitisch-eugenischen Gedankengebäudes mit den Bauelementen der Menschenökonomie.

Gerade eine kritische Auseinandersetzung mit Goldscheids Theorien und insbesondere seiner Menschenökonomie wäre angesichts der unter dem Vorzeichen von Neoliberalismus und Globalisierung vor sich gehenden Ökonomisierung aller Lebensbereiche aktueller denn je. Denn wieder dienen in ihrer Humanität fragwürdige Konzepte dazu, den Menschen ausschließlich als Kostenfaktor zu begreifen und im Sinn einer Kosten-Nutzen-Rechnung auf seinen volkswirtschaftlichen Wert zu reduzieren.

Im Rahmen dieser Untersuchung wurde versucht, Julius Tandler von einem differenzierten kritischen wissenschaftlichen Standpunkt aus gerecht zu werden, keine vereinfachende Schwarz-Weiß-Malerei zu betreiben, Tandler weder in der Tradition sozialdemokratischer Heldenerzählung anzusiedeln noch einer von rechter Seite betriebenen Dämonisierung („Wegbereiter der Vernichtung ‚lebensunwerten Lebens'") Vorschub zu leisten. Auch wenn das Erkenntnisinteresse dieser Studie vorwiegend einer konkreten Fragestellung, einem Aspekt im Denken und Handeln des Mediziners und Gesundheitspolitikers Tandler gilt, so basiert sie doch auf der theoretischen Grundlage eines vielseitigen Menschenbilds.

Sie ist dem Plädoyer verpflichtet, einen Menschen in seiner Vielschichtigkeit, Komplexität und Wandlungsfähigkeit vor dem Hintergrund vernetzter sozialer, gesellschaftlicher, politischer und wissenschaftlicher Entwicklungen wahrzunehmen. Damit wird in keiner Weise einer naiven, nivellierenden bzw. relativierenden ganzheitlichen Sicht des Menschen das Wort geredet.

Eine kritische, differenzierte, personenbezogene Sichtweise – die sich in politisch-ethischer Hinsicht an einer humanen Universalethik im Sinn von Immanuel Kant, den Werten der Demokratie, des Rechtsstaats und der Menschenrechte orientiert – ermöglicht es, positive und negative Eigenschaften, einander ergänzende oder widersprechende Facetten, Kontinuitäten und Transformationen exakt zu benennen, wissenschaftlich zu kontextualisieren, zu analysieren, offenzulegen und einer kritischen Diskussion zu überantworten.

Julius Tandler war in seiner konkreten vielschichtigen Persönlichkeitsausprägung – in seinen Rollen als Sozialdemokrat, Jude und Freimaurer, als Anatom, Arzt, Lehrer und Dekan, als Konstitutionsforscher, Lamarckist, Menschenökonom und Eugeniker, als Unterstaatssekretär, Wiener Gesundheitsstadtrat, Sozialreformer und Begründer des Wohlfahrtsstaates – wie Gerhard Baader konstatierte[733] – letztlich ein Repräsentant der Moderne um 1900 und nicht nur als solcher ein Mensch in seinem Widerspruch.

Unter Bürgermeister Theodor Körner wurde anlässlich des 10. Todestags von Julius Tandler 1946 eine vom akademischen Bildhauer Josef Riedl gestaltete Gedenkplakette an der Kinderübernahmsstelle in der Lustkandlgasse 50 in Wien-Alsergrund enthüllt. 1950 ließ die Stadt Wien anstelle der ursprünglichen

Plakette die zwei – ebenso von Riedl geschaffenen – Gedenktafeln zu Ehren Tandlers an den beiden Seiten des Eingangsportals der Kinderübernahmsstelle (heute: Julius-Tandler-Familienzentrum) anbringen.

Anhang

Zeitleiste – biografische Daten Julius Tandlers[734]

16. Febr. 1869	geboren in Iglau in Mähren (heute Jihlava, Tschechische Republik) als Sohn des Moritz Tandler, Kaufmann, und der Rosalia (Rosalie), geb. Schiller (Schüller). Julius wächst in ärmlichen Verhältnissen mit sechs Geschwistern auf.
ca. 1871/1872	Übersiedlung der Familie nach Wien
1875–1879	Volksschulzeit, u. a. Besuch der Israelitischen Volksschule im 2. Wiener Gemeindebezirk, Leopoldgasse 9
1879–1882	Besuch des k. k. Staatsgymnasiums im 9. Wiener Gemeindebezirk (Wasagymnasium)
1882–1889	Besuch des Leopoldstädter Communal-Real- und Obergymnasiums im 2. Wiener Gemeindebezirk, Kleine Sperlgasse 2 (heutiges Sigmund-Freud-Gymnasium).
1889	Matura
1889–1895	Studium der Medizin an der Universität Wien
10. Dez. 1891	Assentierung (militärische Musterung)
1. April 1892–30. Sept. 1892	Unterbrechung des Studiums: Militärdienstzeit als einjährig Freiwilliger, Sanitätsdienst im Rang eines medizinischen Unterjägers, Beurlaubung und Fortsetzung des Medizinstudiums
27. Juli 1895	Promotion zum Doktor der Medizin
1. Okt. 1895–31. März 1896	Fortsetzung des Militärdienstes im Rang eines Assistenzarztstellvertreters, Garnisonsspital Nr. 1, Wien; 1910 Beförderung auf allerhöchste Entschließung zum Oberarzt der Evidenz, 1914 Ernennung zum Regimentsarzt
1. Okt. 1895–19. Sept. 1903	Demonstrator, anschließend Assistent bei o. Univ.-Prof. Dr. Emil Zuckerkandl am Institut für Anatomie der Universität Wien

27. Sept. 1899	Habilitation, Privatdozent
27. u. 29. Juni 1899	Austritt aus der Israelitischen Kultusgemeinde, Konvertierung zum Katholizismus (Taufe in der röm.-kath. Pfarre Mariahilf). Tandler bezeichnet sich später als „glaubenslos".
um 1900	Annäherung Tandlers an die Sozialdemokratie
26. Juni 1900	Heirat mit Olga Rosa Antonie Klauber (geb. Budapest 1876, gest. Wien 1948), evangelisch A.B., in der evangelischen Stadtkirche in Wien
20. Sept. 1903	außerordentlicher Univ.-Prof. für Anatomie
1904	Geburt von Sohn Wilhelm, der als William Tandler 1967 in Kalifornien stirbt.
1. Sept. 1910	Nachfolger Zuckerkandls: Bestellung zum ordentlichen Univ.-Prof. am I. Anatomischen Institut der Univ. Wien
1914/15, 1915/16, 1916/17	Dekan („Kriegsdekan") der Medizinischen Fakultät der Univ. Wien
29. Jänner 1917	Treffen Tandlers mit Kaiser Karl I. in Baden
9. Mai 1919–22. Okt. 1920	Unterstaatssekretär (im Staatsamt für soziale Verwaltung) der Staatsregierungen Renner und Mayr, Leiter des Volksgesundheitsamtes
4. Mai 1919–24. Juli 1933	Mitglied des Wiener Gemeinderates (SDAP)
10. Nov. 1920–24. Juli 1933	Amtsführender Stadtrat der Verwaltungsgruppe III (Wohlfahrtseinrichtungen, Jugendfürsorge und Gesundheitswesen) der Stadt Wien, Schöpfer einer modernen und sozialen Wohlfahrts- und Gesundheitspolitik in Wien
25. November 1927	Übernahme der Agenden der Sozialpolitik durch die Verwaltungsgruppe III: Tandler nunmehr Amtsführender Stadtrat für „Wohlfahrtswesen und soziale Verwaltung"
15. Mai 1920–20. Okt. 1927	Mitglied der Freimaurerloge „Lessing zu den drei Ringen"
1929–1932	Tätigkeit für die Hygiene-Sektion des Völkerbunds
24. Juli 1933	Rücktritt als Amtsführender Stadtrat, Nachfolger wird Karl Honay.
Sept. 1933–Febr. 1934	1. China-Reise: Lehraufträge an den Universitäten in Schanghai und Peking
März 1934	Rückkehr nach Wien (17. März), kurzfristige Verhaftung (17.-28. März), Zwangsemeritierung (per 31. März) durch Bescheid des Bundesministeriums für Unterricht vom 15. Februar (gezeichnet von Dr. Kurt Schuschnigg)
Juni 1934	Start der 2. China-Reise (Einladung des National College of Medicine of Schanghai): Aufenthalt in den USA, Vorlesungstätigkeit in New York

Sept. 1934	Weiterreise über Hawaii und Japan
Nov. 1934–März 1935	Eintreffen in China; beratende und planerische Tätigkeit in Schanghai und Changsha/Hunan auf dem Sektor des Spitalbaus
März–Mai 1935	Rückreise über Semarang (Java, damals Niederländisch-Indien, heute Indonesien), Bombay (damals Britisch-Indien), Makalla (Jemen), den Suezkanal und Neapel nach Wien
Nov. 1935	Aufbruch zu einer geplanten 3. China-Reise; Aufenthalt in New York; Abbruch der Reise, da Annahme einer Einladung des sowjetischen Volkskommissars für Gesundheitswesen
Febr. 1936	Reise nach Moskau, Beginn einer geplanten zweijährigen Beratertätigkeit (Medizinerausbildung und Spitalsbauten)
25. August 1936	Tod durch Herzschwäche in Moskau
8. Sept. 1936	Einäscherung des Leichnams in der Feuerhalle Simmering in Anwesenheit u. a. des sowjetischen Gesandten sowie von Karl Seitz und Theodor Körner (unter Ausschluss der Öffentlichkeit und unter Polizeiaufsicht)
10. Sept. 1936	Bestattung der Urne auf dem Wiener Zentralfriedhof
nach 1945	Rehabilitierung von Julius Tandler, Einsetzen einer gedächtnispolitischen „Mythologisierung" von Person und Lebenswerk Julius Tandlers durch SPÖ, KPÖ und ÖVP (Gesundheitsstadtrat Lois Weinberger) in Wien
1946	Gedenkfeiern zum 10. Todestag Tandlers
1949	Umbenennung des Althanplatzes im 9. Wiener Gemeindebezirk in Julius-Tandler-Platz
1950	Enthüllung einer Gedenktafel für Julius Tandler anlässlich des 25jährigen Bestehens der Kinderübernahmestelle
1950	Beisetzung der Urnenkapseln von Julius Tandler, Hugo Breitner und Robert Danneberg in einem gemeinsamen Urnendenkmal auf dem Urnenhain der Feuerhalle Simmering, Wiener Zentralfriedhof
1956	Enthüllung der vom Bildhauer Josef Riedl gestalteten Tandler-Büste im Arkadenhof der Universität Wien
1960	Stiftung der „Professor Dr. Julius Tandler-Medaille der Stadt Wien" auf Beschluss des Wiener Gemeinderats (mit den Stimmen der SPÖ); jährliche Verleihung der Medaille an Personen, die sich auf sozialem Gebiet Verdienste erworben haben.

Auszüge aus Schriften Tandlers im Kontext von Eugenik und Rassenhygiene

Im Zuge einer seit den 1990er Jahren verstärkt einsetzenden wissenschaftlichen Auseinandersetzung mit der Geschichte der Eugenik, Rassenhygiene und NS-„Euthanasie" in Österreich sind auch einzelne Aussagen von Julius Tandler vor allem zur Bevölkerungspolitik von wissenschaftlicher Seite verstärkt einer Kritik unterzogen worden. Aussagen, die mit den Werten eines humanistischen Menschen- und Weltbildes, mit den Prinzipien einer modernen humanmedizinischen Ethik bzw. eines heutigen Menschenrechtsverständnisses im Widerspruch bzw. im Konflikt stehen, lassen sich in unterschiedlicher Intensität fast im gesamten wissenschaftlichen Schriftgut Tandlers aufspüren. Gehäuft finden sie sich vor allem in seinen Beiträgen „Krieg und Bevölkerung" (1916), „Ehe und Bevölkerungspolitik" (1924) und „Gefahren der Minderwertigkeit" (1928), die allesamt auf Vorträgen Tandlers beruhen. Im Folgenden seien einige Auszüge aus den erwähnten Publikationen Tandlers angeführt, die seine bevölkerungspolitischen Sichtweisen und gedanklichen Inklinationen zur Eugenik hinsichtlich ihrer ethischen Fragwürdigkeit illustrieren sollen:

(Auszüge aus: Krieg und Bevölkerung, 1916)

„Der Krieg ist eine der zahlreichen Manifestationen des Lebens, eine monumentale Zusammenfassung des vieltausendfältigen Kampfes ums Dasein […]. […]

Man kann eine auf Verbesserung gerichtete Selektion durch den modernen Krieg wohl vollkommen negieren, ja man kann sogar sagen, daß der Krieg eine Selektion der Schlechteren darstellt. Der Krieg vernichtet oder schädigt nicht nur jene Bevölkerungsgruppe, welche reproduktiv die wertvollste ist, sondern er trifft auch innerhalb dieser Gruppe gerade die wertvollsten, indem er seine Selektion auf die Rekrutierung gründet. Die in Gefahr sind, die fallen, oder geschädigt werden, sind die Mutigsten und Kräftigsten, die Besten; die ohne Gefahr zu Hause bleiben, am Leben bleiben, nicht geschädigt werden, sind die für diesen Kampf ums Dasein Untauglichsten. Den selektionistischen Wert des Krieges beschreibt kurz und bündig Schiller mit den Worten: ‚Denn Patroklus liegt begraben und Thersites kehrt zurück.' […]

Der Krieg hat durch die großen Truppenumzüge, sowie durch die Diaspora der Flüchtlinge auch eine weitgehende Rassenmischung zur Folge. Wir wollen nicht darüber reden, ob Reinzucht auch beim Menschen ein für die Rassentüchtigkeit besonders wichtiges Element ist oder nicht, eines kann man bei dieser Art der Rassenmischung wohl sagen, daß sie in einem hohen Prozentsatz aller Fälle wohl nicht die glücklichste war. […]

Man stellt aller Orten Invalide zur Arbeit an, man bemüht sich, die Arbeit für sie zuzurichten u. dgl., doch vergessen wir nicht, der Kampf ums Dasein ist nicht aufgebaut auf Mitleid und charitative Tätigkeit, sondern ist ein Kampf, in welchem der Stärkere und Tüchtigere schon im Interesse der Erhaltung der Art siegen muß und siegen soll. […]

Wir müssen uns darüber klar sein, daß gerade durch den Umstand, daß so viele Untüchtige, also Minusvarianten, infolge des Krieges zur Reproduktion kommen, die Gefahr der Vermehrung dieser Minusvarianten für die nächste Generation größer ist als für die heutige und daß damit die nächste Generation noch mehr bemüßigt sein wird, diese Minusvarianten zu erhalten und zu stützen. So grausam es klingen mag, muß es doch gesagt werden, daß die kontinuierlich immer mehr steigende Unterstützung dieser Minusvarianten menschenökonomisch unrichtig und rassenhygienisch falsch ist. Hier sprechen vor allem die Ziffern eine sehr merkwürdige Sprache. Auf der einen Seite gibt Deutschland im Jahre fast fünf Milliarden für Alkohol und Tabak aus, Ausgaben, welche ja gewiss zum Lebensgenuss gehörig sind, aber andererseits gewiss nicht als strikt rassenhygienisch bezeichnet werden können. Dienen sie doch vielfach der Erzeugung von Minusvarianten. […]

Was die schlechten Rassenelemente dem Staat und der Gesellschaft kosten, hat Jens für Hamburg nachgewiesen. Diese Stadt mit ca. 900.000 Einwohnern hat ein Kapital von 75,500.000 M. [= Mark] für sogenannte mildtätige Zwecke festgelegt und gibt alljährlich 31,000.000 M. für diese Zwecke aus. […] Ich habe diese Ziffern hier angeführt, weil ich mich vor der Idee nicht retten kann, daß das kurzfristige Bestreben, überall zu helfen, auch die durch den Krieg gesteigerte qualitative Minderwertigkeit der Bevölkerung noch erhöhen wird und daß daraus dem gesunden Anteil des Volkes allzu große unökonomische Opfer erwachsen werden. […] Können wir schon in der Reproduktion nicht qualitativ vorgehen, so sollen wir uns wenigstens bemühen, in der Aufzucht die Qualitäten zu fördern."[735]

(Auszüge aus: Ehe und Bevölkerungspolitik, 1923 bzw. 1924)[736]

„[...] Staaten sind nicht nur wirtschaftlich und politisch, sondern auch organisch bedingte Daseinsformen der menschlichen Gesellschaft, wobei wir unter organischer Bedingtheit die Abhängigkeit des Staates von dem Zustande seines organischen Kapitals verstehen. Dieses aber wird repräsentiert durch die den Staat bildende Menschheit. Die Verwaltung dieses organischen Kapitals ist Gegenstand der Bevölkerungspolitik. [...] Bevölkerungspolitisch repräsentiert die Ehe eine Institution, welche die Reproduktion des Menschengeschlechtes im Sinne einer durch zielstrebige Auslese günstigen Zeugung und durch eine rechtlich und materiell sichergestellte Aufzucht ermöglicht. [...]

Ihr Fundament [bezogen auf die Bevölkerungspolitik, Anm. d. Verf.] ist und bleibt die Wertung des Menschenlebens, aber nicht vom individualistischen Standpunkt, nicht vom Standpunkt des Gesetzes und des Rechts, auch nicht vom Standpunkt des Gefühls und der Moral, sondern von jenem der Bevölkerungspolitik. [...] Es gibt lebensunwertes Leben vom Standpunkt des Individuums, aber auch vom Standpunkt der Bevölkerungspolitik und auch hier geraten Individuum und Allgemeinheit oft in Konflikt. [...]

Welchen Aufwand übrigens die Staaten für völlig lebensunwertes Leben leisten müssen, ist zum Beispiel daraus zu ersehen, daß die 30.000 Vollidioten Deutschlands diesem Staat 2 Milliarden Friedensmark kosten. Bei der Kenntnis solcher Zahlen gewinnt das Problem der Vernichtung lebensunwerten Lebens an Aktualität und Bedeutung. Gewiss, es sind ethische, es sind humanitäre oder fälschlich humanitäre Gründe, welche dagegen sprechen, aber schließlich und endlich wird auch die Idee, daß man lebensunwertes Leben opfern müsse, um lebenswertes zu erhalten, immer mehr und mehr ins Volksbewusstsein dringen. Denn heute vernichten wir vielfach lebenswertes Leben um lebensunwertes zu erhalten. Tradition und überkommene Humanität bindet die Gesellschaft derart, daß sie sich nicht berechtigt fühlt, lebensunwertes Leben zu vernichten. Dieselbe Gesellschaft, welche in ihrer Verständnislosigkeit, in ihrer leichtsinnigen Gleichgültigkeit hunderte von Kindern, darunter vielleicht Talente und Genies glatt zugrunde gehen lässt, füttert in sorgsamer Ängstlichkeit Idioten auf und rechnet es sich als eine Leistung an, wenn es ihr gelingt, denselben ein behagliches Greisenalter zu sichern. [...] Die konstitutionellen [= durch Vererbung erworbenen; Anm. d. Verf.] Eigenschaften des Menschen könnten wir vorderhand züchterisch nur durch die negative Zuchtwahl, das heißt durch die Ausmärzung [sic!] beeinflussen. Diese Ausmärzung ist in der Tierzucht ein höchst einfaches Experiment, ist aber beim Menschen gerade an seinen menschlichen, allzu menschlichen Qualitäten undurchführbar. […]

Schließlich ist das Zeugungsverbot doch nur durchzusetzen durch die Sterilisation jener, welche zur Zeugung aus bevölkerungspolitischen Gründen nicht zugelassen werden sollen und diese Art der Verhütung müßte sich auf die eheliche und uneheliche Art der Zeugung erstrecken. Auch die Sterilisation als Maßregel der Gesellschaft ist nicht neu, sie wurde bereits an Verbrechern geübt."[737]

(Auszüge aus: Gefahren der Minderwertigkeit, 1928)

„Quantitative Bevölkerungspolitik ist immer bedacht auf rücksichtslose Vermehrung der Menschen einer Gemeinschaft, vor allem eines Staates im Interesse der Herrschaft, in Rücksicht auf imperialistische Tendenzen, ihr Ziel ist die Wehrhaftigkeit. […] Qualitative Bevölkerungspolitik […] verlangt aber vor allem Qualitätsverbesserung der einzelnen und der Gesamtheit im Interesse der Menschenwürdigkeit und der Kultur. […] Qualitative Bevölkerungspolitik beobachtet […] vor allem die Qualität des Nachwuchses. […] Vorderhand ist das Hauptbestreben der quantitativen Bevölkerungspolitik darauf gerichtet, durch Begünstigung der Aufzucht die Kindersterblichkeit zu vermindern, um so den Ausfall der geminderten Geburtlichkeit zu decken. Aber auch das geschieht vorderhand wahllos und führt zur sündhaften Aufzucht der Minusvarianten auf der einen Seite, zur Vergreisung der Menschheit auf der anderen. […]

Gewiß eugenetische Experimente im Sinne utopischer Menschenzucht, wie sie einzelnen vorschwebten oder durchgeführt wurden, sind weder wissenschaftlich begründet noch praktisch durchführbar. Wenn Semiramis die schwächlichen Männer töten ließ, um sie von der Zeugung auszuschließen, so war dies eine Form der Selektion, der die wissenschaftliche Grundlage sicher gefehlt hat. Wenn die Spartaner schwächliche Neugeborene am Taigetos ausgesetzt haben, so war dies eine bewußte Ausrottung, die in ihrer Intention vieles für sich hat, die aber in der Durchführung sicher mangelhaft gewesen ist. […]

Die Domestikation ist antiselektionistisch, denn jede Art der Domestikation schützt das Minderwertige. Auch die Domestikation des Menschen ist auslesefeindlich. Der Mensch verdankt der Domestikation alles Menschenwürdige und Lebenswerte, die Zivilisation, die Kultur, alle Errungenschaften des Geistes und des Gefühles, er verdankt ihr aber auch die Gefahr der Entartung, den drohenden Sieg der Minderwertigkeit, die Quelle seines Unterganges. [...] Eugenischer Radikalismus, wie er von mancher Seite gepredigt wird, schädigt die Eugenik, die Befolgung nicht wissenschaftlich begründeter Indikationen kompromittiert sie. Es gibt heute schon eine, wenn auch bescheidene Reihe von Erkrankungen und Anomalien, deren zwangsläufige Vererbung wir kennen. [...] Die Fortpflanzung der Träger dieser Defekte zu verhindern, ist vor allem Aufgabe der Eugenik. Sie zu lösen ist schwer. Denn heute gebietet Zivilisation und Humanität die Produkte aus der Paarung solcher Individuen, die Minderwertigen, die Schwachsinnigen, die Idioten, kurz die geborenen Geistes- und Körperkrüppel unter Anwendung unseres ganzen medizinischen Wissens, unter Aufopferung ungeheurer Mittel zu hegen, am Leben zu erhalten und möglichst alt werden zu lassen. Tüchtige gehen zugrunde, Genies verrecken, wir aber retten die Minderwertigen. Ihr Erscheinen, ihr Geborenwerden zu verhindern, bedeutet nicht nur Ersparnis, sondern Begünstigung der Wertvollen in der jetzt lebenden und Aufzuchtsmöglichkeit in der kommenden Generation. [...]

Ich will nur an einem ganz kleinen Beispiel auf die bevölkerungspolitisch unproduktiven Ausgaben hinweisen. Rund 300 idiotische oder schwachsinnige Kinder werden von der Gemeinde Wien in Anstalten gehalten. Jedes einzelne kostet 4 S [=Schilling] pro Tag. Rechnen wir aber nur 1000 S, so sind das 365.000 S im Jahr. Zirka 5000 Menschen befinden sich als Insassen in den Irrenanstalten der Gemeinde Wien. Sie kosten 30.000 S pro Tag, rund 11,000.000 S im Jahr. [...] Hoche gibt an, daß in Deutschland 20.000-30.000 Idioten in Anstalten leben. Einer kostet 1300 Mark im Jahr, alle zusammen also zirka 33,000.000 Mark jährlich. Da ein Idiot durchschnittlich 50 Jahre alt wird, kostet er 65.000 Mark. Wo gibt es einen normalen Menschen, wo ein Genie, für dessen Erhaltung die Gesellschaft solche Summen verwendet? Wie viele normale Kinder sind unterernährt, wie viele können nicht in die Schule gehen, weil sie keine Schuhe haben, wie viele müssen vorzeitig in den Beruf, ohne jene Menge des Wissens sich anzueignen, die notwendig wäre. Man hat kein Geld, weil man Idioten erhalten muß. Freie Bahn für den Tüchtigen, ist ein Wunsch, freie Bahn für den Minderwertigen, fast seine Erfüllung. Die menschliche Gesellschaft hat also ein Recht darauf, will und soll sie bestehen, die weitere Vermehrung der Minderwertigen zu verhindern. [...]

Die Sterilisation ist daher im Sinne der Eugenik die Methode der Wahl. […] So gehen die Vorschläge Boeters unzweifelhaft zu weit, wenn er z. B. verlangt, daß Frauen, die zwei oder mehr uneheliche Kinder geboren haben, deren Vaterschaft zweifelhaft ist, sterilisiert werden sollen. Manche Forderungen Boeters sind zu unterschreiben, so die nach der Sterilisation blödsinnig geborener Kinder und der Insassen der Anstalten für Epileptiker und unheilbare Geisteskranke vor deren Entlassung. Boeters verlangt ganz richtig die Zustimmung der Eltern und des Vormundschaftsgerichtes für den Eingriff. Über die Berechtigung des Arztes, eine solche Operation vorzunehmen und über den sich an diese Frage schließenden Rechtsstreit wollen wir uns hier nicht unterhalten. Wenn hervorragende Ärzte vielfach gegen die Sterilisation der Minderwertigen sind und der Meinung Ausdruck geben, daß die Zeit für eine gesetzlich bewilligte zwangsmäßige Unfruchtbarmachung Minderwertiger noch nicht gekommen zu sein scheint, so liegt schon in dieser Äußerung das Bekenntnis zur eugenetischen Sterilisation, das durch die Verschiebung auf kommende Tage nicht wesentlich eingeschränkt werden kann. Aufgabe der Eugenik ist es eben, die Menschen aufzuklären, damit die Zeit der allgemeinen Erkenntnis, von der gesprochen wird, möglichst früh erscheine. Die Unfruchtbarmachung der Minderwertigen selbstverständlich unter allen Kautelen der Wissenschaft und der Menschlichkeit und unter voller Bürgschaft des Rechtes ist meiner Überzeugung nach eine unabweisliche Forderung. Ich bin der Meinung, daß viele Minderwertige über das zu erwartende Schicksal ihrer Kinder aufgeklärt, sich freiwillig der Unterbindung des Samenstranges resp. des Eileiters unterziehen werden."[738]

Anmerkungen

1 Aus: Conrad Ferdinand Meyer, Huttens letzte Tage, Reclam, Stuttgart 1964 (Erstveröffentlichung 1871), S. 33.

2 Hon.-Prof. Dr. Wolfgang Neugebauer war von 1983 bis 2004 wissenschaftlicher Leiter des Dokumentationsarchivs des österreichischen Widerstandes (DÖW) und ist seit 1995 Honorarprofessor am Institut für Zeitgeschichte der Universität Wien.

3 Wolfgang Neugebauer / Peter Schwarz, Der Wille zum aufrechten Gang. Offenlegung der Rolle des Bundes Sozialistischer Akademiker (BSA) bei der gesellschaftlichen Reintegration ehemaliger Nationalsozialisten, hg. vom BSA, Czernin-Verlag, Wien 2005.

4 Vgl. Alfred Pfabigan, Max Adler. Eine politische Biographie, Frankfurt am Main 1982, S. 202.

5 Wolfgang Maderthaner zit. n. Alois Pumhösel, *Soziales Experiment: Die Utopie des „neuen Menschen" im Roten Wien*, in: Der Standard, 20. April 2016, S. 15.

6 Birgit Nemec zit. n. Pumhösel, *Soziales Experiment*, S. 15.

7 Dieses Zitat, das Tandler vermutlich in einer Rede verwendet hatte, ist in dieser wortwörtlichen Formulierung in seinen Schriften nicht dokumentiert. Eine sinngemäße Ausführung dieses Gedankens findet sich bspw. in dem Beitrag: Julius Tandler, Wohltätigkeit oder Fürsorge, Wien 1925, S. 5. Der Spruch Tandlers findet sich jedoch auf einer Gedenktafel neben dem von Theodor Charlemont (1859–1938) gestalteten Bildrelief „Der erste Schritt" (Mutter mit laufendem Kind) in der Halle des am damaligen Nationalfeiertag, dem 12. November 1927, in Anwesenheit des Bundespräsidenten eröffneten Kinderheimes Schloss Wilhelminenberg: „Wer Kindern Paläste baut, reißt Kerkermauern nieder. Dieser Palast, für einzelne Auserwählte erbaut, wurde von der Gemeinde Wien erworben und den vielen hilfsbedürftigen Kindern dieser Stadt gewidmet." Tandler hatte bei der Eröffnung die Festrede gehalten. Vgl. Die Verwaltung der Bundeshauptstadt Wien in der Zeit vom 1. 1. 1923 bis 31. 12. 1928. Hg. v. Magistrat der Stadt Wien, 2. Bd., Wien 1933, S. 742.

8 Vgl. Wolfgang Maderthaner, Hugo Breitner, Julius Tandler. Architekten des Roten Wien, Wien 1997, S. 11 f.

9 Tandler stellte seine am 18. Oktober 1910 gehaltene Antrittsvorlesung über „Anatomie und Klinik" unter den Leitspruch: „Hic locus est, ubi mors gaudet succurrere vitae" („Hier ist der Ort, an dem der Tod sich freut, dem Leben zu helfen."). Dieses Diktum ist bezeichnenderweise als Aufschrift an zahlreichen anatomischen Instituten und Museen zu finden, bspw. an der Anatomie der Pariser Sorbonne oder der Humboldt-Universität in Berlin. In seiner Antrittsvorlesung würdigte Tandler seine Vorgänger Joseph Hyrtl (1811–1894), Carl Langer (1819–1887) und Emil Zuckerkandl (1849–1910) sowie deren wissenschaftliche Leistung. Er interpretierte aber auch die Aufgabe und Zielsetzung der Anatomie in einem sehr humanistischen Sinn als „mittelbares Helfen" im Zusammenspiel mit den klinischen Fächern, insbesondere der Chirurgie, die durch „Denken und Handeln" sogar „unmittelbar helfen" könnten: „Wenn operieren logisches Handeln heißt, dann ist die anatomische Erkenntnis eine unumgängliche Prämisse dieser Handlung. Ein chirurgischer Weg wird umso erfolgreicher, je naturgemäßer, je anatomischer er ist. Insofern ist die Anatomie ein Prüfstein für die Chirurgie, aber auch ein Wegweiser…". Tandler ging es darum, die Medizinstudierenden zu „künftigen Kämpfern gegen

Krankheit und Tod auszurüsten", sie durch mittelbare Hilfe zu unmittelbarer Hilfe zu befähigen. Karl Sablik hat zurecht darauf hingewiesen, dass diese Denkschemata auch für den späteren Sozialpolitiker Tandler maßgeblich waren: „Das Programm seiner Antrittsvorlesung: Lehrer zu sein, als Theoretiker dem Praktiker zu helfen, das heißt in der Medizin: Leid und Schmerz in Gesundheit zu ändern, für den Sozialpolitiker heißt es: die dafür notwendige Organisation zu schaffen, auch materielle Not" [...], sei sie körperlich oder seelisch bedingt, [...] „lindern, also heilen zu können". Vgl. Julius Tandler, Anatomie und Klinik, in: Wiener klinische Wochenschrift, 23. Jg., 1910, S. 1547–1552; Karl Sablik, Julius Tandler. Mediziner und Sozialreformer, 2. Aufl., Frankfurt am Main 2010 (1. Aufl. 1981), S. 37 f.

10 Julius Tandler, Anatomie des Herzens, Jena 1913; Julius Tandler / Otto Zuckerkandl, Studien zur Anatomie und Klinik der Prostatahypertrophie, Berlin 1922; Julius Tandler, Topographische Anatomie dringlicher Operationen, Berlin 1916; Julius Tandler / Harry Sicher, Anatomie für Zahnärzte, Wien-Berlin 1928; Julius Tandler, Lehrbuch der systematischen Anatomie, 4 Bände, Leipzig 1918–1929.

11 Tandler hielt am 24. März 1909 in der Anthropologischen Gesellschaft Wiens einen Vortrag mit dem Titel „Über den Schädel Haydns". Tandlers Untersuchung kam zum Schluss, dass es sich bei dem Untersuchungsobjekt um das echte Cranium Haydns handelte. Erst 1954 konnte Haydns „Schädelreliquie" mit dem Rest der Gebeine in dessen Grabmal in Eisenstadt vereint werden. Vgl. Mitteilungen der Anthropologischen Gesellschaft in Wien, 39. Jg., Wien 1909, S. 15; Hans-Josef Irmen, Joseph Haydn. Leben und Werk, Köln-Weimar-Wien 2007, S. 284 f.

12 Sablik, Tandler, S. 86–109.

13 Ebd., S. 104 f., S. 140 f.

14 Ebd., S. 137 f.

15 Siehe: Günther K. Kodek, „Unsere Bausteine sind die Menschen." Die Mitglieder der Wiener Freimaurer-Logen 1869–1938, Wien 2009, S. 353; ÖBL 1815–1950, Bd. 14, Lfg. 64, Wien 2013, S. 193 f.

16 Kodek, Unsere Bausteine, S. 353.

17 Karl Sablik, Julius Tandler. Mediziner und Sozialreformer. Eine Biographie, Wien 1983, S. 11 ff. u. S. 137 f.

18 Ebd., S. 174 ff.

19 Mit der Reform des Wiener Gemeindestatuts 1890 erfolgte die Schaffung der Institution des Wiener Stadtrates, dessen Geschäftsordnung am 2. September 1891 in Kraft trat. Beim Stadtrat handelte es sich um ein Kollegialorgan, das der Gemeindeordnung bzw. den Geschäftsordnungen des Gemeinderats und Stadtrates zufolge nicht auf einem Ressortprinzip beruhte. Das bedeutet, dass die Mitglieder des Wiener Stadtrates im Zeitraum 1891 bis zum 31. Mai 1920 über keine eigenen Ressorts verfügten. Am 1. Juni 1920 trat die vom Niederösterreichischen Landtag am 29. April beschlossene Änderung des Gemeindestatuts für die Stadt Wien in Kraft, womit ein neu eingeführter Stadtsenat den bisherigen Stadtrat ersetzte: An diesem Tag wählte der Wiener Gemeinderat insgesamt 12 Stadträte, die den Stadtsenat bildeten. Acht von ihnen – die amtsführenden Stadträte – standen jeweils ressortverantwortlich an der Spitze der neu geschaffenen Verwaltungsgruppen (I-VIII). Außerdem wählte der Gemeinderat erstmalig für die von ihm bestimmten Verwaltungsgruppen (bzw. Geschäftsgruppen) je einen Gemeinderatsausschuss, der sich aus der vom zuständigen amtsführenden

Stadtrat bestimmten Anzahl von Gemeinderatsmitgliedern zusammensetzte. In jedem Gemeinderatsausschuss hatten die im Gemeinderat vertretenen politischen Parteien einen Vertretungsanspruch nach Maßgabe ihrer Stärke. Dem Gemeinderatsausschuss stand in allen Angelegenheiten des eigenen Wirkungsbereichs die Generalkompetenz zu, das heißt, er entschied immer dann, wenn kein anderes Organ hierfür zuständig war. Am 10. November 1920 trat das Bundes-Verfassungsgesetz, die mit Novellen bis heute geltende österreichische Verfassung, die Wien als Gemeinde und als Bundesland definiert, in Kraft. Sie bestimmte, dass der Wiener Stadtsenat zugleich die Funktionen der Wiener Landesregierung ausübt. Bis 1918 hatte das Zensus- bzw. Kurienwahlrecht (4 Wahlkörper) den Christlichsozialen eine Mehrheit im Wiener Gemeinderat gesichert. Erst mit der Einführung des allgemeinen Frauen- und Männerwahlrechts 1919 verfügten die Sozialdemokraten seit der Gemeinderatswahl vom 4. Mai 1919 (bis zur letzten freien Wahl am 24. April 1932) über eine absolute Mandatsmehrheit im Wiener Gemeinderat bzw. Landtag und stellten neben dem Bürgermeister bzw. Landeshauptmann sämtliche amtsführende Stadträte. Vgl. Maren Seliger / Karl Ucakar (Hgg.), Wien, Politische Geschichte 1740–1934. Entwicklung und Bestimmungskräfte großstädtischer Politik, Teil 2: 1896–1934, Wien 1985, S. 414 ff.; Barbara Steininger, Vom Stadtrat zum Stadtsenat – die Wiener Stadtregierung 1890/91 bis 1920, in: Karl Fischer (Hg.), Jahrbuch des Vereins für Geschichte der Stadt Wien, Wien 2010, S. 285-308 (= Studien zur Wiener Geschichte, Bd. 66); Barbara Steininger, Der Wiener Gemeinderat und der Wiener Landtag. Eine Zeitreise 1848–2013, Wien 2013, S. 3-28, insbes. S. 7 ff. (= Veröffentlichungen des Wiener Stadt- und Landesarchivs, Reihe B: Ausstellungskataloge, Heft 89); Felix Czeike / Peter Csendes, Die Geschichte der Magistratsabteilungen der Stadt Wien 1902–1970, Teil I, Wien-München 1971, S. 38 f.; S. 62 f.

20 Michael Hubenstorf, Vom Krebsgang des Fortschritts, in: Lichtjahre. 100 Jahre Strom in Österreich, Wien 1986, S. 149–176, hier S. 160 ff.

21 Nach dem Beginn der Februarkämpfe 1934 gelang Winter mit Hilfe einer Einladung zu einer Vortragsreise rechtzeitig die Flucht in die USA, wo er sich – wie zuvor in Österreich – unermüdlich für die Rechte von Arbeitern, Kindern und sozial Schwachen einsetzte. Aufgrund einer von Winter in New York öffentlich geäußerten Kritik an Bundeskanzler Dollfuß wurde ihm die österreichische Staatsbürgerschaft entzogen. Winter schaffte es nicht mehr, in den USA erfolgreich als Journalist und Drehbuchautor Fuß zu fassen. Verarmt starb er am 11. Juli 1937 in einem Krankenhaus in Hollywood, seine Urne wurde im September 1937 auf dem Matzleinsdorfer Friedhof in Wien unter großer Anteilnahme der Bevölkerung beigesetzt. Julius Grünwald vermochte 1938/39 vor den Nationalsozialisten zu fliehen und emigrierte nach Großbritannien, wo er am 7. Oktober 1945 in London starb. Tandler wiederum war im März 1934 kurzfristig verhaftet und zwangsemeritiert worden. Im Februar 1936 nahm er eine Beratertätigkeit als Spitalsreformer in der Sowjetunion an. Er starb am 25. August 1936 in Moskau. Vgl. Anton Tesarek, Max Winter, in: Norbert Leser (Hg.), Werk und Widerhall. Große Gestalten des österreichischen Sozialismus, Wien 1964, S. 447-452; Sablik, Tandler, S. 320 f.

22 Der provisorische Wiener Gemeinderat wählte am 3. Dezember 1918 u. a. Max Winter in den Stadtrat. Der am 4. Mai 1919 neu gewählte Wiener Gemeinderat entsandte am 27. Mai 1919 u. a. Dr. Heinrich Grün in den Stadtrat, dem Max Winter als Vizebürgermeister automatisch angehörte. Obgleich der Stadtrat zu diesem Zeitpunkt noch kein Ressortprinzip kannte, geht aus den Sitzungsberichten des Stadtrates (Amtsblatt der Stadt Wien) hervor, dass Dr. Grün als Berichterstatter für Sanitäts- und Gesundheitsfragen und Max Winter als Berichterstatter für das Wohlfahrtswesen bzw. die Sozialpolitik

agierten. Vgl. Magistrat der Stadt Wien (Hg.), Die Gemeindeverwaltung der Bundeshauptstadt Wien in der Zeit vom 1. Jänner 1914 bis 30. Juni 1919, Wien 1923, S. 12 ff.; Magistrat der Stadt Wien (Hg.), Die Gemeindeverwaltung der Bundeshauptstadt Wien in der Zeit vom 1. Juli 1919 bis 31. Dezember 1922, Wien 1927, S. 74 f.; Bericht über die Stadtratssitzung vom 21. Jänner 1920, in: Amtsblatt der Stadt Wien, 29. Jg., Nr. 10, 4. Februar 1920, S. 305-310; Bericht über die Stadtratssitzung vom 6. Mai 1920, in: Amtsblatt der Stadt Wien, 29. Jg., Nr. 41, 22. Mai 1920, S. 1378 f.

23 Hubenstorf, Vom Krebsgang des Fortschritts, S. 160 ff.; Michael Hubenstorf, Die Genese der Sozialen Medizin als universitäres Lehrfach in Österreich bis 1914. Ein Beitrag zum Problem der Disziplinbildung und wissenschaftlichen Innovation, Diss. med., Berlin 1999, S. 521 f. (Bd. 3).

24 Grünwald war wiederum vom 1. Juni bis 28. November 1920 amtsführender Stadtrat für Sozialpolitik und Gesundheitswesen (Verwaltungsgruppe IV). Mit Erlass der Magistratsdirektion vom 28. November 1920 – kurz nach Tandlers Amtsantritt als amtsführender Stadtrat – wurde das Gesundheitswesen aus der Verwaltungsgruppe IV (nunmehr umbenannt in „Sozialpolitik und Wohnungswesen") ausgeschieden und Tandlers Verwaltungsgruppe III zugeteilt: Ende 1920 ressortierten demzufolge die Magistratsabteilungen 7 (Jugendamt), 8 (Armenpflege), 9 (Pflegeanstalten), 10 (Stiftungen), 11 (Notstandsfürsorge) sowie die neu hinzugekommenen Magistratsabteilungen 12 (Gesundheitsamt) und 13 (Friedhofs- und sanitäre Rechtsangelegenheiten) zu Tandlers Verwaltungsgruppe III. Sieben Jahre später erhielt Tandlers Ressort – gemäß Erlass der Magistratsdirektion vom 22. November 1927 – auch noch die sozialpolitischen Agenden der Verwaltungsgruppe IV (fortan „Wohnungswesen" genannt) – die Magistratsabteilung 14 (Arbeiterfürsorgeamt) – übertragen. Vgl. Czeike / Csendes, Die Geschichte der Magistratsabteilungen der Stadt Wien 1902–1970, Teil I, Wien-München 1971, S. 38 f., S. 62 f.

25 Sablik, Tandler, S. 218-297.

26 Alfred Götzl, Die Leistungen der Gemeinde Wien für Tuberkulöse, in: Blätter für das Wohlfahrtswesen der Stadt Wien, 22. Jg., Nr. 238, Juli–August 1923, S. 41-42.

27 Vgl. Kerstin Aigner, Die Tuberkulose während der Ersten Republik. Unter besonderer Berücksichtigung der Situation im Roten Wien, Dipl.-Arb., Wien 2010, S. 88–125; Ermar Junker / Beatrix Schmidgruber / Gerhard Wallner, Die Tuberkulose in Wien, Wien 1999, S. 61 ff.; Clemens Pirquet, Ernährungszustand der Kinder in Österreich während des Krieges und der Nachkriegszeit, in: Clemens Pirquet (Hg.), Volksgesundheit im Krieg, Bd. 1, Wien-New Haven 1926, S. 171 ff.; Ludwig Teleky, Tuberkulose und soziale Verhältnisse, in: Einführung in die Tuberkulosefürsorge. Vorträge gehalten anlässlich der vom k. k. Ministerium des Innern veranstalteten Ärztekurse (1917/18), Sonderbeilage der Zeitschrift: Das österreichische Sanitätswesen, 30 Jg., 1918, S. 63-81.

28 Für die stationäre Behandlung Tuberkulosekranker waren für die Bevölkerung Wiens 1923 ca. 2.000 Betten vorgesehen, davon 500 in Anstalten der Gemeinde Wien. Tandler ließ die Zahl der Tuberkulosefürsorgestellen der Stadt Wien von 8 (1924) auf 11 (1929) aufstocken. Im selben Zeitraum erhöhte sich auch die Zahl der in den städtischen Tuberkulosefürsorgestellen tätigen ÄrztInnen (von 20 auf 61) und Fürsorgerinnen (von 33 auf 83). Neben der Lungenheilstätte „Baumgartner Höhe" standen folgende Anstalten in und außerhalb Wiens zur Tuberkulosebehandlung zur Verfügung: u. a. Krankenhaus Lainz, Versorgungshaus Lainz, die Heilstätten Baden, Enzenbach, Bad Hall, Hörgas, Grimmenstein, Kreuzwiese, Bellevue, das Tuberkulosespital bei der „Spinnerin

am Kreuze". Des Weiteren konnte die Gemeinde Wien tuberkulosekranken und rachitischen Kindern therapeutische Aufenthalte in den Heilstätten Hörgas, „Spinnerin am Kreuze", Bad Hall, Sulzbach bei Bad Ischl sowie in zwei Kurorten an der damals adriatisch-italienischen Küste – dem Kindererholungsheim Lussingrande (heute kroatisch Veli Lošinj) und dem Seehospiz San Pelagio bei Rovigno (heute kroatisch Rovinj) – ermöglichen. Bettenanzahl und Nutzung für die Wiener Kinder bzgl. San Pelagio und Lussingrande waren vertraglich zwischen der Stadt Wien und den italienischen Behörden geregelt. Vgl. Junker / Schmidgruber / Wallner, Die Tuberkulose in Wien, S. 65 ff.; Katarina Marič / Tajana Ujčić / Andreas Weigl, Erinnerungen an das Seehospiz der Stadt Wien in San Pelagio-Rovinj 1888–1947, Wien 2015 (= Veröffentlichungen des Wiener Stadt- und Landesarchivs, Reihe B: Ausstellungskataloge, Heft 92), S. 5-28.

29 Hans Poindecker studierte in Graz Medizin. Nach dem Ersten Weltkrieg (Regimentsarzt) trat er als Primarius der Lungenheilstätte Steinklamm an der Pielach in den Dienst der Gemeinde Wien ein. Von 1926 bis 1. Juni 1945 hatte er die ärztliche Leitung der Lungenheilstätte Baumgartner Höhe inne. 1945 wurde er aus politischen Gründen (illegales NSDAP-Mitglied seit 1933) aus dem Dienst entlassen. Von Juni bis Dezember 1945 war er in dem Anhaltelager für ehemalige Nationalsozialisten im Pavillon 23 der Heil- und Pflegeanstalt der Stadt Wien „Am Steinhof" inhaftiert. Nach seiner Pensionierung 1948 war Poindecker zunächst als niedergelassener Lungenfacharzt und seit 1951 als Lungenspezialist in einem Ambulatorium der Wiener Gebietskrankenkasse tätig. Vgl. Gabriel, 100 Jahre Gesundheitsstandort Baumgartner Höhe, S. 196; Hans Poindecker, Die Tuberkulösensiedlung, in: Blätter für das Wohlfahrtswesen der Stadt Wien, 22. Jg., Nr. 239, September-Oktober 1923, S. 55-57.

30 Rudolf Wlassak studierte Medizin in Graz, Leipzig, Zürich und Wien (1890 Promotion), danach war er Assistent am Physiologischen Institut in Zürich. 1893 folgte seine Habilitation für Physiologie (Privatdozent). 1905 war er Mitbegründer des sozialdemokratischen Arbeiter-Abstinentenbundes in Österreich. Der Physiologe und Nervenarzt Wlassak zählt zu den Pionieren auf dem Gebiet der Behandlung von Alkoholismus bzw. Alkoholsucht. 1918/19 war er Volontärassistent bei dem renommierten Schweizer Psychiater Prof. Eugen Bleuler an der Psychiatrischen Universitätsklinik Zürich („Burghölzli"). Nach seiner Tätigkeit an der Nervenheilanstalt Maria Theresien-Schlössl wurde er 1922 von Stadtrat Tandler zum Leiter der auf sein Betreiben hin gegründeten Trinkerheilstätte in der Heil- und Pflegeanstalt Steinhof bestellt. Nach seinem Tod 1930 übernahm sein Assistent Ernst Gabriel (1899–1978) die Leitung der Trinkerheilstätte bis Ende 1938. Auf ihn folgte Erwin Jekelius (1905–1952), der von Juli 1940 bis 1942 die Leitung der Wiener städtischen Jugendfürsorgeanstalt „Am Spiegelgrund" (1942 umbenannt in „Wiener städtische Nervenklinik für Kinder ‚Am Spiegelgrund'") innehatte. Jekelius war einer der Hauptverantwortlichen für die Durchführung der NS-Kindereuthanasie in der dortigen Kinderfachabteilung sowie T4-Gutachter und Koordinator der „Aktion T4" in Wien. Vgl. Gabriel, 100 Jahre Gesundheitsstandort Baumgartner Höhe, S. 173-177; Matthias Dahl, Endstation Spiegelgrund. Die Tötung behinderter Kinder während des Nationalsozialismus am Beispiel einer Kinderfachabteilung in Wien 1940 bis 1945, 2. Aufl., Wien 2004; Susanne Mende, Die Wiener Heil- und Pflegeanstalt „Am Steinhof" im Nationalsozialismus, Frankfurt am Main 2000; Neugebauer / Malina, NS-Gesundheitswesen und Medizin, S. 696-720; Rudolf Wlassak, Grundriss der Alkoholfrage. Leipzig 1922; Rudolf Wlassak, Eine Alkoholikerabteilung in der Heil- und Pflegeanstalt „Am Steinhof", in: Blätter für das Wohlfahrtswesen der Stadt Wien, 22. Jg., Nr. 235/236, Jänner-April 1923, S. 8-9; Rudolf Wlassak, Trinkerheilstätte und

Trinkerfürsorgestelle der Gemeinde Wien, in: Blätter für das Wohlfahrtswesen, 28. Jg., Nr. 271, Jänner–Februar 1929, S. 27-30.

31 Irmgard Eisenbach-Stangl, Von der Trunksucht zur Alkoholkrankheit: Der Beitrag der Psychiatrie zur Bewältigung alkoholbezogener Probleme, in: Brigitta Keintzel / Eberhard Gabriel (Hgg.), Gründe der Seele. Wiener Psychiatrie im 20. Jahrhundert, Wien 1999, S. 190-208, hier S. 196 f.

32 Josef Zeithammel, Die städtische Kinderübernahmsstelle, in: Blätter für das Wohlfahrtswesen der Stadt Wien, 23. Jg., Nr. 241, Jänner–Februar 1924, S. 4-6; Gustav Riether, Das Zentralkinderheim der Stadt Wien, in: Blätter für das Wohlfahrtswesen der Stadt Wien, 23. Jg., Nr. 242, März–April 1924, S. 19-23; Josef Baumgartner, Die Kinderherbergen der Stadt Wien, in: Blätter für das Wohlfahrtswesen der Stadt Wien, 23. Jg., Nr. 243, Mai–Juni 1924, S. 51-53; Friedrich Wilhelm, Die Kinderpflegeanstalten der Stadt Wien, in: Blätter für das Wohlfahrtswesen der Stadt Wien, 22. Jg., Nr. 239, September–Oktober 1923, S. 61-65.

33 Der im Juni 1925 im neunten Wiener Gemeindebezirk eröffnete Kinderübernahmestelle (KÜST) bzw. den dort Dienst habenden ÄrztInnen und FürsorgerInnen fiel die Aufgabe zu, alle der Gemeinde zur Fürsorge übergebenen Säuglinge, Kinder und Jugendlichen aufzunehmen, zu beobachten und für sie weitere Fürsorgemaßnahmen zu veranlassen. An Alternativen stand zur Verfügung: die Anstaltserziehung in einem Kinderheim oder Waisenhaus, die Übergabe an eine Pflegefamilie, die Rückkehr zu einem Elternteil bzw. zur elterlichen Familie oder die vorübergehende Überweisung in ein Spital zwecks Behandlung gesundheitlicher Erkrankungen. Vgl. Melinz, Von der „Wohltäterei" zur Wohlfahrt, S. 115 f.

34 Vgl. ausführlich: Ulrike Reitmeier, Die Jugendfürsorge in Wien als kommunale Aufgabe unter besonderer Berücksichtigung des Gesundheitswesens 1896–1923, Diss. phil., Wien 1973; Julius Tandler, Wohltätigkeit oder Fürsorge?, Wien 1925; Julius Tandler, Aufgaben der kommunalen Wohlfahrtspflege, in: Österreichische Gemeinde-Zeitung, 2. Jg., Nr. 13, 1925, S. 43-49; Julius Tandler, Die Anstaltsfürsorge der Stadt Wien für das Kind, Wien 1930; Salomon Rosenblum, Die sozialpolitischen Maßnahmen der Gemeinde Wien, Bern 1935; Franz Karner, Aufbau der Wohlfahrtspflege der Stadt Wien, Wien 1926; Eduard Jehly, 10 Jahre Rotes Wien, Wien 1930; Hermann Hartmann, Die Wohlfahrtspflege Wiens, Gelsenkirchen 1929; Marie Bock, Die Fürsorge in Österreich, Wien 1929; Ilse Arlt, Die Grundlagen der Fürsorge, Wien 1921; Philipp Frankowski / Karl Gottlieb, Die Kindergärten der Gemeinde Wien, Wien 1926; Magistrat der Stadt Wien (Hg.), Das Wohlfahrtsamt der Stadt Wien und seine Einrichtungen 1921–1931, Wien 1931; Rudolf Hornek, Organisation und Wirkungskreis der städtischen Jugendfürsorge, in: Blätter für das Wohlfahrtswesen der Stadt Wien, 22. Jg., Nr. 237, Mai–Juni 1923, S. 20-28.

35 Melinz, Von der „Wohltäterei" zur Wohlfahrt, S. 109 ff.

36 Sablik, Tandler, S. 284. Hans Paradeiser, Wie die Gemeinde Wien die Säuglingssterblichkeit bekämpft, in: Österreichische Gemeinde-Zeitung, 4. Jg., Nr. 21, 1. November 1927, S. 506-509; Hans Paradeiser, Die Säuglingswäscheaktion der Stadt Wien, in: Statistische Mitteilungen der Stadt Wien, 1.-3. Monatsheft, Wien 1927, S. 5 f.

37 Edmund Nobel / Siegfried Rosenfeld, Ursachen und Bekämpfung der Säuglingssterblichkeit in Österreich. Ergebnisse der von der Hygienesektion des Völkerbundes veranstalteten Enquete (= Mitteilungen des Volksgesundheitsamtes im Bundesministerium für soziale Verwaltung, Heft 8; Sonderbeilage), Wien 1930, Sp. 14.

38 Sablik, Tandler, S. 284.
39 Ebd., S. 284 f.
40 Ebd., S. 283;
41 Karl Gottlieb, Die Mutterberatungsstellen als Zentrum der ärztlichen Jugendfürsorge, in: Blätter für das Wohlfahrtswesen, 25. Jg., 1926, S. 113 f.; Karl Gottlieb, Erfahrungen aus der Mutterberatungsstelle, in: Blätter für das Wohlfahrtswesen, 24 Jg., 1925, S. 104 f.; Melinz, Von der „Wohltäterei" zur Wohlfahrt, S. 117 f.
42 Vgl. Christa Raffelsberger, Die Entwicklung der städtischen Kindertagesheime, in: Jugendamt der Stadt Wien (Hg.), Chronik der städtischen Kindertagesheime, Wien 1987, S. 9-42; Renate Seebauer, Kinderausspeisung, in: Felix Czeike, Historisches Lexikon der Stadt Wien in 6 Bänden, Bd. 3 H-L, Wien 2004, S. 502.
43 Melinz, Von der „Wohltäterei" zur Wohlfahrt, S. 117 ff.
44 Ebd., S. 116.
45 1922 bestellte Tandler die von ihm geförderte Zahnärztin Dr. Erna Greiner zur Leiterin der Wiener Schulzahnkliniken. Dr. Greiner, die ein leitendes ärztliches Amt bekleidete, war eine städtisch systematisierte Beamtin, die als solche offenbar alle Regimewechsel 1934 – 1938 – 1945 unbeschadet überstand. Vgl. Claudia Forster, Dr. Erna Greiner (1892–1968) und die schulzahnärztliche Versorgung Wiens von 1922-1957, Dipl.-Arb., Wien 2009; Erna Greiner, Die Schulzahnpflege der Gemeinde Wien, in: Blätter für das Wohlfahrtswesen der Stadt Wien, 22. Jg., Nr. 240, November–Dezember 1923, S. 74-75.
46 Sablik, Tandler, S. 218-297.
47 Vgl. Julius Tandler, Wohltätigkeit oder Fürsorge? Wien 1925.
48 Vgl. Hugo Breitner, Seipel-Steuern oder Breitner-Steuern? Die Wahrheit über die Steuerpolitik der Gemeinde Wien, Wien 1927; Wolfgang Fritz, Der Kopf des Asiaten Breitner. Politik und Ökonomie im Roten Wien. Hugo Breitner. Leben und Werk, Wien 2000.
49 Folgende private Kinderspitäler wurden 1923–1925 von der Gemeinde Wien übernommen: 1923 das Karolinen-Kinderspital im 9. Wiener Gemeindebezirk, Schubertgasse (gegründet 1879 aus Mitteln der Karoline Riedl'schen Kinderspital-Stiftung); 1924 das Leopoldstädter Kinderspital im zweiten Wiener Gemeindebezirk (1869 aus Mitteln der Ersten Österreichischen Spar-Casse errichtet; Übernahme des Spitals durch den Leopoldstädter Kinderspitalverein); 1925 das Mautner-Markof'sche Kinderspital im dritten Wiener Gemeindebezirk (1872 als Stiftung von Adolf Ignaz Mautner und seiner Gattin Julie Marcelline Mautner errichtet und 1875 als Kronprinz-Rudolf-Kinderspital in Betrieb genommen; 1921 Umbenennung in Mautner Markhof'sches Kinderspital). Vgl. Sablik, Tandler, S. 265 f.; Die Übernahme des Karolinen-Kinderspitals durch die Gemeinde Wien und der Neubau der Kinderübernahmsstelle der Gemeinde Wien, in: Blätter für das Wohlfahrtswesen der Stadt Wien, 22. Jg., Nr. 238, Juli–August 1923, S. 41-42; Das Leopoldstädter Kinderspital, in: Blätter für das Wohlfahrtswesen der Stadt Wien, 23. Jg., Nr. 245, September–Oktober 1924, S. 85-86.
50 1933 verfügte die Gemeinde Wien bereits über vier städtische Kinderspitäler: das Leopoldstädter Kinderspital, das Mautner-Markhof'sche Kinderspital, das Karolinen-Kinderspital und das Kinderspital der Stadt Wien im Wilhelminen-Spital. Vgl. Ärztliches Jahrbuch für Österreich 1933. Adresswerk der Ärzte und Apotheker Österreichs, XVIII. Jg., Wien 1933, S. 18-23.

51 Das Entbindungsheim der Stadt Wien „Brigittaspital", Wien 1927; Das neue Wien. Städtewerk, hg. unter offizieller Mitwirkung der Gemeinde Wien, Bd. 3, Wien 1927, S. 43 f.; Entbindungsheim der Stadt Wien. Brigitta Spital, in: Blätter für das Wohlfahrtswesen der Stadt Wien, 23. Jg., Nr. 244, Juli–August 1924, S. 65.

52 Universitätsprofessor Dr. Julius Tandler. Festschrift zum 60. Geburtstag, in: Blätter für das Wohlfahrtswesen, 28. Jg., Nr. 271, Jänner–Februar 1929, S. 5-9.

53 Sablik, Tandler, S. 262 ff.

54 Die Kriterien für eine Aufnahme in das Versorgungshaus Lainz waren Siechtum und Pflegebedürftigkeit, nicht soziale Not, zu deren Linderung die Erhaltungsbeiträge dienten. Tandler hatte aus dem ursprünglichen Lainzer Altersheim mit Krankenabteilungen ein Pflege- und Krankenheim gemacht. Vgl. ausführlich: Sablik, Tandler, S. 244 ff., S. 260 ff.; Katja Geiger, Milchkaffee und Zwetschkenknödel – Das Versorgungshaus Lainz in den 20er Jahren, in: Ingrid Arias / Sonia Horn / Michael Hubenstorf (Hg.), „In der Versorgung". Vom Versorgungshaus Lainz zum Geriatriezentrum „Am Wienerwald", Wien 2005, S. 177–194, hier S. 186 ff.

55 Felix Czeike, Historisches Lexikon Wien, Bd. 4, Wien 1995, S. 540.

56 Auf Anraten von Freunden war Martin Pappenheim, der dem linken Flügel der österreichischen Sozialdemokratie angehörte, bereits 1934 – nach dem Scheitern des Februaraufstandes – von einer Palästinareise nicht mehr nach Wien zurückgekehrt. Pappenheim, seit 1924 außerordentlicher Professor für Neurologie und Psychiatrie an der Universität Wien, war außerordentliches Mitglied der Wiener Psychoanalytischen Vereinigung und regelmäßiger Gast bei den privaten Vortragsabenden Sigmund Freuds gewesen. Darüber hinaus gehörte er zu den Mitbegründern der heutigen Israelischen Psychoanalytischen Vereinigung. Pappenheim starb am 22. November 1943 in Tel Aviv. Michael Hubenstorf, Lainz, die ÄrztInnen und die Republik, in: Ingrid Arias / Sonia Horn / Michael Hubenstorf (Hgg.), „In der Versorgung". Vom Versorgungshaus Lainz zum Geriatriezentrum „Am Wienerwald", Wien 2005, S. 255-282, hier S. 263 ff.

57 Mit dem Beginn der NS-Herrschaft im März 1938 wurde übrigens auch die jüdische Ärzteschaft des Versorgungsheims Lainz – darunter Alfred Arnstein und Albert Müller-Deham – entlassen und vertrieben, wobei Arnstein nach Großbritannien und Müller-Deham in die USA emigrieren konnten. Bela Alexander Herz beging am 12. März 1938 Selbstmord. Vgl. Ingrid Arias, „… und bietet Gewähr, sich jederzeit rückhaltlos einzusetzen …". Kontinuitäten und Brüche in den Karrieren des ärztlichen Personals im Altersheim Lainz 1938–1950, in: Ingrid Arias / Sonia Horn / Michael Hubenstorf (Hgg.), „In der Versorgung". Vom Versorgungshaus Lainz zum Geriatriezentrum „Am Wienerwald", Wien 2005, S. 215-253; Hubenstorf, Lainz, die ÄrztInnen und die Republik, S. 263-271.

58 Michael Hubenstorf, 100 Jahre Krankenhaus Hietzing. Festansprache anlässlich der Hundertjahrfeier, in: Festschrift 100 Jahre Krankenhaus Hietzing, hg. v. Krankenhaus Hietzing mit Neurologischem Zentrum Rosenhügel, Wien 2013, S. 13-22, hier S. 16.

59 Hubenstorf, 100 Jahre Krankenhaus Hietzing, S. 17.

60 Siehe: Michael Hubenstorf, Biographisches Lexikon zu österreichischen Ärztinnen und Ärzten in der NS-Zeit (Arbeitstitel), unveröff.; Hubenstorf, 100 Jahre Krankenhaus Hietzing, S. 16-20

61 Hubenstorf, 100 Jahre Krankenhaus Hietzing, S. 18.

62 Hans Gastgeb, Vom Wirtshaus zum Stadion. 60 Jahre Arbeitersport in Österreich, Wien 1952; Sablik, Tandler, S. 285 ff.

63 Sablik, Tandler, S. 301 ff.

64 Ebd., S. 311 ff.

65 Vgl. Weblexikon der Wiener Sozialdemokratie: http://www.dasrotewien.at/tandler-julius.html (24. April 2015).

66 Der Verfasser dankt Univ.-Doz. Dr. Karl Sablik für die Überlassung einer Kopie dieses Films, für den er gemeinsam mit Peter Patzak das Drehbuch geschrieben hatte. Film: *Julius Tandler – Mediziner und Sozialreformer*. Buch: Karl Sablik, Peter Patzak. Regie: Peter Patzak. Darsteller: u. a. Wolfgang Hübsch (Tandler). 90 Min., ORF 1985.

67 Vgl. Doris Byer, Rassenhygiene und Wohlfahrtspflege: zur Entstehung eines sozialdemokratischen Machtdispositivs in Österreich bis 1934, Frankfurt/Main-New York 1988; Eberhard Gabriel / Wolfgang Neugebauer (Hg.), Vorreiter der Vernichtung? Eugenik, Rassenhygiene und Euthanasie in der österreichischen Diskussion vor 1938. Zur Geschichte der NS-Euthanasie in Wien Teil III, Wien-Köln-Weimar 2003; Gerhard Baader / Veronika Hofer / Thomas Mayer (Hg.), Eugenik in Österreich. Biopolitische Strukturen von 1900–1945, Wien 2007; Oliver Rathkolb / Peter Autengruber / Birgit Nemec / Florian Wenninger, Forschungsprojektendbericht. Straßennamen Wiens seit 1860 als „Politische Erinnerungsorte". Erstellt im Auftrag der Kulturabteilung der Stadt Wien (MA 7) auf Initiative von Stadtrat Dr. Andreas Mailath-Pokorny und Altrektor o. Univ.-Prof. Dr. Georg Winckler, Wien 2013, S. 166 f.

68 Der auf dem Gebiet der Erforschung der Geschichte der Eugenik und Rassenhygiene in Österreich als Opus magnum zu qualifizierende Sammelband repräsentiert den komprimierten Forschungsstand zu dieser Thematik. Darin wird eine präzise Analyse bzw. Dekonstruktion des eugenischen Diskurses in Österreich von 1900 bis 1945 vorgenommen und insbesondere dessen organisatorisch-institutioneller, konzeptioneller sowie wissenschafts-, und ideengeschichtlicher Rahmen beleuchtet. Die in diesem Werk kompilierten Forschungsergebnisse, Fragestellungen und Erkenntnisse bilden den Grundstock für dieses Kapitel. Siehe: Gerhard Baader / Veronika Hofer / Thomas Mayer (Hg.), Eugenik in Österreich. Biopolitische Strukturen von 1900–1945, Wien 2007.

69 Gerhard Baader, Eugenische Programme in der sozialistischen Parteienlandschaft in Deutschland und Österreich im Vergleich, in: Baader / Hofer / Mayer (Hg.), Eugenik in Österreich, S. 66-139, hier S. 88 f.

70 Nach der Gründung der „Gesellschaft für Rassenhygiene" (GfRh) am 22. Juni 1905 in Berlin durch den Mediziner Alfred Ploetz war im September 1907 u. a. eine Münchner Ortsgruppe (Münchner GfRh) ins Leben gerufen worden, die bis 1920 unter der Leitung des Hygienikers Max von Gruber stand. Die Münchner Ortsgruppe gehörte – wie alle anderen Ortsgruppen – der im Jänner 1907 gegründeten „Internationalen Gesellschaft für Rassenhygiene" (IGfRh) an, die Verbindungen zu europäischen und internationalen eugenischen Organisationen aufbaute. Im März 1910 hatte sich unter dem Vorsitz von Max von Gruber die „Deutsche Gesellschaft für Rassenhygiene" (DGfRh) konstituiert, die sich zwar den Beschlüssen der IGfRh verpflichtet sah, ihre Hauptaufgabe aber als Vertretung der Ortsgruppen innerhalb des deutschsprachigen Raums definierte. Vor dem Hintergrund des Ersten Weltkrieges vertieften sich die nationalen Tendenzen in der internationalen Eugenik-Bewegung. Schließlich beschloss die IGfRh im Juli 1916 ihre Selbstauflösung und Eingliederung in die bestehende (nationale) DGfRh. Julius Tandler gehörte übrigens weder der IGfRh noch der DGfRh bzw.

einer ihrer Ortsgruppen an. Vgl. Paul Weindling, Health, race and German politics between national unification and Nazism, 1870–1945, Cambridge 1989, pp. 141-154, p. 299; Peter Weingart / Jürgen Kroll / Kurt Bayertz, Rasse, Blut und Gene. Geschichte der Eugenik und Rassenhygiene in Deutschland, Frankfurt/Main 1988, S. 201-206; Baader, Eugenische Programme, S. 70 ff.; Stefan Kühl, Die Internationale der Rassisten. Aufstieg und Niedergang der internationalen Bewegung für Eugenik und Rassenhygiene im 20. Jahrhundert, Frankfurt am Main-New York 1997 (aktualisierte Neuaufl. 2014), S. 22 ff.; S. 26 ff., S. 32 ff., S. 48 ff.; Christian Grimm, Netzwerke der Forschung. Die historische Eugenikbewegung und die moderne Humangenomik im Vergleich, Inaugural-Diss. phil., Berlin 2011, S. 85 ff.; Hans-Walter Schmuhl, Rassenhygiene, Nationalsozialismus, Euthanasie, 2. Aufl., Göttingen 1992, S. 90-98; Eugen Fischer, Aus der Geschichte der Deutschen Gesellschaft für Rassenhygiene, in: Archiv für Rassen- und Gesellschaftsbiologie, Bd. 24, 1930, S. 3 f.; Julius Tandler, Konstitution und Rassenhygiene, in: Zeitschrift für angewandte Anatomie und Konstitutionslehre, 1. Bd., Berlin 1914, S. 11, Anm. 1.

71   Der Vortrag wurde veröffentlicht in: Julius Tandler, Konstitution und Rassenhygiene, in: Zeitschrift für angewandte Anatomie und Konstitutionslehre, 1. Bd., Berlin 1914, S. 11-26.

72   Vgl. Baader, Eugenische Programme, S. 84 f.

73   Ebd., S. 13.

74   Ebd., S. 14.

75   Friedrich Martius, Konstitution und Vererbung in ihren Beziehungen zur Pathologie, Berlin 1914, S. 37.

76   Vgl. Baader, Eugenische Programme, S. 89 f.

77   Tandler, Konstitution und Rassenhygiene, S. 16 f., S. 17 („Lebensschicksal").

78   Ausgangspunkt seiner endokrinologischen Forschungen, die er zusammen mit dem Dermatologen Siegfried Grosz betrieb, war die Frage der Einwirkung der Geschlechtsdrüsen auf den Organismus. Aus diesem Grund interessierte war er besonders an jenen Veränderungen interessiert, die aus der frühzeitigen Kastration resultieren. Dabei unterschied er schließlich zwischen einem generativen (für die Fortpflanzung zuständigen) und einem innersekretorischen Anteil der Geschlechtsdrüsen, wobei von den innersekretorischen Elementen „alle funktionellen und morphologischen Veränderungen des Körpers abhängig" wären. Die Skopzen (russ. „Verschnittene", „Eunuchen") waren ursprünglich eine russische Sekte, eine christlich religiöse slawische Sondergemeinschaft, deren Mitglieder nach Matthäus 19,12 in völliger sexueller Askese lebten und zu diesem Zweck Kastration bzw. Genitalverstümmelung übten. Die Skopzen – die einen Ruf als hervorragende Kutscher und Pferdezüchter hatten – lebten unter ständiger staatlicher Verfolgung, im 19. Jahrhundert spalteten sich von ihnen die heute noch existierenden geistlichen Skopzen ab, die zwar nach den Kriterien der sexuellen Enthaltsamkeit leben, aber keine Kastration mehr praktizieren. Tandler und Grosz publizierten ihre Forschungsergebnisse 1908: Julius Tandler / Siegfried Grosz, Untersuchungen an Skopzen, in: Wiener klinische Wochenschrift, 21. Jg., 1908, S. 277-282. Vgl. Karl Sablik, Julius Tandler. Mediziner und Sozialreformer, Frankfurt am Main 2010, S. 59 ff.

79   Sablik, Tandler, S. 60 f.

80   Ebd., S. 19.

81   Ebd., S. 24.

82 Ebd., S. 25.
83 Ebd., S. 25.
84 Ebd., S. 25.
85 Ebd., S. 20.
86 Ebd., S. 22.
87 Ebd., S. 25.
88 Ebd., S. 25.
89 Ebd., S. 26.
90 Ebd., S. 26.
91 Weingart, Rasse, Blut und Gene, S. 254 ff.
92 Maria A. Wolf, Eugenische Vernunft. Eingriffe in die reproduktive Kultur durch die Medizin 1900–2000, Wien-Köln-Weimar 2008, S. 80-91.
93 Jochen Fleischhacker, Menschen- und Güterökonomie. Anmerkungen zu Rudolf Goldscheids demoökonomischem Gesellschaftsentwurf, in: Mitchell Ash / Christian H. Stifter (Hgg.), Wissenschaft, Politik und Öffentlichkeit. Von der Wiener Moderne bis zur Gegenwart, Wien 2002, S. 207-229; Jochen Fleischhacker, Rudolf Goldscheid, Soziologe und Geisteswissenschaftler im 20. Jahrhundert. Eine Porträtskizze, in: AGSÖ (Archiv für die Geschichte der Soziologie in Österreich)-Newsletter Nr. 20, Juni 2000, S. 3–13; Wolfgang Fritz / Gertraude Mikl-Horke, Rudolf Goldscheid – Finanzsoziologie und ethische Sozialwissenschaft, Münster 2007, S. 76 ff., S. 214 ff.; Marcus G. Patka, Freimaurerei und Sozialreform. Der Kampf für Menschenrechte, Pazifismus und Zivilgesellschaft in Österreich 1869–1938, Wien 2011, S. 68 ff., S. 145 ff.; Gudrun Exner, Sozial- und Bevölkerungspolitik im „Roten Wien" und im „Ständestaat", in: Rainer Mackensen (Hg.), Bevölkerungslehre und Bevölkerungspolitik vor 1933, Opladen 2002, S. 193 ff., S. 210 f.
94 Rudolf Goldscheid, Höherentwicklung und Menschenökonomie – Grundlegung einer Sozialbiologie, Leipzig 1911 (= Philosophisch soziologische Bücherei, Bd. VIII, hg. v. Rudolf Eisler).
95 Georg Witrisal, Der Sozialamarckismus Rudolf Goldscheids. Ein milieutheoretischer Denker zwischen humanitärem Engagement und Sozialdarwinismus, Dipl.-Arb., Graz 2004, S. 156 f.
96 Michael Hubenstorf, Sozialmedizin, Menschenökonomie, Volksgesundheit, in: Franz Kadrnoska (Hg.), Aufbruch und Untergang. Österreichische Kultur zwischen 1918 und 1938, Wien-München-Zürich 1981, S. 247-266, hier S. 253.
97 Ulrich Bröckling, Menschenökonomie, Humankapital. Eine Kritik der biopolitischen Ökonomie, in: Mittelweg 36, 12. Jg., H.1, Feb./März 2003, S. 3-22, hier S. 7.
98 Ebd., S. 7 f.
99 Rudolf Goldscheid, Friedensbewegung und Menschenökonomie, Berlin 1912, S. 22 f.
100 Peter Weingart / Jürgen Kroll / Kurt Bayertz, Rasse, Blut und Gene. Geschichte der Eugenik und Rassenhygiene in Deutschland, Frankfurt am Main 1988, S. 254.
101 Goldscheid, Höherentwicklung und Menschenökonomie, S. 102.
102 Rudolf Goldscheid, Entwicklungswerttheorie, Entwicklungsökonomie, Menschenökonomie. Eine Programmschrift, Leipzig 1908, S. 127.

103 Ebd., S. 127.
104 Ebd., S. 131.
105 Ebd., S. 131.
106 Ebd., S. 23, S. 24 ff.
107 Goldscheid, Höherentwicklung und Menschenökonomie, S. 108 f., S. 129.
108 Bröckling, Menschenökonomie, S. 10 f.
109 Goldscheid, Höherentwicklung und Menschenökonomie, S. 154.
110 Ebd., S. 495 f.
111 Bröckling, Menschenökonomie, S. 11.
112 Ebd., S. 11 f.
113 Goldscheid, Entwicklungswerttheorie, S. 217.
114 Ebd., S. 202 f.; Bröckling, Menschenökonomie, S. 11.
115 Bröckling, Menschenökonomie, S. 11.
116 Ebd., S. 11 f.
117 Goldscheid, Entwicklungswerttheorie, S. 195.
118 Bröckling, Menschenökonomie, S. 12.
119 Julius Tandler, Krieg und Bevölkerung, in: Wiener klinische Wochenschrift, 29. Jg., Nr. 15, 1916, S. 445-452.
120 Julius Tandler, Ehe und Bevölkerungspolitik, in: Wiener Medizinische Wochenschrift, 74. Jg., Nr. 4, 1924, Sp. 211-214.
121 Tandler, Krieg und Bevölkerung, S. 451.
122 Karl Sablik, Julius Tandler. Mediziner und Sozialreformer, Frankfurt am Main 2010, S. 123.
123 Baader, Eugenische Programme, S. 115 f.
124 Tandler, Krieg und Bevölkerung, S. 445.
125 Ebd., S. 446.
126 Ebd., S. 446.
127 Ebd., S. 446 f.
128 Ebd., S. 448.
129 Ebd., S. 448.
130 Ebd., S. 448. In diesem Zusammenhang soll nicht unerwähnt bleiben, dass Tandler nach dem Krieg als Anatomieprofessor und sozialdemokratischer Unterstaatssekretär stellvertretender Vorsitzender der aufgrund eines Gesetzesbeschlusses der Provisorischen Nationalversammlung im Dezember 1918 bestellten „Kommission zur Erhebung militärischer Pflichtverletzungen" war. Vor der Kommission mussten sich fünf Militärärzte – darunter der Psychiater Univ.-Prof. Dr. Julius Wagner-Jauregg – verantworten, ihnen wurde u. a. eine Mitwirkung an der „elektrischen Folter" (Faradisation) von Kriegsneurotikern, die die angeklagten Ärzte als Simulanten qualifizierten, vorgeworfen. Der Sozialdemokrat Tandler vollzog als stellvertretender Kommissionsvorsitzender demonstrativ einen Schulterschluss mit dem deutschnationalen Wagner-Jauregg, indem er den Hauptbelastungszeugen öffentlich als „Schulbeispiel eines Hysterikers" bezeichnete und damit den Simulanten zurechnete, bei denen es sich

– seiner bevölkerungspolitischen Überzeugung – um „Minusvarianten der Menschheit" handelte. Siehe: Peter Schwarz, Die Wiener Psychiatrie im Ersten Weltkrieg: Eine Geschichte im Spannungsfeld von Faradisationen, Humanversuchen und Hungersterben, in: Wiener Geschichtsblätter, 69. Jg., H. 2, 2014, S. 98 f.

131 Tandler, Krieg und Bevölkerung, S. 448.

132 Ebd., S. 448.

133 Ebd., S. 451.

134 Ebd., S. 451.

135 Ebd., S. 451.

136 Ebd., S. 451.

137 Ebd., S. 452.

138 Baader, Eugenische Programme, S. 116.

139 Sablik, Tandler, S. 140 f.

140 Julius Tandler, Volksgesundheit und Volkswohlfahrt, in: Arbeiter-Zeitung vom 5. Juni 1917, S. 1.

141 Ebd., S. 1.

142 Ebd., S. 2.

143 Julius Tandler, Volksgesundheit und Volkswohlfahrt (Fortsetzung), in: Arbeiter-Zeitung vom 6. Juni 1917, S. 1.

144 Ebd., S. 2.

145 Ebd., S. 2.

146 Ebd., S. 2.

147 Ebd., S. 2.

148 Julius Tandler, Ehe und Bevölkerungspolitik, in: Wiener Medizinische Wochenschrift, 74. Jg., Nr. 4, 1924, Sp. 211.

149 Ebd., Sp. 213.

150 Ebd., Sp. 213.

151 Ebd., Sp. 214.

152 Julius Tandler, Ehe und Bevölkerungspolitik (Schluss), in: Wiener Medizinische Wochenschrift, 74. Jg., Nr. 6, 1924, Sp. 305.

153 Ebd., Sp. 305.

154 Julius Tandler, Gefahren der Minderwertigkeit. Aus einem Vortrag des amtsführenden Stadtrates Professor Dr. Julius Tandler beim Österr. Bund für Volksaufartung und Erbkunde am 13. Februar 1928, in: Das Wiener Jugendhilfswerk, Jahrbuch 1928, Wien 1928, S. 3-22.

155 Ebd., S. 5.

156 Ebd., S. 11.

157 Ebd., S. 11.

158 Alfred Hoche (1865–1943), seit 1902 Ordinarius für Psychiatrie und Direktor der Universitätsnervenklinik Freiburg, hatte 1920 gemeinsam mit dem Strafrechtswissenschafter Karl Binding die Broschüre „Die Freigabe der Vernichtung lebensunwerten Lebens. Ihr Maß und ihre Form" verfasst, die die Tötung (Euthanasie) von „Ballastexistenzen"

bereits vor der NS-Zeit propagiert. Siehe: Ernst Klee, Das Personenlexikon zum Dritten Reich. Wer war was vor und nach 1945, Frankfurt am Main 2003, S. 260.

159 Tandler, Gefahren der Minderwertigkeit, S. 11 f.
160 Vgl. Baader, Eugenische Programme, S. 129 f. u. S. 132 f.
161 Tandler, Gefahren der Minderwertigkeit, S. 6.
162 Ebd., S. 7.
163 Ebd., S. 7.
164 Ebd., S. 12.
165 Ebd., S. 13. Vgl. dazu die jüngsten Publikationen: Michaela Lindinger, Die Hauptstadt des Sex. Geschichte und Geschichten aus Wien, Wien 2016, S. 152 ff.; Britta McEwen, Die Eheberatungsstelle des Roten Wien und die Kontrolle über den ehelichen Sex, in: Andreas Brunner u. a. (Hgg.), Sex in Wien. Lust. Kontrolle. Ungehorsam, Ausstellungskatalog des Wien-Museums, Wien 2016, S. 119-125.
166 Herwig Czech, Julius Tandler, in: Zukunft, Nr. 5/2013, S. 43.
167 Gerhard Melinz, Von der „Wohltäterei" zur Wohlfahrt. Aspekte kommunaler Sozialpolitik 1918–1934, in: Das Rote Wien 1918–1934. Sonderausstellung des Historischen Museums der Stadt Wien vom 17. Juni bis 5. September 1993, Red. Walter Öhlinger, Wien 1993, S. 104-120, hier S. 104 f.
168 Tandler, Gefahren der Minderwertigkeit, S. 13.
169 Ebd., S. 14.
170 Ebd., S. 14.
171 Ebd., S. 15.
172 Ebd., S. 15.
173 Ebd., S. 17.
174 Der in Zwickau tätige Bezirks- und Impfarzt Dr. Gustav Emil Boeters (1869–1942), ein Vertreter der radikalen Rassenhygiene, hatte in der Weimarer Republik den Ruf eines „Sterilisationsapostels". Er richtete u. a. 1923/1924 eine Eingabe an die sächsische Landesregierung und andere Landesparlamente („Lex Zwickau"), die die gesetzliche Einführung freiwilliger Unfruchtbarmachung u. a. bei Blindgeborenen, Geisteskranken und Sittlichkeitsverbrechern und Müttern mehrerer unehelicher Kinder zum Ziel hatte. Die Entscheidung darüber oblag jedoch kompetenzmäßig der deutschen Reichsregierung. Zwar wurde die Eingabe Boeters u. a. von den im sächsischen Landtag vertretenen sozialdemokratischen und liberalen Koalitionsfraktionen SPD, DDP und DVP unterstützt, sie scheiterte allerdings auf Reichsebene an der ablehnenden Haltung der konservativen Parteien. 1930 trat Boeters der NSDAP bei. Vgl. Klee, Personenlexikon, S. 61; Michael Schwartz, Sozialistische Eugenik. Eugenische Sozialtechnologien in Debatten und Politik der deutschen Sozialdemokratie 1890–1933, Bonn 1995, S. 274-304.
175 Tandler, Gefahren der Minderwertigkeit, S. 14 f.
176 Ebd., S. 15.
177 Ebd., S. 15 f.
178 Während Abtreibung in Österreich strafrechtlich (§ 144 StG) dezidiert als Verbrechen qualifiziert und verboten war, kannte das österreichische Strafgesetz (StG) jedoch keinen Straftatbestand der „Sterilisation". Dennoch galten – nach herrschender Rechtsmeinung – ärztliche bzw. operative Eingriffe, die der Unfruchtbarmachung

(Tubenligatur bei Frauen, Vasoligatur bzw. Vasektomie bei Männern) dienten, grundsätzlich als „Verbrechen der schweren körperlichen Beschädigung" im Sinne des § 152 StG. § 154 StG sah dafür eine Kerker-Strafe von sechs Monaten bis zu einem Jahre (bei erschwerenden Umständen bis zu fünf Jahren) vor. Strittig war jedoch, wie damit umzugehen war, wenn solche Eingriffe freiwillig bzw. mit Zustimmung der Betroffenen vorgenommen wurden. Eine abschließende Klärung dieser Frage erfolgte erst mit dem Urteil des Obersten Gerichtshofs (OGH) vom 8. Mai 1934.

Dieses Urteil des OGH war das Ergebnis des – nach bisherigem Kenntnisstand – einzigen Gerichtsverfahrens in der Ersten Republik, das die strafrechtliche Beurteilung von Sterilisationen zum Gegenstand hatte. Im Herbst 1932 hatte die Grazer Polizei 21 Personen festgenommen, die im Verdacht standen, im Zeitraum Herbst 1930 bis August 1932 bei der Durchführung von Sterilisationen bei mindestens 101 Männern in Graz, Wien und St. Pölten mitgewirkt zu haben. Diesen Sterilisationen lagen jedoch keine eugenischen Motive zugrunde, sie waren aus Gründen der Kontrazeption und auf Wunsch der Betroffenen erfolgt. Der Prozess fand im Juni 1933 vor einem Schöffensenat des Landesgerichts für Strafsachen in Graz statt. Angeklagt waren neben den eigentlichen Tätern, den Operateuren – Ärzten, Medizinstudenten und Nichtmedizinern (darunter ein Straßenbahner, ein Schmied und ein Schlosser) –, auch Personen, denen vorgeworfen wurde, diese Übeltaten vorsätzlich veranlasst, zu ihrer Ausübung Hilfe geleistet und sich mit den Tätern über Anteil, Gewinn und Vorteil verständigt zu haben. Aus diesem Grund standen in diesem Verfahren auch prominente Sterilisationsbefürworter wie der Anarchisten-Führer Pierre Ramus (1882–1942), der Vasektomien zum Zweck der Geburtenregelung propagierte, oder der Arzt und Jurist DDr. Hans Tietze (1883–1960), Sozialdemokrat, Jude und überzeugter Eugeniker, im Sinn einer Mitschuld nach § 5 StG vor Gericht. Am 4. Juli 1933 sorgte das LG Graz insofern für Furore, als es im sogenannten „Sterilisierungsprozess" sämtliche Angeklagte freisprach. In seiner Urteilsbegründung räumte das Gericht zwar ein, dass es Vasektomien als schwere Körperverletzungen erachte, kam aber zum Schluss, dass die vom Gesetz geforderte „feindselige Absicht" im Sinne eines bösen Vorsatzes (*dolus directus*) des „Täters" nicht vorliege, da die „Täter" von den „Betroffenen" gebeten worden seien, „an ihnen Eingriffe vorzunehmen". Das Gericht vertrat letztlich die Ansicht, dass „mit dem geltenden Strafgesetz eine Verfolgung von Massensterilisationen unmöglich" sei und sich „der Tatbestand nicht in das geltende Recht einordnen lasse".

Das Urteil erwuchs jedoch nicht in Rechtskraft. Denn am 8. Mai 1934 gab der Oberste Gerichtshof, der damals von konservativ-katholischen Mitgliedern dominiert war, der von der Staatsanwaltschaft erhobenen Nichtigkeitsbeschwerde Folge, hob das Urteil des LG Graz auf und entschied in der Sache selbst, indem er sämtliche Angeklagte für schuldig befand. Damit wurde erstmals durch den OGH erkannt, dass eine Sterilisierung als Verbrechen der schweren körperlichen Beschädigung zu werten sei. Der OGH argumentierte, dass „Eingriffe, die zu anderen als Heilzwecken die Zeugungsfähigkeit des Mannes bewirken, nach § 152 StG zu beurteilen" seien. Die vorliegende Einwilligung der Verletzten schließe die Strafbarkeit gemäß § 4 StG nicht aus, insbesondere stehe sie der Annahme, der Täter habe in „feindseliger Absicht" (gemäß § 152 StG) gehandelt, nicht entgegen. Das Gericht hob in diesem Zusammenhang hervor, dass zwischen verschiedenen operativen Eingriffen zu differenzieren sei. Dem Grundsatz zufolge, dass höherwertige Interessen auf Kosten geringerer behauptet werden dürfen, seien Eingriffe in den Köper unter gewissen Voraussetzungen nicht rechtswidrig: So seien ärztliche Eingriffe zu Heilzwecken rechtmäßig und erlaubt, wenn sie der Erhaltung des Lebens dienen oder sich auf die vorbereitenden

diagnostischen und vorbeugenden Maßnahmen beziehen. Kosmetische Eingriffe können im Lichte der Interessensabwägung nur dann als rechtmäßig angesehen werden, wenn der mit dem Eingriff verbundene Nachteil nicht größer ist als der zu erwartende Vorteil. Eine Qualifikation der Sterilisation (Vasektomie) nach § 156 StG schloss der OGH jedoch aus, da ein solcher Eingriff reversibel sei und keine immerwährende Zeugungsunfähigkeit (wie im Fall der Kastration) nach sich ziehe.
Der Verf. dankt MMag. Dr. Benjamin Bukor für seine Rechtsexpertise und die Zugänglichmachung des OGH-Urteils. Siehe: Die österreichische Strafgesetzgebung (nach dem Stande vom 1. September 1931), 7. Aufl., Wien 1931 (A: Das allgemeine Strafgesetz vom 27. Mai 1852, RGBl. Nr. 117, Erster Teil, Achtzehntes Hauptstück: Von dem Verbrechen der schweren körperlichen Beschädigung: §§ 152 bis 157), S. 266-276; Entscheidungen des Österreichischen Obersten Gerichtshofes in Strafsachen, veröffentl. von seinen Mitgliedern unter Mitwirkung der Generalprokuratur, 14. Jg., Nr. 47, Wien 1934, S. 110-118. Vgl. *Der Grazer Monsterprozeß wegen der Männeroperationen*, in: Neue Freie Presse, 6. Juni 1933, S. 8; *Die Gründe des Freispruches im Sterilisierungsprozeß*, in: Neue Freie Presse, 5. Juli 1933, S. 10; *Der große Sterilisierungsprozeß beginnt: Pierre Ramus vor den Schöffen, in: Wiener Sonn- und Montagszeitung*, Nr. 23, 6. Juni 1933, S. 10; *Ramus zu 14 Monaten schweren Kerker verurteilt*, in: Neue Freie Presse, 9. Mai 1934, S. 10; Felix Tietze, The Graz Sterilization Trial, in: The Eugenics Review, Vol. 25, No. 4, Jan. 1934, pp. 259-260; Felix Tietze, The Graz Sterilization Trial. Judgement of the Supreme Court, in: The Eugenics Review, Vol. 26, No. 3, Oct. 1934, pp. 213-215; Thomas Mayer, State-orientated Eugenic Movements: Austria, in: Marius Turda (Ed.), The History of East-Central European Eugenics, 1900-1945. Sources and Commentaries, London-New York 2015, pp. 3-71, p. 49.

179 Vgl. Thomas Mayer, Familie, Rasse und Genetik. Deutschnationale Eugeniken im Österreich der Zwischenkriegszeit, in: Gerhard Baader / Veronika Hofer / Thomas Mayer (Hg.), Eugenik in Österreich. Biopolitische Strukturen von 1900–1945, Wien 2007, S. 162-183, hier S. 171 ff.

180 Monika Löscher, Zur Umsetzung und Verbreitung von eugenischem/rassenhygienischem Gedankengut in Österreich bis 1934, in: Sonia Horn / Peter Malina (Hg.), Medizin im Nationalsozialismus – Wege der Aufarbeitung, Wien 2001, S. 111.

181 Tandler, Gefahren der Minderwertigkeit, S. 6.

182 Tandler, Ehe und Bevölkerungspolitik, Sp. 211 f.

183 Tandler, Gefahren der Minderwertigkeit, S. 6.

184 Tandler, Ehe und Bevölkerungspolitik, Sp. 305 f.

185 Vgl. Baader, Eugenische Programme, S. 132 f.

186 Julius Tandler, Arzt und Wirtschaft, in: Volksgesundheit. Zeitschrift für soziale Hygiene, 6. Jg., Heft 1, 1932, S. 8. (Nach einem in der Österreichischen Gesellschaft für Volksgesundheit am 28. November 1931 gehaltenen Vortrag).

187 Tandler, Gefahren der Minderwertigkeit, S. 9.

188 Ebd., S. 17.

189 Julius Tandler, Mutterschaftszwang und Bevölkerungspolitik, in: Otto Jenssen (Hg.), Der lebende Marxismus. Festausgabe zum 70. Geburtstag von Karl Kautsky, Jena 1924, S. 378.

190 Ebd., S. 375 f.; Tandler, Gefahren der Minderwertigkeit, S. 16 f.

191 Tandler, Mutterschaftszwang, S. 376; Tandler, Gefahren der Minderwertigkeit, S. 16 f.; Baader, Eugenische Programme, S. 133 f.

192 Tandler, Gefahren der Minderwertigkeit, S. 17.

193 Ebd., S. 19.

194 Ebd., S. 21.

195 Goldscheid, Höherentwicklung und Menschenökonomie, S. 319.

196 Bröckling, Menschenökonomie, S. 7.

197 Für die vereinfachte und unbürokratische Zugänglichmachung des Bestandes der GRSP im WStLA für den Zeitraum 1923 bis 1934 (ca. 5 Laufmeter Akten) dankt der Verfasser an dieser Stelle der Direktorin des Wiener Stadt- und Landesarchivs (WStLA) SR[in] Mag.[a] Dr.[in] Brigitte Rigele MAS und der zuständigen Referentin Priv.-Doz.[in] Dr.[in] Barbara Steininger.

198 Der Begriff „häufig" ist hier allerdings als sehr relativ anzusehen, da die Anzahl der rassenhygienisch belasteten Termini gemessen am quantitativen Umfang von Tandlers Redebeiträgen als verschwindend gering bezeichnet werden muss. Das ist zunächst einmal der erste große Unterschied, der prima facie ins Auge fällt, wenn man die Texte seiner wissenschaftlichen Beiträge zur Bevölkerungspolitik mit seinen politischen Reden im Wiener Gemeinderat vergleicht. Anm. d. Verf.

199 Protokolle (Stenographische Berichte) der Gemeinderats- und Landtags-Sitzungen, Jg. 1921, Wien 1921: GRSP vom 29. April 1921, S. 463.

200 Rudolf Goldscheid, Entwicklungswerttheorie, Entwicklungsökonomie, Menschenökonomie. Eine Programmschrift, Leipzig 1908, S. 195.

201 Protokolle (Stenographische Berichte) der Gemeinderats- und Landtags-Sitzungen, Jg. 1921, Wien 1921: GRSP vom 29. April 1921, S. 463.

202 Protokolle (Stenographische Berichte) der Gemeinderats- und Landtags-Sitzungen, Jg. 1921, Wien 1921: GRSP vom 29. April 1921, S. 463.

203 Bela Alexander Herz, Die Unterbringung von mittellosen Chronischkranken in Wien, in: Gemeinde Wien (Hg.), Blätter für das Wohlfahrtswesen der Stadt Wien, Nr. 279, 1930, S. 297-300.

204 1914 standen der geschlossenen Armenpflege für Personen über 14 Jahren folgende Armen- und Versorgungshäuser in Wien zur Verfügung: das Laurenz Hießsche Stiftungshaus (Grundarmenhaus) für 75 Personen (weibliches Dienstpersonal), III. Bezirk, Rochusgasse 8; das Armenversorgungshaus (Grundspital) für 100 Personen, II. Bezirk, Im Werd Nr. 19; 14 kleinere Armenhäuser der ehemaligen Vorortegemeinden (III. Bezirk: Gestettengasse; XI. Bezirk: Kobelgasse; XIII. Bezirk: Trauttmansdorffgasse, Stockhammergasse; XV. Bezirk: Zwölfergasse; XVI. Bezirk: Arnethgasse, Liebhardtgasse; XVIII. Bezirk: Martinstraße; XIX. Bezirk: Chimanistraße, Ruthgasse, Eisenbahnstraße, Sandgasse; XXI. Bezirk: Jenneweingasse, Strebersdorf); das Wiener Versorgungsheim Lainz (Zentralanstalt der geschlossenen Armenpflege in Wien) samt dessen Zweiganstalt in der Jagdschlossgasse (späterer Pavillon XIX) für ca. 5.000 Personen, XIII. Bezirk; Bürgerversorgungshaus für ca. 600 Personen, IX. Bezirk; Versorgungshaus Liesing für ca. 760 Personen; Versorgungshaus Ybbs für ca. 490 Personen; Versorgungshaus Mauerbach für ca. 740 Personen; Versorgungshaus St. Andrä an der Traisen für ca. 320 Personen. Für arme Obdachlose stand darüber hinaus das Asyl- und Werkhaus im X. Bezirk, Arsenalstraße 9, zur Verfügung. Vgl. Magistrat der Stadt Wien

(Hg.), Die Gemeindeverwaltung der Bundeshauptstadt Wien in der Zeit vom 1. Jänner 1914 bis 30. Juni 1919, Wien 1923, S.123–133.

205 Bereits vor der Ära Tandler wurde im Zeitraum 1914 bis 1919 eine Reihe von Armen- und Versorgungshäusern aufgelöst: XI. Bezirk: Kobelgasse; XIII. Bezirk: Trauttmansdorffgasse; XV. Bezirk: Zwölfergasse; XVI. Bezirk: Arnethgasse; XIX. Bezirk: Chimanistraße, Ruthgasse und Eisenbahnstraße. Im September 1914 musste infolge der Kriegsmaßnahmen ein Teil des Wiener Versorhungsheimes evakuiert und 2.000 Betten für die Verwundetenpflege und für Zivilkranke (Nutzung durch das Jubiläumsspital Lainz) zur Verfügung gestellt werden. Ende 1914 (bis 1919) betrug der Pfleglingsstand im Wiener Versorgungsheim Lainz deshalb nur 3.640 Personen. Während des Ersten Weltkrieges mussten Wiener Pfleglinge auch in den niederösterreichischen Bezirksarmenhäusern Gloggnitz, Himberg, Gutenstein, Groß-Enzersdorf, Korneuburg, Kirchschlag, Raabs, Herzogenburg, Pottenstein, Tulln, St. Pölten, Türnitz, Langenlois und Neunkirchen untergebracht werden. Des Weiteren fanden hunderte Wiener Pfleglinge der geschlossenen Armenpflege über die Kriegsdauer (bis 1919) hinaus auch Aufnahme in den niederösterreichischen Landes-Heil- und Pflegeanstalten „Am Steinhof", Ybbs und Mauer-Öhling (1919: 297 Pfleglinge). Der Verpflegsstand der geschlossenen Armenpflege betrug im Juni 1919: im Wiener Versorgungsheim Lainz 5.068 Personen (1.701 Männer, 3.367 Frauen), in den vier auswärtigen Versorgungshäusern (Liesing, Ybbs, Mauerbach, St. Andrä an der Traisen) 1.768 Personen, im Bürgerversorgungshaus (Wien, IX. Bezirk) 606 Personen, in den Wiener Armenhäusern 165 Personen, in den niederösterreichischen Landes-Heil- und Pflegeanstalten „Am Steinhof", Ybbs und Mauer-Öhling sowie in den „Landes-Siechenanstalten" 321 Personen, in den Bezirksarmenhäusern Niederösterreichs 151 Personen, in den Blindeninstituten 15 Personen und im israelitischen Versorgungshaus (IX. Bezirk, Seegasse) 56 Personen, insgesamt 8.150 Personen. Vgl. Magistrat der Stadt Wien (Hg.), Die Gemeindeverwaltung der Bundeshauptstadt Wien in der Zeit vom 1. Jänner 1914 bis 30. Juni 1919, Wien 1923, S.123–133.

206 GRSP vom 29. April 1921, S. 464.

207 Zuvor am 12. September 1919 war bereits das Armenhaus im XIX. Bezirk, Eisenbahnstraße, aufgelöst worden. Vgl. Magistrat der Stadt Wien (Hg.), Die Gemeindeverwaltung der Bundeshauptstadt Wien in der Zeit vom 1. Juli 1919 bis 31. Dezember 1922, Wien 1927, S. 259 f.

208 Magistrat der Stadt Wien (Hg.), Die Gemeindeverwaltung der Bundeshauptstadt Wien in der Zeit vom 1. Juli 1919 bis 31. Dezember 1922, Wien 1927, S. 259-264.

209 Das Grundstück wurde nicht mehr verbaut. Ein Hochhausprojekt kam nicht zustande, obwohl ein Wettbewerb ausgeschrieben worden war. Es wurde eine Parkanlage eingerichtet, die 1932, Bürgerpark genannt, in der Folge Guido-Holzknecht-Park nach dem Radiologen und Universitätsprofessor Guido Holzknecht, dessen Büste sich im Park befindet. Am 10. Juli 1947 wurde die Anlage in Arne-Carlsson-Park umbenannt, nach dem Schweden Arne Erik Karlsson (1912–1947), dem Mitarbeiter der schwedischen Hilfsorganisation Rädda Barnen und Leiter der Schwedischen Hilfsaktion für Österreich (Verteilung von Lebensmitteln an die hungernde Wiener Bevölkerung nach 1945). Arne Karlsson wurde am 11. Juni 1947 während einer Dienstfahrt an der slowakischen Grenze nahe der Gemeinde Berg von einem russischen Militärposten erschossen. Vgl. Felix Czeike, IX. Alsergrund, Wien 1979 (= Wiener Bezirkskulturführer, 9), S. 58.

210 Magistrat der Stadt Wien (Hg.), Die Gemeindeverwaltung der Bundeshauptstadt Wien in der Zeit vom 1. Juli 1919 bis 31. Dezember 1922, Wien 1927, S. 259-264.

211 Bei Bedarf wurden auch Wärmestuben als Obdachlosenheime herangezogen. Vgl. Magistrat der Stadt Wien (Hg.), Die Verwaltung der Bundeshauptstadt Wien in der Zeit vom 1. Jänner 1929 bis 31. Dezember 1931, Bd. 1, Wien 1949, S. 218-240.

212 Ebd., S. 218 f.

213 So bspw. im Blindenarbeiterheim, im Maria Przibramschen Blindenmädchenheim, in der Blindenbeschäftigungsanstalt im VIII. Bezirk (Josefstädterstraße 80), in den niederösterreichischen Landes-Heil- und Pflegeanstalten Mauer-Öhling und Gugging, den niederösterreichischen Landessiechenanstalten und Bezirksarmenhäusern, im israelitischen Altersversorgungshaus (Seegasse) und im Haus der Barmherzigkeit zur Pflege schwerkranker Unheilbarer im XVIII. Bezirk. Vgl. Magistrat der Stadt Wien (Hg.), Die Gemeindeverwaltung der Bundeshauptstadt Wien in der Zeit vom 1. Juli 1919 bis 31. Dezember 1922, Wien 1927, S. 264.

214 Vgl. Magistrat der Stadt Wien (Hg.), Die Gemeindeverwaltung der Bundeshauptstadt Wien in der Zeit vom 1. Juli 1919 bis 31. Dezember 1922, Wien 1927, S. 257 f.

215 Protokolle (Stenographische Berichte) der Gemeinderats- und Landtags-Sitzungen, Jg. 1921, Wien 1921: GRSP vom 29. April 1921, S. 464 f. Besonders relevante Stellen wurden vom Verf. kursiv hervorgehoben.

216 Tandler führte in der Gemeinderatssitzung vom 29. April 1921 wörtlich aus: „Es hat zu den merkwürdigen Eindrücken gehört, die ich beim Verkehre mit den Ausländern, sei es in Wien, sei es draußen im Auslande, und auf den beiden Kongressen zur Rettung der Kinder im vergangenen Jahre und heuer in Genf empfangen habe. Man ist immer der Meinung gewesen und hat sich nicht gescheut es öffentlich zu sagen, daß wir Wiener hier sitzen und gleichsam mit offener Hand auf die Wohltaten warten, welche die Ausländer vorübergehend in die offene Hand legen und daß wir gar nichts dazu tun, um das Elend der Stadt Wien zu bekämpfen. Dieser Vorwurf ist absolut ungerecht. […]". Siehe: Protokolle (Stenographische Berichte) der Gemeinderats- und Landtags-Sitzungen, Jg. 1921, Wien 1921: GRSP vom 29. April 1921, S. 464.

217 Es handelte sich dabei bspw. um Vorwürfe, dass die Beheizung der Tag- und Schlafräume nur jeweils zur Tages- bzw. Nachtzeit erfolge, die Speisen hinsichtlich Qualität und Quantität zu wünschen übrig ließen und kalt in den Pavillons angeliefert werden würden. Vor allem die Behauptung, dass es im Versorgungshaus Lainz zu einer angeblich dramatischen Häufung von Selbstmordfällen käme, bot reichlich Konfliktstoff für die politische Debatte im Wiener Gemeinderat. Tandler gelang es allerdings, diesen Konflikt insofern zu entschärfen, als er den Nachweis führte, dass die Selbstmordfälle über einen längeren Zeitraum (1906 bis 1924) konstant blieben und die Selbstmordrate der betreffenden Altersgruppe außerhalb der Anstalt wesentlich höher lag. Vgl. GRSP vom 20. Dezember 1924, S. 4114 ff.

218 GRSP vom 21. November 1924, S. 3315 f.

219 Vgl. André Hellers Menschenkinder, Folge 1: Erich Rietenauer. 60 Min., ORF III 2013, Erstausstrahlung: 1. November 2013, ORF III. Tandler unterstützte – wie im Fall Erich Rietenauers – die Unterbringung von Kindern aus ärmlichen und sozial prekären Verhältnissen als Pflegekinder bei wohlhabenden Familien. So wurde Erich Rietenauer (1924–2014) dank der Vermittlung Tandlers Anfang der 1930er Jahre ein Pflegekind der Familie von Alma Mahler-Werfel (1879–1964).

220 Da es sich um eine gesprochene Rede handelt, dürfte Tandler hier ein Formulierungsfehler unterlaufen sein. Inhaltlich korrekt müsste der Satz lauten: „Was wir dort sparen,

ist nur eine scheinbare Ersparnis, denn wir *bezahlen das Drei- bis Zehnfache*, wenn die Menschen, die sich dort befinden, später in ihrer Arbeitsfähigkeit zurückbleiben."

221 Protokolle (Stenographische Berichte) der Gemeinderats- und Landtags-Sitzungen, Jg. 1921, Wien 1921: GRSP vom 24. Juni 1921, S. 665. Besonders relevante Stellen wurden vom Verf. kursiv hervorgehoben.

222 Vgl. Britta McEwen, Die Eheberatungsstelle des Roten Wien und die Kontrolle über den ehelichen Sex, in: Andreas Brunner / Frauke Kreutler / Michaela Lindinger / Gerhard Milchram / Martina Nußbaumer / Hannes Sulzenbacher (Hgg.), Sex in Wien. Lust. Kontrolle. Ungehorsam, Ausstellungskatalog des Wien-Museums, Wien 2016, S. 119-125; Michaela Lindinger, Die Hauptstadt des Sex. Geschichte und Geschichten aus Wien, Wien 2016, S. 152 ff.

223 Protokolle (Stenographische Berichte) der Gemeinderats- und Landtags-Sitzungen, Jg. 1921, Wien 1921: GRSP vom 27. Juni 1921, S. 883.

224 Ebd., S. 883.

225 Ebd., S. 885.

226 Ebd., S. 884. Besonders relevante Stellen wurden vom Verf. kursiv hervorgehoben.

227 Protokolle (Stenographische Berichte) der Gemeinderats- und Landtags-Sitzungen, Jg. 1920, Wien 1920: GRSP vom 10. Dezember 1920, S. 738.

228 Protokolle (Stenographische Berichte) der Gemeinderats- und Landtags-Sitzungen, Jg. 1920, Wien 1920: GRSP vom 30. Dezember 1920, S. 774.

229 Vgl. bspw.: WStLA: GRSP vom 8. Februar 1924, S. 382-397; GRSP vom 21. März 1924, S. 1065-1076; GRSP vom 16. Juli 1924, S. 2323-2339. Auch der Obmann der christlichsozialen Gemeinderatsfraktion Leopold Kunschak agitierte in den Sitzungen des Wiener Gemeinderats gelegentlich antisemitisch. Vgl. bspw.: WStLA: GRSP vom 9. März 1923, S. 885-901.

230 Protokolle (Stenographische Berichte) der Gemeinderats- und Landtags-Sitzungen, Jg. 1921, Wien 1921: GRSP vom 27. Juni 1921, S. 892.

231 Ebd., S. 884.

232 Ebd., S. 890.

233 Vor dem Hintergrund der Schaffung eines eigenen Bundeslandes Wien und der Trennung Wiens von Niederösterreich wurden die unter niederösterreichischer Landesverwaltung stehenden Heil- und Pflegeanstalten in die Verantwortung des neuen Bundeslandes Wien übergeführt.

234 Protokolle (Stenographische Berichte) der Gemeinderats- und Landtags-Sitzungen, Jg. 1921, Wien 1921: GRSP vom 27. Juni 1921, S. 890 f.

235 WStLA: GRSP vom 20. Dezember 1924, S. 4016 ff.

236 Ebd., S. 4018 u. S. 4020. Dieses von Tandler angekündigte Projekt wurde offenbar aber nie verwirklicht. Anm. d. Verf.

237 WStLA: GRSP vom 18. Dezember 1925, S. 3204.

238 Ebd., S. 3204.

239 WStLA: GRSP vom 12. Jänner 1927, S. 9.

240 WStLA: GRSP vom 12. Jänner 1927, S. 9.

241 Bei der Verwaltungsgruppe IV verblieben die Agenden Wohnbau und Wohnungswesen.

242 WStLA: GRSP vom 16. Dezember 1927, S. 7116.

243 Ebd., S. 7117.

244 1923 war die Nachkriegshyperinflation in Österreich bereits überwunden: Durch die Unterzeichnung der Genfer Protokolle (eines Staatsvertrags zwischen der Republik Österreich sowie Großbritannien, Frankreich, Italien und der Tschechoslowakei im Rahmen des Völkerbundes) vom 4. Oktober 1922 hatte Österreich eine (auf 20 Jahre befristete) Völkerbundanleihe in der Höhe von 650 Millionen Goldkronen erhalten. Österreich hatte sich im Gegenzug zur Sanierung des Budgets und zur Stilllegung der Notenpresse verpflichten müssen. Die Staatsfinanzen waren unter die Kontrolle eines Generalkommissärs des Völkerbundes gestellt und die Regierung von Bundeskanzler Ignaz Seipel zu harten wirtschaftlichen Sparmaßnahmen im Sinn einer Budgetstabilisierung gezwungen worden. Allein die Ankündigung des Genfer Vertrages hatte genügt, um den Kurs der österreichischen Währung auf der Basis von 14.400 Papierkronen zu einer Goldkrone zu stabilisieren. Neben der Ausschöpfung der Völkerbundanleihe war die Währungsreform von 1924 maßgeblich für die Beendigung der Nachkriegshyperinflation. Mit dem Gesetz vom 20. Dezember 1924 wurde die Schilling-Währung eingeführt und ein fixer Umrechnungskurs von 10.000 Kronen zu 1 Schilling festgelegt. 1925 wurde die neue Währung in Umlauf gebracht. Vgl. Fritz Weber, Zusammenbruch, Inflation und Hyperinflation. Zur politischen Geldentwertung in Österreich 1918 bis 1922, in: Helmut Konrad / Wolfgang Maderthaner (Hgg.), ... der Rest ist Österreich. Das Werden der Ersten Republik, Band II, Wien 2008, S. 7-32; Hans Kernbauer, Währungspolitik in der Zwischenkriegszeit. Geschichte der Oesterreichischen Nationalbank von 1923 bis 1938, Wien 1991.

245 In einer Rede in der Volkshalle des Wiener Rathauses vom 31. Jänner 1927 legte der Wiener Amtsführende Stadtrat für Finanzen Hugo Breitner ein Bekenntnis zu seiner sozialen kommunalen Steuerpolitik ab. Darin skizzierte er auf sozialkritische Weise die Herkunft der Steuern und zeigte anhand der einzelnen Einnahmeposten ihre Berechtigung und ihren Zweck auf. Die folgende Broschüre basiert auf dieser Rede: Hugo Breitner, Seipel-Steuern oder Breitner-Steuern? Die Wahrheit über die Steuerpolitik der Gemeinde Wien, Wien 1927.

246 In den Kriegs- und Nachkriegsjahren (1914–1923) führten vor allem die Kürzung der Lebensmittelrationen (Unter- und Mangelernährung), aber auch Faktoren wie Überbelegung, Personalreduktion, pflegerische Unterversorgung, Medikamentenknappheit, Kälte und Infektionskrankheiten zu einem Massensterben der Pfleglinge in der Anstalt Steinhof. Gerade die Wechselbeziehung zwischen Hunger und Tuberkulose sowie die epidemische Ausbreitung der spanischen Grippe 1918/19 sollten die Mortalitätsrate der Pfleglinge in die Höhe treiben: Die Sterblichkeit in der Anstalt stieg kontinuierlich von 10,9 Prozent (1914) auf 13,8 Prozent (1915) und 16,3 Prozent (1916), 1917 erreichte sie mit 28,6 Prozent ihren Höhepunkt, indem sie beinahe das Dreifache des Wertes im letzten Friedensjahr ausmachte. 1918 sank die Mortalitätsrate nur unwesentlich und stagnierte auf hohem Niveau, nämlich 26,6 Prozent. Gemessen an der durchschnittlichen Sterblichkeitsrate der Vorkriegsjahre (10,7 Prozent) ergibt sich eine kriegsbedingte Übersterblichkeit (= bezeichnet im konkreten Fall die Differenz zwischen der beobachteten Gesamtmortalität der Jahre 1914 bis 1918 und der Mortalität, die aufgrund der durchschnittlichen Vorkriegssterblichkeit für die gleiche Zeitspanne zu erwarten gewesen wäre), der mehr als 2.800 Pfleglinge zum Opfer fielen. Über den Krieg hinaus blieb die Sterblichkeit in der Anstalt Steinhof (1919: 17,7 Prozent, 1921: 16,1 Prozent) beträchtlich erhöht, erst ab 1924 (10,2 Prozent) wurden wieder Vorkriegswerte erreicht. Dies hing in

erster Linie damit zusammen, dass die durch den Krieg ausgelöste wirtschaftliche Not und Ernährungskrise in Österreich Anfang der zwanziger Jahre fortbestanden und nur mit internationalen Hilfeleistungen und Krediten entschärft werden konnten. Für den Zeitraum 1914 bis 1923 ist von einer Übersterblichkeit (gegenüber der Friedenssterblichkeit von 10, 7 Prozent) von mehr als 4.000 Pfleglingen auszugehen. Vgl. Heinz Faulstich, Hungersterben in der Psychiatrie 1914–1949. Mit einer Topographie der NS-Psychiatrie, Freiburg 1998, S. 25-68 u. S. 238 f.; Peter Schwarz, Die Wiener Psychiatrie im Ersten Weltkrieg: Eine Geschichte im Spannungsfeld von Faradisationen, Humanversuchen und Hungersterben, in: Wiener Geschichtsblätter, 69. Jg., Heft 2/2014, S. 93-111, hier S. 109 f.

247 Auch die Verköstigung der Anstaltspfleglinge der Versorgungshäuser, insbesondere des Wiener Versorgungsheims Lainz, hatte während des Ersten Weltkrieges durch die infolge der Lebensmittelknappheit notwendig gewordene Zwangsbewirtschaftung aller wichtigen Lebensmittel und durch die Qualitätsminderung derselben eine gewaltige Einbuße erlitten. Die Kürzung der Lebensmittelrationen, die sukzessive Reduktion der Mehl- und Brotquote, der Fleischquote und der anhaltende Kartoffelmangel trugen im Verbund mit Infektionskrankheiten (u. a. der Ruhr, der Tuberkulose und der spanischen Grippe 1918/19 usw.) zur Verschlechterung des Gesundheitszustandes der Pfleglinge bei. Die Sterblichkeit in den Versorgungshäusern erreichte – laut Verwaltungsbericht der Stadt Wien von 1923 – in den Jahren 1917 und 1918 fast die doppelte Höhe gegenüber den normalen Friedensverhältnissen. Die Sterblichkeitsrate im Versorgungsheim Lainz erreichte im Zeitraum 1914 bis 1922 folgende Werte (Klammerangaben: Mortalitätsrate in Prozent; Zahl der Verstorbenen; Gesamtpfleglingsstand/Jahr): 1913 (18,2 Prozent; 1.920; 10.524), 1914 (21 Prozent; 2.173; 10.304), 1915 (28,2 Prozent; 2.464; 8.736), 1916 (32 Prozent; 3.168; 9.907), 1917 (33,9 Prozent; 4.138; 12.181), 1918 (30,5 Prozent; 3.510; 11.476), 1919 (29,3 Prozent; 3.896; 13.259), 1920 (22,9 Prozent; 3.278; 14.283), 1921 (18,8 Prozent; 2.245; 11.889), 1922 (22,8 Prozent; 2.572; 11.283). Von den insgesamt 22.627 Pfleglingen, die im Zeitraum 1914 bis 1920 im Versorgungsheim Lainz starben, dürften (legt man bei der Berechnung der Übersterblichkeit die Vorkriegssterblichkeitsrate von 1913 – 18,2 Prozent – zugrunde) an die 8.000 – das ist beinahe jeder 3. Pflegling – der Versorgungskrise bzw. dem fatalen Hungersterben in der Kriegs- und Nachkriegszeit zum Opfer gefallen sein. Zu Beginn des Jahres 1919 setzte der Wiener Gemeinderat eine Kommission zur Untersuchung der Ernährungsverhältnisse der Pfleglinge in den städtischen Versorgungshäusern ein, die sich an Ort und Stelle von den unhaltbaren Verhältnissen überzeugte. Im März 1919 konnte bereits durch eine erste Erhöhung der Lebensmittelrationen (Mehl, Kartoffeln, Zucker, Fett, Kondensmilch) und die Einführung einer unentgeltlichen Jause die Ernährung der Pfleglinge wesentlich verbessert werden. Auch Julius Tandler war nach seinem Amtsantritt als Amtsführender Stadtrat für das Wohlfahrts- und Gesundheitswesen bemüht, die Verköstigung der Anstaltspfleglinge trotz der enorm zunehmenden Teuerung und der finanziellen Not schrittweise zu verbessern. Das ganze Verköstigungswesen der Humanitätsanstalten wurde unter Tandler auf eine neue Grundlage gestellt, wobei die drei großen Gruppen von Anstalten – Versorgungshäuser, Kinderpflegeanstalten und Heil- und Krankenanstalten – gesondert behandelt wurden. Die Reform befasste sich mit der Zubereitung und Zusammensetzung der Kost, dem Ausmaß der Kostportionen und der Küchenverrechnung. 1923 dürfte sich die Verköstigung der Anstaltspfleglinge auch der Versorgungshäuser wieder normalen Verhältnissen genähert haben. Dass die Sterblichkeitsrate des Versorgungsheims Lainz von 1921 auf 1922 einen Anstieg (von 18,8 auf 22,8 Prozent)

zu verzeichnen hatte (1929 lag die Mortalitätsrate bei 23,9 Prozent; 1.940; 8.107), war nicht einer Verschlechterung der Versorgungslage, sondern dem Umstand geschuldet, dass 1921/22 die – von Tandler betriebene – Umwandlung des Versorgungsheims in ein Krankenhaus für chronisch Kranke – d. h. für schwerkranke, bettlägerige, besonders pflegebedürftige und meist betagte Menschen – erfolgte. Vgl. Magistrat der Stadt Wien (Hg.), Die Gemeindeverwaltung der Bundeshauptstadt Wien in der Zeit vom 1. Jänner 1914 bis 30. Juni 1919, Wien 1923, S. 128 f.; Magistrat der Stadt Wien (Hg.), Die Gemeindeverwaltung der Bundeshauptstadt Wien in der Zeit vom 1. Juli 1919 bis 31. Dezember 1922, Wien 1927, S. 258 f.; Friedrich Knopf, Die Reform der Pfleglingsverköstigung in den Wiener städtischen Humanitätsanstalten, in: Blätter für das Wohlfahrts- und Armenwesen der Stadt Wien, 22. Jg. Nr. 239/1923, S. 59-61, hier S. 60; Magistratsabteilung für Statistik (Hg.), Statistisches Jahrbuch der Stadt Wien für das Jahr 1929, Wien 1930, S. 86; Renate Gruber, Kurioses und Alltägliches. Einblicke in den Alltag im Versorgungsheim Lainz, in: Ingrid Arias / Sonia Horn / Michael Hubenstorf (Hgg.), „In der Versorgung". Vom Versorgungshaus Lainz zum Geriatriezentrum „Am Wienerwald", Wien 2005, S. 113-127; Monika Löscher / Andrea Praschinger, „Wir forschen nach Zahlen und machen keine statistischen Experimente", in: Arias / Horn / Hubenstorf (Hgg.), „In der Versorgung", S. 379-398.

248 Protokolle (Stenographische Berichte) der Gemeinderats- und Landtags-Sitzungen, Jg. 1922, Wien 1922: GRSP vom 16. Juni 1922, S. 569.

249 Katja Geiger, Milchkaffee und Zwetschkenknödel – Das Versorgungshaus Lainz in den 20er Jahren, in: Ingrid Arias / Sonia Horn / Michael Hubenstorf (Hg.), „In der Versorgung". Vom Versorgungshaus Lainz zum Geriatriezentrum „Am Wienerwald", Wien 2005, S. 191.

250 Ebd., S. 191 f.

251 Vgl. Gerhard Melinz / Gerhard Ungar, Wohlfahrt und Krise. Wiener Kommunalpolitik zwischen 1929 und 1938, Wien 1996, S. 73 f.

252 Mit insgesamt 15 von der Bundesregierung, dem Bundesminister der Finanzen und dem Bundesminister für Unterricht erlassenen Verordnungen, die aufgrund ihrer formalrechtlichen Basis – des Kriegswirtschaftlichen Ermächtigungsgesetzes vom 24. Juli 1917 (RGBl. Nr. 307/1917) –Notverordnungen darstellten, vermochte die Regierung Dollfuß die Finanzeinnahmen des Bundeslandes bzw. der Stadt Wien im Zeitraum März 1933 bis Jänner 1934 erheblich einzuschränken. So wurde der Stadt Wien die Kompetenz der Einhebung der Bundessteuern entzogen, dies besorgte der Bund von nun an durch eigene Stellen. Die weitgehende Befreiung der Bundestheater, Rundfunksendungen der RAVAG oder Kinobesuche von der Vergnügungssteuer und die drastische Reduktion der Hausgehilfenabgabe stellten weitere Einschnitte bei den kommunalen Finanzeinnahmen dar. Außerdem musste Wien dem Bund 80 % jener Kosten ersetzen, die dieser zur Errichtung und Erhaltung der Bundesstraßen innerhalb des Wiener Stadtbereichs aufwendete. Mit der Verordnung vom 19. August 1933 verfügte die Regierung Dollfuß, dass die Stadt Wien für die Jahre 1933 und 1934 einen Lastenausgleich von je 36 Millionen Schilling [Wert nach der Kaufkraft im Jahr 2016: ca. 125 Millionen EUR; Anm. d. Verf.] zu zahlen habe, um dem Bund die „Lasten tragen zu helfen". Die Zahlung hatte in Monatsraten von je 3 Millionen Schilling zu erfolgen, wobei der seit Jänner 1933 aufgelaufene Betrag von 24 Millionen Schilling sofort zu erlegen war. All diese Maßnahmen bedeuteten für das Finanzressort der Stadt Wien einen Verlust von mehr als 100 Millionen Schilling [Wert nach der Kaufkraft im Jahr 2016: 350 Millionen EUR; Anm.

d. Verf.]. Dieser einseitige finanzpolitische Maßnahmenkatalog war seitens der Regierung Dollfuß aber auch gegen die Sozialleistungen des Wohlfahrtswesens des Roten Wien gerichtet, die man mit Argwohn und Neid betrachtete. Vgl. Franz Patzer, Der Wiener Gemeinderat 1918–1934. Ein Beitrag zur Geschichte der Stadt Wien und ihrer Volksvertretung, Wien 1961, S. 311 f. Bzgl. der Verordnungen der Regierung Dollfuß siehe: BGBl. 63/1933, BGBl. 132/1933, BGBl. 146/1933, BGBl. 160/1933, BGBl. 203/1933, BGBl. 239/1933, BGBl. 380/1933, BGBl. 409/1933, BGBl. 433/1933, BGBl. 485/1933, BGBl. 528/1933, BGBl. 529/1933, BGBl. 540/1933, BGBl.580/1933, BGBl. 56/1933.

253 Protokolle (Stenographische Berichte) der Gemeinderats- und Landtags-Sitzungen, Jg. 1921, Wien 1921: GRSP vom 29. April 1921, S. 463.

254 Protokolle (Stenographische Berichte) der Gemeinderats- und Landtags-Sitzungen, Jg. 1921, Wien 1921: GRSP vom 30. Juni 1921, PZ. 7469.

255 Karl Sablik, Theorie und Praxis der Wiener Fürsorge in der Zwischenkriegszeit, in: Wiener Geschichtsblätter, Jg. 39, 1984, S. 29 f.

256 Sablik, Tandler, S. 205 ff.

257 Julius Tandler, Mieterschutz und Volksgesundheit, in: Arbeiterschutz. Zeitschrift für soziale Gesetzgebung, 58. Jg., Nr. 12, 15. Juni 1927, S. 133-135, hier S. 133 f.

258 Ebd., S. 133-135.

259 Ebd., S. 135.

260 Der Rassenhygieniker Wilhelm Schallmayer prägte den Begriff der „generativen Ethik", worunter er „die wissenschaftliche und erzieherische Weiterbildung der herrschenden Ethik durch Aufnahme von Pflichten zugunsten der Rasse" verstand, wobei „die ursprüngliche und hauptsächliche Funktion der Ethik wesensgleich ist mit der Funktion der selbständigen Sozialinstinkte bei Tieren". Der österreichische Philosoph und Gestalttheoretiker Christian von Ehrenfels (1859–1932) bezeichnete die neue eugenische Ethik als „Entwicklungsmoral", die sich in ihren Forderungen von der überlieferten „Humanitätsmoral" dadurch unterscheide, dass sie „die Verbesserung der menschlichen Konstitution als das höchste zu erstrebende Ziel" deklariere. Vgl. Wilhelm Schallmayer, Generative Ethik, in: Archiv für Rassen- und Gesellschafts-Biologie, 6. Jg., 1909, S. 207 u. S. 214; Alfred Ploetz, Grundlinien einer Rassen-Hygiene, Bd. 1: Die Tüchtigkeit unsrer Rasse und der Schutz der Schwachen: ein Versuch über Rassenhygiene und ihr Verhältnis zu den humanen Idealen, besonders zum Socialismus, Berlin 1895, S. 10 f. u. S. 114; Christian von Ehrenfels, Entwicklungsmoral, in: Politisch-Anthropologische Revue. Monatsschrift für das soziale und geistige Leben der Völker, 2. Jg., Leipzig 1903/04, S. 215.

261 Tandler verstand unter „generativer Ethik" eher die „Erziehung zur Verantwortung" im Sinn einer eugenisch ausgerichteten Eheberatung, die auf Freiwilligkeit, Beratung und vernunftmäßiger Einsicht basieren sollte. Vgl. Tandler, Gefahren der Minderwertigkeit, S. 13.

262 § 7: Grundgesetz der reinen praktischen Vernunft, in: Immanuel Kant, Werke in sechs Bänden, hg. v. Rolf Toman, Bd. 3: Kritik der praktischen Vernunft und andere kritische Schriften, (KpV: Erstausgabe Riga 1788), Köln 1995, S. 310 ff.

263 Arthur Schopenhauer, Die Welt als Wille und Vorstellung I, in:. Arthur Schopenhauer, Sämtliche Werke, hg. u. textkritisch bearb. v. Wolfgang von Löhneysen, Frankfurt am Main 1986, Bd. 1, S. 511 ff.

264 Karl Marx, Ökonomisch-philosophische Manuskripte aus dem Jahre 1844, in: MEW (Marx-Engels-Werke), Bd. 40, 3. Aufl., Berlin 2012, S. 536 ff.

265 Max Weber, Politik als Beruf, in: Max Weber, Gesammelte Politische Schriften, hg. v. Johannes Winckelmann, 5. Aufl., Tübingen 1988, S. 551 ff.

266 WStLA: GRSP vom 18. Dezember 1925, S. 3204.

267 WStLA: GRSP vom 18. Dezember 1925, S. 3207.

268 Die prinzipielle Verantwortung der Gemeinden für die Versorgung der einheimischen Armen („Heimatprinzip") war bereits der Polizeiordnung Kaiser Ferdinands II. (1552) zugrunde gelegt. Nach der Aufhebung der Untertänigkeit 1848 wurden die Gemeinden infolge des Provisorischen Gemeindegesetzes vom 17. März 1849 als öffentlich-rechtliche Gebietskörperschaften organisiert. Mit diesem Gesetz wurde das sogenannte „Heimatrecht" eingeführt, das primär als Grundlage der Zuordnung einer Person zu einem Gemeindeverband diente. Heimatrechtliche Bestimmungen unterschieden somit zwischen Fremden und Gemeindemitgliedern, wobei die Gemeinde verpflichtet war, zu diesem Zweck eigene Matrikel, die sogenannte „Heimatrolle", zu führen und Heimatscheine zum Nachweis der Zugehörigkeit zu dieser Gemeinde auszustellen. Das Heimatrecht konnte ohne Erwerb eines neuen Heimatrechts nicht verlorengehen und sicherte einen ungestörten Aufenthalt, den Anspruch auf Armenunterstützung, die Benützung des Gemeindeguts sowie eine beschränkte Teilnahme an der Wahl des Gemeindeausschusses. Der Erwerb des Heimatrechts erfolgte durch Geburt oder Aufnahme (Verehelichung, Erlangung eines öffentlichen Amts, Rechtsgeschäft), ein Anspruch auf Erwerb des Heimatrechts in einer Gemeinde bestand nach einem zehnjährigen Aufenthalt in derselben. Im Heimatrechtsgesetz vom 3. Dezember 1863 wurde festgelegt, dass das Heimatrecht nur österreichische Staatsbürger in einer österreichischen Gemeinde erwerben können und jeder österreichische Staatsbürger in einer Gemeinde heimatberechtigt sein müsse. Aufgrund des Staatsgrundgesetzes über die allgemeinen Rechte der Staatsbürger von 1867 bestand für alle Angehörigen der im Reichsrat vertretenen Königreiche und Länder (= österreichische Reichshälfte) bis 1918 ein allgemeines österreichisches Staatsbürgerrecht. Die praktische Bedeutung des Heimatrechts lag in seinem engen Konnex mit dem Armenrecht. Seit Mitte des 18. Jahrhunderts war die Versorgung der Armen Gemeindeangelegenheit. Nicht zufällig basierte das Heimatrecht auf dem Gemeindeprinzip, wonach die Gemeinden für die Armenversorgung verantwortlich waren. Das bedeutete in der Praxis, dass für die Verpflegskosten armer bzw. mittelloser Pfleglinge in Kranken-, Versorgungs- und Humanitätsanstalten jene Gemeinden aufkommen mussten, in denen diese mittellosen Pfleglinge heimatrechtlich zuständig waren. Nach dem Zusammenbruch der österreichisch-ungarischen Monarchie im Gefolge des Ersten Weltkriegs war die nunmehr entstandene Republik Deutsch-Österreich gezwungen, die Frage der Staatsbürgerschaft neu zu regeln. Mit dem Gesetz vom 5. Dezember 1918 (StGBl. Nr. 91) über das deutsch-österreichische Staatsbürgerrecht kam allen Personen, die zur Zeit der Kundmachung des Gesetzes in einer Gemeinde der Republik Deutsch-Österreich heimatberechtigt waren, die deutsch-österreichische Staatsbürgerschaft zu. Durch die Erklärung, der deutsch-österreichischen Republik als getreue StaatsbürgerInnen angehören zu wollen, konnten auch Personen, die seit 1914 ihren Wohnsitz in Wien hatten, die Staatsbürgerschaft beantragen. Auch in der Ersten Republik (Staatsbürgergesetz 1925) und in der austrofaschistischen Regierungsdiktatur 1934–1938 blieb die Heimatberechtigung Voraussetzung für die Verleihung der Landes- und Bundesbürgerschaft. Das Heimatrecht wurde erst 1939 durch die

Nationalsozialisten aufgehoben, an die Stelle des Heimatscheins trat der Staatsbürgerschaftsnachweis, der auch in der Zweiten Republik beibehalten wurde.
Nach Art. 78 des Staatsvertrages von Saint Germain vom 10. September 1919 (StGBl. Nr. 303/1920) konnten Personen über 18 Jahre, die ihre österreichische Staatsbürgerschaft aufgrund des Heimatrechts in einem Gebiet, das nicht mehr zu Österreich gehörte, verloren und eine neue Staatsbürgerschaft erworben hatten, innerhalb eines Jahres für die Zugehörigkeit zum neuen Staat (Republik Österreich) optieren. Für die gegenständlichen Ausführungen Tandlers hatte dieses Optionsrecht keine Relevanz: Bei dem von ihm angesprochenen Personenkreis handelte es sich um psychisch kranke PatientInnen, die unter gerichtlicher Vormundschaft standen und schon deshalb keinen Gebrauch vom Optionsrecht machen konnten. Insofern sich bei einzelnen Pfleglingen die heimatrechtliche Zuständigkeit in den Nachfolgestaaten der Monarchie nicht nachweisen ließ, handelte es sich de facto um staatenlose Personen. Vgl. Harald Wendelin, Schub und Heimatrecht, in: Edith Saurer / Waltraud Heindl (Hgg.), Grenze und Staat. Passwesen, Staatsbürgerschaft, Heimatrecht und Fremdengesetzgebung in der österreichischen Monarchie (1750–1867), Wien-Köln-Weimar 2000, S. 173-340; Herbert Mussger / Peter Fessler, Österreichisches Staatsbürgerschaftsrecht, 4. Aufl., Wien 1996; Hans R. Klecatsky / Siegfried Morscher, Das österreichische Bundesverfassungsrecht, 3. Aufl., Wien 1982.

269 WStLA: GRSP vom 5. Dezember 1929, 2284 ff.
270 1925 befanden sich folgende Waisenhäuser in der Obhut der Stadt Wien: Hohe Warte, Gassergasse, Galileigasse, Klosterneuburg und Josefstadt mit einem Belagraum für 710 Kinder). Vgl. Statistische Mitteilungen der Stadt Wien, Jg. 1926, Sonderheft, S. 7-14.
271 Die Stadt Wien verfügte über fünf Erziehungsanstalten: Meidling, Döbling, Klosterneuburg, Eggenburg und Weinzierl. Vgl. Statistische Mitteilungen der Stadt Wien, Jg. 1926, Sonderheft, S. 7-14.
272 Gesetz vom 24. Mai 1885, womit strafrechtliche Bestimmungen in Betreff der Zulässigkeit der Anhaltung in Zwangsarbeits- und Besserungsanstalten getroffen werden (RGBl., Nr. 89, S. 208-210); Gesetz vom 24. Mai 1885, betreffend die Zwangsarbeits- und Besserungsanstalten (RGBl., Nr. 90, S. 210-214).
273 Melinz, Von der „Wohltäterei" zur Wohlfahrt, S. 114 f.
274 Ebd., S. 115.
275 WStLA: GRSP vom 4. Juli 1930, S. 1308 f.
276 Wiener Psychoanalytische Vereinigung (Hg.), Wer war August Aichhorn. Briefe, Dokumente, unveröffentlichte Arbeiten, Wien 1976, S. 30 ff.; Thomas Aichhorn (Hg.), August Aichhorn. Pionier der Psychoanalytischen Sozialarbeit, Wien 2011, S. 197 ff.
277 Anna Freud / August Aichhorn, „Die Psychoanalyse kann nur dort gedeihen, wo Freiheit des Gedankens herrscht". Briefwechsel 1921–1949, hg. v. Thomas Aichhorn, Frankfurt am Main 2012, S. 39 ff.
278 Thomas Aichhorn, „...nicht Anwalt der Gesellschaft, sondern Anwalt des Verwahrlosten zu sein". Beiträge zur Biographie und zum Werk August Aichhorns, in: Thomas Aichhorn (Hg.), August Aichhorn. Pionier der Psychoanalytischen Sozialarbeit, Wien 2011, S. 7-54, hier S. 25 f.
279 Renate Göllner, Psychoanalytisch-pädagogische Praxis ohne Ideologie vom „Schädling". August Aichhorns Erziehungsberatung zwischen Jugendamt und Psychoanalytischer Vereinigung, in: Luzifer-Amor, 16. Jg., Heft 31, 2003, S. 8-36, hier S. 18 f.

280 Tandler verfolgte die Arbeit Aichhorns mit Wohlwollen. Dennoch war die Beziehung zwischen Tandler und Aichhorn nicht ganz friktionsfrei verlaufen, da Tandler es offenbar nicht vermocht hatte, Aichhorn eine sachlich und materiell adäquate Position in seinem Ressort zu verschaffen. Obgleich Aichhorn eigentlich eine leitende Tätigkeit im Bereich der Erziehungsberatungsstellen ausübte, wurde dies bei seiner Einstufung im Verwaltungsdienst der Stadt Wien nicht berücksichtigt. Aichhorn haderte zeitlebens mit seiner Anstellung in einer inferioren Position und der damit verbundenen bescheidenen Entlohnung; er bezog das Gehalt eines Volksschullehrers (Magistratsbeamte der Gruppe IIa mit Reifeprüfung). Um seine Familie ernähren zu können, hielt Aichhorn zusätzlich Kurse und Seminare im Psychoanalytischen Ambulatorium und im Lehrinstitut der Wiener Psychoanalytischen Vereinigung. Nach Vollendung seiner Dienstzeit im September 1928 beabsichtigte er, in den Ruhestand zu treten. In einer persönlichen Aussprache ersuchte Tandler Aichhorn, weiter im Dienst zu verbleiben, und sagte ihm zu, sich für eine entsprechende Gehaltserhöhung im Sinn Aichhorns einzusetzen. Mit seinen Interventionen dürfte sich Tandler jedoch bei seinem zuständigen Kollegen, dem amtsführenden Stadtrat für das Personalwesen Paul Speiser, nicht durchgesetzt haben. Speiser war Aichhorn gegenüber nur zu geringen Zugeständnissen – einer kleinen Gehaltsvorrückung und der Verleihung des Titels „Amtsrat" – bereit, was Aichhorn ablehnte. Im Oktober 1930 konnte Aichhorn seine Pensionierung erreichen. Mit Stadtrat Tandler kam Aichhorn überein, nach seiner Pensionierung noch eine ehrenamtliche Erziehungsberatung in zwei Bezirksjugendämtern (im 10. und 15. Wiener Gemeindebezirk) fortzuführen. 1931 kam es erneut zu Konflikten, als seitens eines Bezirksjugendamtes kritisiert wurde, dass es sich bei Aichhorns Erziehungsberatung „weniger um eine fürsorgerische Maßnahme als um einen psycho-analytischen Klinikbetrieb handle". Als Aichhorns Abberufung zur Disposition stand, intervenierte schließlich die Wiener Psychoanalytische Vereinigung (WPV), die ein vitales Interesse am Weiterbestehen einer Ausbildungsmöglichkeit für psychoanalytisch gebildete Ärzte und Fürsorger hatte, zugunsten Aichhorns. Eine Abordnung der WPV überreichte Stadtrat Tandler ein entsprechendes Schreiben vom 1. Juli 1931. Bei dieser Gelegenheit kam auch Aichhorns Pensionierung zur Sprache, wobei sich Tandler dahingehend geäußert habe, dass Aichhorn nur deshalb aus dem aktiven Dienst geschieden sei, weil „seiner Eitelkeit in der Frage seiner Titelverleihung nicht entsprochen und auf seine kleinlichen Forderungen nach einer Gehaltsaufbesserung nicht eingegangen worden sei". Siehe: Freud / Aichhorn, Die Psychoanalyse kann nur dort gedeihen, S. 43 f., 84 f., S. 94 f., S. 351; Wiener Psychoanalytische Vereinigung (Hg.), Wer war August Aichhorn, S. 62-66.

281 Ernest Jones, Das Leben und Werk von Sigmund Freud, 3 Bde., Bern-Stuttgart 1960–1962; Josef Gicklhorn / Renée Gicklhorn, Sigmund Freuds akademische Laufbahn im Lichte der Dokumente, Wien-Innsbruck 1960; Peter Gay, Freud. Eine Biographie für unsere Zeit, Frankfurt am Main 1995.

282 Karl Sablik, Sigmund Freud und Julius Tandler: eine rätselhafte Beziehung, in: Sigmund Freud House Bulletin, Vol. 9, No. 2, 1985, S. 12-19, hier S. 12.

283 Sablik, Tandler, S. 334.

284 Tandler führte an dieser Stelle aus, dass Zivilisation und Kultur Hemmfaktoren für das Triebleben seien und die Paarung der Menschen durch das Verbot der Verwandtenehe bzw. der Blutschande eingeschränkt wäre. Diese Prinzipien seien im Totemismus grundgelegt: „Mag dieser, wie Freud meint, psychologisch im Ödipuskomplex begründet oder in irgendeiner anderen Weise entstanden sein, er steht ohne jeden Zweifel mit der Exogamie im Zusammenhang, welche eine uralte, also primitive, dabei aber höchst

komplizierte Selektion darstellt." Vgl. Tandler, Ehe und Bevölkerungspolitik, in: Wiener Medizinische Wochenschrift, 74. Jg., Nr. 4, 1924, Sp. 211 f.

285 Sablik, Tandler, S. 153 ff., S. 334.

286 Peter Schwarz, Die Wiener Psychiatrie im Ersten Weltkrieg: Eine Geschichte im Spannungsfeld von Faradisationen, Humanversuchen und Hungersterben, in: Wiener Geschichtsblätter, 69. Jg., H. 2, 2014, S. 98 f.

287 Kurt R. Eissler, Freud und Wagner-Jauregg vor der Kommission zur Erhebung militärischer Pflichtverletzungen, Wien 2007, S. 52-61.

288 Sablik, Sigmund Freud und Julius Tandler, S. 13.

289 Sablik, Tandler, S. 334 f.

290 Sablik, Sigmund Freud und Julius Tandler, S. 13 f.

291 Ebd., S. 14.

292 Maria Montessori war eine italienische Ärztin, Philosophin und Reformpädagogin. Sie entwickelte die nach ihr benannte Montessoripädagogik, in deren Mittelpunkt die Optimierung des Lernprozesses des Kindes durch neue didaktische Methoden und Techniken wie bspw. die Form des offenen Unterrichts oder die Freiarbeit stand. Vgl. Birgitta Fuchs, Maria Montessori. Ein pädagogisches Porträt, Weinheim-Basel 2003; Franz Hammerer, Maria Montessoris pädagogisches Konzept. Anfänge der Realisierung in Österreich, Wien 1997; Herbert Haberl / Franz Hammerer (Hgg.), Montessori-Pädagogik heute. Grundlagen – Innenansichten – Diskussionen, Wien 2004; Ingeborg Hedderich, Einführung in die Montessori-Pädagogik. Theoretische Grundlagen und praktische Anwendung, 2. Aufl., München 2005.

293 Sablik, Sigmund Freud und Julius Tandler, S. 15.

294 Selbst Freud hatte im akademischen Bereich (und auch in amtlichen Kreisen) mit Vorurteilen und Animositäten zu kämpfen. Einerseits stießen seine Theorien (Traumdeutung etc.) weit über den fachlichen Expertenkreis hinaus auf heftige Kritik und Ablehnung, andererseits waren die Ressentiments gegen Freud aber auch antisemitisch bedingt. 1885 erfolgte Freuds Habilitation an der Universität Wien im Fach Neuropathologie. Über die (unbezahlte) Position eines Privatdozenten an der Universität Wien kam Freud sein Leben lang in Österreich nicht hinaus. Bei einer Reihe von Professorenernennungen war Freud schlichtweg übergangen worden. Es sollte 17 Jahre dauern, bis er 1902 zumindest den Titel eines außerordentlichen Professors erhielt, und noch einmal so lange, bis ihm 1919 der Titel eines ordentlichen Universitätsprofessors zuteil wurde. Bei beiden Ernennungen handelte es sich freilich bloß um Titularprofessuren, die an seiner universitären Stellung als Privatdozenten nichts änderten und ihn nicht zum Mitglied des Professorenkollegiums der Medizinischen Fakultät der Universität Wien machten. Im Vergleich dazu erhielt der gleichfalls 1885 für Neurologie (und 1887 für Psychiatrie) habilitierte Julius Wagner-Jauregg nach nur wenigen Jahren bereits 1889 die Stelle einer außerordentlichen Professur für Psychiatrie an der Universität Graz sowie 1893 eine ordentliche Professur an der Universität Wien. Vgl. Gay, Freud, S. 158-161; ÖBL 1815-1950, Bd. 1 (Lfg. 4), Wien 1956, S. 357 f.; Aerztliches Jahrbuch für Oesterreich 1917, S. 69; Ärztliches Jahrbuch für Österreich 1933, S. 10.

295 Vgl. Ursula Kubes, „Moderne Nervositäten" und die Anfänge der Psychoanalyse, in: Franz Kadrnoska (Hg.), Aufbruch und Untergang. Österreichische Kultur zwischen 1918 und 1938, Wien-München-Zürich 1981, S. 267-280, hier S. 269 f. u. S. 275 f.

296 Ebd., S. 271; Ernst Federn, Marginalien zur Geschichte der Psychoanalytischen Bewegung, in: Psyche – Zeitschrift für Psychoanalyse und ihre Anwendungen, Jg. 28, Heft 5, 1974, S. 461-471, hier S. 465 f.

297 Kubes, Moderne Nervositäten, S. 271 f.; Gerhard Benetka, Psychologie in Wien. Sozial- und Theoriegeschichte des Wiener Psychologischen Instituts 1922-1938, Wien 1995; Christoph Steinebach, Entwicklungspsychologie, Stuttgart 2000; Brigitte Rollet, Zum 10. Todestag Charlotte Bühlers. Leben und Werk, in: Psychologie in Österreich, 4. Jg., Nr. 1-2, 1984, S. 3-6; Carl Friedrich Graumann / Theo Herrmann, Karl Bühlers Axiomatik. 50 Jahre Axiomatik der Sprachwissenschaft, Frankfurt am Main 1984; Karl Bühler, Die Krise der Psychologie, Jena-Wien 1927, S. 200 f.; Karl Bühler, Sprachtheorie. Die Darstellungsfunktion der Sprache, Jena 1934; Karl Bühler, Die geistige Entwicklung des Kindes, 6. Aufl., Jena 1930; Charlotte Bühler, Das Seelenleben des Jugendlichen. Versuch einer Analyse und Theorie der psychischen Pubertät, Jena 1922; Charlotte Bühler / Hildegard Hetzer / Beatrix Tudor-Hart, Soziologische und psychologische Studien über das erste Lebensjahr, Jena 1927; Charlotte Bühler, Kindheit und Jugend. Genese des Bewusstseins, Leipzig 1928; Charlotte Bühler / Hildegard Hetzer, Zur Geschichte der Kinderpsychologie, in: Egon Brunswik / Charlotte Bühler / Hildegard Hetzer / Ludwig Kardos / Elsa Köhler / Josef Krug / Alexander Willwoll (Hgg.), Beiträge zur Problemgeschichte der Psychologie. Festschrift zu Karl Bühlers 50. Geburtstag, Jena 1929, S. 204-224; Charlotte Bühler, Die Wiener Psychologische Schule in der Emigration, in: Psychologische Rundschau, 16. Jg., 1965, S. 187-196, hier S. 189 f.

298 Vgl. Bernhard Handlbauer, Die Adler-Freud-Kontroverse, Frankfurt am Main-Gießen 2002.

299 Elisabeth Wiesbauer / Johannes Reichmayr, Das Verhältnis der Psychoanalyse zu der Sozialdemokratie, in: Wolfgang Huber / Erika Weinzierl (Hgg.), Beiträge zur Geschichte der Psychoanalyse in Österreich, Wien-Salzburg 1978, S. 25-60; Alfred Adler, Bolschewismus und Seelenkunde (1918), in: Alfred Adler, Psychotherapie und Erziehung. Ausgewählte Aufsätze, Bd. 1: 1919–1929, Frankfurt am Main 1982, S. 23-33; Alfred Adler, Wo soll der Kampf gegen die Verwahrlosung einsetzen? (1921), in: Alfred Adler / Carl Furtmüller, Heilen und Bilden. Ärztlich-pädagogische Arbeiten des Vereins für Individualpsychologie, Neuaufl., hg. v. Wolfgang Metzger, Frankfurt am Main 1983 (Erstaufl.: München 1914), S. 340-343; Alfred Adler, Erziehungsberatungsstellen, in: Adler / Furtmüller, Heilen und Bilden, S. 379-381.

300 Otto Glöckel war einer der bedeutendsten Schulreformer der Ersten Republik. Nach dem Besuch der Lehrerfortbildungsanstalt in Wiener Neustadt war Glöckel als Volksschullehrer in Wien tätig und schloss sich der SDAP sowie dem Sozialdemokratischen Lehrerverein an. 1897 wurde er wegen seiner sozialdemokratischen Gesinnung vom christlichsozialen Bürgermeister Karl Lueger aus dem Schuldienst entlassen. 1907–1928 war Glöckel Mitglied des Abgeordnetenhauses des Reichsrats, 1919–1920 Unterstaatssekretär für Unterricht in den Staatsregierungen Renner und Mayr, 1918–1920 Mitglied der Provisorischen bzw. Konstituierenden Nationalversammlung, 1920–1934 Nationalratsabgeordneter für die SDAP. Von 1922 bis 1934 fungierte Glöckel als Präsident des Wiener Stadtschulrates. Die von ihm initiierte Wiener Schulreform stellte dem geltenden autoritären Unterrichtsprinzip die Forderung nach freier Entfaltung der Persönlichkeit des Kindes entgegen. Er strebte eine einheitliche Organisation des gesamten Erziehungs- und Bildungswesens in den Stufen der Grundschule, der Allgemeinen Mittelschule und der Allgemeinbildenden Oberschule an. Seine Vision einer Einheitsschule (Gesamtschule) aller Zehn- bis Vierzehnjährigen ließ sich allerdings infolge des

massiven Widerstandes seitens der bürgerlich-konservativen Parteien nicht umsetzen. Die Reformen Glöckels umfassten die Möglichkeit zur Abmeldung vom Religionsunterricht, die Wahl von Klassen- bzw. Schulsprechern, die Festlegung der Lehrfreiheit der Lehrer und eine Demokratisierung des Schulbereiches (inhaltliche Mitbestimmung der Lehrer, Eltern und Schüler und eine Abkehr von der reinen Lern- bzw. „Drillschule"). Der sogenannte Glöckel-Erlass, in dem die verpflichtende Beteiligung der Schüler am Religionsunterricht sowie das tägliche Schulgebet abgeschafft wurden, sorgte für heftige Kontroversen mit der katholischen Kirche. Grete Anzengruber (Hg.), Otto Glöckel – Mythos und Wirklichkeit. Schulreformen, Wien 1985; Gerald Mackenthun, Otto Glöckel – Organisator der Wiener Schulreform, in: Alfred Lévy / Gerald Mackenthun (Hgg.), Gestalten um Alfred Adler – Pioniere der Individualpsychologie, Würzburg 2002, S. 99-117; Willi Urbanek (Hg.), Auf der Spurensuche nach Otto Glöckel. Zur Bildungsrevolution Otto Glöckels: historisch – inhaltlich – menschlich, Wien 2006; Otto Glöckel, Das Tor der Zukunft, Wien 1917; Otto Glöckel, Die österreichische Schulreform, Wien 1923; Otto Glöckel, Drillschule, Lernschule, Arbeitsschule, Wien 1928.

301 Lutz Wittenberg, Geschichte der individualpsychologischen Versuchsschule in Wien. Eine Synthese aus Reformpädagogik und Individualpsychologie, Wien 2002; Kubes, Moderne Nervositäten, S. 272; Aichhorn (Hg.), August Aichhorn, S. 28 ff.

302 Kubes, Moderne Nervositäten, S. 272.

303 Aichhorn (Hg.), August Aichhorn, S. 30.

304 Freuds Beziehung zum Begründer Sozialdemokratischen Arbeiterpartei (SDAP) Victor Adler (1852–1918) war von Sympathie getragen. 1883 hatte Adler in einem Wohnhaus in der Berggasse 19 eine Praxis als Armen- und Nervenarzt eröffnet. Nach Abbruch des alten Hauses wurde an seiner Stelle ein vierstöckiges Wohnhaus errichtet, in dem Adler neuerlich eine Praxis einrichtete, die er jedoch bald wieder schloss, um sich fortan ganz der Parteiarbeit zu widmen. Danach übersiedelte Adler mit seiner Familie in den 6. Wiener Gemeindebezirk (Blümelgasse 1). 1891 übernahm Freud Adlers Wohn- und Ordinationsräume in der Berggasse 19. Vgl. Julius Braunthal, Victor und Friedrich Adler – zwei Generationen Arbeiterbewegung, Wien 1965, S. 29 ff.; Inge Scholz-Strasser, Berggasse 19, in: Harald Leupold-Löwenthal / Hans Lobner (Hgg.), Sigmund Freud Museum. Wien IX, Berggasse 19, Katalog, Wien 1994, S. 9 ff.

305 Therese Eckstein-Schlesinger war nach dem „Anschluss" Österreichs im März 1938 aufgrund ihrer jüdischen Herkunft zur Flucht nach Frankreich gezwungen. Am 5. Juni 1940 starb sie in einem Sanatorium in Blois. Vgl. Marina Tichy, Therese Schlesinger, in: ÖBL 1815-1950, Bd. 10, Wien 1994, S. 199 f.

306 Die Sozialwissenschaftlerin, sozialdemokratische Gewerkschafterin und Leiterin des Frauenreferats der Wiener Arbeiterkammer Dr. Käthe Leichter war nach den Februarkämpfen 1934 zusammen mit ihrer Familie in die Schweiz geflohen. Im September 1934 kehrten Käthe und Otto Leichter nach Österreich zurück und betätigten sich im Untergrund für die Revolutionären Sozialisten. Nach dem „Anschluss" Österreichs an Hitlerdeutschland im März 1938 waren Käthe und Otto Leichter aufgrund ihrer jüdischen Herkunft und ihrer sozialistischen Widerstandstätigkeit doppelt gefährdet. Während ihrem Mann und den Söhnen die Flucht ins rettende Ausland gelang, konnte die Gestapo Käthe Leichter allerdings infolge des Verrats des Spitzels Hans Pav am 30. Mai 1938 festnehmen. Trotz zahlreicher ausländischer Interventionen kam sie im Jänner 1940 in das Frauenkonzentrationslager Ravensbrück. Sie wurde im März 1942 im Rahmen der „Aktion 14f13", einer SS-Mordaktion gegen jüdische, politisch missliebige

und kranke KZ-Häftlinge, in der Euthanasietötungsanstalt Bernburg/Saale vergast. Vgl. Neugebauer, Der österreichische Widerstand, S. 70 f.

307 Kubes, Moderne Nervositäten, S. 272 f.

308 Josef K. Friedjung / Sidonie Fürst / Ludwig Chiavacci / Herbert Steiner (Hgg.), Sexualnot und Sexualreform. Verhandlungen der Weltliga für Sexualreform. IV. Kongress, abgehalten zu Wien vom 16. bis 23. September 1930. Bericht des vierten Kongresses, Wien 1931.

309 Eduard Hitschmann, Zehn Jahre Psychoanalytisches Ambulatorium (1922–1932). Zur Geschichte des Ambulatoriums, in: Internationale Zeitschrift für Psychoanalyse, 18. Jg., 1932, S. 265-271.

310 Nach dem März 1938 waren die Familie Freud und beinahe alle PsychoanalytikerInnen aus Wien vertrieben worden. Fritz Wittels war mit seiner Familie schon 1932 von Wien in die USA übersiedelt. Wilhelm Reich war 1930 von Wien nach Berlin gezogen und floh nach der NS-Machtergreifung 1933 über Wien und Kopenhagen nach Norwegen, von wo er 1939 in die USA emigrierte. Eduard Hitschmann gelang 1938 die Flucht nach Großbritannien (London). 1940 zog er in die USA (Cambridge). Als Vizepräsident der Psychoanalytischen Vereinigung und Vertreter Freuds musste Paul Federn 1938 Wien verlassen und emigrierte in die USA (New York). Vgl. Werner Röder / Herbert A. Strauss (Eds.), International Biographical Dictionary of Central European Emigrés 1933–1945, Vol. II, Part 1 (A-K), Part 2 (L-Z): The Arts, Sciences, and Literature, München-New York-London-Paris 1983.

311 Paul Federn, Der Wiener Kongress der Weltliga für Sexualreform, in: Neue Freie Presse, 28. September 1930, S. 13; Josef K. Friedjung, Eröffnung des IV. Kongresses der Weltliga für Sexualreform in Wien, in: Friedjung / Fürst / Chiavacci / Steiner (Hgg.), Sexualnot und Sexualreform, S. XXXI-XXXII; Fritz Wittels, Die sexuelle Not, in: Friedjung / Fürst / Chiavacci / Steiner (Hgg.), Sexualnot und Sexualreform, S. 45-47; Wilhelm Reich, Sexualnot der Werktätigen und die Schwierigkeit sexueller Beratung, in: Friedjung / Fürst / Chiavacci / Steiner (Hgg.), Sexualnot und Sexualreform, S. 72-86; Paul Federn, Über die Wirkung sexueller Kräfte in der Seele, in: Friedjung / Fürst / Chiavacci / Steiner (Hgg.), Sexualnot und Sexualreform, S. 123-137; Eduard Hitschmann, Verhütung und Heilung von Ehehemmungen, in: Friedjung / Fürst / Chiavacci / Steiner (Hgg.), Sexualnot und Sexualreform, S. 154-160; Magnus Hirschfeld, Sexualgesetzgebung, in: Friedjung / Fürst / Chiavacci / Steiner (Hgg.), Sexualnot und Sexualreform, S. 381-396; Helene Stourzh-Anderle, Sexuelle Aufklärung, in: Friedjung / Fürst / Chiavacci / Steiner (Hgg.), Sexualnot und Sexualreform, S. 630-637. Die österreichische Frauenärztin, Sexualforscherin und Schriftstellerin Helene Stourzh-Anderle (1890–1966) hatte 1910–1915 Medizin an der Universität Wien studiert und war bereits 1913 Demonstrator bei Julius Tandler am I. Anatomischen Institut gewesen. Ihre erste wissenschaftliche Arbeit publizierte sie 1914 in der von Tandler herausgegebenen „Zeitschrift für angewandte Anatomie und Konstitutionslehre". 1918 wurde sie u. a. auf Tandlers Antrag als eine der ersten Frauen in die Gesellschaft der Ärzte aufgenommen. Politisch liberal-progressiv eingestellt, publizierte sie in der Zeitschrift „Die Bereitschaft" und engagierte sich ab 1929 in der neu gegründeten Österreichischen Frauenpartei. Ihr wissenschaftliches Interesse galt der Sexualforschung, der Konstitutionslehre und der Gynäkologie. Sie entwickelte eine Typenlehre der menschlichen Konstitution auf Grundlage der Sexualität. Vgl. Gerald Stourzh, Helene Stourzh(-Anderle), in: ÖBL; Florian Mildenberger,

Allein unter Männern. Helene Stourzh-Anderle in ihrer Zeit (1890–1966), Herbolzheim 2004.

312 Friedjung / Fürst / Chiavacci / Steiner (Hgg.), Sexualnot und Sexualreform, S. XLVI.

313 Kanitz war 1932–1934 Mitglied des Bunderates. Nach den Februarkämpfen 1934 und dem Verbot der SDAP durch die Regierung Dollfuß konnte Kanitz vorübergehend nach Brünn flüchten. Im November 1938 wurde er als „Jude" (im Sinn der Nürnberger Gesetze) und wegen seiner Tätigkeit für die Revolutionären Sozialisten von der Gestapo verhaftet. Im September 1939 erfolgte seine Deportation in das KZ Buchenwald, wo er am 29. März 1940 zu Tode kam. Vgl. DÖW-Opferdatenbank.

314 Rudolf Goldscheid, Zur Geschichte der Sexualmoral, in: Friedjung / Fürst / Chiavacci / Steiner (Hgg.), Sexualnot und Sexualreform, S. 279-307; Sigismund Peller, Der Abortus im Rahmen des menschlichen Reproduktionsproblems, in: Friedjung / Fürst / Chiavacci / Steiner (Hgg.), Sexualnot und Sexualreform, S. 487-497; Adelheid Popp, Geburtenregelung und Menschenökonomie, in: Friedjung / Fürst / Chiavacci / Steiner (Hgg.), Sexualnot und Sexualreform, S. 498-503; Josef K. Friedjung, Das Recht des Kindes, in: Friedjung / Fürst / Chiavacci / Steiner (Hgg.), Sexualnot und Sexualreform, S. 589-593; Felix Kanitz, Das Recht des Kindes, in: Friedjung / Fürst / Chiavacci / Steiner (Hgg.), Sexualnot und Sexualreform, S. 627-629; Julius Tandler, Wohnungsnot und Sexualreform, in: Friedjung / Fürst / Chiavacci / Steiner (Hgg.), Sexualnot und Sexualreform, S. 5–15. Vgl. Kubes, Moderne Nervositäten, S. 274.

315 Der neuen Bestattungsform der Kremation folgte auch die Industriellengattin und Bankierstochter Adele Bloch-Bauer, geb. 1881 in Wien, die ebendort am 24. Jänner 1925 an Meningitis verstorben war. Wie u. a. aus ihren testamentarischen Verfügungen – darin waren Vereine wie die Kinderfreunde oder die Bereitschaft berücksichtigt – hervorgeht, war Bloch-Bauer politisch sozialdemokratisch orientiert gewesen. Sie war vor allem von dem Politiker Julius Tandler geprägt worden, der sie in ihren letzten Lebenstagen auch als Arzt betreute. Bloch-Bauers Entscheidung für eine Einäscherung ihres Leichnams war vor dem Hintergrund des tobenden Kulturkampfes auch ein politisches Statement. Ihre Urne wurde übrigens in einer Gruft auf dem Wiener Zentralfriedhof beigesetzt, deren Benützungsberechtigter laut Totenschau-Befund niemand anderer als Julius Tandler gewesen war. Vgl. Hubertus Czernin, Die Fälschung. Der Fall Bloch-Bauer, Wien 1999, S. 35 ff.; Totenschau-Befund, Buchungs-Nr. 126, 24. Jänner 1925, 13 Uhr, WStLA; Adele Bloch-Bauer, Testament und Todfallsaufnahme, H. A. Akten – Persönlichkeiten, B 35/1, B 35/2, WStLA.

316 Protokolle (Stenographische Berichte) der Gemeinderats- und Landtags-Sitzungen, Jg. 1922, Wien 1922: GRSP vom 31. März 1922, S. 353 f.

317 Franz Bauer, Leopold Kunschak als Politiker. Von seinen Anfängen bis zum Jahre 1934. Diss. phil., Wien 1950, S. 95.

318 *Zur Leichenverbrennung. Vorläufige Verfügungen* (gez. Friedrich Gustav Kard. Piffl, Erzbischof), in: Wiener Diözesanblatt, 60. Jg., Nr. 23/24, 31. Dezember 1922, S. 1.

319 *Hirtenbrief* (gegeben zu Wien am Feste der heiligen Agnes, 21. Jänner 1923, gez. Friedrich Gustav Kardinal Piffl, Erzbischof von Wien), in: Wiener Diözesanblatt, 61. Jg., Nr. 1/2, 31. Jänner 1923, S. 1-6, hier S. 5.

320 WStLA: GRSP vom 4. Februar 1927, S. 1526 ff.

321 WStLA: GRSP vom 21. Mai 1926, S. 1390.

322 WStLA: GRSP vom 2. Oktober 1923, S. 2624 f.

323 1930 hatte Herbert Boeckl ein Porträt (Ölbild) von Julius Tandler angefertigt. Die Bekanntschaft mit Tandler dürfte Boeckl darin bestärkt haben, sich künstlerisch intensiver mit der Thematik der menschlichen Anatomie auseinanderzusetzen. 1931 konnte Boeckl seine zeichnerischen und malerischen Arbeiten an der Bilderserie zur „Anatomie" – auf Einladung des Primarztes ao. Univ.-Prof. Dr. Oskar Weltmann, Vorstandes der I. medizinischen Abteilung, und mit Zustimmung des Prosektors Dr. Fritz Paul – im Seziersaal des (Kaiser-)Franz-Josef-Spitals in Wien ausführen. Seitens der Stadt Wien stellte Stadtrat Tandler übrigens den Erwerb des Hauptwerks der Serie „Die Anatomie" (urspr. „Die Obduktion") für 30.000,- Schilling in Aussicht. Der Ankauf des Bildes seitens der Stadt Wien dürfte allerdings an einem Zerwürfnis Boeckls mit dem Kunsthändler Gustav Nebehay, der das Geschäft abwickeln sollte, gescheitert sein. Im Einleitungstext zum Kapitel „Die Bilder und Zeichnungen zur Anatomie 1931" des Herbert-Boeckl-Ausstellungskatalogs (hg. v. Agnes Husslein-Arco, 2009) wird die Behauptung erhoben, dass Tandler Boeckl ermöglicht habe, seine Studien in der Prosektur des „gemeindeeigenen" Franz-Josef-Spitals durchzuführen, was sachlich unrichtig ist: Da es sich beim (Kaiser-)Franz-Josef-Spital – wie bei den meisten damaligen Wiener Spitälern (dem Allgemeinen Krankenhaus, Krankenhaus Wieden, der Krankenanstalt „Rudolfsstiftung", dem Kaiserin Elisabeth-Spital, Wilhelminen-Spital, St. Rochus-Spital, der Krankenanstalt „Erzherzogin Sophien-Spitals-Stiftung", dem Orthopädischen Spital und Rainer-Spital) – um kein Wiener Gemeindespital, sondern um eine öffentliche Fondskrankenanstalt handelte, die in bundesstaatlicher Verwaltung (beim Volksgesundheitsamt im Bundesministerium für soziale Verwaltung) stand, hatte Tandler als Wiener Wohlfahrts- und Gesundheitsstadtrat keine rechtliche Handhabe, um Boeckl die Genehmigung für Studien in der dortigen Prosektur zu erteilen. Neben der Lungenheilstätte „Baumgartner Höhe" und einigen Kinderkrankenanstalten war das Krankenhaus der Stadt Wien in Lainz die einzige kommunaleigene Krankenanstalt. Vgl. Otto Breicha, Die nackten Toten. Boeckels Arbeiten zur Anatomie (und überhaupt), in: Agnes Husslein-Arco (Hg.), Herbert Boeckl, Wien 2009, S. 187–193 (derselbe Beitrag Breichas wurde erstmals veröffentlicht im Ausstellungskatalog: „Herbert Boeckl. Die Bilder und Zeichnungen zur Anatomie", Ausstellungskatalog, Salzburger Landessammlungen Rupertinum, Salzburg 1984, S. 7–19); Oliver Rathkolb, Herbert Boeckl – ein Moderner zwischen den Zeiten. Zeithistorische Anmerkungen zu den Wechselwirkungen zwischen Politik und Kunst im 20. Jahrhundert, in: Husslein-Arco (Hg.), Boeckl, S. 215-222, hier S. 216 f.; Daten zu Leben, Werk und historischem Kontext, in: Husslein-Arco (Hg.), Boeckl, S. 406 ff.; Ärztliches Jahrbuch für Österreich 1933. Adressenwerk der Ärzte und Apotheker Österreichs, XVIII. Jg., Wien 1933, S. 15-20.

324 Alma Mahler-Werfel, Mein Leben, 40. Aufl., Frankfurt am Main 2008 (Erstaufl. 1963), S. 232 f.; Oliver Hilmes, Im Fadenkreuz. Politische Gustav-Mahler-Rezeption 1919–1945. Eine Studie über den Zusammenhang von Antisemitismus und Kritik an der Moderne, Frankfurt am Main 2003, S. 200-209; Christian Glanz, Zur Rezeption von Mahlers Werk in der Ersten Republik und im Austrofaschismus, in: Reinhold Kubik / Thomas Trabitsch (Hgg.), „leider bleibe ich ein eingefleischter Wiener". Gustav Mahler und Wien, Wien 2010, S. 210.

325 Von Anton Hanak wurden folgende Kunstwerke u. a. auf Vermittlung Tandlers geschaffen: Bronze-Denkmal für Emil Zuckerkandl im Arkadenhof der Universität Wien (April 1924); Skulptur der „Magna Mater" als Allegorie der Mutterliebe, Teil des Brunnens im Hof der Kinderübernahmsstelle, Wien 9, Lustkandlgasse 50 (1925): heutiger Standort des Magna-Mater-Brunnens ist der Maurer Rathauspark, Wien 23; Kriegerdenkmal auf

dem Wiener Zentralfriedhof (1925); Denkmal für die Opfer des 15. und 16. Juli 1927 (1927); Büste von Victor Adler als Teil des „Denkmals der Republik" neben dem Parlamentsgebäude in Wien (1928). Vgl. Friedrich Grassegger, Anton Hanak und das „Rote Wien". Der Wille zum „neuen Menschen" und Hanaks Denkmäler und Bauplastiken für sozialdemokratische Auftraggeber, in: Friedrich Grassegger / Wolfgang Krug (Hgg.), Anton Hanak (1875–1934), Wien-Köln-Weimar 1997, S. 306-371, hier S. 318 ff., S. 337 ff.

326 WStLA: GRSP vom 20. Februar 1925, S. 467.

327 Ebd., S. 469.

328 Ebd., S. 471.

329 WStLA: GRSP vom 22. März 1929, S. 603 f.

330 WStLA: GRSP vom 25. November 1929, S. 2042.

331 Ebd., S. 2052.

332 Ebd., S. 2049.

333 WStLA: GRSP vom 30. Jänner 1925, S. 233.

334 WStLA: GRSP vom 15. Juli 1932, S. 1129 f.

335 WStLA: GRSP vom 24. Mai 1932, S. 491.

336 Ebd., S. 492 f.

337 Ebd., S. 498 ff.

338 WStLA: GRSP vom 15. Juli 1932, S. 1237

339 WStLA: GRSP vom 24. Mai 1932, S. 492 ff.

340 Peter Eigner, Rudolf Sieghart und die Allgemeine Boden-Credit-Anstalt. Ein Fallbeispiel zur österreichischen Bankenkrise 1920er und 30er Jahre, in: Hartmut Berghoff / Jürgen Kocka / Dieter Ziegler (Hg.), Wirtschaft im Zeitalter der Extreme. Beiträge zur Unternehmensgeschichte Österreichs und Deutschlands, München 2010, S. 206-225, hier S. 206 f.

341 WStLA: GRSP vom 24. Mai 1932, S. 492 ff.

342 WStLA: GRSP vom 30. September 1932.

343 Zitat des NSDAP-Gemeinderats Hugo Mühlberger. Siehe: WStLA, GRSP vom 24. Februar 1933, S. 163.

344 WStLA: GRSP vom 20. Dezember 1932, S. 2387 f., S. 2389 f.; GRSP vom 21. Dezember 1932 S. 2403 f.

345 WStLA: GRSP vom 15. Juli 1932, S. 1233, S. 1236 f.

346 WStLA: GRSP vom 19. Mai 1933, S. 435.

347 WStLA: GRSP vom 24. Februar 1933, S. 206.

348 WStLA: GRSP vom 24. Mai 1932, S. 515 f.

349 WStLA: GRSP vom 7. April 1933, S. 335 f.

350 Ebd., S. 336.

351 Ebd., S. 336.

352 Vgl. Marian Miehl, Studentische Vertretungsorganisationen und ihre Politik in der Zwischenkriegszeit, Dipl.-Arb., Wien 2009, S. 35-55; Klaus Taschwer, Hochburg des Antisemitismus. Der Niedergang der Universität Wien im 20. Jahrhundert, Wien 2015, S. 71-97; Klaus Taschwer, Nachrichten von der antisemitischen Kampfzone. Die

Universität Wien im Spiegel und unter dem Einfluss der Tageszeitungen, 1920–1933, in: Margarete Grandner / Thomas König (Hgg.), Reichweiten und Außensichten. Die Universität Wien als Schnittstelle wissenschaftlicher Entwicklungen und gesellschaftlicher Umbrüche, Göttingen 2015, S. 99-126; Mitchell G. Ash, Die Universität Wien in den politischen Umbrüchen des 19. und 20. Jahrhunderts, in: Mitchell Ash / Josef Ehmer (Hgg.), Universität – Politik – Gesellschaft, Göttingen 2015, S. 29-173 (= 650 Jahre Universität Wien – Aufbruch ins neue Jahrhundert, Bd. 2, hg. v. Friedrich Stadler); Birgit Nemec, Julius Tandler. Anatom, Politiker, Eugeniker, in: Ash / Ehmer (Hgg), Universität, S. 257-264; Kurt Bauer, Die kalkulierte Eskalation. Nationalsozialismus und Gewalt in Wien um 1930, in: Wolfgang Kos (Hg.), Kampf um die Stadt. Politik, Kunst und Alltag um 1930. Katalog zur Ausstellung des Wien Museums im Künstlerhaus, Wien 2010, S. 35-45; Brigitte Lichtenberger-Fenz, Österreichs Universitäten 1930 bis 1945, in: Friedrich Stadler (Hg.), Kontinuität und Bruch 1938 – 1945 – 1955. Beiträge zur österreichischen Wissenschaftsgeschichte. Berlin-Hamburg-Münster 2004, S. 69-82.

353 Taschwer, Hochburg des Antisemitismus, S. 130; Taschwer, Nachrichten von der antisemitischen Kampfzone, S. 116, Anm. 51; Gerhart Hartmann, der CV in Österreich. Seine Entstehung, seine Geschichte, seine Bedeutung, Kevelaer 2011, S. 117-126; Emmerich Czermak, Der CV und die Judenfrage, in: Robert Krasser (Hg.), Der CV, der Träger des katholischen Farbstudententums und die neue Zeit. Schriften des OeCV, Heft 1/3, Wien 1936, S. 60-66.

354 Miehl, Studentische Vertretungsorganisationen, S. 35-40, S. 48 ff.

355 Ebd., S. 41 ff.

356 Helge Zoitl, „Student kommt von Studieren!" Zur Geschichte der sozialdemokratischen Studentenbewegung in Wien, Wien-Zürich 1992, S. 321 ff. u. S. 338 ff.; ; Wolfgang Speiser, Die sozialistischen Studenten Wiens 1927–1938, Wien 1986 (= Materialien zur Arbeiterbewegung, Nr. 40).

357 Ulrike Davy / Thomas Vašek, Der „Siegfried-Kopf". Eine Auseinandersetzung um ein Denkmal in der Universität Wien. Dokumentation, Wien 1991, S. 12 ff.; Wolfgang Lamsa, Der Siegfriedskopf, in: Siegfrieds Köpfe. Rechtsextremismus, Rassismus und Antisemitismus an der Universität Wien. Context XXI, Nr. 7-8/01, Nr. 1/02, S. 104-109.

358 Brigitte Fenz, Zur Ideologie der „Volksbürgerschaft". Die Studentenordnung der Universität Wien vom 8. April 1930 vor dem Verfassungsgerichtshof, in: Zeitgeschichte, 5. Jg., 1977/78, S. 125-145.

359 Nemec / Taschwer, Terror gegen Tandler, S. 164.

360 Brigitte Lichtenberger-Fenz, „... deutscher Abstammung und Muttersprache". Österreichische Hochschulpolitik in der Ersten Republik, Wien-Salzburg 1990, S. 163 ff.: Miehl, Studentische Vertretungsorganisationen, S. 80 ff.

361 Brigitte Lichtenberger-Fenz, Österreichs Universitäten und Hochschulen – Opfer oder Wegbereiter der nationalsozialistischen Gewaltherrschaft? (Am Beispiel der Universität Wien), in: Gernot Heiß / Siegfried Mattl / Sebastian Meissl / Edith Saurer / Karl Stuhlpfarrer (Hgg.), Willfährige Wissenschaft. Die Universität Wien 1938 bis 1945, Wien 1989, S. 3-15; Michael Hubenstorf, Medizinische Fakultät 1938–1945, in: Heiß u. a. (Hgg.), Willfährige Wissenschaft, S. 233-282; Michael Hubenstorf, Ende einer Tradition und Fortsetzung als Provinz. Die Medizinischen Fakultäten der Universitäten Berlin und Wien 1925–1950, in: Christoph Meinel / Peter Voswinckel (Hgg.), Medizin, Naturwissenschaft und Technik im Nationalsozialismus. Kontinuitäten

und Diskontinuitäten, Stuttgart 1994, S. 33-53; Michael Hubenstorf, Österreichische Ärzte-Emigration, in: Friedrich Stadler (Hg.), Vertriebene Vernunft I: Emigration und Exil österreichischer Wissenschaft 1930–1940, Teilband 1, Münster 2004, S. 359-415; Michael Hubenstorf, Vertriebene Medizin – Finale des Niedergangs der Wiener Medizinischen Schule?, in: Friedrich Stadler (Hg.), Vertriebene Vernunft II: Emigration und Exil österreichischer Wissenschaft 1930–1940, Teilband 2, Münster 2004, S. 766-793.

362 *Die Verjudung der Wiener Universität*, in: Deutsches Volksblatt, 13. Juli 1910, S. 22.

363 Vgl. Sablik, Tandler, S. 298-301; Alfred Gisel, Julius Tandler, in: Vertriebene Vernunft, Teil II. Emigration und Exil österreichischer Wissenschaft, Wien-München 1988, S. 815-818; Bruce F. Pauley, Eine Geschichte des österreichischen Antisemitismus. Von der Ausgrenzung zur Auslöschung, Wien 1993, S. 140 ff., S. 167 ff.

364 *Das Antlitz der Hochschule*, in: Die Wahrheit. Österreichische Wochenschrift für jüdische Interessen. Veröffentlichungen der „Union deutschösterreichischer Juden", XLIII. Jg., Nr. 7, 11. Februar 1927, S. 2 f. Diese antisemitischen Ausschreitungen werden auch durch zahlreiche Erinnerungen damaliger Studierender belegt: Benno Weiser(-Varon), Wie ich, obwohl Jude, nicht Arzt wurde, in: Siegfrieds Köpfe. Rechtsextremismus, Rassismus und Antisemitismus an der Universität Wien. Context XXI, Nr. 7-8/01, Nr. 1/02, S. 98-103; Minna Lachs, Warum schaust du zurück. Erinnerungen 1907–1941, Wien 1986. Vgl. ebenso: Michaela Raggam, Jüdische Studentinnen an der medizinischen Fakultät in Wien, in: Birgit Bolognese-Leuchtenmüller / Sonia Horn (Hgg.), Töchter des Hippokrates. 100 Jahre akademische Ärztinnen in Österreich, Wien 2000, S. 139-156.

365 Konvolut von Tandlers Aufzeichnungen: Nachlass Julius Tandler, Josephinum.

366 Birgit Nemec / Klaus Taschwer, Terror gegen Tandler. Kontext und Chronik der antisemitischen Attacken am I. Anatomischen Institut der Universität Wien, 1910 bis 1933, in: Oliver Rathkolb (Hg.), Der lange Schatten des Antisemitismus. Kritische Auseinandersetzungen mit der Geschichte der Universität Wien im 19. und 20. Jahrhundert, Göttingen 2013, S. 147-171, hier S. 162.

367 Vgl. Taschwer, Hochburg des Antisemitismus, insbes. Kapitel 4, S. 99-132; Oliver Rathkolb, Die Rechts- und Staatswissenschaftliche Fakultät der Universität Wien zwischen Antisemitismus, Deutschnationalismus und Nationalismus 1938, davor und danach, in: Heiß et. al. (Hgg.), Willfährige Wissenschaft, S. 197-232; Ilse Reiter-Zatloukal, Antisemitismus und Juristenstand. Wiener Rechts- und Staatswissenschaftliche Fakultät und Rechtspraxis vom ausgehenden 19. Jahrhundert bis zum „Anschluss" 1938, in: Rathkolb (Hg.), Der lange Schatten des Antisemitismus, S. 183-205.

368 Siehe dazu ausführlich: Nemec / Taschwer, Terror gegen Tandler, S. 147-171; Sablik, Tandler, S. 298-301.

369 Rathkolb, Die Rechts- und Staatswissenschaftliche Fakultät, S. 197 f.

370 Martina Aicher, Deutsche Gemeinschaft (Österreich), in: Wolfgang Benz (Hg.), Handbuch des Antisemitismus. Judenfeindschaft in Geschichte und Gegenwart. Bd. 5: Organisationen, Institutionen, Bewegungen, Berlin-Boston 2012, S. 150 f.

371 Wolfgang Rosar, Deutsche Gemeinschaft. Seyß-Inquart und der Anschluß, Wien-Frankfurt-Zürich 1971; Hans Magenschab, Die geheimen Drahtzieher. Macht und Einfluss der Studentenverbindungen, Wien-Graz-Klagenfurt 2011, S. 244 ff.

372 Reiter-Zatloukal, Antisemitismus und Juristenstand, S. 192 f.

373 Taschwer, Hochburg des Antisemitismus, S. 103 f.

374 Der Sohn des antisemitischen Paläobiologie-Professors Othenio Abel, Wolfgang Abel, ein nationalsozialistischer Student der Anthropologie, war an den Ausschreitungen gegen das I. Anatomische Institut Tandlers führend beteiligt gewesen. Vgl. Taschwer, Hochburg des Antisemitismus, S. 92.

375 Ebd., S. 109 ff.

376 Ebd., S. 117-127; Johannes Feichtinger, Wissenschaft zwischen den Kulturen. Österreichische Hochschullehrer in der Emigration 1933–1945, Frankfurt am Main 2001, S. 151 f.

377 WStLA: GRSP vom 23. November 1932, S. 1448 f.

378 Für den Bereich des Wiener städtischen Spitalswesen trifft dieser Vorwurf seitens der NS-Gemeindepolitiker sachlich nicht zu: Unter dem christlichsozialen Wiener Bürgermeister Dr. Richard Weißkirchner wurden 1913 im Krankenhaus Lainz (damals Kaiser-Jubiläums-Spital) in aller Regel nur Ärzte angestellt, die dem damals regierenden Lueger-Lager politisch-weltanschaulich genehm waren. Da die Christlichsozialen selbst über zu wenige Fachärzte verfügten (was zum Teil auf die extreme Medizin- und Wissenschaftsfeindlichkeit des Bürgermeisters Karl Lueger zurückging), kamen die Primarärzte – bei denen es sich in den wenigsten Fällen um wissenschaftliche Kapazitäten handelte – durchwegs aus der deutschvölkischen Bewegung. Christlichsoziale und Deutschnationale einte jedenfalls eine antisemitische Grundgesinnung, die nicht nur für die Personalpolitik in Wiens Fondskrankenanstalten (die unter staatlicher Verwaltung standen) bestimmend war, sondern auch die personalpolitischen Weichen im Krankenhaus Lainz in Richtung einer antijüdischen Diskriminierung stellte. An diesen grundlegenden Personalstrukturen vermochte auch die sozialdemokratische Stadtverwaltung von 1919 bis 1934 kaum etwas zu ändern. Zwar gelang es dem 1923 neu bestellten Krankenhausdirektor Arnold Baumgarten (1879–1938), der Gesundheitsstadtrat Tandler nahestand, eine Reihe wichtiger Reformen in Angriff zu nehmen, seine personalpolitische Bilanz blieb jedoch eher bescheiden: 1924 gelang es, immerhin einen sozialdemokratischen Primarius, den Pathologen Dr. Jakob Erdheim (1874–1937), im Krankenhaus Lainz zu verankern. Erdheim war ein international renommierter Wissenschaftler und bekleidete u. a. eine außerordentliche Professur für Pathologische Anatomie an der medizinischen Fakultät der Universität Wien. Überdies war er der einzige Lainzer Primararzt jüdischer Herkunft. Bei den wenigen anderen Nachbesetzungen kamen wiederum Ärzte aus dem deutschnationalen Bürgertum zum Zuge, wie etwa 1929 der Chirurg Leopold Schönbauer (1888–1963), dessen Familie dem damaligen Landbund bzw. schon den Nationalsozialisten nahe stand. Sozialdemokratisch orientierte Ärzte jüdischer Herkunft dürfte es noch vereinzelt in der Gruppe der Sekundarärzte gegeben haben, insbesondere in den späten 1920er Jahren. So lassen sich – nach Michael Hubenstorf – unter den ehemaligen Lainzer Ärzten mindestens sieben spätere Emigranten (nach der NS-Machtergreifung 1938) nachweisen, wie bspw. Richard Berczeller (1902–1994; klinische Ausbildung 1926–1930 im KH Lainz, ab 1930 praktischer Arzt in Mattersburg/Burgenland; 1938–1941 Flucht über Frankreich und die Elfenbeinküste in die USA) oder der damals bekannte Jungärztevertreter Philipp Elb (nach 1938 Emigration nach Niederländisch-Indien). Im Bereich der Krankenpflege – 1924 wurde unter Stadtrat Tandler im Krankenhaus Lainz die Krankenschwesternschule (in der Jagdschloßgasse) etabliert – dürften die Verhältnisse anders gelegen sein: Hier bildete sich in den 1920er Jahren geradezu ein Schwerpunkt der gewerkschaftlichen Organisation der sozialdemokratischen Krankenschwestern heraus. Tatsächlich wurden die ärztlichen Führungspositionen (Primarien und Oberärzte) des Krankenhauses Lainz in der

1920er Jahren von deutschnationalen und seit 1930 von nationalsozialistischen Parteigängern bzw. Sympathisanten dominiert. In der austrofaschistischen Regierungsdiktatur (1934–1938) wurden 1937 einige führende Lainzer Ärzte aus politischen Gründen entlassen, darunter die Abteilungsleiter Carl Reitter (1876–1953), Internist, Otto Mayer (1877–1951), Otolaryngologe, Friedrich Kroiss (1878–1960), Urologe, und Josef Kowarschik (1876–1965), physikalischer Therapeut. 1938 wurden dieselben allerdings von der neuen Wiener NS-Gesundheitsverwaltung wieder in ihren alten Positionen in Dienst gestellt. Friedrich Kroiss, der bereits von 1930 bis 1937 Landesobmann des Nationalsozialistischen Deutschen Ärztebundes war, wurde 1938 (bis 1941) zum Krankenhausdirektor bestellt. Sein Vorgänger Baumgarten beging noch 1938 Selbstmord und entzog sich auf diese Weise der weiteren NS-Verfolgung. Um überzeugte Nationalsozialisten handelte es sich auch bei den beiden Assistenten des renommierten Internisten Carl von Noorden (1858–1944), der von 1930 bis 1935 die Abteilung für Stoffwechselkrankheiten bzw. die Diätküche in Lainz geleitet hatte, Friedrich Wilhelm Lapp (1902 – nach 1954) und Hans Dibold (1904–1991). Siehe: Michael Hubenstorf, Biographisches Lexikon zu österreichischen Ärztinnen und Ärzten in der NS-Zeit (Arbeitstitel), unveröff.; Michael Hubenstorf, 100 Jahre Krankenhaus Hietzing. Festansprache anlässlich der Hundertjahrfeier, in: Festschrift 100 Jahre Krankenhaus Hietzing, hg. v. Krankenhaus Hietzing mit Neurologischem Zentrum Rosenhügel, Wien 2013, S. 13-22, hier S. 16-20; Karl Heinz Tragl, Chronik der Wiener Krankenanstalten, Wien-Köln-Weimar 2007, S. 510 ff.; Ärztliches Jahrbuch für Österreich 1930, Wien 1930, S. 17 f.

379 Auch im Hinblick auf das medizinische Personal des Wiener städtischen Gesundheitswesens, der Magistratsabteilung 12 (Gesundheitsamt), muss festgestellt werden, dass jüdische ÄrztInnen hier eine Minderheit darstellten. Unter den pragmatisierten Beamtenstellen (u. a. Physikatsärzte, Physikatsärzte der Bezirke) finden sich kaum ÄrztInnen jüdischer Herkunft, da die meisten dieser Posten bereits vor 1919 an christlichsoziale (bspw. Oberstadtphysikus Dr. August Böhm) und deutschnationale ÄrztInnen vergeben worden waren. Es war das Verdienst von Gesundheitsstadtrat Tandler, auch sozialdemokratisch oder liberal gesinnten ÄrztInnen (mitunter jüdischer Herkunft) – mittels Schaffung neuer ärztlicher Kategorien – eine Anstellung im städtischen Gesundheitswesen zu ermöglichen. So wurden in den von Tandler ausgebauten Bereichen der städtischen Jugend- und Tuberkulosefürsorge ganz neue Stellen als Jugendärzte, Schulärzte, Schulzahnärzte oder Tuberkulose-Fürsorgeärzte konzipiert, die im Laufe der 1920er Jahre zur Besetzung kamen. Freilich war es Tandler aufgrund der Budgetsituation in aller Regel nur möglich, diese neuen ärztlichen Berufskategorien in Form von (schlechter bezahlten) Vertragsbediensteten-Stellen (und nicht als teure Beamtenposten) zu realisieren. Vgl. Jahrbuch der Sanitätspersonen Österreichs. Adressenregister des Sanitätsgebietes Österreich, Wien 1929, S. 96-102.

380 WStLA: GRSP vom 23. November 1932, S. 1469 f.

381 Riehl kategorisierte – wie es in der völkischen Bewegung und der NSDAP Usus war – Menschen ausschließlich auf der Grundlage des rassistischen Antisemitismus als „Juden". Im konkreten Fall bezeichnete er selbst jene Ärztinnen und Ärzte der Heil- und Pflegeanstalt Am Steinhof als „jüdisch", die (in erster oder zweiter Generation) zu einer anderen Religionsgemeinschaft konvertiert oder konfessionslos waren, sich jedenfalls selbst nicht als „jüdisch" empfanden oder wahrnahmen. Diese rassistisch motivierte Zuschreibung als „jüdisch", gegen die sich die Betreffenden kaum zur Wehr setzen konnten, fand – nur drei Jahre später – in den 1935 vom NS-Regime erlassenen Nürnberger Gesetzen, die die Grundlage für die politische Entrechtung und Diskriminierung

der „jüdischen" Bevölkerung im Deutschen Reich bildeten, ihre rechtliche Verankerung. Vgl. Mitchell G. Ash, Jüdische Wissenschaftlerinnen und Wissenschaftler an der Universität Wien von der Monarchie bis nach 1945, in: Oliver Rathkolb (Hg.), Der lange Schatten des Antisemitismus. Kritische Auseinandersetzungen mit der Geschichte der Universität Wien im 19. und 20. Jahrhundert, Göttingen 2013, S. 93–122, hier S. 94 ff.

382 WStLA: GRSP vom 23. November 1932, S. 1471. 1932 betrug der ärztliche Personalstand der Heil- und Pflegeanstalt der Stadt Wien „Am Steinhof" 24 ÄrztInnen, jener der Heil- und Pflegeanstalt der Stadt Wien „Ybbs an der Donau" 5 ÄrztInnen. Aufgrund seiner rassistisch-antisemitischen Interpretation (und nicht aufgrund konfessioneller Zugehörigkeit) wies Riehl 11 Personen der Anstalt Steinhof (ca. 46 Prozent des ärztlichen Personalstandes) und eine Person der Anstalt Ybbs (20 Prozent des ärztlichen Personalstandes) als „jüdische" ÄrztInnen aus. Über das Schicksal dieser ÄrztInnen nach dem „Anschluss" Österreichs an Hitler-Deutschland im März 1938 können folgende Angaben gemacht werden: Dr. Osias Lustmann (Anstalt Ybbs), geb. 1897, Emigration nach Großbritannien; Dr. Julius Eisenthal, Emigration in die USA; Dr. Hermann Flamm, Anstaltsarzt, Emigration nach Schanghai; Dr. Klara Frank, geb. 1892, ordinierende Ärztin (= Oberärztin), Flucht nach Ungarn; Dr. Karl Friedmann, geb. 1900, gest. 1991, ordinierender Arzt, Emigration nach Großbritannien; Prim. Dr. Ernst Löffler, geb. 1891, Prosektor und Institutsvorstand, Emigration über die Niederlande in die USA; Dr. Maria Morgenstern, ordinierende Ärztin, Emigration in die USA; Dr. Norbert Schwarzmann, geb. 1883, Emigration ?; Dr. Siegfried Novotny, geb. 1901, gest. 1987, ordinierender Arzt, Einstufung als „Mischling 1. Grades" nach den Bestimmungen der Nürnberger Gesetze, Zwangspensionierung mit 30. Okt. 1938, Verhaftung am 26. April 1944, am 1. Okt. 1944 Einweisung in das KZ Buchenwald, am 8. April 1945 Überstellung in das KZ Flossenbürg, am 23. April 1945 Befreiung durch US-Streitkräfte, im Oktober 1945 Wiedereintritt in die Heil- und Pflegeanstalt Steinhof; Dr. Regina(e) Grauer, geb. 1891, am 11. August 1942 in das KZ Auschwitz deportiert und dort ermordet; Dr. Luzie Mannheim, geb. 1897, am 5. März 1941 deportiert in das „Generalgouvernement" Polen nach Modliborzyce, Bezirk Janow Jubelski, Distrikt Lublin, entweder dort umgekommen oder in einem Vernichtungslager der „Aktion Reinhard" (Deportation am 8. Oktober 1942) ermordet; Dr. Leopold Olesker, geb. 1892, gest. 1945, teilbeschäftigter Vertragszahnarzt, 1938–1941 als „jüdischer Zahnbehandler" zur Behandlung jüdischer PatientInnen zugelassen, am 15. Februar 1941 nach Opole bei Lublin deportiert, am 4. August 1944 Überstellung in das KZ Flossenbürg, dort am 30. Jänner 1945 gestorben. Nach dem „Anschluss" im März 1938 wurden fünf ÄrztInnen (und drei Pflegekräfte) der Heil- und Pflegeanstalt Am Steinhof im Sinn der Nürnberger Gesetze als „Juden" eingestuft, vom Dienst suspendiert und ihrer Approbation beraubt. Über ihr weiteres Schicksal ist folgendes bekannt: Prim. Dr. Ernst Löffler (siehe oben); Dr. Leopold Olesker (siehe oben); Dr. Maria Morgenstern (siehe oben); Dr. Gerta Möstel, Anstaltsärztin, Emigration nach „Übersee/Asien"; Dr. Viktor Kammer, Aushilfsanstaltsarzt, Emigration nach Rhodesien, wo er 1944 an einer Lungentuberkulose starb; Alois Rosenzweig, geb. 1904, gest. 1939, Pfleger, am 20. Oktober 1939 nach Nisko deportiert und dort umgekommen; Helene Wittmann, gest. 1966, Pflegerin, überlebte in Wien; Richard Türkel, Aushilfspfleger, gelang vermutlich die Flucht über Rotterdam. Darüber hinaus sei hier kurz darauf hingewiesen, dass die jüdischen Pfleglinge zu den bevorzugten Opfern der NS-Euthanasiemorde zählten. In Österreich fungierte die Wagner von Jauregg-Heil- und Pflegeanstalt Am Steinhof als Sammelanstalt für psychisch kranke und geistig behinderte Jüdinnen und Juden. Vom Steinhof wurden im Rahmen der „Aktion

T4" 1940/41 an die 400 jüdische (insgesamt 3.200) PatientInnen – zum Teil nach Zwischenaufenthalten in den Anstalten Ybbs und Niedernhart – in die Euthanasieanstalt Hartheim bei Linz gebracht. Die danach noch am Steinhof Verbliebenen waren dem anstaltsinternen Tötungsprogramm, der Kombination aus systematischer Unterernährung und Infektionskrankheiten doppelt schutzlos ausgesetzt – als Juden und als Psychiatriepatienten. Die Überlebenden deportierte die Zentralstelle für jüdische Auswanderung in Wien im September/Oktober 1942 nach Minsk, wo sie im SS-Lager Maly Trostinec erschossen oder in mobilen Gaskammern erstickt wurden, und in das Getto Theresienstadt. Auch unter den im Zuge der NS-Kindereuthanasie in der Kinderfachabteilung Am Spiegelgrund zu Tode gebrachten Kindern befanden sich jüdische Opfer. Lediglich drei jüdische Steinhof-Pfleglinge haben nachweislich die Befreiung von der NS-Herrschaft im April 1945 erlebt. Vgl. Schwarz, Mord durch Hunger, S. 113-139; Neugebauer, Juden als Opfer der NS-Euthanasie, S. 99-112; Gabriel, 100 Jahre Gesundheitsstandort Baumgartner Höhe, S. 68 ff., S. 185 f.; Mende, Wiener Heil- und Pflegeanstalt, S. 63 f.; Hubenstorf, Tote und/oder lebendige Wissenschaft, S. 237-420.

383 WStLA: GRSP vom 23. November 1932, S. 1471 f.

384 Ebd., S. 1473 f.

385 WStLA: GRSP vom 15. Juli 1923, S. 1147.

386 Ebd., S. 1148 f.

387 WStLA: GRSP vom 14. Dezember 1932, S. 1883.

388 Eine Ironie am Rande ist freilich, dass Tandler den berühmten deutschen Internisten und Diätologen Carl von Noorden (1858–1944) 1930 nach Wien berief, um die Leitung der auf Initiative Tandlers errichteten Sonderabteilung Stoffwechselerkrankungen, Ernährungsstörungen und diätetischen Heilmethoden am Krankenhaus der Stadt Wien-Lainz zu übernehmen. Zwei Assistenten Noordens, der selbst zeitlebens kein Nationalsozialist war und 1938 von den NS-Machthabern sogar als „Mischling 2. Grades" im Sinn der Nürnberger Gesetze eingestuft wurde, Friedrich Wilhelm Lapp (1902– nach 1954) und Hans Dibold (1904–1991) sollten allerdings nach 1938 zu führenden NS-Ärzten im Krankenhaus Lainz aufsteigen. Mit seiner Personalentscheidung von 1930 hatte Tandler unbeabsichtigt den Grundstein für deren spätere NS-Karriere gelegt. Während Lapp 1938 als kommissarischer Leiter und ab 1941 (bis 1945) als Primarius der 2. Medizinischen Abteilung und Sonderabteilung für Stoffwechselerkrankungen im Krankenhaus Lainz fungierte, wurde das SS-Mitglied Dibold vor allem durch sein 1949 erschienenes Buch „Der Arzt von Stalingrad" bekannt. Lapp, der die Funktionen eines NSDAP-Gauhauptstellenleiters für volksgesundheitliche Belange und Geschäftsführers des NSDAP-Gauamtes für Volksgesundheit in Wien ausübte, war übrigens einer der beiden Hauptorganisatoren der Vertreibung der jüdischen Ärzte in Wien. Siehe: Michael Hubenstorf, Biographisches Lexikon zu österreichischen Ärztinnen und Ärzten in der NS-Zeit (Arbeitstitel), unveröff.; Michael Hubenstorf, 100 Jahre Krankenhaus Hietzing. Festansprache anlässlich der Hundertjahrfeier, in: Festschrift 100 Jahre Krankenhaus Hietzing, hg. v. Krankenhaus Hietzing mit Neurologischem Zentrum Rosenhügel, Wien 2013, S. 13-22, hier S. 16-20; Karl Heinz Tragl, Chronik der Wiener Krankenanstalten, Wien-Köln-Weimar 2007, S. 510 ff.; Ärztliches Jahrbuch für Österreich 1930, Wien 1930, S. 17 f.

389 Am 19. Juni 1933 erfolgte auf Basis des Kriegswirtschaftlichen Ermächtigungsgesetzes (KWEG) die Verordnung der Regierung Dollfuß, womit der Nationalsozialistischen Arbeiterpartei (Hitlerbewegung) und dem Steirischen Heimatschutz (Führung

Kammerhofer) jede Betätigung in Österreich verboten wurde (BGBl. 240/1933). Das Verbot trat auf dem Höhepunkt einer NS-Terrorwelle in Österreich in Kraft. Auslösendes Moment für das Verbot war ein von Nationalsozialisten verübter Handgranatenanschlag auf christlich-deutsche Turner in Krems, bei dem ein Turner getötet und 17 Personen schwer verletzt wurden. Vgl. Emmerich Tálos, Das austrofaschistische Herrschaftssystem. Österreich 1933–1938, Münster 2013, S. 54 f.

390 Nur wenige Tage vor dem Verbot der österreichischen NSDAP erreichte den Wiener Bürgermeister Karl Seitz ein vom Vorsitzenden der Wiener NSDAP-Landtags- und Gemeinderatsfraktion Stadtrat Alfred Eduard Frauenfeld gezeichnetes Schreiben (datiert auf den 16. Juni 1933), das in der Gemeinderatssitzung vom 16. Juni 1933 verlesen wurde. Darin teilte Frauenfeld u. a. mit, dass „infolge der verfassungswidrigen, illegalen Übergriffe der Behörden der Regierung Dollfuß […] die Arbeit der nationalsozialistischen Gemeinderatsfraktion vollständig lahm gelegt" sei und die „Kanzleiräume und Sitzungsräume der Fraktion im 6. Bezirk, Hirschengasse 25 […] von behördlichen Organen widerrechtlich […] gesperrt und polizeilich versiegelt" worden seien. Des Weiteren erhob Frauenfeld darin „namens der Fraktion der nationalsozialistischen Gemeinderäte gegen diese Willkürakte schärfsten Einspruch" und erklärte, dass „zum Zeichen des schärfsten Protestes gegen dieses beispiellose verfassungswidrige Verhalten […] die nationalsozialistische Fraktion der heutigen Sitzung fern" bleibe. Siehe: WStLA: GRSP vom 16. Juni 1933, S. 477 f.

391 Der sozialdemokratische Stadtrat Karl Honay begründete in der Landtagssitzung vom 30. Juni 1933 die Notwendigkeit des Landesverfassungsgesetzes, indem er darauf hinwies, dass die NSDAP durch verbrecherische Terrorakte den Bestand der Republik gefährde und einen Krieg gegen Österreich und seine Zivilbevölkerung führe; dass „eine Partei, die selbst nicht auf dem Boden der Demokratie steht, auch keinen Anspruch auf Demokratie hat". Und er fasste zusammen: „Eine Partei, die dort, wo sie die Macht hat, in der brutalsten Weise jede anders gerichtete politische Meinung unterdrückt, hat das Recht verwirkt, in einem demokratischen Gemeinwesen mitzuwirken." Für die NSDAP-Landtagsfraktion sprach u. a. Dr. Walter Riehl, der sich auf die Artikel 1, 44, 56 und 141 der österreichischen Bundesverfassung sowie Artikel 66 des Staatsvertrags von St. Germain berief und argumentierte, dass „der Landtag gar nicht berechtigt sei, über den Mandatsverlust eines seiner Mitglieder zu entscheiden, sondern nur beschließen könne, einen diesbezüglichen Antrag beim Verfassungsgerichtshof zu stellen." Mit einer gewissen Vorausahnung prophezeite Riehl den Sozialdemokraten, dass sie es „vielleicht selbst erleben werden, dass ihnen eine Ständestaatsverfassung aufgenötigt werden wird, gegen die sie dann genau so wenig Widerspruch erheben können wie die derzeitige nationalsozialistische Minderheit." Vgl. *Die Ausschließung der Nationalsozialisten aus dem Wiener Gemeinderat*, in: Neue Freie Presse, 1. Juli 1933, S. 3; Landesverfassungsgesetz vom 30. Juni 1933 über das Erlöschen der Mandate der Nationalsozialistischen Deutschen Arbeiterpartei (Hitlerbewegung): LGBl. für Wien, 32/1933, S. 39.

392 Sablik, Tandler, S. 302 ff.

393 WStLA: GRSP vom 25. November 1932.

394 WStLA: GRSP vom 24. Juli 1933.

395 Sablik, Tandler, S. 311.

396 Sablik, Tandler, S. 312 f.

397 WStLA: GRSP vom 19. Mai 1933, S. 443.

398 Vgl. Sigismund Peller, Not in My Time. The Story of a Doctor, New York 1979, pp.139. Der Sozialmediziner Sigismund Peller (geb. 1890 in Tarnopol, Galizien, Österreich [heute: Ukraine], gest. 1985 San Diego, Kalifornien/USA) berichtet in seinen Lebenserinnerungen u. a. auch, wie er sich als Medizinstudent und später als Arzt menschlich und politisch von seinem Lehrer Tandler, den er ursprünglich bewunderte, immer mehr entfremdete. Er beschreibt Tandlers von Vorurteilen geprägte Haltung gegenüber aus dem Osten zugewanderten (jüdischen) Studierenden. Diese Vorurteile waren freilich keine Seltenheit im assimilierten jüdischen Bürgertum Wiens. Ostjüdische Studierende seien von Tandler schlechter behandelt worden als andere und wären bei ihm auch häufiger durch die Prüfung gefallen (p. 26, p. 29). Peller, der ein ausgezeichneter Student Tandlers war, wurde von diesem aber besonders scharf hinsichtlich seines Engagements in der zionistischen Bewegung kritisiert. So sagte Tandler u. a.: „In 1924 I intended to prepare Peller for the job of Vienna's chief medical officer, but he preferred to become King of the Jews. [...]" Peller, der 1914 zum Doktor der Medizin promovierte, war Mitglied des Vereins sozialdemokratischer Ärzte, politisch links und zionistisch orientiert. 1917 bis 1918 war er Militärarzt in der österreichisch-ungarischen Armee, 1918 bis 1923 arbeitete er am Allgemeinen Krankenhaus, danach bis 1926 an der Allgemeinen Wiener Poliklinik. Auf Einladung einer Delegation des Zionist Congress und im Auftrag der Zionist Executive in Jerusalem befand sich Peller, der ein Anhänger der sozialistisch-zionistischen „Poale Zion"-Partei war, 1926–1928 in Palästina, um als Leiter des dortigen Gesundheitsamtes das öffentliche Gesundheitswesen samt einer modernen sozialmedizinischen Statistik im Jischuw (in der jüdischen Gemeinde Palästinas) aufzubauen: Als „Director of Social Hygiene and medical statistics at the Zionist Executive for Palestine" bekleidete er eine Art De-facto-Ministeramt in der jüdischen Selbstverwaltung in Palästina.1929 kehrte er nach Wien zurück und wurde von Tandler im Berufsberatungsamt der Stadt Wien eingesetzt. Dort konnte Peller aufgrund der Untersuchungen von 30.000 Jugendlichen im Alter von 13 bis 15 zahlreiche sozialmedizinische und medizin-statistische Studien durchführen. Im April 1934 begab er sich erneut nach Palästina, um einer möglichen Verhaftung als exponierter Sozialdemokrat zu entgehen. Von 1935 bis 1939 war er Dozent für medizinische Statistik und Demographie an der Hebräischen Universität in Jerusalem. 1938 emigrierte Peller in die USA, wo er als Arzt und Wissenschafter an der Johns Hopkins University in Baltimore und an der Graduate School of New York University bis 1943 tätig war. Daneben arbeitete er auch als Lecturer on Cancer Epidemiology am Columbia University Hygiene Institute, School of Medicine, in New York. Von 1945 bis 1968 betrieb er eine ärztliche Privatpraxis in Manhattan, New York. Peller gilt heute als ein Pionier des israelischen Gesundheitswesens. Aufgrund seiner Studien über die Wirkung von Karzinogenen auf die Umwelt zählt Peller zu den ersten Ärzten, die einen direkten Kausalzusammenhang zwischen Zigarettenrauch und Lungenkrebs annahmen. Peller starb am 12. Juli 1985 im Alter von 94 Jahren in San Diego in Kalifornien, USA. Vgl.: „Dr. Sigismund Peller, Studied Lung Cancer", in: The New York Times, July 16, 1985. Der Verf. dankt o. Univ.-Prof. DDr. Michael Hubenstorf für den Hinweis auf die Autobiographie Sigismund Pellers.

399 Vgl. Bruce Pauley, Eine Geschichte des österreichischen Antisemitismus. Von der Ausgrenzung zur Auslöschung, Wien 1993, S. 329.

400 Sablik, Tandler, S. 317 f.

401 Ebd., S. 319.

402 Karl Sablik, Tandler und die „neue Welt". Ein Wiener im Moskau der dreißiger Jahre, in: Die Presse, 9. September 1982.

403 Margarete Schütte-Lihotzky (1897–2000) war die erste Frau, die in Österreich ein Architekturstudium abschließen konnte. Sie vollbrachte nicht nur große Leistungen auf dem Gebiet der Architektur (Entwurf der ersten Einbauküche, der „Frankfurter Küche", und Mitgestaltung der Wiener Werkbundsiedlung), sondern engagierte sich seit 1940 auch aktiv im Widerstandskampf gegen den Nationalsozialismus. Sie gehörte der kommunistischen Widerstandsgruppe um den Architekten Herbert Eichholzer an, kehrte Ende 1940 aus Istanbul nach Wien zurück, wo sie mit Verbindungsleuten der kommunistischen Widerstandsbewegung Kontakt aufnehmen sollte. Durch den Verrat des Gestapo-Spitzels Kurt Koppel von der Gestapo verhaftet, wurde sie zu 15 Jahren Zuchthaus verurteilt und im Frauenzuchthaus Aichach inhaftiert, wo sie die US-Truppen im April 1945 befreiten. Vgl. Wolfgang Neugebauer, Der österreichische Widerstand 1938–1945. Überarbeitete und erweiterte Fassung, Wien 2015, S. 108 f.

404 Vgl. *Arzt der Gesellschaft. Grete Schütte-Lihotzky erinnert sich an den großen Sozialpolitiker (I). Vor 50 Jahren starb Julius Tandler*, in: Die Volksstimme, 22. August 1986; *Der liebenswerte Gerettete. Aus den Lebenserinnerungen von Grete Schütte-Lihotzky (II). Zum 50. Todestag von Julius Tandler*, in: Volksstimme, 29. August 1986.

405 Sablik, Tandler, S. 320 f.

406 Harry Sicher (1889–1974), Anatom, Zahnmediziner; 1907–1913 Studium der Medizin, 1913 Promotion in Wien; 1911–1913 Demonstrator am I. Anatomischen Institut unter Tandler; 1914–1920 (mit Unterbrechung von 3 Jahren Kriegsdienst) Assistent am Zahnärztlichen Institut, Univ. Wien; 1920 Privatdozent, 1933 a. o. Professor für Zahnheilkunde; März 1938 Entlassung aus politisch-rassistischen Gründen; 1939 Emigration in die USA: Assistenzprofessor für Neuroanatomie an der Chicago Medical School; 1942–1960 Professor und Vorstand des Instituts für Anatomie und Histologie an der Loyola University School of Dentistry Chicago; 1960 Emeritierung. Harry Sicher, der bei seinen zahn- und kieferanatomischen Studien in Wien intensiv mit Tandler zusammengearbeitet hatte, publizierte im Laufe seiner Karriere weltweit über 145 wissenschaftliche Artikel in renommierten Fachzeitschriften sowie mehrere Lehrbücher. Er war ein Pionier auf dem Gebiet der Zahnanatomie. Sein Werk „Oral Anatomy" (1949) wurde in vier Sprachen herausgegeben und war viele Jahrzehnte hindurch für Studierende der Zahnmedizin das Standardlehrbuch für Anatomie. Vgl. Judith Bauer-Merinsky, Die Auswirkungen der Annexion Österreichs durch das Deutsche Reich auf die medizinische Fakultät der Universität Wien im Jahre 1938. Biographien entlassener Professoren und Dozenten, Diss., Wien 1980, S. 223; Judith Lauber, Dr. Harry Sicher 1889–1974, Dipl.-Arb., Wien 2007; Judith Lauber, Dr. Harry Sicher. Sein Leben und wissenschaftliches Werk, 2013 (veröffentl. Dipl.-Arb.).

407 *Professor Dr. Julius Tandler*, in: Wiener Medizinische Wochenschrift, 86. Jg., Nr. 38, 19. September 1936, Sp. 1070 f.

408 Sablik, Tandler, S. 321.

409 Marianne Stein (1888–1944/45), 1912 Promotion in Wien; Assistentin am I. Anatomischen Institut der Univ. Wien, Mitarbeiterin Tandlers; Forscherin und Verfasserin wissenschaftlicher Publikationen auf dem Gebiet der Endokrinologie und Histologie; Oberphysikatsrätin der Stadt Wien für den Bereich des Pflegewesens; 1934 Versetzung in den Ruhestand (vermutlich aus politischen Gründen). Nach dem „Anschluss" Österreichs an NS-Deutschland im März 1938 wurde Stein, die konfessionslos war, als „Jüdin" im Sinn der Nürnberger Gesetze eingestuft. Ihre Bemühungen um eine Emigration (über die Aktion Gildemeester) dürften gescheitert sein. Ihr gelang letztlich die

Flucht ins rettende Exil nicht. Am 11. Jänner 1942 wurde Marianne Stein von Wien mit dem 14. Transport ins Ghetto Riga deportiert, wo unbeschreibliche Lebensbedingungen herrschten und Selektionen stattfanden. 1944 wurden die überlebenden weiblichen Häftlinge über die Ostsee in das KZ Stutthof bei Danzig überstellt, wo Marianne Stein am 9. August eintraf. Ihr genaues Todesdatum ist nicht bekannt, sie hat das KZ Stutthof nicht überlebt. Vgl. DÖW-Opferdatenbank (Abruf am 21. Juli 2016); Sablik, Tandler, S. 321; Christine Kanzler, Schicksale jüdischer Ärzte in Wien: ausgewählte Biografien, unveröffentl. (Projekt „Das Schicksal der in Wien verbliebenen jüdischen Ärzte 1938–1945 und die Versorgung ihrer Patienten", Betreuerinnen: Dr. Daniela Angetter; Dr. Christine Kanzler, ÖBL/ÖAW); Christine Kanzler, Kurzbiografie Marianne Stein, in: Ilse Korotin (Hg.), biografiA. Lexikon österreichischer Frauen, Bd. 3, P-Z, Wien-Köln-Weimar 2016, S. 3159 f.

410 Harry Sicher / Marianne Stein, Dem Andenken Julius Tandlers, in: Medizinische Klinik, 32. Jg., Nr. 42, 16. Oktober 1936, S. 1447 f.

411 Anton Hafferl (1886–1959), 1912 Promotion in Wien; 1921 Habilitation für normale Anatomie; 1909–1911 Demonstrator, 1911–1933 Assistent am I. Anatomischen Institut der Univ. Wien; 1933–1957 o. Univ.-Prof. für Anatomie am Institut für Anatomie, Univ. Graz; 1938 NSDAP-Mitglied; Vertrauensmann des NS-Dozentenbundes; 1938–1945 Dekan der medizinischen Fakultät der Univ. Graz, 1945 Rektor der Univ. Graz. Hafferl war mit dem NSDAP-Gauleiter und Reichsstatthalter der Steiermark Siegfried Uiberreither sowie dem SS-Sturmbannführer Bernward Franz Josef Gottlieb, dem Leiter bzw. Kommandanten der SS-Ärztlichen Akademie in Graz, befreundet. In der NS-Zeit wurde Hafferl für seine anatomischen Studien mit Leichen von Gestapo-Opfern versorgt. 1957 erfolgte seine Emeritierung. Vgl. Petra Scheiblechner, „…politisch ist er einwandfrei…". Kurzbiographien der an der Medizinischen Fakultät der Universität Graz in der Zeit von 1938 bis 1945 tätigen WissenschafterInnen, Graz 2002, S. 66 f.; Klee, Personenlexikon, S. 217.

412 Anton Hafferl, Julius Tandler als Forscher und Lehrer, in: Wiener Klinische Wochenschrift, 49. Jg., Nr. 41, 9. Oktober 1936, S. 1265-1267.

413 Anton (Freiherr von) Eiselsberg, (1860–1939), Professor für Chirurgie; 1878–1884 Medizinstudium, 1884 Promotion in Wien, Assistent des berühmten Chirurgen o. Univ.-Prof. Dr. Theodor Billroth an der II. Chirurgischen Lehrkanzler, Univ. Wien; 1893 als o. Professor für Chirurgie nach Utrecht, 1896 Übernahme einer Professur in Königsberg / Preußen; 1901–1931 o. Univ.-Prof. für Chirurgie und Vorstand der I. Chirurgischen Universitätsklinik in Wien, 1931 Emeritierung; Präsident der Gesellschaft der Ärzte in Wien; Präsident des Obersten Sanitätsrates; Ehrenmitglied des Royal College of Surgeons of Edinburgh und der Akademie der Wissenschaften in Wien; zahlreiche Ehrendoktorate. Vgl. Österreichisches Biographisches Lexikon (ÖBL) 1815–1950, Bd. 1, Lfg. 3, Wien 1956, S. 236.

414 *Offizielles Protokoll der Gesellschaft der Ärzte in Wien.* Sitzung vom 16. Oktober 1936, in: Wiener Klinische Wochenschrift, 49. Jg., Nr. 43, 23. Oktober 1936, S. 1325.

415 *Professor Julius Tandler gestorben*, in: Neue Freie Presse (Abendblatt), 26. August 1936, S. 8; *Die wissenschaftliche Bedeutung Professor Tandlers*, in: Neue Freie Presse (Abendblatt), 26. August 1936, S. 8; *Julius Tandler gestorben*, in: Das Kleine Blatt, 27. August 1936, S. 6 f.; *Professor Julius Tandler gestorben*, in: Reichspost, 27. August 1936, S. 6; *Professor Tandler gestorben*, in: Tagblatt, 27. August 1936, S. 2; *Professor Julius Tandler gestorben*, in: Wiener Zeitung, 27. August 1936, S. 6.

416 Vom 25. Februar 1934 bis zum 15. März 1938 wurde im Exil in Brno/Brünn eine wöchentliche Ausgabe der „Arbeiter-Zeitung" produziert und nach Österreich eingeschmuggelt. Am 22. November 1936 musste das Erscheinen der „Arbeiter-Zeitung" zwar offiziell eingestellt werden, sie wurde von der Redaktion aber illegal weiterbetrieben. Vgl. Peter Pelinka / Manfred Scheuch, 100 Jahre AZ. Die Geschichte der Arbeiter-Zeitung, Wien 1989.

417 *Genosse Julius Tandler gestorben*, in: Arbeiter-Zeitung. Organ der österreichischen Sozialisten, 30. August 1936, S. 7 f.

418 Prawda, 29. August 1936; Deutsche Zentralzeitung, 28. August 1936; zit. n. Sablik, Tandler, S. 321.

419 Beispielsweise bei einer Gedenkfeier für Prof. Dr. Tandler anlässlich seines 10. Todestages auf dem Urnenhain des Zentralfriedhofs am 24. August 1946. Siehe: *Tagesgeschichte*, in: Wiener klinische Wochenschrift, 58. Jg., H. 33, 13. September 1946, S. 539.

420 Eine Gedenktafel für Tandler, in: Die Volksstimme, 20. Juni 1950.

421 WStLA: Gemeinderat der Bundeshauptstadt Wien, Stenographischer Bericht, Öffentliche Sitzung vom 8. April 1960, S. 9 ff.

422 Vgl. Hubenstorf, 100 Jahre Krankenhaus Hietzing, S. 13 f.

423 Michael Schwartz, Sozialistische Eugenik. Eugenische Sozialtechnologien in Debatten und Politik der deutschen Sozialdemokratie 1890–1933, Bonn 1995, S. 18 f.

424 Als positive eugenische Maßnahmen wurden u. a. Steuerbegünstigungen für (erbgesunde) kinderreiche Familien, Ehestandsdarlehen für Heiratswillige, Säuglings- und Kinderfürsorge (Sozialhygiene), eugenische Aufklärung verstanden. Negative Eugenik („Fortpflanzungsauslese", „generative Hygiene") setzte methodisch auf obligatorische Gesundheitszeugnisse, Eheverbote, Asylierung, (Zwangs-)Sterilisation. Vgl. Baader, Eugenische Programme, S. 134 f.; Sigrid Stöckel, Säuglingsfürsorge zwischen sozialer Hygiene und Eugenik. Das Beispiel Berlins im Kaiserreich und in der Weimarer Republik, Berlin-New York 1996, S. 1 ff., S. 5 ff., S. 110 ff., S. 278 f., S. 369 ff.

425 Schwartz, Sozialistische Eugenik, S. 18-35.

426 Klaus Taschwer, Wie die Naturwissenschaften populär wurden. Zur Geschichte der Verbreitung naturwissenschaftlicher Kenntnisse in Österreich zwischen 1800 und 1870, in: Spurensuche. Zeitschrift für Geschichte der Erwachsenenbildung und Wissenschaftspopularisierung, Heft 1-2, 1997, S. 4-31, S. 12.

427 Ebd., S. 21 f.

428 Werner Michler, Darwinismus und Literatur. Naturwissenschaftliche und literarische Intelligenz in Österreich, 1859–1914, Wien-Köln-Weimar 1999, S. 31-88.

429 Ebd., S. 29.

430 Brigitte Kepplinger, Sozialdemokratie und Eugenik, in: Wert des Lebens. Gedenken – Lernen – Begreifen. Begleitpublikation zur Ausstellung des Landes Oberösterreich in Schloss Hartheim 2003, Linz 2003, S. 54 f.

431 Ebd., S. 55.

432 Weingart / Kroll / Bayertz, Rasse, Blut und Gene, S. 108 ff.

433 Karl Marx, Das Kapital. Kritik der politischen Ökonomie, Bd. 1, Berlin 1966, S. 285 (zit. n. Weingart / Kroll / Bayertz, Rasse, Blut und Gene, S. 108 f.).

434 Schwartz, Sozialistische Eugenik, S. 29; Reinhard Mocek, Biologie und soziale Befreiung. Zur Geschichte des Biologismus und der „Rassenhygiene" in der Arbeiterbewegung, Frankfurt am Main 2002, S. 222-239.

435 Mitunter wurde Kautsky auch als Begründer einer „Leftist version of Social Darwinism" oder gar eines „Socialist Darwinism" bezeichnet. Vgl. Terence Ball, Marx and Darwin. A Reconsideration, in: Political Theory, Vol. 7, No. 4, Nov. 1979, pp. 469-483, pp. 469-470; Richard Saage, Zwischen Darwin und Marx. Zur Rezeption der Evolutionstheorie in der deutschen und österreichischen Sozialdemokratie vor 1933/34, Wien 2012, S. 35 f..

436 Karl Kautsky, Der Sozialismus und der Kampf ums Dasein, in: Der Volksstaat, Nr. 49/50, 28. und 30. April 1876 (zit. n. Schwartz, Sozialistische Eugenik, S. 28); Karl Kautsky, Die sozialen Triebe in der Menschenwelt, in: Die neue Zeit. Revue des geistigen und öffentlichen Lebens, 2. Jg., 1884, H. 1, S. 13-19, H. 2, S. 49-59, H. 3, S. 118-125.

437 Karl Kautsky, Darwinismus und Sozialismus, in: Der Sozialist. Zentral-Organ der sozialdemokratischen Arbeiterpartei Oesterreichs, Wien, 24. und 27. April 1879 (zit. n. Michler, Darwinismus und Literatur, S. 184).

438 Michler, Darwinismus und Literatur, S. 184 f.

439 Der Arzt Wilhelm Schallmayer (1857-1919) war neben Alfred Ploetz einer der wichtigsten Vorkämpfer der deutschen Eugenik. Schallmayer war ein Kenner der Schriften des sozialdarwinistisch orientierten englischen Philosophen und Soziologen Herbert Spencer und hatte sich auch intensiv mit dem Werk von Karl Marx auseinandergesetzt. Er war Mitglied in Haeckels Monistenbund, demokratisch, internationalistisch und pazifistisch eingestellt und sympathisierte mit sozialistischen Ideen. Bereits 1891 veröffentlichte Schallmayer die Abhandlung „Die drohende physische Entartung der Culturvölker und die Verstaatlichung des ärztlichen Standes". Darin vertrat er u. a. die Ansicht, dass der medizinische Fortschritt und sozialpolitische Maßnahmen die „natürliche Auslese" zum Schaden der menschlichen Rasse beeinträchtigen würden. Bekannt wurde Schallmayer mit seinem Hauptwerk „Vererbung und Auslese im Lebenslauf der Völker", mit dem er den ersten Preis in dem vom Industriellen Friedrich Alfred Krupp 1900 gestifteten Preisausschreiben zum Thema „Was lernen wir aus den Prinzipien der Deszendenztheorie in Beziehung auf die innenpolitische Entwicklung und Gesetzgebung der Staaten?" gewann. Diese Publikation blieb bis Anfang der 1920er Jahre das führende Lehrbuch für Rassenhygiene in Deutschland. Bei der Lösung des Degenerationsproblems, der drohenden körperlichen Entartung der zivilisierten Menschheit, räumte Schallmayer der quantitativen Bevölkerungspolitik und positiven eugenischen Maßnahmen Priorität gegenüber der „negativen Eugenik" ein. Dennoch erwog er auch Maßnahmen zur Ausschaltung der Erbkranken von der Fortpflanzung wie beispielsweise staatliche Gesundheitszeugnisse zur Feststellung der Ehetauglichkeit, Eheverbote, Zwangsasylierung oder Sterilisation. Zur Pflege des Erbguts der Bevölkerung sollte Schallmayer zufolge der Nationalökonomie eine Nationalbiologie zur Seite gestellt werden. Die Lehre von den Bedingungen, unter denen eine Bevölkerung sich günstige Erbanlagen erhält und sie vermehrt, nannte er Sozialeugenik. Als antirassistischer Eugeniker grenzte sich Schallmayer von der Ploetzschen Rassenhygiene ab. Da er der Bevorzugung einer bestimmten Rasse eine klare Absage erteilte, präferierte Schallmayer den Terminus „Rassehygiene" (gegenüber dem Begriff „Rassenhygiene"). Vgl. Weindling, Health, Race and German Politics, pp. 116-123; Weingart / Kroll / Bayertz, Rasse, Blut und Gene, S. 36-39; Hans-Peter Kröner, Schallmayer, Friedrich Wilhelm, in: Neue Deutsche Biographie, Bd. 22, Berlin 2005, S. 553-554.

440 Walter Schallmayer, Die drohende physische Entartung der Culturvölker und die Verstaatlichung des ärztlichen Standes. 2. Aufl., Berlin-Neuwied 1895.

441 Karl Kautsky, Medizinisches, in: Die neue Zeit. Revue des geistigen und öffentlichen Lebens, 10. Jg., 1891/92, 2.Bd. (1892), H. 21, S. 644-651, hier S. 645 f.

442 Weingart / Kroll / Bayertz, Rasse, Blut und Gene, S. 111.

443 Ebd., S. 111 f.; Schwartz, Sozialistische Eugenik, S. 37 ff.

444 Karl Pearson (1857–1936) war ein britischer Reformsozialist, Mathematiker und Statistiker und ein enger Freund von Francis Galton. 1911 war er weltweit der erste Inhaber eines Lehrstuhls für Eugenik an der University of London. Vgl. Hannsjoachim Wolfgang Koch, Der Sozialdarwinismus. Seine Genese und sein Einfluss auf das imperialistische Denken, München 1973, S. 131 ff.

445 Schwartz, Sozialistische Eugenik, S. 42.

446 Ebd., S. 39 ff.

447 Weingart / Kroll / Bayertz, Rasse, Blut und Gene, S. 38 f.

448 Ebd., S. 160 f.

449 Kepplinger, Sozialdemokratie und Eugenik, S. 54; Baader, Eugenische Programme, S. 134 f.

450 Baader, Eugenische Programme, S. 134 f.

451 Ebd., S. 135.

452 Der Pathologe Rudolf Ludwig Karl Virchow (1821–1902) war im späten 19. Jahrhundert zur Leitfigur der Medizin im Deutschen Reich aufgestiegen. Seit 1849 war er o. Prof. für Pathologische Anatomie in Würzburg und seit 1856 wirkte er als o. Prof. für Pathologie an der Berliner Charité. Auf den zellularphysiologischen Forschungen des Mediziners und Zoologen Robert Remak (1815–1865) aufbauend, entwickelte Virchow das zellularpathologische Krankheitskonzept, das sämtliche Krankheitszustände des Organismus auf krankhafte Veränderungen der Körperzellen zurückführte. Dieses im Wesentlichen bis heute gültige Krankheitskonzept löste die humoral- und solidarpathologischen Krankheitslehren älterer und neuerer (wie bspw. die Krasenlehre bzw. „Blutpathologie" Carl von Rokitanskys) Prägung ab, die Krankheiten mit einer ungleichen Mischung der Körpersäfte bzw. einer Veränderung oder Störung der festen Körperbestandteile erklärt hatten. Mit der Etablierung der zellularpathologischen Krankheitslehre leistete Virchow einen entscheidenden Beitrag zur Begründung der modernen Medizin. Für den Mediziner und Politiker Virchow, der als Mandatar der liberalen Deutschen Fortschrittspartei (später der Deutschen Freisinnigen Partei) der Berliner Stadtverordnetenversammlung bzw. dem Preußischen Abgeordnetenhaus angehörte, hatte die Medizin stets einen „sozialen Charakter". Gemeinsam mit dem jüdischen Armenarzt Salomon Neumann (1819–1908) hatte er sich in Berlin nachhaltig für eine Verbesserung der Gesundheitsversorgung (Errichtung erster kommunaler Krankenhäuser, von Parkanlagen und Kinderspielplätzen, Ausbau der Krankenpflege etc.) insbesondere der ärmeren Bevölkerungsschichten eingesetzt. Er erkannte den ursächlichen Zusammenhang zwischen Krankheit und sozialer Lage der Menschen. Auch auf dem Gebiet der wissenschaftlichen Hygiene konnte Virchow Erfolge erzielen, so hatte er als Gesundheitspolitiker erheblichen Anteil daran, dass Berlin 1870 eine vorbildliche Kanalisation und zentrale Trinkwasserversorgung erhielt. Der aufstrebenden Bakteriologie Robert Kochs stand er hingegen äußerst skeptisch gegenüber. Vgl. Wolfgang U. Eckart, Geschichte der Medizin. Fakten, Konzepte, Haltungen, 6. Aufl., Heidelberg 2009, S. 205 ff.

453 Die Bakteriologie hatte sich im späten 19. Jahrhundert als Teilgebiet der Hygiene zu einer führenden medizinischen Leitwissenschaft entwickelt. Robert Koch (1843–1910) gilt neben Louis Pasteur als einer der wichtigsten Begründer der wissenschaftlichen Bakteriologie (Mikrobiologie). Nach seinem Medizinstudium in Göttingen (1862–1866) und seiner praktischen ärztlichen Tätigkeit in Hamburg, Hannover, bei Potsdam und als Kreisphysikus (Amtsarzt) in der Provinz Posen. Über seine gerichts- und sanitätsmedizinischen Aufgaben wandte er sich der Erforschung der Mikroben zu. Aufgrund seiner bahnbrechenden Studien über die Ursache der Milzbranderkrankung und der Entdeckung des Milzbranderregers (Bacillus anthracis) wurde Koch 1880 an das Kaiserliche Gesundheitsamt in Berlin berufen. 1885 erhielt er eine ordentliche Professur für Hygiene am neu geschaffenen Hygienischen Institut der Friedrich-Wilhelms-Universität Berlin, 1891–1904 war er Direktor des Instituts für Infektionskrankheiten in Berlin. Für die Entdeckung des Erregers der Tuberkulose (Mycobacterium tuberculosis) 1882 erhielt er 1905 den Nobelpreis für Medizin. Dass seine Entdeckung und Anpreisung des Tuberkulins als Heilmittel der Tuberkulose sich als blamable Fehleinschätzung entpuppte, die vielen PatientInnen das Leben kostete, tat seiner internationalen Reputation letztlich aber keinen Abbruch. Die rasanten Fortschritte und Erfolge auf dem (experimentell-)hygienischen und bakteriologischen Gebiet (Sieg über die Cholera, Entwicklung der Serologie, Geburt der Chemotherapie etc.) machte die Hygiene und ihre Subdisziplin Bakteriologie nicht nur zu unangefochtenen medizinischen Leitwissenschaften des späten 19. Jahrhunderts, sondern trugen auch dazu bei, dass sich das Interesse der öffentlichen Gesundheitspflege für sozialmedizinische Ansätze eher in Grenzen hielt, während es sich in kurativer und präventiver Hinsicht eher der disziplinierenden Hygienisierung der Bevölkerung, insbesondere der urbanen Unterschichten, zuwandte. Dieser Ansatz wurde im Prinzip auch von den Vertretern der Rassenhygiene, die meist aus dem Fach der Hygiene kamen, in eugenischer Hinsicht verfolgt. Vgl. Eckart, Geschichte der Medizin, S. 213, S. 234, S. 250.

454 Grundlagen der frühen Hygiene waren die diätetisch-physikalische Chemie und medizinalpolizeiliche Vorstellungen des 18. Jahrhunderts, die sich mit der Idee einer öffentlichen Gesundheitspflege verbanden. In Österreich war die Hygiene im frühen 19. Jahrhundert Teil der „Medizinischen Polizei", die als „Staatsarzneikunde" an gleichnamigen Lehrkanzeln vertreten wurde. Als 1875 eine Trennung der darin verschränkten Fächer, Hygiene und Gerichtsmedizin, erfolgte, entsprang daraus nicht wie in Deutschland die Hygiene als die große Leitwissenschaft, sondern die Gerichtsmedizin. Wie in Bayern nach dem Vorbild Max von Pettenkofers (1818–1901), der 1865 an der Universität München den ersten Lehrstuhl für Hygiene bekleidete und 1879 das erste Hygiene-Institut im deutschsprachigen Raum errichtete, gingen die österreichischen Hygieniker primär aus der Chemie hervor. Die Hygiene widmete sich zunächst klassischen hygienischen Arbeitsgebieten wie der Verbesserung der sanitären Lebenssituation der Menschen (Fragen des Ausbaus der Kanalisation, der Reinhaltung und Versorgung mit Trinkwasser, der Lebensmittelproduktion), aber auch epidemiologischen Untersuchungen zu Seuchen wie Cholera und Typhus oder Geschlechtskrankheiten. Zunehmend beschäftigte sich die Hygiene mit der Frage nach gesunden Wohn- und Ernährungsverhältnissen, besseren Lebens- und Arbeitsbedingungen und mit der öffentlichen Gesundheitspflege. Mit der zunehmenden thematischen Ausdifferenzierung und dem medizinischen Fortschritt entstanden im späten 19. Jahrhundert Subdisziplinen (Sozialhygiene, Bakteriologie). Schließlich ging auch die Mehrzahl der wissenschaftlichen Rassenhygieniker aus der Hygiene-Disziplin hervor. In Österreich war die Hygiene/Bakteriologie stärker als

in Deutschland der Konkurrenz wissenschaftlicher Nachbardisziplinen ausgesetzt, so etwa der Dermatologie auf dem Gebiet der Bekämpfung der Geschlechtskrankheiten, der Gerichtsmedizin und der Medizinischen Chemie in den Bereichen des öffentlichen Gesundheitswesens bzw. der Lebensmitteluntersuchung sowie (kurzfristig) der Sozialen Medizin hinsichtlich der Bewertung und Erforschung der sozialen Bedingungen von Krankheiten. In Österreich entwickelte sich die Sozialhygiene, die die Soziale Medizin verdrängte, rasch in Richtung Rassenhygiene. Vgl. Eckart, Geschichte der Medizin, S. 208 f., S. 210 ff., S. 250 f.; Michael Hubenstorf, Die Genese der Sozialen Medizin als universitäres Lehrfach in Österreich bis 1914. Ein Beitrag zum Problem der Disziplinbildung und wissenschaftlichen Innovation, 4 Bde., Diss. med., Berlin 1999, S. 119 ff., S. 152 ff. (= Bd. 1).

455 Schwartz, Sozialistische Eugenik, S. 11-35.

456 Ebd., S. 70 ff.

457 Baader, Eugenische Programme, S. 136.

458 Alfred Ploetz (1860–1940) zählt mit Wilhelm Schallmayer zu den theoretischen Begründern der „Rassenhygiene" in Deutschland. Auf ihn geht der Terminus „Rassenhygiene" als Übersetzung des englischen Begriffs „eugenics" zurück. Ploetz studierte Nationalökonomie und Medizin in Breslau, Zürich, Berlin und Basel (1890 Promotion zum Dr. med. in Zürich). Während seiner Studienzeit wurde er von den sozialistischen Ideen Karl Kautskys, dem völkischen Gedankengut Felix Dahns und der Degenerationstheorie des Zürcher Psychiaters und Sozialreformers Auguste Forel (1848–1931) beeinflusst. Die Grundzüge seiner rassenhygienischen Lehre entwickelte er 1890–1894 während eines Aufenthalts in einer Ikarier-Kolonie (die sich an utopisch-sozialistischen Ideen des Frühsozialisten Étienne Cabet orientierte) im US-Bundesstaat Iowa. In seinem wichtigsten Werk „Die Tüchtigkeit unserer Rasse und der Schutz der Schwachen" (1895) entwarf er auf der Grundlage einer Synthese von sozialistischen und eugenischen Ideen eine Art rassenhygienische Utopie, deren Gesellschaftsordnung unter dem Primat des Selektionsprinzips stand. Die Antwort auf die Grundsatzfrage, wie sich eine konsequent auf den Menschen angewandte Rassenhygiene einschließlich ihrer inhumanen Folgen mit humanen sozialistischen Idealen vereinbaren lasse, lag für ihn in der Entwicklung einer effizienten Reproduktionstechnik, die die wissenschaftliche Beherrschung der Variation und die Verlegung der Selektion auf die Ebene der Keimzellen ermöglichen sollte. Bis zum Erreichen dieses wissenschaftlich hochgesteckten Zieles sollte die „Aufartung" (die Auslese gesunder und „hochwertiger Erbanlagen") des Menschen durch die praktische Rassenhygiene, insbesondere durch Methoden der „negativen Eugenik" (Verpflichtung zu erbgesunder Fortpflanzung; „Zuchtwahl" der Geschlechtspartner; Fortpflanzungsverbote für „Untüchtige", „Ausjäte" von Kranken, Schwachen und behinderten Kindern) erfolgen. Eine soziale Unterstützung für „Schwache" hielt Ploetz im Sinn des Selektionsprinzips für kontraproduktiv: „Armen-Unterstützung darf nur minimal sein und nur an Leute verabfolgt werden, die keinen Einfluss mehr auf die Brutpflege haben. Solche und andere ‚humane Gefühlsduseleien' wie Pflege der Kranken, der Blinden, Taubstummen, überhaupt aller Schwachen, hindern oder verzögern nur die Wirksamkeit der natürlichen Zuchtwahl" (Ploetz, 1895, S. 146). Seit 1904 war er Herausgeber der Zeitschrift „Archiv für Rassen- und Gesellschaftsbiologie", 1905 zählte er zu den Gründern der „Gesellschaft für Rassenhygiene". Ploetz bezog die Rassenhygiene ursprünglich auf die Entwicklung einer „Vitalrasse" (nicht auf die anthropologischen „Systemrassen"), einer erbgesunden Menschheit. Noch vor dem Ersten Weltkrieg entfernte er sich aber immer mehr von seinen sozialistischen Ideen und näherte

sich – unter dem Einfluss der völkischen Bewegung – zunehmend rassenanthropologischer Vorstellungen an. So trat er für die Förderung der „arischen", „nordischen Rasse" (1911 Mitbegründer des Geheimbunds „Ring der Norda") ein und plädierte für „Rassenreinheit" bzw. gegen jedwede „Rassenmischung". Nach der NS-Machtergreifung 1933 gehörte Ploetz dem „Sachverständigenbeirat für Bevölkerungs- und Rassenpolitik" des Reichsinnenministeriums an. Er wurde 1936 von Hitler zum Professor ernannt und 1937 in die NSDAP aufgenommen. Die Nationalsozialisten anerkannten Ploetz als Nestor der rassenhygienischen Bewegung. Der Psychiater und NS-Rassenhygieniker Ernst Rüdin, Schwager von Ploetz, würdigte ihn 1938 im „Archiv für Rassen- und Gesellschaftsbiologie" als einen Mann, „der durch seine verdienstvollen Leistungen beigetragen hat zum Aufbau unserer nationalsozialistischen Weltanschauung". Vgl. Alfred Ploetz, Die Tüchtigkeit unserer Rasse und der Schutz der Schwachen. Ein Versuch über Rassenhygiene und ihr Verhältnis zu den humanen Idealen, besonders zum Socialismus. Grundlinien einer Rassen-Hygiene, 1. Theil. Fischer, Berlin 1895; Ernst Rüdin, Ehrung von Prof. Dr. Alfred Ploetz; in: Archiv für Rassen- und Gesellschaftsbiologie, 32. Jg., 1938; S. 473-474, hier S. 474; Klee, Personenlexikon, S. 466; Hans-Peter Kröner, Ploetz, Alfred Julius, in: Neue Deutsche Biographie, Bd. 20, Berlin 2001, S. 549; Schmuhl, Rassenhygiene, S. 33 ff., S. 36; Weindling, Health, Race and German Politics, pp. 123-138; Sieferle, Rassismus, Rassenhygiene, S. 436-448, S. 920.

459 Vgl. Paul Weindling, Health, race and German politics between national unification and Nazism, 1870-1945, Cambridge 1989, pp. 141-154, p. 299; Peter Weingart / Jürgen Kroll / Kurt Bayertz, Rasse, Blut und Gene. Geschichte der Eugenik und Rassenhygiene in Deutschland, Frankfurt/Main 1988, S. 201-206.

460 Weindling, Health, race and German politics, pp. 141-154; Christian Grimm, Netzwerke der Forschung. Die historische Eugenikbewegung und die moderne Humangenomik im Vergleich, Inaugural-Diss. phil., Berlin 2011, S. 85 ff.; Weingart / Kroll / Bayertz, Rasse, Blut und Gene, S. 203 ff.; Hans-Walter Schmuhl, Rassenhygiene, Nationalsozialismus, Euthanasie, 2. Aufl., Göttingen 1992, S. 90-98.

461 Weindling, Health, race and German politics, pp. 144-145; Grimm, Netzwerke der Forschung, S. 85 ff.

462 Stefan Kühl, Die Internationale der Rassisten. Aufstieg und Niedergang der internationalen Bewegung für Eugenik und Rassenhygiene im 20. Jahrhundert, Frankfurt am Main-New York 1997 (aktualisierte Neuaufl. 2014), S. 22 ff.; S. 26 ff., S. 32 ff., S. 48 ff.; Grimm, Netzwerke der Forschung, S. 85 ff.

463 Kühl, Die Internationale der Rassisten, S. 48 f.; Schmuhl, Rassenhygiene, S. 90-98; Weingart / Kroll / Bayertz, Rasse, Blut und Gene, S. 203 ff.; Eugen Fischer, Aus der Geschichte der Deutschen Gesellschaft für Rassenhygiene, in: Archiv für Rassen- und Gesellschaftsbiologie, Bd. 24, 1930, S. 3 f.

464 Michael Hubenstorf, Vorwort, in: Baader u. a. (Hgg.), Eugenik in Österreich, S. 9; Paul Weindling, Health, race and German politics between national unification and Nazism 1870-1945, Cambridge 1989, pp. 399-440.

465 Der Anthropologe und Eugeniker Fritz Lenz (1887-1976) und der Psychiater Ernst Rüdin (1874-1952), der erste Inhaber eines Lehrstuhls für Rassenhygiene, zählten neben dem Anthropologen Eugen Fischer (1874-1967) oder dem Mediziner Otmar Freiherr von Verschuer (1896-1969) zu den wichtigsten NS-Rassenhygienikern. Vgl. Klee, Personenlexikon, S. 151 f., S. 366 f., S. 513, S. 639 f.

466 Weindling, Health, Race and German Politics, pp. 141-154; Weingart / Kroll / Bayertz, Rasse, Blut und Gene, S. 201-206; Baader, Eugenische Programme, S. 70 ff.; Kühl, Die Internationale der Rassisten, 22 ff.; S. 26 ff., S. 32 ff., S. 48 ff.; Grimm, Netzwerke der Forschung, S. 85 ff.; Schmuhl, Rassenhygiene, S. 90-98.

467 Baader, Eugenische Programme, S. 136 f.

468 Thomas Mayer, „… daß die eigentliche österreichische Rassenhygiene in der Hauptsache das Werk Reichels ist" – Der (Rassen-)Hygieniker Heinrich Reichel (1876–1943) und seine Bedeutung für die eugenische Bewegung in Österreich, in: Gabriel / Neugebauer (Hgg.), Vorreiter der Vernichtung, S. 65-98, hier S. 66.

469 Gruber engagierte sich in seinen Wiener Jahren im (liberalen) Sozialpolitischen Verein bzw. in der Sozialpolitischen Partei, in der er am rechten Flügel angesiedelt war. In München schloss sich Gruber dem Alldeutschen Verband an. Mit dem Verleger Julius Friedrich Lehmann gründete er die bayerische Sektion der bereits 1919 wieder aufgelösten rechtsradikalen Deutschen Vaterlandspartei (DVLP) und war 1919 auch Mitbegründer der nationalkonservativen Deutschnationalen Volkspartei (DNVP) in Bayern.

470 Ebd., S. 84, S. 137.

471 Vgl. bspw. Erna Lesky, Von der Staatsarzneikunde zur Hygiene, in: Wiener klinische Wochenschrift, 71. Jg., 1959, S. 168-171, S. 171; Erna Lesky, Die Wiener medizinische Schule im 19. Jahrhundert, 2. Aufl., Graz-Köln 1978, S. 601 (1. Aufl., 1965).

472 Hubenstorf, Genese der Sozialen Medizin, S. 354 (Bd. 3).

473 Ebd., S. 359 (Bd. 3).

474 Max Gruber, Die Prostitution vom Standpunkte der Sozialhygiene aus betrachtet. Vortrag, gehalten im sozialwissenschaftlichen Bildungsvereine an der Universität Wien am 9. Mai 1900, 2. Ausgabe, Wien 1905.

475 Gruber, Prostitution, S. 31 (zit. n. Hubenstorf, Genese der Sozialen Medizin, S. 362).

476 Ebd., S. 33 f. (zit. n. Hubenstorf, Genese der Sozialen Medizin, S. 362).

477 Ebd., S. 34 (zit. n. Hubenstorf, Genese der Sozialen Medizin, S. 362).

478 Ebd., S. 42 (zit. n. Hubenstorf, Genese der Sozialen Medizin, S. 362).

479 Ebd., S. 44 (zit. n. Hubenstorf, Genese der Sozialen Medizin, S. 362 f.).

480 In diesem Zusammenhang sei angemerkt, dass der ehemalige römisch-katholische, später altkatholische und schließlich liberale Publizist Karl Jentsch (1833–1917) in seiner Broschüre „Sexualethik, Sexualjustiz, Sexualpolizei" bezüglich des Phänomens der Prostitution sozialhygienische Argumente aufgreift: Die „ideale Regelung des Geschlechtsverkehrs" sei zwar allein in der „unauflöslichen Einehe gegeben", die „Durchführung dieses Ideals" sei aber „unerfüllbar". „Der Geschlechtstrieb ist beim Manne unbezwingbar, seine physiologische Befriedigung eine Bedingung für die Gesundheit des Mannes. Neben seiner legitimen Befriedigung in der Ehe werden daher stets illegitime vorkommen, insbesondere ist die Prostitution unausrottbar, solange Vermögensunterschiede bestehen und erscheint als eine unentbehrliche Ergänzung der Monogamie." Solche sozialen und ökonomischen Aspekte und Motive werden in Grubers Analyse weitgehend ausgeblendet. Vgl. Hubenstorf, Genese der Sozialen Medizin, S. 363.

481 Ludwig Teleky (1872–1957), ab 1890 Medizinstudium in Wien und Straßburg; 1896 Promotion in Wien; 1905–1921 Arzt für Gewerbekrankheiten bei der genossenschaftlichen Krankenkasse; 1909 Habilitation im Fach „Soziale Medizin"; 1909–1921 Privatdozent

für Soziale Medizin an der Universität Wien; 1921–1933 Preußischer Landesgewerbearzt für den Regierungsbezirk Düsseldorf, zugleich Leiter der Westdeutschen Sozialhygienischen Akademie in Düsseldorf. Seine Bemühungen um eine ordentliche Professur an einer deutschen Universität scheiterten am Widerstand seiner zunehmend rassenhygienisch orientierten Kollegenschaft bzw. an den Nationalsozialisten. 1933 mit einem Berufsverbot in Deutschland belegt, kehrte er nach Wien zurück. 1938 flüchtete er in die USA, wo er Mitarbeiter der Division of Industrial Hygiene der Arbeitsbehörden der Bundesstaaten Illinois und New York wurde und einen Lehrauftrag an der Univ. of Chicago ausübte. Telekys sozialmedizinisches Interessens- und Tätigkeitsfeld war absolut vielseitig und breit gefächert, so befasste er sich u. a. mit sozialer Feldforschung, Sozialstatistik, der Tuberkulosebekämpfung, den Berufs- und Gewerbekrankheiten, der Krebsvorsorge, dem Fürsorgewesen, der Schulhygiene und Sexualpädagogik, dem Ausbau des gesetzlichen Arbeiterschutzes sowie der gesetzlichen Arbeiterversicherung (Genossenschaftskrankenkassen, Allgemeine Arbeiter-Kranken- und Unterstützungs-Kasse). Vgl. Hubenstorf, Genese der Sozialen Medizin, S. 546-632 (Bd.3, Bd. 4).

482 Maximilian Sternberg (1863–1934), ab 1882 Medizinstudium an der Univ. Wien; 1887 Promotion zum Dr. med.; 1894 Habilitation für innere Medizin, 1910 Zusatzhabilitation für Soziale Medizin; 1894 Chefarzt des Verbands der Genossenschafts-Krankenkasse; seit 1903 Titel eines außerordentlichen Professors; 1905–1933 Primararzt und Vorstand der 1. med. Abt. am Krankenhaus Wieden. Vgl. ÖBL 1815–1950, Bd. 13 (Lfg. 60, 2008), S. 236 f.

483 Peller versuchte, die direkte Nachfolge seines Lehrers Teleky anzutreten, und stellte 1921 einen Antrag auf Habilitation für Soziale Medizin, der 1931 endgültig abgelehnt wurde. Dass Pellers Antrag ebenso wie die Habilitationsgesuche (1918 und 1922 für Soziale Medizin) Alfred Götzls (dem 1926 an der Univ. Wien die Habilitation für das Fach Interne Medizin mit besonderer Berücksichtigung der Tuberkulosefürsorge gelang) scheiterten, ging vor allem auf die Interventionen der deutschvölkisch-antisemitischen Hygieniker (des Wiener Hygiene-Instituts) Arthur Schattenfroh, Roland Graßberger und Heinrich Reichel zurück, die „die systematische Austilgung des sozialmedizinischen Ansatzes in Wien" betrieben. Reichel hatte bspw. in zwei Habilitationsgutachten 1925 und 1926 Peller u. a. mit der Begründung negativ beurteilt, dass Pellers Befürwortung der Abtreibung „den Bestand von Sitte und Familie" gefährde. Vgl. Hubenstorf, Genese der Sozialen Medizin, S. 625; Michael Hubenstorf, Österreichische Ärzte-Emigration, in: Friedrich Stadler (Hg.), Vertriebene Vernunft I: Emigration und Exil österreichischer Wissenschaft 1930–1940, Teilband 1, Münster 2004, S. 359-415, hier S. 370 u. S. 402 f.

484 Hubenstorf, Genese der Sozialen Medizin, S. 2 (Bd. 1).

485 An diesem Entwicklungsprozess spielten vorwiegend klinisch-medizinische Fächer (insbesondere die Innere Medizin, die Chirurgie sowie die Allgemeine und experimentelle Pathologie) eine gewichtige Rolle. Wesentliche Grundlagen und Voraussetzungen verdankte die Soziale Medizin aber auch den Sozialwissenschaften (insbesondere der Statistischen Schule von Theodor Inama von Sternegg und der Soziologie), der „Politischen Ökonomie" (der Österreichischen Schule der Nationalökonomie, insbesondere der „Grenznutzenlehre" Carl Mengers bzw. der an sie anknüpfenden austromarxistischen und sozialliberalen Kritik), der Verwaltungslehre (Lorenz von Stein) und der Wirtschafts- und Sozialgeschichte bzw. Geschichte der Arbeiterbewegung (Carl Grünberg). Vgl. Hubenstorf, Genese der Sozialen Medizin, S. 82-194 (Bd. 1).

486 Ebd., S. 359 (Bd. 2).

487 Ebd., S. 359 (Bd. 2).

488 Der Sozialdemokrat Ludwig Teleky war 1918/1919 als Kandidat für den Posten des Staatssekretärs (= Ministers) im neu errichteten Staatsamt für Volksgesundheit (= Volksgesundheitsministerium) zumindest im Gespräch. Tatsächlich wurde diese Position mit dem deutschvölkischen (Sozial-)Hygieniker Ignaz Kaup besetzt. Der sozialdemokratische Wiener Stadtrat Heinrich Grün war ein Vorgänger Tandlers als Wiener Gesundheitsstadtrat. Der Wiener Sozialdemokrat und Anhänger der sozialistisch-zionistischen „Poale Zion"-Partei Sigismund Peller war 1926–1928 Director of Social Hygiene and medical statistics at the Zionist Executive for Palestine, eine Art De-facto-Minister in der jüdischen Selbstverwaltung in Palästina. Vgl. Hubenstorf, Genese der Sozialen Medizin, S. 654 ff. (Bd. 4).

489 Das ist auch dadurch belegt, dass in den Werken der Sozial- bzw. Rassenhygieniker qualitätsvolle, dem wissenschaftlichen Standard genügende empirisch-sozialwissenschaftliche Analysen bzw. statistische Erhebungen und Auswertungen nicht vorhanden sind. Bei den „sozialhygienischen" Arbeiten Grubers, Grassbergers und Reichels kann aufgrund des weitgehenden Fehlens von Belegen und Quellenangaben durchaus von ideologischer Publizistik gesprochen werden. Vgl. Hubenstorf, Genese der Sozialen Medizin, S. 655 f. (Bd. 4).

490 Die Sozialhygiene war im Deutschen Reich auch in weit größerem Ausmaß als in Österreich aus der medizinischen Leitwissenschaft der Hygiene hervorgegangen. Anm. d. Verf.

491 Vgl. Eckart, Geschichte der Medizin, S. 259 ff.

492 Nachdem Teleky 1921 seiner Berufung als Direktor der Westdeutschen Sozialhygienischen Akademie in Düsseldorf gefolgt war, passte er sich sukzessive der in Deutschland vorherrschenden Terminologie an und verwendete fortan (für die Soziale Medizin) den Begriff der Sozialen Hygiene/Sozialhygiene. Vgl. Hubenstorf, Sozialmedizin, Menschenökonomie, Volksgesundheit, S. 249 ff.; Hubenstorf, Genese der Sozialen Medizin, S. 546 ff. (Bd. 3), S. 619-628 (Bd. 4).

493 Hubenstorf, Sozialmedizin, Menschenökonomie, Volksgesundheit, S. 252; Hubenstorf, Genese der Sozialen Medizin, S. 632 ff. (Bd. 4).

494 Hubenstorf, Genese der Sozialen Medizin, S. 651 (Bd. 4).

495 Alfred Ploetz war es im Februar 1909 gelungen, neben Anton Weichselbaum (1845–1920), dem ordentlichen Professor für pathologische Anatomie an der Universität Wien, auch Michael Hainisch für die Mitgliedschaft in der Internationalen Gesellschaft für Rassenhygiene (IGfRh) zu gewinnen. Julius Tandler trat übrigens weder der IGfRh noch der DGfRh bei. Vgl. Weindling, Health, Race and German Politics, pp. 150, 160, 298-299.

496 Im Gegensatz zu Tandler war Rudolf Goldscheid, der u. a. dem Vorstand der Deutschen Liga für Menschenrechte angehörte und Vizepräsident der Österreichischen Liga für Menschenrechte war, Mitglied der Deutschen Gesellschaft für Rassenhygiene. Vgl. Mayer, State-orientated Eugenic Movements: Austria, p. 5; Hubenstorf, Genese der Sozialen Medizin, S. 651 f. (Bd. 4).

497 1917/1918 avancierte Gruber, der Vorsitzender der Münchner Gesellschaft für Rassenhygiene war, überdies zum Vorsitzenden der deutschvölkischen, antisemitischen Deutschen Vaterlandspartei in Bayern. Der spätere Anhänger der antisemitischen

national-konservativen Deutschnationalen Volkspartei Gruber war übrigens 1924 auch kein unbedeutender Zeuge im Hitler-Prozess in München. Grubers politische Einstellung war alldeutsch und später pro-nationalsozialistisch. Vgl. Hubenstorf, Genese der Sozialen Medizin, S. 655 (Bd. 4).

498 Telekys Antrag auf Errichtung einer Lehrkanzel für Soziale Medizin (1917) war kein Erfolg beschieden. Auch Anträge auf Verleihung des Titels eines außerordentlichen Universitätsprofessors an Teleky fanden keine Mehrheit in der zuständigen Fakultätskommission der Univ. Wien. Vgl. Hubenstorf, Genese der Sozialen Medizin, S. 616 f. (Bd. 4).

499 Die Habilitationsgesuche für Soziale Medizin der Teleky-Schüler Sigismund Peller und Alfred Götzel wurden seitens der Universität Wien abgelehnt. 1926 konnte sich der Tuberkuloseexperte Götzel zum Privatdozenten für „Innere Medizin unter besonderer Berücksichtigung der Tuberkulosefürsorge" an der Univ. Wien habilitieren. Vgl. Hubenstorf, Genese der Sozialen Medizin, S. 109 f. (Bd. 1), S. 630 (Bd. 4).

500 Mayer, Familie, Rasse, Genetik, S. 177.

501 Hubenstorf, Genese der Sozialen Medizin, S. 109 f. (Bd. 1), S. 630 ff. (Bd. 4).

502 Der in Wien geborene Thurnwald arbeitete von 1901 bis 1906 als wissenschaftliche Hilfskraft am Museum für Völkerkunde in Berlin. 1905 zählte er u. a. neben Max von Gruber zu den Mitbegründern der Gesellschaft für Rassenhygiene in Berlin. Er war u. a. Mitherausgeber der Zeitschriften Volk und Rasse, Archiv für Anthropologie und Zeitschrift für Rassenkunde. Ab 1937 bekleidete er eine außerordentliche Professur für Ethnologie, Völkerpsychologie und Soziologie an der Univ. Berlin. Er war u. a. Gutachter der Dissertation von Eva Justin „Lebensschicksale artfremd erzogener Zigeunerkinder und ihrer Nachkommen", einem Beitrag zur nationalsozialistischen „Zigeunerforschung". Vgl. Klee, Personenlexikon, S. 625.

503 Ignaz Kaup, geb. 1870 in Marburg an der Drau; ab 1890 Studium der Medizin in Graz, München und Wien; 1896 Promotion zum Dr. med.; 1897–1899 Demonstrator bei Prof. Max von Gruber am Wiener Hygiene-Institut; 1899 Sanitätsassistent in der Statthalterei Niederösterreich; 1900 Amtsarzt, Bezirkshauptmannschaft Floridsdorf; 1903 Privatdozent (Habilitation) für Hygiene mit besonderer Berücksichtigung der Gewerbehygiene an der Technischen Hochschule Wien; 1904–1907 Gewerbehygieniker im Arbeitsstatistischen Amt im österreichischen Handelsministerium; 1907 Dozentur für Gewerbehygiene an der Technischen Hochschule Berlin-Charlottenburg; 1912 ao. Prof. für Hygiene, Gewerbehygiene, medizinische Statistik und Soziale Gesundheitspflege an der Univ. München; 1914 Hygienereferent und Sanitätschef beim Armeeoberkommando der k. u. k. Armee in Teschen; 1915 Stabsarzt; 1917 nach Audienz bei Kaiser Karl I. und Verhandlungen im österreichischen Finanzministerium Bestellung zum Sektionsrat (Titel und Charakter eines Ministerialrats bzw. Ministerial-Sanitätsinspektors) im k. k. Ministerium des Innern; Dezember 1918 Privatdozent für Hygiene an der Univ. Wien; 30. Oktober 1918–15. März 1919 als Vertrauensmann der Deutschnationalen Bekleidung des Amtes des Staatssekretärs (= Minister) für Volksgesundheit in der Staatsregierung Renner I; in der Staatsregierung Renner II mit der Fortführung der Geschäfte der Volksgesundheit bis zum 9. Mai 1919 betraut. Nach Abschaffung des Staatsamtes für Volksgesundheit und dessen Eingliederung in das neu geschaffene, unter der Leitung des sozialdemokratischen Staatssekretärs Ferdinand Hanusch stehende Staatsamt für soziale Verwaltung wurde Kaup Sektionschef (20. März 1919) im Staatsamt für soziale Verwaltung – Volksgesundheit (Leitung der Sektion für Sozialhygiene), ab 9. Mai 1919 unterstand er als Sektionschef seinem sozialdemokratischen „Nachfolger" Julius

Tandler, der zum Unterstaatssekretär für Volksgesundheit im Staatsamt für soziale Verwaltung bestellt worden war. Nach Attacken Kaups gegen den parteilosen (bürgerlich-liberalen) Staatssekretär für Volksernährung Johann Loewenfeld-Russ und Unterstaatssekretär Tandler erfolgte im März 1920 seine Beurlaubung und Versetzung in den zeitlichen Ruhestand. Oktober 1920–1935 war Kaup ao. Prof. für Sozialhygiene am Münchner Hygiene-Institut (Max von Gruber). Nach dem Ersten Weltkrieg forschte er insbesondere zur Konstitutionshygiene, mit der er eine optimale Entfaltung des angeborenen Anlagegutes durch planmäßige Beeinflussung während des Wachstums bzw. des „Reifungsalters" sichern wollte („Konstitutionsdienstpflicht"). Aufgrund von konstitutionsbiologischen, statistisch-biometrischen Reihenuntersuchungen entwickelte er den „Kaupschen Index", einen funktionell-dynamischen Gradmesser für die Bestimmung der menschlichen Körpermasse. In den 1920er Jahren leitete Kaup die wissenschaftliche Forschungsstelle der Bayerischen Gesellschaft zur Förderung der Leibesübungen. Vgl. Hubenstorf, Genese der Sozialen Medizin, S. 209 f., insbes. Anm. 57 (Bd. 2).

504 Weindling, Helath, Race and German Politics, p. 225.

505 Mayer, State-orientated Eugenic Movements: Austria, p. 5.

506 Hubenstorf, Genese der Sozialen Medizin, S. 325 (Bd. 2).

507 Ebd., S. 325 f. (Bd. 2).

508 Ebd., S. 209 f., insbes. Anm. 57 (Bd. 2).

509 Otmar Freiherr von Verschuer: Studium der Medizin in Marburg, Hamburg, Freiburg und München; 1923 Promotion zum Dr. med.; 1927 Habilitation an der Univ. Tübingen für menschliche Vererbungslehre; 1927 Kaiser-Wilhelm-Institut für Anthropologie, menschliche Erblehre und Eugenik in Berlin-Dahlem, Abteilungsleiter für menschliche Erblichkeitslehre (u. a. Zwillingsforschung); 1933 außerordentlicher Professor, Univ. Berlin; 1935 Direktor des Instituts für Erbbiologie und Rassenhygiene an der Univ. Frankfurt am Main (1936 Prof.); Richter am Erbgesundheitsobergericht; 1939 Vortrag „Die körperlichen Rassenmerkmale des Judentums"; 1940 NSDAP-Mitglied; Mitherausgeber des NS-Standardwerks Baur-Fischer-Lenz: „Grundriss der menschlichen Erblichkeitslehre und Rassenhygiene"; 1942 als Nachfolger seines Mentors Eugen Fischer Direktor des Kaiser-Wilhelm-Instituts (KWI) für Anthropologie, menschliche Erblehre und Eugenik; als KWI-Direktor indirekte Nutzung – über Institutsmitarbeiter (u. a. Dr. Josef Mengele) – des KZ Auschwitz für seine genetischen und medizinischen Forschungen; 1951–1965 Professor für Genetik und Leiter des Instituts für Humangenetik an der Univ. Münster. Vgl. Klee, Personenlexikon, S. 639 f.

510 Heinrich Reichel, geb. 1876 in Wels, gest. 1943 in Graz; von 1895 bis 1901 Studium der Medizin in Wien, Prag und Heidelberg (1899), u. a. bei Emil Kraepelin, einem der damals führenden deutschen Psychiater; 1901 Promotion zum Dr. med. Seine Teilnahme an Studien Kraepelins, die die Wirkung von Giftstoffen auf die psychische Verfassung von Personen untersuchten (Alkoholversuche), legten den Grundstein für sein späteres Engagement in der Abstinentenbewegung, die Alkohol als eine Ursache menschlicher Degenerationserscheinungen begriff. Aufgrund seines Interesses für Psychiatrie 1901 Studienaufenthalt am Fechner-Institut für experimentelle Psychologie in Leipzig bei Max Wundt, einem Lehrer Kraepelins; 1902 Hilfsarzt in verschiedenen Abteilungen im Kaiser-Franz-Josef-Spital; unter dem Einfluss Max von Grubers Hinwendung zur Hygiene; 1903 Assistent am Hygienischen Institut der Univ. Wien; 1903–1904 Ausbildung in physikalischer und physiologischer Chemie in Straßburg; ab 1905 Assistent für Hygiene und Bakteriologie unter Arthur Schattenfroh am Hygienischen

Institut der Univ. Wien (Forschungsschwerpunkt Desinfektion); 1910 Habilitation; 1914 außerordentlicher Professor für Hygiene; Beschäftigung mit eugenisch-rassenhygienischen Themen bereits vor dem Ersten Weltkrieg; 1913 Vortrag „Über Rassenhygiene" an der Univ. Wien; während des Ersten Weltkrieges Stabsarzt in Galizien mit dem Aufgabengebiet der Seuchenbekämpfung; Erkrankung an Fleckfieber; nach 1918 verstärktes wissenschaftliches Engagement für die Rassenhygiene (ab 1919/1920 Vorlesungen zur Volksgesundheit bzw. Rassenhygiene an der Univ. Wien); 1919 Mitglied des Vorstands der Österreichischen Gesellschaft für Bevölkerungspolitik und Fürsorgewesen; 1920 Mitglied der Wiener Anthropologischen Gesellschaft; 1924 Mitglied und 2. Vorsitzender der Wiener Gesellschaft für Rassenpflege (Rassenhygiene); 1925 Präsentation eugenisch-rassenhygienischer Konzepte im Rahmen der Hygiene-Ausstellung in Wien; 1923–1930 Lehrveranstaltungen zur „Rassenhygiene" im Rahmen der Ausbildung von Turnlehrern an österreichischen Universitäten; 1925 Mitbegründer der Wiener Gesellschaft für Mikrobiologie; 1928 Mitbegründer des „Österreichischen Bunds für Volksaufartung und Erbkunde" (ÖBVE) in Wien; 1928 Mitglied der International Federation of Eugenic Organizations (IFEO); 1933 Vorträge über Eugenik für Wiener Maturanten; 1933–1942 ordentlicher Professor für Hygiene am Hygiene-Institut der Univ. Graz. Vgl. ausführlich: Thomas Mayer, „… daß die eigentliche österreichische Rassenhygiene in der Hauptsache das Werk Reichels ist" – Der (Rassen-)Hygieniker Heinrich Reichel (1876–1943) und seine Bedeutung für die eugenische Bewegung in Österreich, in: Gabriel / Neugebauer (Hgg.), Vorreiter der Vernichtung, S. 65-98; Thomas Mayer, Eugenische Netzwerke im Österreich der Zwischenkriegszeit, in: Regina Wecker / Sabine Braunschweig / Gabriela Imboden / Bernhard Küchenhoff / Hans Jakob Ritter (Hgg.), Wie nationalsozialistisch ist die Eugenik? Internationale Debatten zur Geschichte der Eugenik im 20. Jahrhundert, Wien-Köln-Weimar 2009, S. 219-232.

511 Otmar von Verschuer, Tod Heinrich Reichel, in: Erbarzt, 4. Jg., 1943, S. 95-96, S. 96.

512 Heinrich Reichel, Über Rassenhygiene. Vortrag, gehalten von Privatdozent Dr. Heinrich Reichel am 4. November 1913, in: Mittelungen des naturwissenschaftlichen Vereines an der Universität Wien, 12. Jg., 1914, S. 30-36.

513 Ebd., S. 36.

514 Mayer, „… daß die eigentliche österreichische Rassenhygiene in der Hauptsache das Werk Reichels ist", S. 71.

515 Ebd., S. 78 f.

516 Zur Rolle Gaulhofers siehe ausführlich: Thomas Mayer, Gesunde Gene im gesunden Körper? Die Kooperation von Eugenik und Turnreform am Beispiel des österreichischen Reformers des Turnunterrichts Karl Gaulhofer (1885-1941), in: Michael Krüger (Hg.), „mens sana in corpore sano". Gymnastik, Turnen, Spiel und Sport als Gegenstand der Bildungspolitik vom 18. bis zum 21. Jahrhundert (= Schriften der Deutschen Vereinigung für Sportwissenschaft, 179), Hamburg 2008, S. 115-126.

517 Mayer, Familie, Rasse und Genetik, S. 176 f.

518 Ebd., S. 179.

519 Vgl. Gudrun Exner, Die Österreichische Gesellschaft für Bevölkerungspolitik (und Fürsorgewesen)" (1917–1938). Eine Vereinigung mit sozialpolitischen Zielsetzungen im Wien der 20er und 30er Jahre, in: Demographische Informationen 2001, S. 93-107, insbes. S. 96 f.

520 Gudrun Exner, Eugenisches Gedankengut im bevölkerungswissenschaftlichen und bevölkerungspolitischen Diskurs in Österreich in der Zwischenkriegszeit, in: Baader / Hofer / Mayer (Hgg.), Eugenik in Österreich, S. 184-207, hier S. 189; Mayer, „... daß die eigentliche österreichische Rassenhygiene in der Hauptsache das Werk Reichels ist", S. 73.

521 Heinrich Reichel, Die Männerstadt. Ein Beitrag zum Großstadt- und Familienproblem, in: Wiener klinische Wochenschrift, 31. Jg., Nr. 15, Sonderdruck, 1918, S. 1-9.

522 Ebd., S. 2 f.; S. 6 ff.

523 Vgl. Mayer, Familie, Rasse und Genetik, S. 163.

524 Mayer, „... daß die eigentliche österreichische Rassenhygiene in der Hauptsache das Werk Reichels ist", S. 72 f.

525 Heinrich Reichel, Arbeitslose Jugend und Innenbesiedlung, in: Wiener Medizinische Wochenschrift, 81. Jg., Nr. 16, Sonderdruck, 1931, S. 1-5.

526 Ebd., S. 2 ff.

527 Vgl. Mayer, Familie, Rasse und Genetik, S. 171.

528 Ebd., S. 174 f.; Thomas Mayer, Akademische Netzwerke um die „Wiener Gesellschaft für Rassenpflege (Rassenhygiene)" von 1924 bis 1948, Dipl.-Arb., Wien 2004, S. 89 ff., S. 108 f.; Mayer, „... daß die eigentliche österreichische Rassenhygiene in der Hauptsache das Werk Reichels ist", S. 75 f.

529 Mayer, „... daß die eigentliche österreichische Rassenhygiene in der Hauptsache das Werk Reichels ist", S. 72.

530 Heinrich Reichel, Die Hauptaufgaben der Rassenhygiene in der Gegenwart, Wien 1922, S. 16 (= Veröffentlichungen des Volksgesundheitsamtes im Bundesministerium für soziale Verwaltung, Bd. 18).

531 Mayer, „... daß die eigentliche österreichische Rassenhygiene in der Hauptsache das Werk Reichels ist", S. 76 f.

532 Ebd., S. 97.

533 Ebd., S. 81 f.

534 Ebd., S. 82; Stefan Kühl, Die Internationale der Rassisten. Aufstieg und Niedergang der internationalen Bewegung für Eugenik und Rassenhygiene im 20. Jahrhundert, Frankfurt am Main-New York 1997, S. 71 ff., S. 117.

535 Mayer, „... daß die eigentliche österreichische Rassenhygiene in der Hauptsache das Werk Reichels ist", S. 97 f.

536 Vgl. Mayer, Familie, Rasse und Genetik, S. 178.

537 Mayer, Familie, Rasse und Genetik, S. 163; Mayer, Akademische Netzwerke, S. 99 ff.

538 Dr. August Böhm war 1911 zum Oberstadtphysikus der Stadt Wien bestellt worden. Als solcher leitete er – beinahe 20 Jahre lang – das Gesundheitsamt der Stadt Wien. Ende 1930 trat Böhm in den Ruhestand. 1915 schuf er die Städtische Zentralstelle für Tuberkulosebekämpfung in Wien. Vor allem auf dem Gebiet der Hygiene vollbrachte Böhm bis 1918 herausragende Leistungen, wie bspw. die Bekämpfung einer Blatternepidemie, die Modernisierung der Wiener städtischen Sanitätseinrichtungen, den Ausbau von Sanitätsstationen, die Reformierung der Krankenbeförderung und des Desinfektionswesens, die Organisation des Seuchenbekämpfungsdienstes während des Ersten Weltkriegs in Wien. 1909 wurde Böhm Mitglied des

Obersten Sanitätsrates. Er war Mitglied der Wiener akademischen Burschenschaft Libertas, die zum Dachverband der Deutschen Burschenschaft zählte. Die „aB! Libertas" war übrigens die erste österreichische Verbindung, die 1878 Juden ausschloss. Böhms Nachfolger als Wiener Oberstadtphysikus, Dr. Viktor Gegenbauer (1884–1939), ein ehemaliger Assistent des Hygienikers und Bakteriologen Arthur Schattenfroh, war gleichfalls deutschnational bzw. deutschvölkisch eingestellt.

Dr. Julius Wagner-Jauregg (Ritter von Jauregg), seit 1893 ordentlicher Professor für Psychiatrie und Vorstand der Universitätsklinik für Psychiatrie in Wien, hatte 1927 für seine Entdeckung der therapeutischen Bedeutung der Malariaimpfung bei progressiver Paralyse und anderen Psychosen den Nobelpreis für Medizin erhalten. Die von ihm angewendete Malariatherapie war aus medizinethischer Sichtweise fragwürdig und von Beginn an umstritten gewesen. 1928 erfolgte seine Emeritierung. Die politische Sozialisation Wagner-Jaureggs erfolgte im deutschvölkischen Milieu der schlagenden Burschen- bzw. Sängerschaft der „Ghibellinen" (vormals Wiener Akademischer Gesangverein), die in ihren Satzungen den „Arierparagraphen" führte. Darüber hinaus wirkte er an akademischen deutschvölkischen Feiern und Veranstaltungen (Ehrenschutz etc.) mit. Er war langjähriges Mitglied der Großdeutschen Volkspartei, die neben dem „Anschlussgedanken" auch ein rassenantisemitisches Programm vertrat. 1937 engagierte er sich als ein Protagonist für den Deutschsozialen Volksbund, mit dem ein Zusammenschluss von „Nationalen" und Nationalsozialisten innerhalb der Vaterländischen Front erreicht werden sollte. Bereits nach der NS-Machtübernahme im Deutschen Reich 1933 begrüßte Wagner-Jauregg die NS-Erbgesundheitsgesetze, u. a. die Zwangssterilisation. Nach dem Anschluss Österreichs an das Deutsche Reich 1938 stellte Wagner-Jauregg ein NSDAP-Beitrittsansuchen im April 1940.

Dr. Karl (Carl) Helly (Ritter von Helly) wurde 1896 in das Sanitätsdepartement des k. k. Ministeriums des Innern berufen. Ab 1911 bekleidete er die Position eines Landessanitätsreferenten für Niederösterreich. Von 1920 bis 1925 war er Sektionschef und Leiter des Volksgesundheitsamtes im Bundesministerium für soziale Verwaltung. Ferner war er ordentliches Mitglied des Obersten Sanitätsrates und Vizepräsident der Österreichischen Gesellschaft vom Roten Kreuz. In einem Nachruf wird er als liberal-konservativer, altösterreichischer Beamter bzw. Amtsarzt beschrieben.

Vgl. 100 Jahre Deutsche Burschenschaft in Österreich: 1859–1959. Die geistige Leistung ihrer bedeutenden Männer, bearb. von Günther Berka, Graz 1959, S. 99 f.; Oberstadtphysikus Dr. August Böhm (Nachruf), in: Wiener Medizinische Wochenschrift, 81. Jg., Nr. 5, 31. Jänner 1931, S. 175; Heribert Schiedel / Martin Tröger, „Durch Reinheit zur Einheit". Zum deutschnationalen Korporationswesen in Österreich, in: Context XXI – Siegfrieds Köpfe. Rechtsextremismus, Rassismus und Antisemitismus an der Universität, Heft 1, Wien 2002, S. 32 f.; Neugebauer / Scholz / Schwarz (Hgg.), Julius Wagner-Jauregg im Spannungsfeld politischer Ideen; Peter Schwarz, Die Wiener Psychiatrie im Ersten Weltkrieg. Eine Geschichte im Spannungsfeld von Faradisationen, Humanversuchen und Hungersterben, in: Wiener Geschichtsblätter, 69. Jg., Heft 2/2014, S. 93-113; Michael Hubensdorf, Medizinische Forschungsfragen zu Julius Wagner-Jauregg (1857–1940), in: Jahrbuch des Dokumentationsarchivs des österreichischen Widerstandes, Wien 2005, S. 218-233; Simon Krüger, Sektionschef i. R. Dr. Carl Helly, in: Wiener Medizinische Wochenschrift, 82. Jg., Nr. 24, 11. Juni 1932, S. 809; ÖBL 1815–1950, Bd. 2 (Lfg. 8, 1958), S. 267 f.

539 Mayer, Akademische Netzwerke, S. 100 ff.

540 Byer, Rassenhygiene und Wohlfahrtspflege, S. 145 f.; Mitteilungen des Volksgesundheitsamtes, Nr. 2, 1922, S. 64 f.

541 Mayer, Familie, Rasse und Genetik, S. 164.

542 Michael Hubenstorf, Medizinische Fakultät, in: Gernot Heiß u. a. (Hgg.), Willfährige Wissenschaft. Die Universität Wien 1938-1945, Wien 1989, S. 233-282, hier S. 264 f.; Lexikoneintrag „Robert Stigler" in: Deutsche Biographische Enzyklopädie, Bd. 9: Schlumberger-Thiersch, München 2008, S. 706.

543 Birgit Pack, Robert Stigler. Mediziner, Rassenphysiologe, Afrikareisender, Institut für Afrikanistik, Universität Wien 2010, S. 1-5, URL: http://www.afrikanistik.at/pdf/personen/stigler_robert.pdf (Online-Datenbank „Die Geschichte der Afrikanistik in Österreich", abgerufen am 2.12.2016).

544 Klee, Personenlexikon, S. 151 f.

545 Vgl. Pack, Stigler, S. 2; Simon Loidl, Safari und Menschenjagd – die Uganda-Expedition von Rudolf Kmunke und Robert Stigler 1911/12, in: Österreich in Geschichte und Literatur (mit Geographie), 55. Jg., Heft 1 (366), 2011, S. 38-53.

546 Neugebauer, Die Wiener Gesellschaft für Rassenpflege, S. 60.

547 Brigitte Fuchs, Dark Continent – Mythen vom Ursprung. „Rasse", „Volk", Geschlecht und Sexualität in Österreich, Diss., Wien 2000, S. 262 f.

548 Neugebauer, Die Wiener Gesellschaft für Rassenpflege, S. 60.

549 Robert Stigler, Die volksgesundheitliche Bedeutung einer staatlichen Ehevermittlung, in: Wiener Medizinische Wochenschrift, 68. Jg., Nr. 38, 21. September 1918, Sp. 1683-1687.

550 Ebd., Sp. 1683.

551 Ebd., Sp. 1683 f.

552 Ebd., Sp. 1685.

553 Ebd., Sp. 1684.

554 Vgl. Pack, Stigler, S. 3; Klee, Personenlexikon, S. 604; Neugebauer, Die Wiener Gesellschaft für Rassenpflege, S. 60 f.

555 Vgl. bspw.: Robert Stigler, Rassenphysiologische Ergebnisse meiner Forschungsreise in Uganda 1911/1912 (= Denkschriften, Bd. 109, Abhandlung 3), Wien 1952; Robert Stigler, Normaler und hoher Blutdruck und kardiovaskuläre Mortalität bei verschiedenen Völkern. Epidemiologie und Ätiologie (= Kreislauf-Bücherei, Bd. 22), Darmstadt 1964.

556 2010 war bereits in seiner Heimatstadt Steyr/Oberösterreich seitens des Gemeinderates die Umbenennung der nach ihm benannten Robert-Stigler-Straße beschlossen worden. Vgl. *NS-Propaganda: Boku erkennt Professor Ehrenring ab*, in: Die Presse, 2. Juni 2014.

557 Vgl. Christof Karner, Katholizismus und Freiwirtschaft – das Lebensreformprogramm des Johannes Ude, Frankfurt am Main 2002.

558 Ude erwarb vier Doktorate in Philosophie (1897), Theologie (1891), Zoologie und Botanik (1907) sowie Wirtschaftswissenschaften (1924). 1905 habilitierte er sich als Privatdozent für aristotelisch-thomistische Philosophie und spekulative Dogmatik an der katholisch-theologischen Fakultät der Karl-Franzens-Universität Graz. 1910 wurde er zum außerordentlichen, 1917 zum ordentlichen Professor ernannt. 1919/1920 und 1924/1925 fungierte er als Dekan der Grazer theologischen Fakultät. Vgl. Reinhard

Farkas, Johannes Ude und die Amtskirche: Chronologie und Analyse eines Konflikts, in: Mitteilungen des Steiermärkischen Landesarchivs, Folge 47, Graz 1997, S. 253-276.

559 Johannes Ude, Niedergang oder Aufstieg? Eine Schicksalsfrage über die Zukunft unserer Rasse, Graz 1917; Johannes Ude, Der moralische Schwachsinn. Für Volkssittlichkeit, Graz 1918.

560 Johannes Ude, Die Verwahrlosung der Jugend: Das eheliche und uneheliche Kind vor dem Sittengesetz, Graz, 3. Aufl., 1925; Johannes Ude, Eigenheim und Eigenland für jede Familie, Graz 1925.

561 Mayer, State-orientated Eugenic Movements: Austria, p. 6.

562 Johannes Ude, Die Judenfrage. Zionismus und Christentum, Graz 1920; Johannes Ude, Du sollst nicht schächten! (Christentum und Schächtfrage), in: Zeitschrift für Volkssittlichkeit und Volksaufklärung, 3. Jg., Heft 1, 1929.

563 Nach 1945 trat Ude für die Ideale eines „naturgemäßen" Lebens ein, worunter er seine Positionen als Pazifist, Nichtraucher, Vegetarier und Abstinenzler verstand. So schrieb Ude 1961 (Das Tier als Teil der Schöpfung, Grundlsee 1961, S. 28): „[…] die gesamte heutige Menschheit ist in ihrer Masse krank, krank an der Seele und krank am Leib infolge nicht naturgemäßer Lebensweise." Er unterstrich die zunehmende Degeneration der Zivilisation: „Die durch Fleisch und Alkohol und Tabak verseuchte Menschheit entfernt sich immer mehr von ihrem Gott und seinen Geboten". 1951 hatte Ude übrigens erfolglos für das Amt des österreichischen Bundespräsidenten kandidiert. Vgl. Farkas, Johannes Ude, S. 274 ff.

564 Julius Tandler, Konstitution und Rassenhygiene. Vortrag gehalten am 7. März 1913 vor der Deutschen Gesellschaft für Rassenhygiene, in: Zeitschrift für angewandte Anatomie und Konstitutionslehre 1, 1914, S. 13 f.

565 Weindling, Health, Race and German Politics, p. 140.

566 Eugenics in Austria, in: The Eugenics Review, Vol. 5, No. 4, Jan. 1914, p. 387.

567 Baader, Eugenische Programme, S. 96 f.

568 Rudolf Goldscheid, Höherentwicklung und Menschenökonomie – Grundlegung einer Sozialbiologie, Leipzig 1911 (= Philosophisch soziologische Bücherei, Bd. VIII, hg. v. Rudolf Eisler).

569 Veronika Hofer, Rudolf Goldscheid, Paul Kammerer und die Biologen des Prater-Vivariums in der liberalen Volksbildung der Wiener Moderne, in: Mitchell G. Ash / Christian H. Stifter (Hgg.), Wissenschaft, Politik und Öffentlichkeit. Von der Wiener Moderne bis zur Gegenwart (= Wiener Vorlesungen. Konservatorien und Studien, hg. v. Hubert Christian Ehalt, Bd. 12), Wien 2002, S. 149-184, hier S. 180.

570 Vgl. Ulrich Kutschera, Tatsache Evolution. Was Darwin nicht wissen konnte, 3. Aufl., München 2010, S. 42, S. 67, S. 83 ff.; Ulrich Kutschera, Design-Fehler in der Natur. Alfred Russel Wallace und die Gott-lose Evolution, Berlin 2013, S. 98 f.; Michael Schmitt (Hg.), Lexikon der Biologie, Bd. 6, Freiburg im Breisgau-Basel-Wien 1983–1992, S. 285.

571 August Weismann, Über die Vererbung, Jena 1883; August Weismann, Die Continuität des Keimplasmas als Grundlage einer Theorie der Vererbung, Jena 1885; August Weismann, Das Keimplasma. Eine Theorie der Vererbung, Jena 1892.

572 Kutschera, Tatsache Evolution, S. 85 f.; Weingart / Kroll / Bayertz, Rasse, Blut und Gene, S. 81-85.

573 Goldscheid führte u. a. aus: „Indem Weismann die Vererbung erworbener Eigenschaften, die Vererbung funktioneller Veränderungen unbedingt bestritt, machte er allerdings den Fehler, ein neu entdecktes Problem zum Dogma zu verabsolutieren, aber die Entdeckung des neuen Problems gab den Anstoß zu einer außerordentlich verheißungsreichen Weiterentwicklung des Darwinismus. Das von ihm entdeckte Problem ist, wenn ich so sagen darf, die Lehre vom inneren Milieu. Dadurch, dass er erklärte, funktionelle Veränderungen des Soma übertragen sich nicht ohne weiteres auf das Keimplasma, machte er die Notwendigkeit offenbar, zu untersuchen, unter welchen Bedingungen eine derartige Übertragung zustande kommt, zwang er dazu, die Beziehungen zwischen Soma und Keim genau festzustellen, und diese Beziehungen sind eben nichts anderes, als das Problem des inneren Milieu." Siehe: Rudolf Goldscheid, Darwin als Lebenselement der modernen Kultur, Wien-Leipzig 1909, S. 42.

574 Hofer, Rudolf Goldscheid, S. 155.

575 Weindling, Health, Race and German Politics, pp. 92.

576 Insofern Spencer Begriffe der Evolutionstheorie Darwins auf die menschliche Gesellschaft übertrug, gilt er heute als ein Mitbegründer des Sozialdarwinismus. Von Spencer stammt auch der Terminus „Survival of the fittest" (Überleben der am besten Angepassten), der von Darwin übernommen wurde. Vgl. Weindling, Health, Race and German Politics, p. 42.

577 Vgl. Wolfram Forneck, Die Vererbung individuell erworbener Eigenschaften. Dargestellt am Disput zwischen August Weismann und Herbert Spencer, 2. Aufl., Norderstedt 2014, S. 45 ff.

578 Weindling, Health, Race and German Politics, pp. 93.

579 Vgl. Gudrun Exner / Josef Kytir / Alexander Pinwinkler, Bevölkerungswissenschaft in Österreich in der Zwischenkriegszeit (1918–1938). Personen, Institutionen, Diskurse, Wien-Köln-Weimar 2004, S. 48.

580 Julius Tandler, Krieg und Bevölkerung, in: Wiener klinische Wochenschrift, 29. Jg., Nr. 15, 1916, S. 445-452.

581 Vgl. Herwig Czech, Julius Tandler, in: Zukunft, Nr. 5/2013, S. 40.

582 Exner / Kytir / Pinwinkler, Bevölkerungswissenschaft in Österreich, S. 37.

583 Ebd., S. 38 u. S. 197 f.; Exner, Eugenisches Gedankengut im bevölkerungswissenschaftlichen und bevölkerungspolitischen Diskurs, S. 187 f.

584 Exner / Kytir / Pinwinkler, Bevölkerungswissenschaft in Österreich, S. 197 f.

585 Exner, Eugenisches Gedankengut im bevölkerungswissenschaftlichen und bevölkerungspolitischen Diskurs, S. 192 f.

586 Ebd., S. 192.

587 Ebd., S. 193.

588 Mitteilungen der Österreichischen Gesellschaft für Bevölkerungspolitik, Heft 1, 1918, S. 15.

589 Vgl. Monika Löscher, Zur Rezeption eugenischen/rassenhygienischen Gedankengutes in Österreich bis 1934 unter besonderer Berücksichtigung Wiens. Dipl.-Arb., Wien 1999; Maria Mesner, Geburten/Kontrolle. Reproduktionspolitik im 20. Jahrhundert, Wien-Köln-Weimar 2010, S. 66-73.

590 Jeremy Bentham war ein englischer Jurist und Philosoph. Er gilt als Sozialreformer und Begründer des klassischen Utilitarismus. Anm. d. Verf.

591 Julius Tandler, Ehe und Bevölkerungspolitik, Wien-Leipzig 1924, S. 3.

592 Ebd., S. 7.

593 Vgl. Exner / Kytir / Pinwinkler, Bevölkerungswissenschaft in Österreich, S. 42.

594 Löscher, Zur Rezeption eugenischen/rassenhygienischen Gedankengutes, S. 79-85.

595 Vgl. Eheberatung, in: Das neue Wien. Städtewerk, hg. unter offizieller Mitwirkung der Gemeinde Wien, Bd. 2, Wien 1927, S. 569-578, hier S. 569 f.

596 Siehe Tandler, Gefahren der Minderwertigkeit, S. 13.

597 Vgl. Stöckel, Säuglingsfürsorge zwischen sozialer Hygiene und Eugenik, S. 370 f.

598 Städtisches Gesundheitsamt: Ein Rat für Eheschließende, in: Das neue Wien. Städtewerk, Bd. 2, S. 578.

599 Formulare der Eheberatungsstelle und Anleitungen für die Anamnese, insbesondere Formular 1 und Formular 2 siehe: Eheberatung, in: Das neue Wien. Städtewerk, Bd. 2, S. 572-576, insbes. S. 572 f.

600 Ebd., S. 572 f.

601 Vgl. die Dienstvorschrift für den Beratungsarzt: Eheberatung, in: Das neue Wien. Städtewerk, Bd. 2, S. 571.

602 Laurenz Genner, Was man vor der Ehe wissen muß, in: Arbeiter-Zeitung, 8. Dezember 1923, S. 15. Genner nimmt in seinem Artikel eine abwertende und sarkastische Beschreibung der KlientInnen der Wiener Eheberatungsstelle vor. Anm. d. Verf.

603 Britta McEwen, Die Eheberatungsstelle des Roten Wien und die Kontrolle über den ehelichen Sex, in: Andreas Brunner / Frauke Kreutler / Michaela Lindinger / Gerhard Milchram / Martina Nußbaumer / Hannes Sulzenbacher (Hgg.), Sex in Wien. Lust. Kontrolle. Ungehorsam, Ausstellungskatalog des Wien-Museums, Wien 2016, S. 119-125, hier S. 119 f.; vgl. Melinz, Von der „Wohltäterei" zur Wohlfahrt, S. 104 f.

604 Eheberatung, in: Das neue Wien. Städtewerk, Bd. 2, S. 569.

605 McEwen, Die Eheberatungsstelle, S. 121.

606 Ebd., S. 124.

607 Vgl. Karin Lehner, Verpönte Eingriffe. Sozialdemokratische Reformbestrebungen zu den Abtreibungsbestimmungen in der Zwischenkriegszeit, Wien 1989, S. 228.

608 Tandler, Gefahren der Minderwertigkeit, S. 13.

609 Zit. n. Baader, Eugenische Programme, S. 125.

610 Vgl. Mayer, State-orientated Eugenic Movements: Austria, p. 7.

611 Vgl. Byer, Rassenhygiene und Wohlstandspflege, S. 145.

612 Lehner, Verpönte Eingriffe, S. 79 f.

613 Löscher, Zur Rezeption eugenischen/rassenhygienischen Gedankengutes, S. 84 f.; Monika Löscher, „…der gesunden Vernunft nicht zuwider…"? Katholische Eugenik in Österreich vor 1938, Innsbruck 2009, S. 103-132, hier S. 118 ff.; Mayer, State-orientated Eugenic Movements: Austria, p. 7.

614 Monika Löscher, Albert Niedermeyer als Kritiker an Wagner-Jaureggs eugenischen Positionen, in: Neugebauer / Scholz / Schwarz (Hg.), Julius Wagner-Jauregg, S. 31-36.

615 Löscher, „...der Vernunft nicht zuwider...?", S. 165.

616 Hubenstorf, Vorwort, in: Baader u. a. (Hgg.), Eugenik in Österreich, S. 9 f.

617 Mayer, Familie, Rasse und Genetik, S. 162.

618 Julius Wagner-Jauregg, Zeitgemäße Eugenik, in: Wiener klinische Wochenschrift, 48. Jg., 1935, S. 1-7, hier S. 1.

619 Löscher, Albert Niedermeyer, S. 31-36.

620 Vgl. Heinrich Reichel, Zur Frage des gesundheitlichen Ehekonsenses, in: Wiener Klinische Wochenschrift, 35. Jg., Nr. 12, 1922, S. 274-276, insbes. S. 275.

621 Mayer, Familie, Rasse und Genetik, S. 169 f.

622 Ebd., S. 169.

623 Ebd., S. 165.

624 Katja Geisenhainer, „Rasse ist Schicksal". Otto Reche (1879–1966) – ein Leben als Anthropologe und Völkerkundler, Leipzig 2002.

625 Mayer, „... daß die eigentliche österreichische Rassenhygiene in der Hauptsache das Werk Reichels ist", S. 65-98.

626 Vgl. Peter Malina / Wolfgang Neugebauer, NS-Gesundheitswesen und -Medizin, in: Tálos u. a. (Hg.), NS-Herrschaft in Österreich, S. 702 ff. Peter Malina, Eduard Pernkopf. Versuch einer stratigrafischen Biografie, in: Untersuchungen zur Anatomischen Wissenschaft in Wien 1938–1945. Senatsprojekt der Universität Wien, Wien 1998, S. 420 ff.

627 Wolfgang Neugebauer, Die Wiener Gesellschaft für Rassenpflege und die Universität Wien, in: Gabriel / Neugebauer (Hg.), Vorreiter der Vernichtung, S. 53-64.

628 Körber war u. a. führend an den antisemitischen Ausschreitungen gegen jüdische und linke Studierende der Universität Wien in den 1920er und 1930er Jahren beteiligt. Gemeinsam mit dem damaligen Rektor, dem Professor für Geologie Carl Diener, setzte er 1923 die Errichtung des Heldendenkmals „Siegfriedskopf" in der Aula der Universität Wien durch. Als Mitglied des Antisemitenbundes und Funktionär der Deutschen Studentenschaft vertrat er einen rabiaten rassistisch orientierten Antisemitismus. Nach 1938 denunzierte er als SS-Offizier Juden und Regimegegner und verfasste 1939 die Hetzschrift „Rassekrieg in Wien". Vgl. Neugebauer, Die Wiener Gesellschaft für Rassenpflege, S. 57; Wolfgang Lamsa, Der Siegfriedskopf, in: Siegfrieds Köpfe. Rechtsextremismus, Rassismus und Antisemitismus an der Universität Wien. Context XXI, Nr. 7-8/01, Nr. 1/02, S. 104-109.

629 Neugebauer, Die Wiener Gesellschaft für Rassenpflege, S. 57.

630 1927 übernahm Reche den Lehrstuhl für Rassen- und Völkerkunde an der Universität Leipzig. In Leipzig gründete er eine Ortsgruppe der DGRh und trat 1937 der NSDAP bei. Vgl. Neugebauer, Die Wiener Gesellschaft für Rassenpflege, S. 59; Katja Geisenhainer, „Rasse ist Schicksal". Otto Reche (1879–1966) – ein Leben als Anthropologe und Völkerkundler, Leipzig 2002, S. 402 ff.

631 Maria Teschler-Nicola, Aspekte der Erbbiologie und die Entwicklung des rassenkundlichen Gutachtens in Österreich bis 1938, in: Gabriel / Neugebauer (Hgg.), Vorreiter der Vernichtung?, S. 99-138, hier S. 101 ff.

632 Otto Reche, Zur Blutgruppenuntersuchung der menschlichen Primitivrassen, in: Zeitschrift für Rassenphysiologie, 4. Jg., 1931, S. 88-90, hier S. 88.

633 Otto Reche, Die Bedeutung der Rassenpflege für die Zukunft unseres Volkes. Veröffentlichungen der Wiener Gesellschaft für Rassenpflege (Rassenhygiene), Heft 1, Wien 1925, S. 5 f.

634 Ebd., S. 6 f.

635 Ebd., S. 7. In der Zeit der NS-Herrschaft wurde Reches Vision Wirklichkeit: Die Gesundheitsämter stellten nunmehr das wichtigste Instrument der NS-Rassenhygiene dar. Sie waren verantwortlich für die „erbbiologische Bestandsaufnahme" in Form einer „Erbkartei" und einer „Sippenkartei". Die gesamte Wiener Bevölkerung wurde nach sogenannten „Minderwertigen" durchkämmt. Die Abteilung „Erb- und Rassenpflege" im Wiener Hauptgesundheitsamt sammelte alle erreichbaren belastenden Informationen: psychische Erkrankungen, durchgemachte Geschlechtskrankheiten, Prostitution, Alkoholismus, Erbkrankheiten, geistige und körperliche Behinderungen. Die Wiener Erbkartei war eine der größten im Deutschen Reich. Im Laufe der Zeit wurden mehr als 700.000 Karteikarten erstellt. Auf dieser Grundlage verfolgten die Behörden eine Strategie der systematischen Diskriminierung der als „minderwertig" erfassten Personen. Die Folgen für die Betroffenen reichten von der Verweigerung von Sozialleistungen über Zwangsmaßnahmen wie Eheverbot, Sterilisierung oder Internierung in einem Arbeitslager oder Jugend-KZ bis zur Ermordung im Rahmen der „Kindereuthanasie". Vgl. Herwig Czech, Erfassung, Selektion und „Ausmerze". Das Wiener Gesundheitsamt und die Umsetzung der nationalsozialistischen „Erbgesundheitspolitik" 1938 bis 1945, Wien 2003, S. 127-132.

636 Anton Rolleder (1881–1972) war ab Jänner 1940 einer der Vorsitzenden des NS-Erbgesundheitsgerichtes Wien. Vgl. Claudia Andrea Spring, Verdrängte Überlebende. NS-Zwangssterilisationen und die legistische, medizinische und gesellschaftliche Ausgrenzung von zwangssterilisierten Menschen in der Zweiten Republik, Dipl.-Arb., Wien 1999, S. 297 f.

637 Vgl. Teschler-Nicola, Aspekte der Erbbiologie, S. 105 ff. Die methodische Unzulänglichkeit seiner Abstammungsgutachten offenbarte sich am deutlichsten im Rahmen seiner Gutachtertätigkeit im sogenannten Anastasia-Prozess Anfang der 1960er Jahre. Anna Anderson, die an der Behauptung festhielt, die überlebende Zarentochter Anastasia Nikolajewna Romanowa zu sein, wurde von Reche nach eingehender anthropologisch-erbbiologischer Begutachtung attestiert, „mit Sicherheit mit der angeblich ermordeten [Zarentochter] Anastasia identisch" zu sein und „völlig in den Sippenkreis der Romanows" hineinzupassen. 1994 wurde die mittlerweile verstorbene Anna Anderson mittels eines molekulargenetischen DNA-Vergleichs als Schwindlerin entlarvt und ihre wahre Identität als Franziska Schanzkowska, einer polnisch-westpreußischen Fabrikarbeiterin, festgestellt. Vgl. Neugebauer, Die Wiener Gesellschaft für Rassenpflege, S. 59; Geisenhainer, „Rasse ist Schicksal", S. 400 ff.

638 Mayer, Akademische Netzwerke, S. 197 f.

639 Mayer, Familie, Rasse und Genetik, S. 182.

640 Neugebauer, Die Wiener Gesellschaft für Rassenpflege, S. 63. Für den Zeitraum 1939 bis 1945 weist die Opferbilanz der NS-Medizinverbrechen insgesamt (bezogen auf das Territorium des Großdeutschen Reichs) an die 200.000 ermordete körperlich Behinderte und psychisch Kranke aus. Im Rahmen der „Aktion T4" wurden 1940/41 über 70.000 psychisch kranke AnstaltspatientInnen in sechs Vernichtungsanstalten durch Gas getötet, davon 18.000 in Hartheim bei Linz, der einzigen Tötungsanstalt auf österreichischem Boden. Allein 7.500 Pfleglinge der Wiener Heil- und Pflegeanstalt „Am

Steinhof", des heutigen Otto Wagner-Spitals, fielen den verschiedenen Euthanasiemordaktionen („Aktion T4", Kindereuthanasie, dezentrale Anstaltsmorde) zum Opfer. Darüber hinaus wurden im Deutschen Reich insgesamt 400.000 Menschen nach den Kriterien des „Gesetzes zur Verhütung erbkranken Nachwuchses" vom 14. Juli 1933 (GzVN) zwangssterilisiert. In Österreich nahmen die Zwangssterilisierungen (ca. 6.000) nicht mehr einen so großen Umfang an, da bald nach Einführung des GzVN in Österreich am 1. Jänner 1940 die NS-Euthanasiemorde einsetzten. Zu nennen sind in diesem Zusammenhang auch die von KZ-Ärzten an KZ-Häftlingen durchgeführten Humanversuche, zu denen bislang keine exakten Opferzahlen vorliegen. Vgl. Peter Malina / Wolfgang Neugebauer, NS-Gesundheitswesen und -Medizin, in: Talós u. a. (Hg.), NS-Herrschaft in Österreich, S. 696-720, hier S. 707-714; Heinz Faulstich, Hungersterben in der Psychiatrie 1914-1949. Mit einer Topographie der NS-Psychiatrie, Freiburg im Breisgau 1998, S. 581 f.

641 Löscher, „…der Vernunft nicht zuwider…?", S. 168.

642 Monika Löscher, Katholizismus und Eugenik in Österreich, in: Baader u. a. (Hgg.), Eugenische Programme, S. 140-161, hier S. 160.

643 Siehe: Klee, Personenlexikon, S. 397 u. S. 417 f.

644 Löscher, „…der Vernunft nicht zuwider…?", S. 47 ff.

645 Joseph Mayer, Gesetzliche Unfruchtbarmachung Geisteskranker, Freiburg im Breisgau 1927, S. 106.

646 Löscher, „…der Vernunft nicht zuwider…?", S. 94 ff.

647 Ebd., S. 96; Mayer, State-orientated Eugenic Movements: Austria, p. 10. Die Vorträge Reichels wurden gemeinsam mit dem Vortrag Muckermanns in der Programm-Zeitschrift „Radio-Wien" veröffentlicht und als Sonderdruck von der WGR ediert: Wiener Gesellschaft für Rassenpflege (Rassenhygiene) (Hg.), Grundlagen der Vererbungswissenschaft und Eugenik. 8 Vorträge von Heinrich Reichel und ein Vortrag von Hermann Muckermann, Wien 1930 (= Sonderdruck aus „Radio Wien").

648 Zit. n. Klee, Personenlexikon, S. 417 f.

649 Löscher, „…der Vernunft nicht zuwider…?", 168 f.

650 Ebd., S. 103-132; Löscher, Katholizismus und Eugenik, S. 140-161.

651 Löscher, Katholizismus und Eugenik, S. 151 f.; Löscher, „…der Vernunft nicht zuwider…?", S. 110 ff.

652 Löscher, Katholizismus und Eugenik, S. 154.

653 Die Aussagen Orels sind zit. n. Löscher, Katholizismus und Eugenik, S. 154.

654 Ebd., S. 154 f.; Löscher, „…der Vernunft nicht zuwider…?", S. 118 ff.

655 Mayer, Familie, Rasse und Genetik, S. 171 ff.

656 Weindling, Health, Race and German Politics, p. 150; Mayer, State-orientated Eugenic Movements: Austria, p. 11.

657 Hubenstorf, Vorwort, in: Baader u. a. (Hgg.), Eugenik in Österreich, S. 9 f.

658 Thomas Mayer, Ein „Mann von der Bedeutung Wagner-Jaureggs". Wagner-Jauregg und eugenisch-rassenhygienische Netzwerke in Österreich, in: Neugebauer / Scholz / Schwarz (Hg.), Julius Wagner-Jauregg, S. 19.

659 Hubenstorf, Vorwort, in: Baader u. a. (Hgg.), Eugenik in Österreich, S. 11.

660 Mayer, Mann von der Bedeutung, S. 21.

661 Vgl. Tandler, Gefahren der Minderwertigkeit, S. 13 ff.

662 Baader, Eugenische Programme, S. 128 ff.

663 Julius Bauer (geb. 1887 in Nachod, Böhmen, gest. 1979 Beverly Hills, USA) studierte Medizin an der Universität Wien, das er 1910 mit der Promotion abschloss. Danach begann er seine ärztliche Laufbahn als Assistenzarzt an der II. und III. medizinischen Universitätsklinik Wien. Nach einer wissenschaftlichen Tätigkeit an der Medizinischen Universitätsklinik Innsbruck und einem Studienaufenthalt in Paris arbeitete er an der Internen Abteilung der Allgemeinen Poliklinik Wien. 1919 habilitierte er sich für das Fach Innere Medizin, 1926 erfolgte seine Ernennung zum außerordentlichen Professor. Er avancierte 1928 zum Vorstand der 3. Medizinischen Abteilung der Allgemeinen Poliklinik in Wien, die er zu einem Ausbildungszentrum in Endokrinologie und Konstitutionspathologie gestaltete. In mehreren Artikeln beschäftigte er sich zwischen 1934 und 1936 mit „Rassenfragen" und der Sterilisation als eugenisches Mittel. 1935 verurteilte er in der Schweizer Medizinischen Wochenschrift das „Gesetz zur Verhütung erbkranken Nachwuchses" als Unsinn, was seinen Ausschluss aus der „Deutschen Gesellschaft für Innere Medizin" und die öffentliche Anprangerung durch Reichsärzteführer Gerhard Wagner zur Folge hatte. Nach dem „Anschluss" Österreichs an das Deutsche Reich 1938 emigrierte er über Paris in die USA, wo er von 1939 bis 1940 an der Louisiana State University in New Orleans und von 1941 bis 1961 an der Loma Linda University in Los Angeles tätig war. Er starb 1979 in Beverly Hills, Kalifornien, USA. Vgl. Veronika Hofer, Positionen und Posen eines Experten. Der Konstitutionsforscher Julius Bauer (1887–1973) und die Eugenik in der Wiener Zwischenkriegszeit, in: Baader u. a. (Hgg.), Eugenik in Österreich, S. 31-65.

664 Mayer, Mann von der Bedeutung, S. 22.; Mayer, Akademische Netzwerke, S. 106-109; Mayer, Familie, Rasse, Genetik, S. 173.

665 Tietze hatte an der Universitätskinderklinik in Wien unter der Leitung von Clemens von Pirquet (1874–1929) zunächst eine Facharztausbildung zum Kinderarzt absolviert. Von 1922 bis 1928 war er auch Assistent des ärztlichen Direktors des Kinderhilfswerks. Nach dem Tod von Pirquet verließ er 1929 die Kinderklinik. In den 1930er Jahren arbeitete Tietze im Volksgesundheitsamt des Bundesministeriums für soziale Verwaltung. Außerdem leitete er von 1929 bis 1938 die Kinderhilfe der Volkspatenschaft. Daneben war er noch als Schularzt tätig und hatte eine Privatordination. Bereits in den 1920er Jahren begann sich Tietze für eugenische Themen zu interessieren. So besuchte er das von Heinrich Reichel geleitete Seminar für Sozialhygiene und wirkte 1924 an der Vorbereitung der internationalen Hygieneausstellung in Wien mit. 1926 wurde Tietze Mitglied der American Eugenics Society, 1932 der British Eugenics Society, in deren „Consultative Council" er 1936 gewählt wurde. 1928 übernahm er im ÖBVE die Funktion des Sekretärs. Vgl. Mayer, State-orientated Eugenic Movements: Austria, pp. 46-48. Beiträge von Tietze wurden auch im Fachjournal der British Eugenics Society veröffentlicht: Felix Tietze, The Graz Sterilization Trial, in: The Eugenics Review, Vol. 25, No. 4, Jan. 1934, pp. 259-260; Felix Tietze, Eugenic Measures in the Third Reich, in: The Eugenics Review, Vol. 31, No. 2, July 1939, pp. 105-107.

666 Mayer, State-orientated Eugenic Movements: Austria, p. 11, p. 47.

667 Ebd., pp. 46-47.

668 Siehe dazu das zweite Kapitel dieses Buches („Der Wissenschafter Julius Tandler"), S. 56 f. sowie Anm. 178.

669 Mayer, State-orientated Eugenic Movements: Austria, pp. 47-48.

670 Vgl. Tandler, Mutterschaftszwang und Bevölkerungspolitik, S. 367-382.

671 Mayer, Familie, Rasse, Genetik, S. 169 f.

672 Die relevanten (historischen) Bestimmungen des Strafgesetzes zur Abtreibung der Leibesfrucht umfassen die §§ 144-148 StG. Für das Abtreibungsgesetz hat sich in der Fachliteratur, aber auch in der Politik und in den Medien die Bezeichnung „§ 144" eingebürgert bzw. durchgesetzt. Anm. d. Verf.

673 Vgl. Exner / Kytir / Pinwinkler, Bevölkerungswissenschaft in Österreich, S. 298 ff.; Maria Mesner, Geburten/Kontrolle. Reproduktionspolitik im 20. Jahrhundert, Wien-Köln-Weimar 2010, S. 144-154.

674 Mit diesen Worten charakterisierte Otto Bauer die Debatte zur Reform des § 144 auf dem SDAP-Parteitag in Linz 1926. Vgl. Protokoll des sozialdemokratischen Parteitags 1926, S. 317, hier zit. n. Karl Blecha, Recht und Menschlichkeit. Eine Dokumentation zur Änderung des § 144, Wien 1976, S. 37.

675 Bei Fristen- und Indikationsregelungen handelt es sich um legale Ausnahmen vom Abtreibungsverbot bzw. um bestimmte Voraussetzungen, unter denen Abtreibungen straffrei erfolgen dürfen. Fristenregelung: Diese erlaubt die straffreie Durchführung einer Schwangerschaftsunterbrechung innerhalb eines bestimmten Zeitraums ab Eintritt der Schwangerschaft (bspw. drei Monate). Indikationenregelung: Bei Vorliegen bestimmter Gründe (medizinische, eugenische, soziale Indikationen) ist die Abtreibung nicht rechtswidrig. Die medizinische Indikation bezieht sich auf eine mögliche Gefährdung des Lebens oder die Beeinträchtigung der Gesundheit der Frau durch Schwangerschaft oder Geburt. Die eugenische Indikation bezieht sich auf den Fall, dass die Geburt eines voraussichtlich körperlich oder geistig behinderten Kindes zu erwarten ist. Die soziale Indikation bezieht sich auf das Vorliegen einer sozialen Notlage der Schwangeren (bspw. durch außergewöhnliche familiäre oder wirtschaftliche Belastungen). Heute wird u. a. auch noch die ethische Indikation (Schwangerschaft einer Minderjährigen, Schwangerschaft durch Vergewaltigung) unterschieden. Bei den Indikationsregelungen entscheidet im rechtsstaatlichen Verfahren in aller Regel eine Kommission (bestehend aus ÄrztInnen, JuristInnen etc.) über die Legalität der Abtreibung. Vgl. Erich Grießler, „Policy Learning" im österreichischen Abtreibungskonflikt. Die SPÖ auf dem Weg zur Fristenlösung (= Reihe Soziologie, Bd. 76, Institut für Höhere Studien), Wien 2006, S. 12 ff.; Hanna Hacker, Staatsbürgerinnen. Ein Streifzug durch die Protest- und Unterwerfungsstrategien der Frauenbewegung und im weiblichen Alltag 1918–1938, in: Kadrnoska (Hg.), Aufbruch und Untergang, S. 225-245, hier S. 227 f.

676 Zur Frage, unter welchen Voraussetzungen die Unterbrechung der Schwangerschaft durch einen Arzt straflos ist: Entscheidung des OGH nach § 292 StPO vom 17. März 1922, Os IV 88/22, siehe: Entscheidungen des österreichischen Obersten Gerichtshofes in Strafsachen und Disziplinarangelegenheiten, 2. Bd., 1. u. 2. Vierteljahrsheft 1922, Wien 1923, S. 48-53. Zur Frage, unter welchen Voraussetzungen ein Arzt eine Störung der Schwangerschaft vornehmen darf: Entscheidung des OGH gemäß § 292 StPO vom 19. Februar 1923, Os IV 52/23, siehe: Entscheidungen des österreichischen Obersten Gerichtshofes in Strafsachen und Disziplinarangelegenheiten, 3. Bd., 1. Vierteljahrsheft 1923, Wien 1923, S. 10-13; Grießler, „Policy Learning", S. 4, Anm. 8; Adelheid Popp, Geburtenregelung und Menschenökonomie, in: Friedjung / Fürst / Chiavacci / Steiner (Hgg.), Sexualnot und Sexualreform, S. 498-503, hier S. 502.

677 Die österreichische Strafgesetzgebung (nach dem Stande vom 1. September 1931), 7. Aufl., Wien 1931, S. 26 f.; Erika Weinzierl, Abtreibung und österreichisches Strafrecht,

in: Michael Benedikt / Richard Potz (Hgg.), Zygote Fötus Mensch. Zur Anthropologie des werdenden Lebens, Wien-München 1986, S. 117-124.

678 Lehner, Verpönte Eingriffe, S. 153 f.

679 Maria Mesner, Grauzone. Abtreibungsrecht und -praxis in Österreich, in: Andreas Brunner u. a. (Hgg.), Sex in Wien, S. 417-421, hier S. 417.

680 Ebd., S. 418.

681 Der 1919 von dem sozialdemokratischen Schriftsteller Johann Ferch ins Leben gerufene „Bund gegen den Mutterschaftszwang" bezog programmatisch „für die Selbstbestimmung der Mutter", den „Schutz von Mutter und Kind", gegen den „Gebärzwang und für die Verwendung von Verhütungsmitteln" Stellung. Ab 1922 richtete der Bund in Wien eine Reihe von Frauenschutzberatungsstellen ein, in denen insbesondere mittellose Frauen den Zugang zu kostenloser medizinischer Beratung und Verhütungsmitteln erhielten. Die von der Ärztin Marie Frischauf und dem Mediziner, Psychoanalytiker und Sexualwissenschaftler Wilhelm Reich in Wien gegründete „Sozialistische Gesellschaft für Sexualberatung und Sexualforschung" setzte sich ebenso für die Legalisierung der Abtreibung ein und forderte darüber hinaus eine öffentliche Sexualaufklärung, eine freie Ausgabe von Verhütungsmitteln, eine Reform des Ehe- und Scheidungsrechts sowie die Abschaffung der diskriminierenden gesetzlichen Bestimmungen zur Homosexualität. Die Gesellschaft eröffnete mehrere „proletarische" Sexualberatungsstellen, deren Aufklärungs- und Beratungsdienste (u. a. bzgl. Verhütungsmethoden, Geschlechtskrankheiten, bei sexuellen Konflikte und Neurosen) in erster Linie mittellosen ArbeiterInnen und Angestellten zugutekommen sollten. Vgl. Exner / Kytir / Pinwinkler, Bevölkerungswissenschaft in Österreich, S. 232 ff.; Mesner, Geburten/ Kontrolle, S. 74 ff., S. 77 ff., S. 84 f., S. 88 f.; Christin Sager, Das aufgeklärte Kind. Zur Geschichte der bundesrepublikanischen Sexualaufklärung (1950–2010), Bielefeld 2015, S. 51 f.

682 Popp, Geburtenregelung und Menschenökonomie, S. 498 f., S. 501 f.

683 Ferdinand Kadečka (1874–1964) führte für die österreichische Regierung die Verhandlungen mit der deutschen Reichsregierung. Kadečka war seit 1912 leitender Beamter im österreichischen Justizministerium, seit 1932 Sektionschef. 1922 erfolgte seine Habilitation für Strafrecht an der Universität Wien, wo er 1934 zum ordentlichen Professor für Strafrecht bestellt wurde. Vgl. Werner Schubert / Jürgen Regge / Peter Rieß / Werner Schmid (Hgg.), Quellen zur Reform des Straf- und Strafprozeßrechts, Abt. I: Weimarer Republik (1918–1932), Bd. 3: Protokolle der Strafrechtsausschüsse des Reichstags, 1. Teil: Sitzungen vom Juli 1927–März 1928. Sitzungen der deutschen und österreichischen parlamentarischen Strafrechtskonferenzen (1927–1930), hg. v. Werner Schubert, Berlin-New York 1995, S. XXXI, S. XLI.

684 Otto Bauer zit. n. Tandler, Mutterschaftszwang und Bevölkerungspolitik, S. 369.

685 Ebd., S. 375 f.

686 Ebd., S. 373 f.

687 Ebd., S. 375.

688 Ebd., S. 379.

689 Ebd. S. 379 f.

690 Ebd., S. 377.

691 Ebd., S. 382.

692 Ebd., S. 382.

693 Karl Kautsky jun., Der Kampf gegen den Geburtenrückgang. Kapitalistische oder sozialistische Geburtenpolitik, Wien 1924, S. 12 f.

694 Sigismund Peller, Der Abortus im Rahmen des menschlichen Reproduktionsproblems, in: Friedjung / Fürst / Chiavacci / Steiner (Hgg.), Sexualnot und Sexualreform, S. 487-498, hier S. 495.

695 Ebd., S. 495.

696 Ebd., S. 495 f.

697 Siehe: Das „Linzer Programm" der Sozialdemokratischen Arbeiterpartei Österreichs, 1926, in: Klaus Berchtold (Hg.), Österreichische Parteiprogramme 1868–1966, Wien 1967, S. 257 (Programmpunkt „Bevölkerungspolitik"); vgl. Grießler, „Policy Learning", S. 18; Mayer, State-orientated Eugenic Movements: Austria, p. 7.

698 Grießler, „Policy Learning", S. 18 f.

699 Die Verhandlungen zur Strafrechtsreform zwischen der österreichischen Bundesregierung und der deutschen Reichsregierung scheiterten endgültig nach der Machtergreifung der Nationalsozialisten im Deutschen Reich im Jänner 1933. Übrigens wurde auch der deutsche Strafgesetzentwurf vom Reichstag in Berlin niemals umgesetzt. Schubert u. a. (Hgg.), Quellen zur Reform des Straf- und Strafprozeßrechts, S. XXXI ff.

700 Günther Sandner, Otto Neurath. Eine politische Biographie, S. 37. Der Verf. dankt Dr. Kurt Scholz für den Hinweis auf die zitierte Textstelle.

701 Michael Scammell, Koestler. The Indispensable Intellectual, London 2009, pp. 71. Der Verf. dankt Dr. Kurt Scholz für den Hinweis auf die zitierte Textstelle.

702 Arthur Koestler veröffentlichte 1971 eine Biographie über Paul Kammerer, in der er Werk, Leben und den tragischen Suizid Kammerers anhand zahlreicher Dokumente nachzeichnete. Kammerer, der für eine neolamarkistische Erweiterung der „Synthetischen Evolutionstheorie" plädierte, hatte anhand der Züchtung von Generationen der Geburtshelferkröte versucht, den Nachweis zu erbringen, dass bestimmte erworbene Eigenschaften – wie bspw. Brunftschwielen – auf die nächste Generation weitervererbt würden. Der US-Zoologe Gladwyn Kingsley Noble, Kurator für Reptilien im American Museum of Natural History, qualifizierte Kammerers Forschungsergebnisse in einem 1926 in der Fachzeitschrift „Nature" veröffentlichten Beitrag allerdings als Fälschung. Während eines Gastaufenthalts in Wien hatte Noble jenes Krötenmännchen-Präparat, das von Kammerer als Hauptbeweisstück für den experimentellen Nachweis der Vererbung erworbener Eigenschaften deklariert worden war, kritisch in Augenschein genommen. Im Rahmen der Untersuchung hatte Noble die angeblich entstandenen Schwielen als unter die Haut gespritzte schwarze Tinte entlarvt. Der Fälschungsvorwurf bedeutete für Kammerer den wissenschaftlichen Ruin und zog außerdem den Spott der Evolutionsbiologen nach sich. Kammerer beging am 23. September 1926 Selbstmord. In einem Abschiedsbrief an die Sowjetische Akademie der Wissenschaften, der in der Prawda veröffentlicht wurde, räumte Kammerer ein, dass es sich bei dem von Noble untersuchten Präparat offenbar um eine Fälschung gehandelt habe. In einem anderen Abschiedsbrief leugnete er aber entschieden, ein Fälscher gewesen zu sein. In seinem Buch unternahm Koestler anhand einer Tatsachenanalyse den Versuch, Kammerer wissenschaftlich zu rehabilitieren und vom Vorwurf der Fälschung zu entlasten. Bis heute konnte die Frage nicht zufriedenstellend geklärt werden, ob Kammerer tatsächlich seine Forschungsergebnisse manipuliert hatte oder ob er Opfer eines gezielten

Komplotts feindlich gesinnter Kollegen geworden war. Den Recherchen des Journalisten und Historikers Klaus Taschwer zufolge muss der Fälschungsvorwurf neuerdings auch im Licht der damals an der Universität Wien agierenden antisemitischen Netzwerke gesehen werden. Kammerer war als Freidenker, Pazifist, Monist und Internationalist, als bekennender Sozialdemokrat und Freimaurer geradezu ein rotes Tuch für die deutschvölkischen und katholischen antisemitischen Professorencliquen. Obendrein war er jüdischer Herkunft gewesen. Vertreter der rechten akademischen Seilschaften – allen voran der Paläobiologe Othenio Abel – setzten alles daran, die universitäre Karriere eines solchen Wissenschaftlers zu verhindern. Folgerichtig wurde 1919 auch ein Ansuchen Kammerers um eine unbezahlte außerordentliche Professur von der Professorenkurie abgelehnt. Bereits der außerordentliche Professor für experimentelle Zoologie Hans Leo Przibram, Förderer seines ehemaligen Schülers und Assistenten Kammerer an der Biologischen Versuchsanstalt (Vivarium) im Wiener Prater, war zeitlebens von der Echtheit der Forschungsergebnisse Kammerers überzeugt und hatte einen konkreten Wissenschaftler im Verdacht, der Kammerer die Fälschung untergeschoben hätte, um denselben zu kompromittieren. Przibram, der nach dem März 1938 von den NS-Machthabern als Jude im Sinn der Nürnberger Gesetze eingestuft wurde, gelang im Dezember 1939 zusammen mit seiner Frau die Flucht nach Amsterdam. Nach der Besetzung der Niederlande durch die deutsche Wehrmacht wurden er und seine Frau im April 1943 in das Ghetto Theresienstadt deportiert, wo er am 20. Mai 1944 an Entkräftung verstarb. Seine Frau nahm sich tags darauf mittels Gift das Leben. Aufgrund der Entdeckung der epigenetischen Vererbung, der Weitergabe von Eigenschaften, die nicht in den Genen festgeschrieben sind, erscheint auch eine wissenschaftliche Neubewertung der Forschungen Paul Kammerers geboten. Vgl. Arthur Koestler, The Case of the Midwife Toad, London-New York 1971; dt. Ausgabe: Arthur Koestler, Der Krötenküsser. Der Fall des Biologen Paul Kammerer. Aus dem Englischen übertragen von Krista Schmidt, Wien-München-Zürich 1972; Julya Rabinowich, Krötenliebe, Wien 2016; Klaus Taschwer, Der Fall Paul Kammerer. Das abenteuerliche Leben des umstrittensten Biologen seiner Zeit, München 2016; Heinz Tunner, Lamarcks Evolutionstheorie und der Selbstmord des Wiener Biologen Paul Kammerer, in: Joachim Riedl (Hg.), Wien, Stadt der Juden. Die Welt der Tante Jolesch, Wien 2004, S. 253-268; Klaus Taschwer, Ein Suizid und viele offenen Fragen, in: Der Standard, 24. September 2016, Album A 5; Jürgen Langenbach, Der Krötenzauberer, in: Die Presse, 25. September 2016, S. 24.

703 Stefan Kühl, Die Internationale der Rassisten. Aufstieg und Niedergang der internationalen Bewegung für Eugenik und Rassenhygiene im 20. Jahrhundert, Frankfurt am Main-New York 1997; Marius Turda / Paul J. Weindling (Eds.), „Blood and Homeland". Eugenics and Racial Nationalism in Central and Southeast Europe, 1900–1940, Budapest-New York 2007; Weingart / Kroll / Bayertz, Rasse, Blut und Gene, S. 286 ff., S. 337 ff., 345 ff., 363 ff.

704 Martin Gilbert, Churchill and Eugenics, 31 May 2009. URL: http://www.winstonchurchill.org/resources/reference/149-uncategorised/finest-hour-online/594-churchill-and-eugenics-1 (abgerufen am 15. 12. 2015).

705 Die im Internet kursierende Behauptung, wonach Keynes „Director" der British Eugenics Society gewesen sein soll, lässt sich nicht verifizieren. Im Gegenteil: Im offiziellen Publikationsorgan der British Eugenics Society, „The Eugenics Review", wird Keynes für den Zeitraum 1937 bis 1943 als einer von sechs bzw. fünf „Vice-Presidents" ausgewiesen, 1944 bis 1946 als „Member of Council". Bei diesen Ämtern handelte es sich um ehrenamtliche Funktionen. Er war zu keinem Zeitpunkt Mitglied des „Executive

Committees". Im Nachruf auf Lord Keynes wurde seine Bedeutung, die er für die Eugenics Society hatte, folgendermaßen charakterisiert: „Though never very active in our affairs, this great public servant was always ready with his help when called upon, and the mere fact of his membership of the Society and its Council did much to secure the support of many of his contemporaries and disciples for our principles and policies." Siehe: Eugenics Review, July 1946, Vol. 38, No 2, pp. 63-68, p. 68. Zu Keynes Funktionen siehe: Eugenics Review, Oct. 1937, Vol. 29, No. 3, p. 228; Eugenics Review, Oct. 1938, Vol. 30, No. 3, p. 226; Eugenics Review, Oct. 1941, Vol. 33, No. 3, p. 94; Eugenics Review, Oct. 1942, Vol. 34, No. 3, p. 104; Eugenics Review, Oct. 1943-Jan. 1944, Vol. 35, No. 3 and 4, p. 95; Eugenics Review, Oct. 1944, Vol. 36, No. 3, p. 105; Eugenics Review, Oct. 1945, Vol. 37, No. 3, p. 138.

706 Aufgrund neuerer Forschungen auf dem Gebiet der Epigenetik wird die alte „Streitfrage", ob und in welchem Umfang erworbene bzw. erlernte Fähigkeiten von einer Generation zur nächsten über die Keimzellen weitergegeben werden können, in modifizierte Weise wieder virulent. Mittlerweile wird innerhalb der Disziplin der Genetik kaum mehr angezweifelt, dass für die Vererbung nicht ausschließlich das Genom (die Gesamtheit der vererbbaren Information) zuständig ist. Während sich die Genomik mit der genetischen Regulation (Wechselwirkung der Gene) beschäftigt, setzt sich die Epigenetik mit der Metaebene der Genregulation auseinander. Vereinfacht gesagt, untersucht Epigenetik, wie die Umwelt die Funktion von Genen dauerhaft verändert, ohne dass sich dabei die Gene selbst ändern. Im Fokus der Epigenetik stehen also jene Änderungen der Genfunktion, die nicht auf Mutation (bzw. einer Veränderung der DNA-Sequenz) beruhen und dennoch an Tochterzellen weitergegeben werden. Insbesondere wird versucht, jene epigenetischen Mechanismen, die unter dem Einfluss äußerer Faktoren die Aktivität (das Ein- und Ausschalten) der Gene regulieren, zu erforschen. In einschlägigen Studien ist wiederholt auf die transgenerationale Bedeutung der Umweltfaktoren hingewiesen und mitunter die These der Vererbung epigenetischer Veränderung bzw. Prägung vertreten worden. So hat u. a. die australisch-US-amerikanische Molekularbiologin Elizabeth Blackburn, Nobelpreisträgerin für Medizin (2009), in ihren Forschungen nachgewiesen, dass sich Stress, traumatische Kindheitserfahrungen, Gewalt und Armut in epigenetischen Veränderungen niederschlagen können, indem sie die „Schutzkappen" des Erbgutes, die sogenannten Telomere (Endstücke der Chromosomen), verkürzen. In diesem Zusammenhang wird – wie bspw. von der Neuroepigenetikerin Isabelle Mansuy, Professorin am Institut für Hirnforschung an der Universität und der ETH Zürich – eine Vererbung dieser epigenetischen Veränderungen auf die nächsten Generationen angenommen, die diesen nicht nur schaden, sondern auch positive Folgen – wie bspw. eine höhere Stressresilienz – bescheren können. Nach Ansicht von Mansuy würden solche Regulationsprozesse in evolutionärer Hinsicht insofern Sinn machen, als „sie das starre Konzept der Vererbung von immer gleichen Genen modifizieren, um eine zweckmäßige, wenn nötig auch generationenübergreifende Anpassung an veränderte schwierige Umweltbedingungen zu erlauben". Im Lichte der neueren epigenetischen Erkenntnisse erscheint es – unbeschadet der wissenschaftlichen Dominanz des Neodarwinismus – sinnvoll, die pauschale Verwerfung des Lamarckismus zumindest hinsichtlich einiger Aspekte kritisch zu überdenken. Vgl. Elizabeth Blackburn / Elissa Epel, Verkappte Gefahr, in: Gehirn und Geist. Das Magazin für Psychologie und Hirnforschung. Spektrum der Wissenschaft, Nr. 11, 2013, S. 68-71; Eric Nestler, Ins Erbgut eingebrannt, in: Gehirn und Geist. Das Magazin für Psychologie und Hirnforschung. Spektrum der Wissenschaft, Nr. 11, 2013, S. 72-79; (*Interview mit Isabelle Mansuy:*)

„Keine Laune des Schicksals". Die Hirnforscherin Isabelle Mansuy sagt: Traumata sind vererbbar, in: Die Zeit, 22. Mai 2014 (http://www.zeit.de/2014/22/isabelle-mansuy-epigenetik-hirnforschung); *(Interview mit Rudolf Jaenisch:) „Unsere Gene unterhalten sich mit der Umwelt",* in: Die Zeit, 28. Dezember 2009 (http://www.zeit.de/wissen/2009-12/genetik-jaenisch).

707 Horst Seidler / Andreas Rett, Rassenhygiene. Ein Weg in den Nationalsozialismus, Wien-München 1988, S. 54.

708 Nachrichten der Wiener Gesellschaft für Rassenpflege (Rassenhygiene), 1938, F. 3, S. 19.

709 Wolf Bohn, Die Deutsche Gesellschaft für Rassenhygiene seit der Machtübernahme, in: Allgemeine Zeitschrift für Psychiatrie und ihre Grenzgebiete, Bd. 112, 1939, S. 463-469, hier S. 464.

710 Neugebauer, Wiener Gesellschaft für Rassenpflege, S. 63.

711 Ebd., S. 63.

712 Julius Tandler, Arzt und Wirtschaft, in: Volksgesundheit. Zeitschrift für soziale Hygiene, 6. Jg., Heft 1, 1932, S. 8.

713 Monika Löscher, Albert Niedermeyer als Kritiker an Wagner-Jaureggs eugenischen Positionen, in: Neugebauer / Scholz / Schwarz (Hg.), Julius Wagner-Jauregg, S. 35.

714 Baader, Eugenische Programme, S. 138.

715 Ebd., S. 138 f.

716 Tandler, Ehe und Bevölkerungspolitik, S. 16.

717 So war etwa Tandlers Parteifreund, der vormalige Präsident des Wiener Landtags, Dr. Robert Danneberg, der den Nationalsozialisten als Inkarnation des „jüdisch-marxistischen Arbeiterverhetzers" galt, am Abend des 11. März 1938 von der Gestapo verhaftet und am 2. April desselben Jahres in das KZ-Dachau deportiert worden. Nach seiner Überstellung in das KZ-Buchenwald im September 1939 wurde Danneberg im Oktober 1942 in das KZ Auschwitz transferiert, wo er am 12. Dezember 1942 ermordet wurde. Vgl. Roland Pacher, Robert Danneberg. Eine politische Biografie, Frankfurt am Main 2014, S. 307-348.

718 Vgl. Beschlussantrag der FPÖ-Gemeinderäte Johann Herzog, Mag. Wolfgang Jung und Mag. Gerald Ebinger betreffend Anbringung von Bedenktafeln am Julius-Tandler-Platz, im 9. Wiener Gemeindebezirk, eingebracht im Rahmen des Rechnungsabschlusses in der Generaldebatte am 25. 06. 2012. Quelle: Informationsdatenbank des Wiener Landtages und Gemeinderates, WStLA.

719 http://www.dokumentationsarchiv.at/SPOE/Braune_Flecken_SPOE.htm (25.06.2015).

720 Franz-Joseph Huainigg, Lebensunwertes Leben: Zwangssterilisiert. Gequält. Vernichtet, in: Die Presse, 3. Mai 2012.

721 Eliza Slavet, Freud's Lamarckism and the Politics of Racial Science, in: Journal of the History of Biology, Vol. 41, No. 1, 2008, pp. 37-80, esp. pp. 39-42.

722 Löscher, „...der gesunden Vernunft nicht zuwider...", S. 63 f.

723 Vgl. Baader, Eugenische Programme, S. 139.

724 Löscher, Zur Rezeption eugenisch/rassenhygienischen Gedankengutes, S. 5.

725 Oliver Rathkolb / Peter Autengruber / Birgit Nemec / Florian Wenninger, Forschungsprojektendbericht. Straßennamen Wiens seit 1860 als „Politische Erinnerungsorte". Erstellt im Auftrag der Kulturabteilung der Stadt Wien (MA 7) auf Initiative von

Stadtrat Dr. Andreas Mailath-Pokorny und Altrektor o. Univ.-Prof. Dr. Georg Winckler, Wien 2013, S. 166 f.

726 Adolf Hitler, Mein Kampf, Bd. 1: Eine Abrechnung, München 1943, S. 107 ff.

727 Wolfgang Neugebauer / Peter Schwarz, Nobelpreisträger im Zwielicht. Zur historisch-politischen Beurteilung von Julius Wagner-Jauregg (1857–1940), in: Dokumentationsarchiv des österreichischen Widerstandes (Hg.), Jahrbuch 2006, Wien 2006, S. 124–169, hier S. 128 ff.

728 Julius Wagner-Jauregg, Über Eugenik, in: Wiener klinische Wochenschrift, 53. Jg., 1941, S. 4 f.

729 Julius Wagner-Jauregg, Über die menschliche Lebensdauer. Eine populärwissenschaftliche Darstellung, Frankfurt am Main 1941, S. 83.

730 Ebd., S. 83.

731 Peter Schwarz, Die politische Sozialisation von Julius Wagner-Jauregg (seine Mitgliedschaft in einer deutschnationalen Burschenschaft und bei der Großdeutschen Volkspartei / GDVP), in: Neugebauer / Scholz / Schwarz (Hgg.), Julius Wagner-Jauregg, S. 37-56; Wolfgang Neugebauer, Julius Wagner-Jauregg und sein ambivalentes Verhältnis zum Antisemitismus (vor dem Hintergrund des antisemitisch orientierten akademisch-universitären Milieus im Österreich der Zwischenkriegszeit), in: Neugebauer / Scholz / Schwarz (Hgg.), Julius Wagner-Jauregg, S. 57-66.

732 Gerhard Botz, Parteianwärter und post mortem Parteigenosse. Julius Wagner-Jaureggs Verhältnis zum Nationalsozialismus, in: Neugebauer / Scholz / Schwarz (Hgg.), Julius Wagner-Jauregg, S. 67-92.

733 Baader, Eugenische Programme, S. 102 ff.

734 Die biografischen Angaben basieren auf der Tandler-Biografie von: Karl Sablik, Julius Tandler. Mediziner und Sozialreformer, Frankfurt am Main 2010.

735 Julius Tandler, Krieg und Bevölkerung, in: Wiener klinische Wochenschrift, 29. Jg., Nr. 15, 1916, S. 445-452, hier S. 445, S. 446, S. 448, S. 451.

736 Der 1924 publizierte Beitrag „Ehe und Bevölkerungspolitik" fußt auf einen Vortrag Tandlers, den dieser im Februar 1923 gehalten hatte.

737 Julius Tandler, Ehe und Bevölkerungspolitik, in: Wiener Medizinische Wochenschrift, 74. Jg., Nr. 4, 1924, Sp. 211-214; Nr. 5, 1924, Sp. 262-266; Nr. 6, 1924, Sp. 306-310; hier insbes., Sp. 211, Sp. 213, Sp. 305, Sp. 306, Sp. 307, Sp. 308, Sp. 309.

738 Julius Tandler, Gefahren der Minderwertigkeit. Aus einem Vortrag des amtsführenden Stadtrates Professor Dr. Julius Tandler beim Österr. Bund für Volksaufartung und Erbkunde am 13. Februar 1928, in: Das Wiener Jugendhilfswerk, Jahrbuch 1928, Wien 1928, S. 3-22, hier S. 1, S. 5, S. 6, S. 7, S. 9, S. 11, S. 12, S. 15, S. 16.

Quellen- und Literaturverzeichnis

1. Quellenverzeichnis

Wienbibliothek im Rathaus (MA 9):

Gemeinderatssitzungsprotokolle (= GRSP) – Publizierte Ausgaben:

Protokolle (Stenographische Berichte) der Gemeinderats- und Landtags-Sitzungen, Jg. 1920, Wien 1920 (GRSP 1920)

Protokolle (Stenographische Berichte) der Gemeinderats- und Landtags-Sitzungen, Jg. 1921, Wien 1921 (GRSP 1921)

Protokolle (Stenographische Berichte) der Gemeinderats- und Landtags-Sitzungen, Jg. 1922, Wien 1922 (GRSP 1922)

Wiener Stadt- und Landesarchiv (MA 8):

Gemeinderatssitzungsprotokolle (= GRSP) – Akten:

Protokolle (Stenographische Berichte) der Gemeinderats- und Landtags-Sitzungen, Jg. 1923 (GRSP 1923)

Protokolle (Stenographische Berichte) der Gemeinderats- und Landtags-Sitzungen, Jg. 1924 (GRSP 1924)

Protokolle (Stenographische Berichte) der Gemeinderats- und Landtags-Sitzungen, Jg. 1925 (GRSP 1925)

Protokolle (Stenographische Berichte) der Gemeinderats- und Landtags-Sitzungen, Jg. 1926 (GRSP 1926)

Protokolle (Stenographische Berichte) der Gemeinderats- und Landtags-Sitzungen, Jg. 1927 (GRSP 1927)

Protokolle (Stenographische Berichte) der Gemeinderats- und Landtags-Sitzungen, Jg. 1928 (GRSP 1928)

Protokolle (Stenographische Berichte) der Gemeinderats- und Landtags-Sitzungen, Jg. 1929 (GRSP 1929)

Protokolle (Stenographische Berichte) der Gemeinderats- und Landtags-Sitzungen, Jg. 1930 (GRSP 1930)

Protokolle (Stenographische Berichte) der Gemeinderats- und Landtags-Sitzungen, Jg. 1931 (GRSP 1931)

Protokolle (Stenographische Berichte) der Gemeinderats- und Landtags-Sitzungen, Jg. 1932 (GRSP 1932)

Protokolle (Stenographische Berichte) der Gemeinderats- und Landtags-Sitzungen, Jg. 1933 (GRSP 1933)

Protokolle (Stenographische Berichte) der Gemeinderats- und Landtags-Sitzungen, Jg. 1934 (GRSP 1934) *

WStLA: Gemeinderat der Bundeshauptstadt Wien, Stenographischer Bericht, Öffentliche Sitzung vom 8. April 1960.

WStLA: Beschlussantrag der FPÖ-Gemeinderäte Johann Herzog, Mag. Wolfgang Jung und Mag. Gerald Ebinger betreffend Anbringung von Bedenktafeln am Julius-Tandler-Platz, im 9. Wiener Gemeindebezirk, eingebracht im Rahmen des Rechnungsabschlusses in der Generaldebatte am 25.06.2012. Quelle: Informationsdatenbank des Wiener Landtages und Gemeinderates.

WStLA: BGBl. 63/1933, BGBl. 132/1933, BGBl. 146/1933, BGBl. 160/1933, BGBl. 203/1933, BGBl. 239/1933, BGBl. 380/1933, BGBl. 409/1933, BGBl. 433/1933, BGBl. 485/1933, BGBl. 528/1933, BGBl. 529/1933, BGBl. 540/1933, BGBl.580/1933, BGBl. 56/1933.

WStLA: LGBl. für Wien, 32/1933.

WStLA: Totenschau-Befund Adele Bloch-Bauer, Buchungs-Nr. 126, 24. Jänner 1925, 13 Uhr.

WStLA; Testament und Todfallsaufnahme Adele Bloch-Bauer, H. A. Akten – Persönlichkeiten, B 35/1, B 35/2.

Josephinum:

Nachlass Julius Tandler

Zeitungs- und Zeitschriftenartikel:

Das Antlitz der Hochschule, in: Die Wahrheit. Österreichische Wochenschrift für jüdische Interessen. Veröffentlichungen der „Union deutschösterreichischer Juden", XLIII. Jg., Nr. 7, 11. Februar 1927, S. 1-4.

Arzt der Gesellschaft. Grete Schütte-Lihotzky erinnert sich an den großen Sozialpolitiker (I). Vor 50 Jahren starb Julius Tandler, in: Die Volksstimme, 22. August 1986.

Die Ausschließung der Nationalsozialisten aus dem Wiener Gemeinderat, in: Neue Freie Presse, 1. Juli 1933, S. 3.

Eine Gedenktafel für Tandler, in: Die Volksstimme, 20. Juni 1950.

Laurenz Genner, *Was man vor der Ehe wissen muß*, in: Arbeiter-Zeitung, 8. Dezember 1923, S. 15.

Genosse Julius Tandler gestorben, in: Arbeiter-Zeitung. Organ der österreichischen Sozialisten, 30. August 1936, S. 7 f.

Der Grazer Monsterprozeß wegen der Männeroperationen, in: Neue Freie Presse, 6. Juni 1933, S. 8.

Die Gründe des Freispruches im Sterilisierungsprozeß, in: Neue Freie Presse, 5. Juli 1933, S. 10.

Hirtenbrief (gegeben zu Wien am Feste der heiligen Agnes, 21. Jänner 1923, gez. Friedrich Gustav Kardinal Piffl, Erzbischof von Wien), in: Wiener Diözesanblatt, 61. Jg., Nr. 1/2, 31. Jänner 1923, S. 1-6.

Franz-Joseph Huainigg, *Lebensunwertes Leben: Zwangssterilisiert. Gequält. Vernichtet*, in: Die Presse, 3. Mai 2012.

Julius Tandler gestorben, in: Das Kleine Blatt, 27. August 1936, S. 6 f.

Jürgen Langenbach, *Der Krötenzauberer*, in: Die Presse, 25. September 2016, S. 24.

Der liebenswerte Gerettete. Aus den Lebenserinnerungen von Grete Schütte-Lihotzky (II). Zum 50. Todestag von Julius Tandler, in: Die Volksstimme, 29. August 1986.

NS-Propaganda: Boku erkennt Professor Ehrenring ab, in: Die Presse, 2. Juni 2014.

Dr. Sigismund Peller, Studied Lung Cancer, in: The New York Times, July 16, 1985.

Professor Julius Tandler gestorben, in: Reichspost, 27. August 1936, S. 6.

Professor Julius Tandler gestorben, in: Neue Freie Presse (Abendblatt), 26. August 1936, S. 8.

Professor Tandler gestorben, in: Tagblatt, 27. August 1936, S. 2.

Professor Julius Tandler gestorben, in: Wiener Zeitung, 27. August 1936, S. 6.

Alois Pumhösel, *Soziales Experiment: Die Utopie des „neuen Menschen" im Roten Wien*, in: Der Standard, 20. April 2016, S. 15.

Ramus zu 14 Monaten schweren Kerker verurteilt, in: Neue Freie Presse, 9. Mai 1934, S. 10.

Karl Sablik, *Tandler und die „neue Welt". Ein Wiener im Moskau der dreißiger Jahre*, in: Die Presse, 9. September 1982.

Klaus Taschwer, *Professor und Biopolitiker in einer Person*, in: Der Standard, 21. September 2016, S. 15.

Klaus Taschwer, *Ein Suizid und viele offenen Fragen*, in: Der Standard, 24. September 2016, Album A 5.

Der große Sterilisierungsprozeß beginnt: Pierre Ramus vor den Schöffen, in: Wiener Sonn- und Montagszeitung, Nr. 23, 6. Juni 1933, S. 10.

Die Verjudung der Wiener Universität, in: Deutsches Volksblatt, 13. Juli 1910, S. 22.

Die wissenschaftliche Bedeutung Professor Tandlers, in: Neue Freie Presse (Abendblatt), 26. August 1936, S. 8.

Zur Leichenverbrennung. Vorläufige Verfügungen (gez. Friedrich Gustav Kard. Piffl, Erzbischof), in: Wiener Diözesanblatt, 60. Jg., Nr. 23/24, 31. Dezember 1922, S. 1.

Elektronische Quellen:

http://www.dokumentationsarchiv.at/SPOE/Braune_Flecken_SPOE.htm (25.06.2015).

Martin Gilbert, Churchill and Eugenics, 31 May 2009:

URL: http://www.winstonchurchill.org/resources/reference/149-uncategorised/finest-hour-online/594-churchill-and-eugenics-1 (abgerufen am 15. 12. 2015).

Birgit Pack, Robert Stigler. Mediziner, Rassenphysiologe, Afrikareisender, Institut für Afrikanistik, Universität Wien 2010, S. 1-5, URL: http://www.afrikanistik.at/pdf/personen/stigler_robert.pdf (Online-Datenbank „Die Geschichte der Afrikanistik in Österreich", abgerufen am 2.12.2016).

Julius Tandler – Mediziner und Sozialreformer. Buch: Karl Sablik, Peter Patzak. Regie: Peter Patzak. Darsteller: u. a. Wolfgang Hübsch (Tandler). 90 Min., ORF 1985, Erstausstrahlung: 8. Dezember 1985, 20.15 Uhr, FS 1, ORF.

André Hellers Menschenkinder, Folge 1: Erich Rietenauer. 60 Min., ORF III 2013, Erstausstrahlung: 1. November 2013, ORF III.

2. Literaturverzeichnis

Primärliteratur

Alfred Adler, Bolschewismus und Seelenkunde (1918), in: Alfred Adler, Psychotherapie und Erziehung. Ausgewählte Aufsätze, Bd. 1: 1919-1929, Frankfurt am Main 1982, S. 23-33.

Alfred Adler, Wo soll der Kampf gegen die Verwahrlosung einsetzen? (1921), in: Alfred Adler / Carl Furtmüller, Heilen und Bilden. Ärztlich-pädagogische Arbeiten des Vereins für Individualpsychologie, Neuaufl., hg. v. Wolfgang Metzger, Frankfurt am Main 1983 (Erstaufl.: München 1914), S. 340-343.

Alfred Adler, Erziehungsberatungsstellen, in: Adler / Furtmüller, Heilen und Bilden, S. 379-381.

Ilse Arlt, Die Grundlagen der Fürsorge, Wien 1921.

Aerztliches Jahrbuch für Oesterreich 1914. Adressenwerk der Aerzte und Apotheker Oesterreichs, IX. Jg., Wien 1914.

Aerztliches Jahrbuch für Oesterreich 1917. Adressenwerk der Aerzte und Apotheker Oesterreichs, XII. Jg., Wien 1917.

Aerztliches Jahrbuch für Oesterreich 1922. Adressenwerk der Aerzte und Apotheker Oesterreichs, XIII. Jg., Wien 1922.

Ärztliches Jahrbuch für Österreich 1928. Adressenwerk der Ärzte und Apotheker Österreichs, XVI. Jg., Wien 1928.

Ärztliches Jahrbuch für Österreich 1930. Adressenwerk der Ärzte und Apotheker Österreichs, XVII. Jg., Wien 1930.

Ärztliches Jahrbuch für Österreich 1933. Adressenwerk der Ärzte und Apotheker Österreichs, XVIII. Jg., Wien 1933.

Ärztliches Jahrbuch für Österreich 1935. Adressenwerk der Ärzte und Apotheker Österreichs, XIX. Jg., Wien 1935.

Josef Baumgartner, Die Kinderherbergen der Stadt Wien, in: Blätter für das Wohlfahrtswesen der Stadt Wien, 23. Jg., Nr. 243, Mai-Juni 1924, S. 51-53.

Marie Bock, Die Fürsorge in Österreich, Wien 1929.

Wolf Bohn, Die Deutsche Gesellschaft für Rassenhygiene seit der Machtübernahme, in: Allgemeine Zeitschrift für Psychiatrie und ihre Grenzgebiete, Bd. 112, 1939, S. 463-469.

Julius Braunthal, Victor und Friedrich Adler – zwei Generationen Arbeiterbewegung, Wien 1965.

Hugo Breitner, Seipel-Steuern oder Breitner-Steuern? Die Wahrheit über die Steuerpolitik der Gemeinde Wien, Wien 1927.

Charlotte Bühler, Das Seelenleben des Jugendlichen. Versuch einer Analyse und Theorie der psychischen Pubertät, Jena 1922.

Charlotte Bühler / Hildegard Hetzer / Beatrix Tudor-Hart, Soziologische und psychologische Studien über das erste Lebensjahr, Jena 1927.

Charlotte Bühler, Kindheit und Jugend. Genese des Bewusstseins, Leipzig 1928.

Charlotte Bühler / Hildegard Hetzer, Zur Geschichte der Kinderpsychologie, in: Egon Brunswik / Charlotte Bühler / Hildegard Hetzer / Ludwig Kardos / Elsa Köhler / Josef Krug / Alexander Willwoll (Hgg.), Beiträge zur Problemgeschichte der Psychologie. Festschrift zu Karl Bühlers 50. Geburtstag, Jena 1929, S. 204-224.

Charlotte Bühler, Die Wiener Psychologische Schule in der Emigration, in: Psychologische Rundschau, 16. Jg., 1965, S. 187-196.

Karl Bühler, Die Krise der Psychologie, Jena-Wien 1927.

Karl Bühler, Sprachtheorie. Die Darstellungsfunktion der Sprache, Jena 1934.

Karl Bühler, Die geistige Entwicklung des Kindes, 6. Aufl., Jena 1930.

Eheberatung, in: Das neue Wien. Städtewerk, hg. unter offizieller Mitwirkung der Gemeinde Wien, Bd. 2, Wien 1927, S. 569-578.

Entbindungsheim der Stadt Wien. Brigitta Spital, in: Blätter für das Wohlfahrtswesen der Stadt Wien, 23. Jg., Nr. 244, Juli-August 1924, S. 65.

Das Entbindungsheim der Stadt Wien „Brigittaspital", Wien 1927.

Entscheidungen des Österreichischen Obersten Gerichtshofes in Strafsachen und Disziplinarangelegenheiten, veröffentl. von seinen Mitgliedern unter Mitwirkung der Generalstaatsanwaltschaft, 2. Bd., 1. u. 2. Vierteljahrsheft 1922, Wien 1923.

Entscheidungen des Österreichischen Obersten Gerichtshofes in Strafsachen und Disziplinarangelegenheiten, veröffentl. von seinen Mitgliedern unter Mitwirkung der Generalstaatsanwaltschaft, 3. Bd., 1. Vierteljahrsheft 1923, Wien 1923.

Entscheidungen des Österreichischen Obersten Gerichtshofes in Strafsachen, veröffentl. von seinen Mitgliedern unter Mitwirkung der Generalprokuratur, 14. Bd., Wien 1934.

Paul Federn, Der Wiener Kongress der Weltliga für Sexualreform, in: Neue Freie Presse, 28. September 1930, S. 13.

Paul Federn, Über die Wirkung sexueller Kräfte in der Seele, in: Friedjung / Fürst / Chiavacci / Steiner (Hgg.), Sexualnot und Sexualreform, S. 123-137.

Eugen Fischer, Aus der Geschichte der Deutschen Gesellschaft für Rassenhygiene, in: Archiv für Rassen- und Gesellschaftsbiologie, Bd. 24, 1930, S. 3 f.

Philipp Frankowski / Karl Gottlieb, Die Kindergärten der Gemeinde Wien, Wien 1926.

Josef K. Friedjung / Sidonie Fürst / Ludwig Chiavacci / Herbert Steiner (Hgg.), Sexualnot und Sexualreform. Verhandlungen der Weltliga für Sexualreform. IV. Kongress, abgehalten zu Wien vom 16. bis 23. September 1930. Bericht des vierten Kongresses, Wien 1931.

Josef K. Friedjung, Eröffnung des IV. Kongresses der Weltliga für Sexualreform in Wien, in: Friedjung / Fürst / Chiavacci / Steiner (Hgg.), Sexualnot und Sexualreform, S. XXXI-XXXII.

Josef K. Friedjung, Das Recht des Kindes, in: Friedjung / Fürst / Chiavacci / Steiner (Hgg.), Sexualnot und Sexualreform, S. 589-593.

Otto Glöckel, Das Tor der Zukunft, Wien 1917.

Otto Glöckel, Die österreichische Schulreform, Wien 1923.

Otto Glöckel, Drillschule, Lernschule, Arbeitsschule, Wien 1928.

Alfred Götzl, Die Leistungen der Gemeinde Wien für Tuberkulöse, in: Blätter für das Wohlfahrtswesen der Stadt Wien, 22. Jg., Nr. 238, Juli-August 1923, S. 41-42.

Rudolf Goldscheid, Entwicklungswerttheorie, Entwicklungsökonomie, Menschenökonomie. Eine Programmschrift, Leipzig 1908.

Rudolf Goldscheid, Höherentwicklung und Menschenökonomie – Grundlegung einer Soziobiologie, Leipzig 1911 (= Philosophisch soziologische Bücherei, Bd. VIII, hg. v. Rudolf Eisler).

Rudolf Goldscheid, Friedensbewegung und Menschenökonomie, Berlin 1912.

Rudolf Goldscheid, Zur Geschichte der Sexualmoral, in: Friedjung / Fürst / Chiavacci / Steiner (Hgg.), Sexualnot und Sexualreform, S. 279-307.

Karl Gottlieb, Die Mutterberatungsstellen als Zentrum der ärztlichen Jugendfürsorge, in: Blätter für das Wohlfahrtswesen, 25. Jg., 1926, S. 113 f.

Karl Gottlieb, Erfahrungen aus der Mutterberatungsstelle, in: Blätter für das Wohlfahrtswesen, 24 Jg., 1925, S. 104 f.

Erna Greiner, Die Schulzahnpflege der Gemeinde Wien, in: Blätter für das Wohlfahrtswesen der Stadt Wien, 22. Jg., Nr. 240, November-Dezember 1923, S. 74-75.

Anton Hafferl, Julius Tandler als Forscher und Lehrer, in: Wiener Klinische Wochenschrift, 49. Jg., Nr. 41, 9. Oktober 1936, S. 1265-1267.

Hermann Hartmann, Die Wohlfahrtspflege Wiens, Gelsenkirchen 1929.

Bela Alexander Herz, Die Unterbringung von mittellosen Chronischkranken in Wien, in: Gemeinde Wien (Hg.), Blätter für das Wohlfahrtswesen der Stadt Wien, Nr. 279, 1930, S. 297-300.

Magnus Hirschfeld, Sexualgesetzgebung, in: Friedjung / Fürst / Chiavacci / Steiner (Hgg.), Sexualnot und Sexualreform, S. 381-396.

Adolf Hitler, Mein Kampf, Bd. 1: Eine Abrechnung, München 1943.

Eduard Hitschmann, Verhütung und Heilung von Ehehemmungen, in: Friedjung / Fürst / Chiavacci / Steiner (Hgg.), Sexualnot und Sexualreform, S. 154-160.

Eduard Hitschmann, Zehn Jahre Psychoanalytisches Ambulatorium (1922–1932). Zur Geschichte des Ambulatoriums, in: Internationale Zeitschrift für Psychoanalyse, 18. Jg., 1932, S. 265-271.

Rudolf Hornek, Organisation und Wirkungskreis der städtischen Jugendfürsorge, in: Blätter für das Wohlfahrtswesen der Stadt Wien, 22. Jg., Nr. 237, Mai-Juni 1923, S. 20-28.

Jahrbuch der Sanitätspersonen Österreichs. Adressenregister des Sanitätsgebietes Österreich, hg. v. Dr. Viktor Rannicher, Wien 1929.

Eduard Jehly, 10 Jahre Rotes Wien, Wien 1930.

(Otto) Felix Kanitz, Das Recht des Kindes, in: Friedjung / Fürst / Chiavacci / Steiner (Hgg.), Sexualnot und Sexualreform, S. 627-629.

Franz Karner, Aufbau der Wohlfahrtspflege der Stadt Wien, Wien 1926.

Karl Kautsky, Medizinisches, in: Die neue Zeit. Revue des geistigen und öffentlichen Lebens, 10. Jg., 1891/92, 2.Bd. (1892), H. 21, S. 644-651.

Karl Kautsky, Der Sozialismus und der Kampf ums Dasein, in: Der Volksstaat, Nr. 49/50, 28. und 30. April 1876.

Karl Kautsky, Die sozialen Triebe in der Menschenwelt, in: Die neue Zeit. Revue des geistigen und öffentlichen Lebens, 2. Jg., 1884, H. 1, S. 13-19, H. 2, S. 49-59, H. 3, S. 118-125.

Karl Kautsky, Darwinismus und Sozialismus, in: Der Sozialist. Zentral-Organ der sozialdemokratischen Arbeiterpartei Oesterreichs, Wien, 24. und 27. April 1879.

Karl Kautsky jun., Der Kampf gegen den Geburtenrückgang. Kapitalistische oder sozialistische Geburtenpolitik, Wien 1924.

Friedrich Knopf, Die Reform der Pfleglingsverköstigung in den Wiener städtischen Humanitätsanstalten, in: Blätter für das Wohlfahrts- und Armenwesen der Stadt Wien, 22. Jg. Nr. 239/1923, S. 59-61.

Simon Krüger, Sektionschef i. R. Dr. Carl Helly, in: Wiener Medizinische Wochenschrift, 82. Jg., Nr. 24, 11. Juni 1932, S. 809.

Das Leopoldstädter Kinderspital, in: Blätter für das Wohlfahrtswesen der Stadt Wien, 23. Jg., Nr. 245, September-Oktober 1924, S. 85-86.

Magistrat der Stadt Wien (Hg.), Die Gemeindeverwaltung der Bundeshauptstadt Wien in der Zeit vom 1. Jänner 1914 bis 30. Juni 1919, Wien 1923.

Magistrat der Stadt Wien (Hg.), Die Gemeindeverwaltung der Bundeshauptstadt Wien in der Zeit vom 1. Juli 1919 bis 31. Dezember 1922, Wien 1927.

Magistrat der Stadt Wien (Hg.), Die Verwaltung der Bundeshauptstadt Wien in der Zeit vom 1. Jänner 1923 bis 31. Dezember 1928, 3 Bde., Wien 1933.

Magistrat der Stadt Wien (Hg.), Die Verwaltung der Bundeshauptstadt Wien in der Zeit vom 1. Jänner 1929 bis 31. Dezember 1931, 2 Bde., Wien 1949.

Magistrat der Stadt Wien (Hg.), Das Wohlfahrtsamt der Stadt Wien und seine Einrichtungen 1921–1931, Wien 1931.

Alma Mahler-Werfel, Mein Leben, 40. Aufl., Frankfurt am Main 2008 (Erstaufl. 1963).

Friedrich Martius, Konstitution und Vererbung in ihren Beziehungen zur Pathologie, Berlin 1914.

Joseph Mayer, Gesetzliche Unfruchtbarmachung Geisteskranker, Freiburg im Breisgau 1927.

Mitteilungen der Anthropologischen Gesellschaft in Wien, 39. Jg., Wien 1909.

Nachrichten der Wiener Gesellschaft für Rassenpflege (Rassenhygiene), 1938, F. 3.

Das neue Wien. Städtewerk, hg. unter offizieller Mitwirkung der Gemeinde Wien, Bd. 1, Wien 1926.

Das neue Wien. Städtewerk, hg. unter offizieller Mitwirkung der Gemeinde Wien, Bd. 2, Wien 1927.

Das neue Wien. Städtewerk, hg. unter offizieller Mitwirkung der Gemeinde Wien, Bd. 3, Wien 1927.

Das neue Wien. Städtewerk, hg. unter offizieller Mitwirkung der Gemeinde Wien, Bd. 4, Wien 1928.

Edmund Nobel / Siegfried Rosenfeld, Ursachen und Bekämpfung der Säuglingssterblichkeit in Österreich. Ergebnisse der von der Hygienesektion des Völkerbundes veranstalteten Enquete (= Mitteilungen des Volksgesundheitsamtes im Bundesministerium für soziale Verwaltung, Heft 8; Sonderbeilage), Wien 1930.

Oberstadtphysikus Dr. August Böhm (Nachruf), in: Wiener Medizinische Wochenschrift, 81. Jg., Nr. 5, 31. Jänner 1931, S. 175.

Hans Paradeiser, Wie die Gemeinde Wien die Säuglingssterblichkeit bekämpft, in: Österreichische Gemeinde-Zeitung, 4. Jg., Nr. 21, 1. November 1927, S. 506-509.

Hans Paradeiser, Die Säuglingswäscheaktion der Stadt Wien, in: Statistische Mitteilungen der Stadt Wien, 1.-3. Monatsheft, Wien 1927, S. 5 f.

Bruce Pauley, Eine Geschichte des österreichischen Antisemitismus. Von der Ausgrenzung zur Auslöschung, Wien 1993.

Sigismund Peller, Der Abortus im Rahmen des menschlichen Reproduktionsproblems, in: Friedjung / Fürst / Chiavacci / Steiner (Hgg.), Sexualnot und Sexualreform, S. 487-497.

Sigismund Peller, Not in My Time. The Story of a Doctor, New York 1979.

Clemens Pirquet (Hg.), Volksgesundheit im Krieg, I. Teil, Wien-New Haven 1926.

Clemens Pirquet (Hg.), Volksgesundheit im Krieg, II. Teil, Wien-New Haven 1926.

Alfred Ploetz, Die Tüchtigkeit unserer Rasse und der Schutz der Schwachen. Ein Versuch über Rassenhygiene und ihr Verhältnis zu den humanen Idealen, besonders zum Socialismus. Grundlinien einer Rassen-Hygiene, 1. Theil. Fischer, Berlin 1895.

Hans Poindecker, Die Tuberkulösensiedlung, in: Blätter für das Wohlfahrtswesen der Stadt Wien, 22. Jg., Nr. 239, September-Oktober 1923, S. 55-57.

Adelheid Popp, Geburtenregelung und Menschenökonomie, in: Friedjung / Fürst / Chiavacci / Steiner (Hgg.), Sexualnot und Sexualreform, S. 498-503.

Professor Dr. Julius Tandler, in: Wiener Medizinische Wochenschrift, 86. Jg., Nr. 38, 19. September 1936, Sp. 1070 f.

Otto Reche, Zur Blutgruppenuntersuchung der menschlichen Primitivrassen, in: Zeitschrift für Rassenphysiologie, 4. Jg., 1931, S. 88-90.

Otto Reche, Die Bedeutung der Rassenpflege für die Zukunft unseres Volkes. Veröffentlichungen der Wiener Gesellschaft für Rassenpflege (Rassenhygiene), Heft 1, Wien 1925.

Wilhelm Reich, Sexualnot der Werktätigen und die Schwierigkeit sexueller Beratung, in: Friedjung / Fürst / Chiavacci / Steiner (Hgg.), Sexualnot und Sexualreform, S. 72-86.

Heinrich Reichel, Über Rassenhygiene. Vortrag, gehalten von Privatdozent Dr. Heinrich Reichel am 4. November 1913, in: Mittelungen des naturwissenschaftlichen Vereines an der Universität Wien, 12. Jg., 1914, S. 30-36.

Heinrich Reichel, Die Männerstadt. Ein Beitrag zum Großstadt- und Familienproblem, in: Wiener klinische Wochenschrift, 31. Jg., Nr. 15, Sonderdruck, 1918, S. 1-9.

Heinrich Reichel, Die Hauptaufgaben der Rassenhygiene in der Gegenwart, Wien 1922, S. 16 (= Veröffentlichungen des Volksgesundheitsamtes im Bundesministerium für soziale Verwaltung, Bd. 18).

Heinrich Reichel, Zur Frage des gesundheitlichen Ehekonsenses, in: Wiener Klinische Wochenschrift, 35. Jg., Nr. 12, 1922, S. 274-276

Heinrich Reichel, Arbeitslose Jugend und Innenbesiedlung, in: Wiener Medizinische Wochenschrift, 81. Jg., Nr. 16, Sonderdruck, 1931, S. 1-5.

Gustav Riether, Das Zentralkinderheim der Stadt Wien, in: Blätter für das Wohlfahrtswesen der Stadt Wien, 23. Jg., Nr. 242, März-April 1924, S. 19-23.

Salomon Rosenblum, Die sozialpolitischen Maßnahmen der Gemeinde Wien, Bern 1935.

Ernst Rüdin, Ehrung von Prof. Dr. Alfred Ploetz; in: Archiv für Rassen- und Gesellschaftsbiologie, 32. Jg., 1938; S. 473-474.

Walter Schallmayer, Die drohende physische Entartung der Culturvölker und die Verstaatlichung des ärztlichen Standes. 2. Aufl., Berlin-Neuwied 1895.

Walter Schallmayer, Vererbung und Auslese im Lebenslauf der Völker. Eine staatswissenschaftliche Studie auf Grund der neueren Biologie, Jena 1903.

Harry Sicher / Marianne Stein, Dem Andenken Julius Tandlers, in: Medizinische Klinik, 32. Jg., Nr. 42, 16. Oktober 1936, S. 1447 f.

Harry Sicher, Oral Anatomy, St. Louis 1949.

Robert Stigler, Die volksgesundheitliche Bedeutung einer staatlichen Ehevermittlung, in: Wiener Medizinische Wochenschrift, 68. Jg., Nr. 38, 21. September 1918, Sp. 1683-1687.

Robert Stigler, Rassenphysiologische Ergebnisse meiner Forschungsreise in Uganda 1911/1912 (= Denkschriften, Bd. 109, Abhandlung 3), Wien 1952.

Robert Stigler, Normaler und hoher Blutdruck und kardiovaskuläre Mortalität bei verschiedenen Völkern. Epidemiologie und Ätiologie (= Kreislauf-Bücherei, Bd. 22), Darmstadt 1964.

Helene Stourzh-Anderle, Sexuelle Aufklärung, in: Friedjung / Fürst / Chiavacci / Steiner (Hgg.), Sexualnot und Sexualreform, S. 630-637.

Die österreichische Strafgesetzgebung (nach dem Stande vom 1. September 1931), 7. Aufl., Wien 1931.

Tagesgeschichte, in: Wiener klinische Wochenschrift, 58. Jg., H. 33, 13. September 1946, S. 539.

Julius Tandler / Siegfried Grosz, Untersuchungen an Skopzen, in: Wiener klinische Wochenschrift, 21. Jg., 1908, S. 277-282.

Julius Tandler, Anatomie und Klinik, in: Wiener klinische Wochenschrift, 23. Jg., 1910, S. 1547-1552.

Julius Tandler / Siegfried Grosz, Die biologischen Grundlagen der sekundären Geschlechtsmerkmale, Berlin 1913.

Julius Tandler, Anatomie des Herzens, Jena 1913.

Julius Tandler, Konstitution und Rassenhygiene. Vortrag gehalten am 7. März 1913 vor der Deutschen Gesellschaft für Rassenhygiene, in: Zeitschrift für angewandte Anatomie und Konstitutionslehre 1, 1914, S. 13 f.

Julius Tandler, Krieg und Bevölkerung, in: Wiener klinische Wochenschrift, 29. Jg., Nr. 15, 1916, S. 445-452.

Julius Tandler, Topographische Anatomie dringlicher Operationen, Berlin 1916.

Julius Tandler, Volksgesundheit und Volkswohlfahrt, in: Arbeiter-Zeitung vom 5. Juni 1917, S. 1 f., und vom 6. Juni 1917, S. 1 f.

Julius Tandler, Lehrbuch der systematischen Anatomie, 4 Bde., Leipzig 1918–1929.

Julius Tandler, Bevölkerungspolitische Probleme und Ziele (= Abdruck aus der Sitzung der Berliner medizinischen Gesellschaft zu Ehren der Vereinigten Ärztlichen Abteilungen der Waffenbrüderlichen Vereinigungen, Jena 1918, S. 95–110), Jena 1918.

Julius Tandler, Probleme der Bevölkerungspolitik in Österreich, in: Mitteilungen der Österreichischen Gesellschaft für Bevölkerungspolitik 1, 1918, S. 17.

Julius Tandler, Über Sanitätspflege in Stadt und Land, in: Wiener klinische Rundschau. Organ für die gesamte praktische Heilkunde sowie für die Interessen des ärztlichen Standes, 33. Jg., 1919, S. 171-174.

Julius Tandler, Gemeinde und Gesundheitswesen, in: Die Gemeinde. Monatsschrift für sozialdemokratische Kommunalpolitik, 8. Jg., Wien 1920, S. 165 ff.

Julius Tandler / Otto Zuckerkandl, Studien zur Anatomie und Klinik der Prostatahypertrophie, Berlin 1922.

Julius Tandler, Ehe und Bevölkerungspolitik, in: Wiener Medizinische Wochenschrift, 74. Jg., Nr. 4, 1924, Sp. 211-214; Nr. 5, 1924, Sp. 262-266; Nr. 6, 1924, Sp. 306-310.

Julius Tandler, Ehe und Bevölkerungspolitik, Wien-Leipzig 1924.

Julius Tandler, Mutterschaftszwang und Bevölkerungspolitik, in: Otto Jenssen (Hg.), Der lebende Marxismus. Festausgabe zum 70. Geburtstag von Karl Kautsky, Jena 1924, S. 20.

Julius Tandler, Wohltätigkeit oder Fürsorge?, Wien 1925.

Julius Tandler, Aufgaben der kommunalen Wohlfahrtspflege, in: Österreichische Gemeinde-Zeitung, 2. Jg., Nr. 13, 1925, S. 43-49.

Julius Tandler, Zur Psychologie der Fürsorge, in: Wiener Jugendhilfswerk (Hg.), Jahrbuch. Sonderdruck, Wien 1926, S. 5-12.

Julius Tandler, Gefahren der Minderwertigkeit, in: Das Wiener Jugendhilfswerk, Jahrbuch 1928, Wien 1928, S. 3-22.

Julius Tandler / Harry Sicher, Anatomie für Zahnärzte, Wien-Berlin 1928.

Julius Tandler, Die wissenschaftliche Methode in sozialer Wohlfahrtsarbeit (= Sonderabdruck aus: Österreichische Blätter für Krankenpflege, Nr. 10, Wien 1929, S. 1), Wien 1929.

Julius Tandler, Was ist Konstitution?, in: Wiener klinische Wochenschrift, 43. Jg., 1930, S. 318-319.

Julius Tandler, Die Anstaltsfürsorge der Stadt Wien für das Kind, Wien 1930.

Julius Tandler, Wohnungsnot und Sexualreform, in: Friedjung / Fürst / Chiavacci / Steiner (Hgg.), Sexualnot und Sexualreform, S. 5-15.

Julius Tandler, Arzt und Wirtschaft, in: Volksgesundheit. Zeitschrift für soziale Hygiene, 6. Jg., Heft 1, 1932, S. 8.

Julius Tandler / Siegfried Kraus, Die Sozialbilanz der Alkoholikerfamilie, Wien 1936.

Universitätsprofessor Dr. Julius Tandler. Festschrift zum 60. Geburtstag, in: Blätter für das Wohlfahrtswesen, 28. Jg., Nr. 271, Jänner-Februar 1929, S. 5-9.

Ludwig Teleky, Tuberkulose und soziale Verhältnisse, in: Einführung in die Tuberkulosefürsorge. Vorträge gehalten anlässlich der vom k. k. Ministerium des Innern veranstalteten Ärztekurse (1917/18), Sonderbeilage der Zeitschrift: Das österreichische Sanitätswesen, 30 Jg., 1918, S. 63-81.

Felix Tietze, The Graz Sterilization Trial, in: The Eugenics Review, Vol. 25, No. 4, Jan. 1934, pp. 259-260.

Felix Tietze, The Graz Sterilization Trial. Judgement of the Supreme Court, in: The Eugenics Review, Vol. 26, No. 3, Oct. 1934, pp. 213-215.

Felix Tietze, Eugenic Measures in the Third Reich, in: The Eugenics Review, Vol. 31, No. 2, July 1939, pp. 105-107.

Johannes Ude, Niedergang oder Aufstieg? Eine Schicksalsfrage über die Zukunft unserer Rasse, Graz 1917.

Johannes Ude, Der moralische Schwachsinn. Für Volkssittlichkeit, Graz 1918.

Johannes Ude, Die Judenfrage. Zionismus und Christentum, Graz 1920.

Johannes Ude, Die Verwahrlosung der Jugend: Das eheliche und uneheliche Kind vor dem Sittengesetz, Graz, 3. Aufl., 1925.

Johannes Ude, Eigenheim und Eigenland für jede Familie, Graz 1925.

Johannes Ude, Du sollst nicht schächten! (Christentum und Schächtfrage), in: Zeitschrift für Volkssittlichkeit und Volksaufklärung, 3. Jg., Heft 1, 1929.

Johannes Ude, Das Tier als Teil der Schöpfung, Grundlsee 1961.

Die Übernahme des Karolinen-Kinderspitals durch die Gemeinde Wien und der Neubau der Kinderübernahmsstelle der Gemeinde Wien, in: Blätter für das Wohlfahrtswesen der Stadt Wien, 22. Jg., Nr. 238, Juli-August 1923, S. 41-42.

Otmar von Verschuer, Tod Heinrich Reichel, in: Erbarzt, 4. Jg., 1943, S. 95-96, S. 96.

Julius Wagner-Jauregg, Zeitgemäße Eugenik, in: Wiener klinische Wochenschrift, 48. Jg., 1935, S. 1-7.

Julius Wagner-Jauregg, Über Eugenik, in: Wiener klinische Wochenschrift, 53. Jg., 1941, S. 1-6.

Julius Wagner-Jauregg, Über die menschliche Lebensdauer. Eine populärwissenschaftliche Darstellung, Frankfurt am Main 1941.

Wiener Gesellschaft für Rassenpflege (Rassenhygiene) (Hg.), Grundlagen der Vererbungswissenschaft und Eugenik. 8 Vorträge von Heinrich Reichel und ein Vortrag von Hermann Muckermann, Wien 1930 (= Sonderdruck aus „Radio Wien").

Friedrich Wilhelm, Die Kinderpflegeanstalten der Stadt Wien, in: Blätter für das Wohlfahrtswesen der Stadt Wien, 22. Jg., Nr. 239, September-Oktober 1923, S. 61-65.

Fritz Wittels, Die sexuelle Not, in: Friedjung / Fürst / Chiavacci / Steiner (Hgg.), Sexualnot und Sexualreform, S. 45-47.

Rudolf Wlassak, Grundriss der Alkoholfrage. Leipzig 1922.

Rudolf Wlassak, Eine Alkoholikerabteilung in der Heil- und Pflegeanstalt „Am Steinhof", in: Blätter für das Wohlfahrtswesen der Stadt Wien, 22. Jg., Nr. 235/236, Jänner-April 1923, S. 8-9.

Rudolf Wlassak, Trinkerheilstätte und Trinkerfürsorgestelle der Gemeinde Wien, in: Blätter für das Wohlfahrtswesen, 28. Jg., Nr. 271, Jänner-Februar 1929, S. 27-30.

Das Wohlfahrtswesen der Stadt Wien. Geschichte, Entwicklung, Aufbau und Einrichtungen mit besonderer Berücksichtigung der Neuschöpfungen unter Bürgermeister Richard Schmitz in den Jahren 1934–1936, Wien 1937.

Josef Zeithammel, Die städtische Kinderübernahmsstelle, in: Blätter für das Wohlfahrtswesen der Stadt Wien, 23. Jg., Nr. 241, Jänner-Februar 1924, S. 4-6.

Sekundärliteratur

100 Jahre Deutsche Burschenschaft in Österreich: 1859–1959. Die geistige Leistung ihrer bedeutenden Männer, bearb. von Günther Berka, Graz 1959.

Thomas Aichhorn (Hg.), August Aichhorn. Pionier der Psychoanalytischen Sozialarbeit, Wien 2011.

Thomas Aichhorn, „…nicht Anwalt der Gesellschaft, sondern Anwalt des Verwahrlosten zu sein". Beiträge zur Biographie und zum Werk August Aichhorns, in: Thomas Aichhorn (Hg.), August Aichhorn. Pionier der Psychoanalytischen Sozialarbeit, Wien 2011, S. 7-54

Kerstin Aigner, Die Tuberkulose während der Ersten Republik. Unter besonderer Berücksichtigung der Situation im Roten Wien, Dipl.-Arb., Wien 2010.

Grete Anzengruber (Hg.), Otto Glöckel – Mythos und Wirklichkeit. Schulreformen, Wien 1985.

Ingrid Arias, „… und bietet Gewähr, sich jederzeit rückhaltlos einzusetzen …". Kontinuitäten und Brüche in den Karrieren des ärztlichen Personals im Altersheim Lainz 1938–1950, in: Ingrid Arias / Sonia Horn / Michael Hubenstorf (Hgg.), „In der Versorgung". Vom Versorgungshaus Lainz zum Geriatriezentrum „Am Wienerwald", Wien 2005, S. 215-253.

Ingrid Arias / Sonia Horn / Michael Hubenstorf (Hgg.), „In der Versorgung". Vom Versorgungshaus Lainz zum Geriatriezentrum „Am Wienerwald", Wien 2005.

Mitchell G. Ash, Die Universität Wien in den politischen Umbrüchen des 19. und 20. Jahrhunderts, S. 29–173, in: Mitchell Ash / Josef Ehmer (Hgg.), Universität – Politik – Gesellschaft, Göttingen 2015, S. 29–173.

Mitchell Ash / Josef Ehmer (Hg.), Universität – Politik – Gesellschaft, Göttingen 2015, S. 29–173 (= 650 Jahre Universität Wien – Aufbruch ins neue Jahrhundert, Bd. 2, hg. v. Friedrich Stadler).

Irene Atefie, Julius Tandler. Anatom und Gemeindepolitiker, Dipl. Arb., Wien 2012.

Gerhard Baader, Vom Patientenmord zum Genozid. Forschungsansätze und aktuelle Fragestellungen, in: Gabriel / Neugebauer (Hg.), Von der Zwangssterilisierung zur Ermordung, S. 189-236.

Gerhard Baader / Veronika Hofer / Thomas Mayer (Hg.), Eugenik in Österreich. Biopolitische Strukturen von 1900–1945, Wien 2007.

Gerhard Baader, Eugenische Programme in der sozialistischen Parteienlandschaft in Deutschland und Österreich im Vergleich, in: ders. / Hofer / Mayer, Eugenik in Österreich, S. 66-139.

Terence Ball, Marx and Darwin. A Reconsideration, in: Political Theory, Vol. 7, No. 4, Nov. 1979, pp. 469-483.

Franz Bauer, Leopold Kunschak als Politiker. Von seinen Anfängen bis zum Jahre 1934, Diss. phil., Wien 1950.

Kurt Bauer, Die kalkulierte Eskalation. Nationalsozialismus und Gewalt in Wien um 1930, in: Wolfgang Kos (Hg.), Kampf um die Stadt. Politik, Kunst und Alltag um 1930. Katalog zur Ausstellung des Wien Museums im Künstlerhaus, Wien 2010, S. 35-45.

Judith Bauer-Merinsky, Die Auswirkungen der Annexion Österreichs durch das Deutsche Reich auf die medizinische Fakultät der Universität Wien im Jahre 1938. Biographien entlassener Professoren und Dozenten, Diss., Wien 1980.

Gerhard Benetka, Psychologie in Wien. Sozial- und Theoriegeschichte des Wiener Psychologischen Instituts 1922–1938, Wien 1995.

Klaus Berchtold (Hg.), Österreichische Parteiprogramme 1868–1966, Wien 1967.

Birgit Bolognese-Leuchtenmüller / Sonia Horn (Hgg.), Töchter des Hippokrates. 100 Jahre akademische Ärztinnen in Österreich, Wien 2000.

Gerhard Botz, Parteianwärter und post mortem Parteigenosse. Julius Wagner.Jaureggs Verhältnis zum Nationalsozialismus, in: Neugebauer / Scholz / Schwarz (Hg.), Julius Wagner-Jauregg, S. 67-92.

Karl Blecha, Recht und Menschlichkeit. Eine Dokumentation zur Änderung des § 144, Wien 1976.

Otto Breicha, Die nackten Toten. Boeckels Arbeiten zur Anatomie (und überhaupt), in: Agnes Husslein-Arco (Hg.), Herbert Boeckl, Wien 2009, S. 187-193.

Ulrich Bröckling, Menschenökonomie, Humankapital. Eine Kritik der biopolitischen Ökonomie, in: Mittelweg 36, 12. Jg., H.1, Feb./März 2003, S. 3-22.

Andreas Brunner / Frauke Kreutler / Michaela Lindinger / Gerhard Milchram / Martina Nußbaumer / Hannes Sulzenbacher (Hgg.), Sex in Wien. Lust. Kontrolle. Ungehorsam, Ausstellungskatalog des Wien-Museums, Wien 2016.

Doris Byer, Rassenhygiene und Wohlfahrtspflege: zur Entstehung eines sozialdemokratischen Machtdispositivs in Österreich bis 1934, Frankfurt/Main-New York 1988.

Peter Csendes, Ferdinand Opll (Hg.), Wien – Geschichte einer Stadt, Bd. 3: Von 1790 bis zur Gegenwart, Wien-Köln-Weimar 2006.

Herwig Czech, Erfassung, Selektion und „Ausmerze". Die Abteilung „Erb- und Rassenpflege" des Wiener Gesundheitsamtes und die Umsetzung der NS-„Erbgesundheitspolitik" 1938–1945, Dipl.-Arb., Univ. Wien 2003.

Herwig Czech, Erfassung, Selektion und „Ausmerze". Das Wiener Gesundheitsamt und die Umsetzung der nationalsozialistischen „Erbgesundheitspolitik" 1938 bis 1945, Wien 2003 (= Buchveröffentl. der Dipl.-Arb.; Forschungen und Beiträge zur Wiener Stadtgeschichte, Bd. 41).

Herwig Czech, Ärzte am Volkskörper. Die Wiener Medizin und der Nationalsozialismus, Diss. phil., Wien 2007.

Herwig Czech, Julius Tandler, in: Zukunft, Nr. 5/2013, S. 40-44.

Herwig Czech, From Welfare to Selection: Vienna's Public Health Office and the Implementation of Racial Hygiene Policies under the Nazi Regime, in: Turda / Weindling (Eds.), "Blood and Homeland", pp. 317-333.

Felix Czeike, Liberale, christlichsoziale und sozialdemokratische Kommunalpolitik (1861–1934), Wien 1962.

Felix Czeike / Peter Csendes, Die Geschichte der Magistratsabteilungen der Stadt Wien 1902–1970, Teil I, Wien-München 1971.

Felix Czeike / Peter Csendes, Die Geschichte der Magistratsabteilungen der Stadt Wien 1902–1970, Teil II, Wien-München 1972.

Felix Czeike, Historisches Lexikon Wien, 6 Bde., 2., aktualisierte und erweiterte Auflage, Wien 2004.

Hubertus Czernin, Die Fälschung. Der Fall Bloch-Bauer, Wien 1999.

Matthias Dahl, Endstation Spiegelgrund. Die Tötung behinderter Kinder während des Nationalsozialismus am Beispiel einer Kinderfachabteilung in Wien 1940 bis 1945, 2. Aufl., Wien 2004.

Ulrike Davy / Thomas Vašek, Der „Siegfried-Kopf". Eine Auseinandersetzung um ein Denkmal in der Universität Wien. Dokumentation, Wien 1991.

Peter Eigner, Rudolf Sieghart und die Allgemeine Boden-Credit-Anstalt. Ein Fallbeispiel zur österreichischen Bankenkrise 1920er und 30er Jahre, in: Hartmut Berghoff / Jürgen Kocka / Dieter Ziegler (Hg.), Wirtschaft im Zeitalter der Extreme. Beiträge zur Unternehmensgeschichte Österreichs und Deutschlands, München 2010, S. 206-225.

Irmgard Eisenbach-Stangl, Von der Trunksucht zur Alkoholkrankheit: Der Beitrag der Psychiatrie zur Bewältigung alkoholbezogener Probleme, in: Brigitta Keintzel / Eberhard Gabriel (Hgg.), Gründe der Seele. Wiener Psychiatrie im 20. Jahrhundert, Wien 1999, S. 190-208.

Kurt R. Eissler, Freud und Wagner-Jauregg vor der Kommission zur Erhebung militärischer Pflichtverletzungen, Wien 2007.

Gudrun Exner, Die Österreichische Gesellschaft für Bevölkerungspolitik (und Fürsorgewesen)" (1917–1938). Eine Vereinigung mit sozialpolitischen Zielsetzungen im Wien der 20er und 30er Jahre, in: Demographische Informationen 2001, S. 93-107.

Gudrun Exner, Eugenisches Gedankengut im bevölkerungswissenschaftlichen und bevölkerungspolitischen Diskurs in Österreich in der Zwischenkriegszeit, in: Baader / Hofer / Mayer (Hgg.), Eugenik in Österreich, S. 184-207.

Gudrun Exner, Sozial- und Bevölkerungspolitik im „Roten Wien" und im „Ständestaat", in: Mackensen (Hg.), Bevölkerungslehre, S. 193-214.

Gudrun Exner / Josef Kytir / Alexander Pinwinkler, Bevölkerungswissenschaft in Österreich in der Zwischenkriegszeit (1918–1938). Personen, Institutionen, Diskurse, Wien-Köln-Weimar 2004.

Reinhard Farkas, Johannes Ude und die Amtskirche: Chronologie und Analyse eines Konflikts, in: Mitteilungen des Steiermärkischen Landesarchivs, Folge 47, Graz 1997, S. 253-276.

Heinz Faulstich, Hungersterben in der Psychiatrie 1914-1949. Mit einer Topographie der NS-Psychiatrie, Freiburg im Breisgau 1998.

Ernst Federn, Marginalien zur Geschichte der Psychoanalytischen Bewegung, in: Psyche – Zeitschrift für Psychoanalyse und ihre Anwendungen, Jg. 28, Heft 5, 1974, S. 461-471.

Johannes Feichtinger, Wissenschaft zwischen den Kulturen. Österreichische Hochschullehrer in der Emigration 1933–1945, Frankfurt am Main 2001.

Brigitte Fenz, Zur Ideologie der „Volksbürgerschaft". Die Studentenordnung der Universität Wien vom 8. April 1930 vor dem Verfassungsgerichtshof, in: Zeitgeschichte, 5. Jg., 1977/78, S. 125-145.

Jochen Fleischhacker, Menschen- und Güterökonomie. Anmerkungen zu Rudolf Goldscheids demoökonomischem Gesellschaftsentwurf, in: Mitchell G. Ash / Christian H. Stifter (Hgg.), Wissenschaft, Politik und Öffentlichkeit. Von der Wiener Moderne bis zur Gegenwart, Wien 2002, S. 207-229 (= Wiener Vorlesungen, Bd. 12).

Jochen Fleischhacker, Rudolf Goldscheid, Soziologe und Geisteswissenschaftler im 20. Jahrhundert. Eine Porträtskizze, in: AGSÖ (Archiv für die Geschichte der Soziologie in Österreich)-Newsletter Nr. 20, Juni 2000, S. 3-13.

Claudia Forster, Dr. Erna Greiner (1892–1968) und die schulzahnärztliche Versorgung Wiens von 1922–1957, Dipl.-Arb., Wien 2009.

Anna Freud / August Aichhorn, „Die Psychoanalyse kann nur dort gedeihen, wo Freiheit des Gedankens herrscht". Briefwechsel 1921-1949, hg. v. Thomas Aichhorn, Frankfurt am Main 2012.

Wolfgang Fritz / Gertraude Mikl-Horke, Rudolf Goldscheid – Finanzsoziologie und ethische Sozialwissenschaft, Münster 2007.

Wolfgang Fritz, Der Kopf des Asiaten Breitner. Politik und Ökonomie im Roten Wien. Hugo Breitner. Leben und Werk, Wien 2000.

Birgitta Fuchs, Maria Montessori. Ein pädagogisches Porträt, Weinheim-Basel 2003.

Brigitte Fuchs, Dark Continent – Mythen vom Ursprung. „Rasse", „Volk", Geschlecht und Sexualität in Österreich, Diss., Wien 2000.

Eberhard Gabriel / Wolfgang Neugebauer (Hg.), NS-Euthanasie in Wien, Wien-Köln-Weimar 2000.

Eberhard Gabriel / Wolfgang Neugebauer (Hg.), Von der Zwangssterilisierung zur Ermordung. Zur Geschichte der NS-Euthanasie in Wien Teil II, Wien-Köln-Weimar 2002.

Eberhard Gabriel / Wolfgang Neugebauer (Hg.), Vorreiter der Vernichtung? Eugenik, Rassenhygiene und Euthanasie in der österreichischen Diskussion vor 1938. Zur Geschichte der NS-Euthanasie in Wien Teil III, Wien-Köln-Weimar 2003.

Eberhard Gabriel, 100 Jahre Gesundheitsstandort Baumgartner Höhe. Von den Heil- und Pflegeanstalten Am Steinhof zum Otto Wagner-Spital. Mit einem Beitrag von Sophie Ledebur, Wien 2007.

Hans Gastgeb, Vom Wirtshaus zum Stadion. 60 Jahre Arbeitersport in Österreich, Wien 1952.

Hans Gastgeb, 50 Jahre Internationaler Arbeitersport, Wien 1963.

Peter Gay, Freud. Eine Biographie für unsere Zeit, Frankfurt am Main 1995.

Katja Geiger, Milchkaffee und Zwetschkenknödel – Das Versorgungshaus Lainz in den 20er Jahren, in: Ingrid Arias / Sonia Horn / Michael Hubenstorf (Hgg.), „In der Versorgung". Vom Versorgungshaus Lainz zum Geriatriezentrum „Am Wienerwald", Wien 2005, S. 177-194.

Katja Geisenhainer, „Rasse ist Schicksal". Otto Reche (1879–1966) – ein Leben als Anthropologe und Völkerkundler, Leipzig 2002.

Josef Gicklhorn / Renée Gicklhorn, Sigmund Freuds akademische Laufbahn im Lichte der Dokumente, Wien-Innsbruck 1960.

Alfred Gisel, Julius Tandler, in: Vertriebene Vernunft, Teil II. Emigration und Exil österreichischer Wissenschaft, Wien-München 1988, S. 815-818.

Christian Glanz, Zur Rezeption von Mahlers Werk in der Ersten Republik und im Austrofaschismus, in: Reinhold Kubik / Thomas Trabitsch (Hgg.), „leider bleibe ich ein eingefleischter Wiener". Gustav Mahler und Wien, Wien 2010, S. 207-212.

Alfred Goetzl / Ralph Arthur Reynolds, Julius Tandler. A Biography, San Francisco 1945.

Renate Göllner, Psychoanalytisch-pädagogische Praxis ohne Ideologie vom „Schädling". August Aichhorns Erziehungsberatung zwischen Jugendamt und Psychoanalytischer Vereinigung, in: Luzifer-Amor, 16. Jg., Heft 31, 2003, S. 8-36.

Margarete Grandner / Thomas König (Hgg.), Reichweiten und Außensichten. Die Universität Wien als Schnittstelle wissenschaftlicher Entwicklungen und gesellschaftlicher Umbrüche, Göttingen 2015.

Friedrich Grassegger / Wolfgang Krug (Hgg.), Anton Hanak (1875–1934), Wien-Köln-Weimar 1997.

Friedrich Grassegger, Anton Hanak und das „Rote Wien". Der Wille zum „neuen Menschen" und Hanaks Denkmäler und Bauplastiken für sozialdemokratische Auftraggeber, in: Friedrich Grassegger / Wolfgang Krug (Hgg.), Anton Hanak (1875–1934), Wien-Köln-Weimar 1997, S. 306-371.

Carl Friedrich Graumann / Theo Herrmann, Karl Bühlers Axiomatik. 50 Jahre Axiomatik der Sprachwissenschaft, Frankfurt am Main 1984.

Christian Grimm, Netzwerke der Forschung. Die historische Eugenikbewegung und die moderne Humangenomik im Vergleich, Inaugural-Diss. phil., Berlin 2011.

Renate Gruber, Kurioses und Alltägliches. Einblicke in den Alltag im Versorgungsheim Lainz, in: Ingrid Arias / Sonia Horn / Michael Hubenstorf (Hgg.), „In der Versorgung". Vom Versorgungshaus Lainz zum Geriatriezentrum „Am Wienerwald", Wien 2005, S. 113-127.

Herbert Haberl / Franz Hammerer (Hgg.), Montessori-Pädagogik heute. Grundlagen – Innenansichten – Diskussionen, Wien 2004.

Hanna Hacker, Staatsbürgerinnen. Ein Streifzug durch die Protest- und Unterwerfungsstrategien der Frauenbewegung und im weiblichen Alltag 1918–1938, in: Kadrnoska (Hg.), Aufbruch und Untergang, S. 225-245.

Franz Hammerer, Maria Montessoris pädagogisches Konzept. Anfänge der Realisierung in Österreich, Wien 1997.

Werner Hanak-Lettner, Anschluss, Terror und Pogrome. Nachrichten, Protokolle und Erinnerungen 1918–1938, in: Die Universität. Eine Kampfzone, hg. v. Werner Hanak-Lettner im Auftrag des Jüdischen Museums Wien, Wien 2015, S. 123-159.

Bernhard Handlbauer, Die Adler-Freud-Kontroverse, Frankfurt am Main-Gießen 2002.

Gerhart Hartmann, der CV in Österreich. Seine Entstehung, seine Geschichte, seine Bedeutung, Kevelaer 2011.

Ingeborg Hedderich, Einführung in die Montessori-Pädagogik. Theoretische Grundlagen und praktische Anwendung, 2. Aufl., München 2005.

Gernot Heiß / Siegfried Mattl / Sebastian Meissl / Edith Saurer / Karl Stuhlpfarrer (Hgg.), Willfährige Wissenschaft. Die Universität Wien 1938 bis 1945, Wien 1989.

Oliver Hilmes, Im Fadenkreuz. Politische Gustav-Mahler-Rezeption 1919–1945. Eine Studie über den Zusammenhang von Antisemitismus und Kritik an der Moderne, Frankfurt am Main 2003.

Veronika Hofer, Positionen und Posen eines Experten. Der Konstitutionsforscher Julius Bauer (1887–1973) und die Eugenik in der Wiener Zwischenkriegszeit, in: Baader u. a. (Hgg.), Eugenik in Österreich, S. 31-65.

Veronika Hofer, Rudolf Goldscheid, Paul Kammerer und die Biologen des Prater-Vivariums in der liberalen Volksbildung der Wiener Moderne, in: Mitchell G. Ash / Christian H. Stifter (Hgg.), Wissenschaft, Politik und Öffentlichkeit. Von der Wiener Moderne bis zur Gegenwart (= Wiener Vorlesungen. Konservatorien und Studien, hg. v. Hubert Christian Ehalt, Bd. 12), Wien 2002, S. 149-184.

Michael Hubenstorf, Sozialmedizin, Menschenökonomie, Volksgesundheit, in: Franz Kadrnoska (Hg.), Aufbruch und Untergang. Österreichische Kultur zwischen 1918 und 1938, Wien-München-Zürich 1981, S. 247-265.

Michael Hubenstorf, Vom Krebsgang des Fortschritts, in: Lichtjahre. 100 Jahre Strom in Österreich, Wien 1986, S. 149-176.

Michael Hubenstorf, Medizinische Fakultät 1938–1945, in: Gernot Heiß / Siegfried Mattl / Sebastian Meissl / Edith Saurer / Karl Stuhlpfarrer (Hgg.), Willfährige Wissenschaft. Die Universität Wien 1938 bis 1945, Wien 1989, S. 233-282.

Michael Hubenstorf, Ende einer Tradition und Fortsetzung als Provinz. Die Medizinischen Fakultäten der Universitäten Berlin und Wien 1925–1950, in: Christoph Meinel / Peter Voswinckel (Hgg.), Medizin, Naturwissenschaft und Technik im Nationalsozialismus. Kontinuitäten und Diskontinuitäten, Stuttgart 1994, S. 33-53.

Michael Hubenstorf, Die Genese der Sozialen Medizin als universitäres Lehrfach in Österreich bis 1914. Ein Beitrag zum Problem der Disziplinbildung und wissenschaftlichen Innovation, Diss. med., 4 Bde., Berlin 1999.

Michael Hubenstorf, Tote und/oder lebendige Wissenschaft. Die intellektuellen Netzwerke der NS-Patientenmordaktion in Österreich, in: Gabriel / Neugebauer (Hgg.), Von der Zwangssterilisierung zur Ermordung, S. 237-420.

Michael Hubenstorf, Österreichische Ärzte-Emigration, in: Friedrich Stadler (Hg.), Vertriebene Vernunft I: Emigration und Exil österreichischer Wissenschaft 1930–1940, Teilband 1, Münster 2004, S. 359-415.

Michael Hubenstorf, Vertriebene Medizin – Finale des Niedergangs der Wiener Medizinischen Schule?, in: Friedrich Stadler (Hg.), Vertriebene Vernunft II: Emigration und Exil österreichischer Wissenschaft 1930–1940, Teilband 2, Münster 2004, S. 766-793.

Michael Hubenstorf, Lainz, die ÄrztInnen und die Republik, in: Ingrid Arias / Sonia Horn / Michael Hubenstorf (Hg.), „In der Versorgung". Vom Versorgungshaus Lainz zum Geriatriezentrum „Am Wienerwald", Wien 2005, S. 255-282.

Michael Hubensdorf, Medizinische Forschungsfragen zu Julius Wagner-Jauregg (1857–1940), in: Jahrbuch des Dokumentationsarchivs des österreichischen Widerstandes, Wien 2005, S. 218-233.

Michael Hubenstorf, 100 Jahre Krankenhaus Hietzing. Festansprache anlässlich der Hundertjahrfeier, in: Festschrift 100 Jahre Krankenhaus Hietzing, hg. v. Krankenhaus Hietzing mit Neurologischem Zentrum Rosenhügel, Wien 2013, S. 13-22.

Michael Hubenstorf, Biographisches Lexikon zu österreichischen Ärztinnen und Ärzten in der NS-Zeit (Arbeitstitel), unveröff.

Wolfgang Huber / Erika Weinzierl (Hgg.), Beiträge zur Geschichte der Psychoanalyse in Österreich, Wien-Salzburg 1978.

Agnes Husslein-Arco (Hg.), Herbert Boeckl, Wien 2009.

Hans-Josef Irmen, Joseph Haydn. Leben und Werk, Köln-Weimar-Wien 2007.

Ernest Jones, Das Leben und Werk von Sigmund Freud, 3 Bde., Bern-Stuttgart 1960–1962.

Ermar Junker / Beatrix Schmidgruber / Gerhard Wallner, Die Tuberkulose in Wien, Wien 1999.

Franz Kadrnoska (Hg.), Aufbruch und Untergang. Österreichische Kultur zwischen 1918 und 1938, Wien-München-Zürich 1981.

Christine Kanzler, Kurzbiografie Marianne Stein, in: Ilse Korotin (Hg.), biografiA. Lexikon österreichischer Frauen, Bd. 3, P-Z, Wien-Köln-Weimar 2016, S. 3159 f.

Christof Karner, Katholizismus und Freiwirtschaft – das Lebensreformprogramm des Johannes Ude, Frankfurt am Main 2002.

Brigitta Keintzel / Eberhard Gabriel (Hgg.), Gründe der Seele. Wiener Psychiatrie im 20. Jahrhundert, Wien 1999.

Brigitte Kepplinger, Sozialdemokratie und Eugenik, in: Wert des Lebens. Gedenken – Lernen – Begreifen. Begleitpublikation zur Ausstellung des Landes Oberösterreich in Schloss Hartheim 2003, Linz 2003, S. 54-60.

Brigitte Kepplinger / Gerhart Marckhgott / Hartmut Reese (Hg.), Tötungsanstalt Hartheim, 2. Aufl., Linz 2008.

Ernst Klee, „Euthanasie" im NS-Staat. Die Vernichtung lebensunwerten Lebens, Frankfurt/Main 1983.

Ernst Klee, Das Personenlexikon zum Dritten Reich. Wer war was vor und nach 1945, Frankfurt am Main 2003.

Hans R. Klecatsky / Siegfried Morscher, Das österreichische Bundesverfassungsrecht, 3. Aufl., Wien 1982.

Hannsjoachim Wolfgang Koch, Der Sozialdarwinismus. Seine Genese und sein Einfluss auf das imperialistische Denken, München 1973.

Günther K. Kodek, „Unsere Bausteine sind die Menschen." Die Mitglieder der Wiener Freimaurer-Logen 1869–1938, Wien 2009.

Arthur Koestler, The Case of the Midwife Toad, London-New York 1971.

Arthur Koestler, Der Krötenküsser. Der Fall des Biologen Paul Kammerer. Aus dem Englischen übertragen von Krista Schmidt, Wien-München-Zürich 1972.

Ilse Korotin (Hg.), biografiA. Lexikon österreichischer Frauen, 4 Bde., Wien-Köln-Weimar 2016.

Wolfgang Kos (Hg.), Kampf um die Stadt. Politik, Kunst und Alltag um 1930. Katalog zur Ausstellung des Wien Museums im Künstlerhaus, Wien 2010.

Bruno Kreisky, Zwischen den Zeiten. Erinnerungen aus fünf Jahrzehnten, Berlin 1986.

Hans-Peter Kröner, Ploetz, Alfred Julius, in: Neue Deutsche Biographie, Bd. 20, Berlin 2001, S. 549.

Michael Krüger (Hg.), „mens sana in corpore sano". Gymnastik, Turnen, Spiel und Sport als Gegenstand der Bildungspolitik vom 18. bis zum 21. Jahrhundert (= Schriften der Deutschen Vereinigung für Sportwissenschaft, 179), Hamburg 2008.

Ursula Kubes, „Moderne Nervositäten" und die Anfänge der Psychoanalyse, in: Franz Kadrnoska (Hg.), Aufbruch und Untergang. Österreichische Kultur zwischen 1918 und 1938, Wien-München-Zürich 1981, S. 267-280.

Reinhold Kubik / Thomas Trabitsch (Hgg.), „leider bleibe ich ein eingefleischter Wiener". Gustav Mahler und Wien, Wien 2010.

Stefan Kühl, Die Internationale der Rassisten. Aufstieg und Niedergang der internationalen Bewegung für Eugenik und Rassenhygiene im 20. Jahrhundert, Frankfurt am Main-New York 1997 (aktualisierte Neuaufl. 2014).

Minna Lachs, Warum schaust du zurück. Erinnerungen 1907–1941, Wien 1986.

Wolfgang Lamsa, Der Siegfriedskopf, in: Siegfrieds Köpfe. Rechtsextremismus, Rassismus und Antisemitismus an der Universität Wien. Context XXI, Nr. 7-8/01, Nr. 1/02, S. 104-109.

Judith Lauber, Dr. Harry Sicher 1889–1974, Dipl.-Arb., Wien 2007.

Judith Lauber, Dr. Harry Sicher. Sein Leben und wissenschaftliches Werk, 2013 (veröffentl. Dipl.-Arb.).

Karin Lehner, Verpönte Eingriffe. Sozialdemokratische Reformbestrebungen zu den Abtreibungsbestimmungen in der Zwischenkriegszeit, Wien 1989.

Norbert Leser (Hg.), Werk und Widerhall. Große Gestalten des österreichischen Sozialismus, Wien 1964.

Norbert Leser / Richard Berczeller, Als Zaungäste der Politik. Österreichische Zeitgeschichte in Konfrontationen, Wien-München 1977.

Erna Lesky, Die Wiener Medizinische Schule im 19. Jahrhundert, Graz-Köln 1965.

Harald Leupold-Löwenthal / Hans Lobner (Hgg.), Sigmund Freud Museum. Wien IX, Berggasse 19, Katalog, Wien 1994.

Alfred Lévy / Gerald Mackenthun (Hgg.), Gestalten um Alfred Adler – Pioniere der Individualpsychologie, Würzburg 2002.

Brigitte Lichtenberger-Fenz, Österreichs Universitäten 1930 bis 1945, in: Friedrich Stadler (Hg.), Kontinuität und Bruch 1938 – 1945 – 1955. Beiträge zur österreichischen Wissenschaftsgeschichte. Berlin-Hamburg-Münster 2004, S. 69-82.

Brigitte Lichtenberger-Fenz, Österreichs Universitäten und Hochschulen – Opfer oder Wegbereiter der nationalsozialistischen Gewaltherrschaft? (Am Beispiel der Universität Wien), in: Gernot Heiß / Siegfried Mattl / Sebastian Meissl / Edith Saurer / Karl Stuhlpfarrer (Hgg.), Willfährige Wissenschaft. Die Universität Wien 1938 bis 1945, Wien 1989, S. 3-15.

Brigitte Lichtenberger-Fenz, „…deutscher Abstammung und Muttersprache". Österreichische Hochschulpolitik in der Ersten Republik, Wien-Salzburg 1990.

Michaela Lindinger, Die Hauptstadt des Sex. Geschichte und Geschichten aus Wien, Wien 2016.

Monika Löscher, Zur Rezeption eugenischen/rassenhygienischen Gedankengutes in Österreich bis 1934 unter besonderer Berücksichtigung Wiens. Dipl.-Arb., Wien 1999.

Monika Löscher, Zur Umsetzung und Verbreitung von eugenischem/rassenhygienischem Gedankengut in Österreich bis 1934, in: Sonia Horn / Peter Malina (Hgg.), Medizin im Nationalsozialismus – Wege der Aufarbeitung, Wien 2001, S. 99-127.

Monika Löscher / Andrea Praschinger, „Wir forschen nach Zahlen und machen keine statistischen Experimente", in: Arias / Horn / Hubenstorf (Hgg.), „In der Versorgung", S. 379-398.

Monika Löscher, Katholizismus und Eugenik in Österreich, in: Baader u. a. (Hgg.), Eugenische Programme, S. 140-161.

Monika Löscher, „…der gesunden Vernunft nicht zuwider…?" Eugenik in katholischen Milieus/Netzwerken in Österreich vor 1938, Diss. phil., Wien 2005.

Monika Löscher, „…der gesunden Vernunft nicht zuwider…?" Katholische Eugenik in Österreich vor 1938, Innsbruck 2009.

Monika Löscher, Albert Niedermeyer als Kritiker an Wagner-Jrueggs eugenischen Positionen, in: Neugebauer / Scholz / Schwarz (Hg.), Julius Wagner-Jauregg, S. 31-36.

Simon Loidl, Safari und Menschenjagd – die Uganda-Expedition von Rudolf Kmunke und Robert Stigler 1911/12, in: Österreich in Geschichte und Literatur (mit Geographie), 55. Jg., Heft 1 (366), 2011, S. 38-53.

Rainer Mackensen (Hg.), Bevölkerungslehre und Bevölkerungspolitik vor 1933, Opladen 2002.

Gerald Mackenthun, Otto Glöckel – Organisator der Wiener Schulreform, in: Alfred Lévy / Gerald Mackenthun (Hgg.), Gestalten um Alfred Adler – Pioniere der Individualpsychologie, Würzburg 2002, S. 99-117.

Wolfgang Maderthaner, Hugo Breitner, Julius Tandler. Architekten des Roten Wien, Wien 1997.

Wolfgang Maderthaner, Die Juden und das Rote Wien. Otto Bauer und die Lösung der jüdischen Frage, in: Joachim Riedl (Hg.), Wien, Stadt der Juden. Die Welt der Tante Jolesch, Wien 2004, S. 144-146.

Wolfgang Maderthaner, Die Sozialdemokratie, in: Tálos / Dachs / Hanisch / Staudinger (Hgg.), Handbuch des politischen Systems Österreichs. Erste Republik 1918–1933, Wien 1995, S. 177-194.

Wolfgang Maderthaner, Von der Zeit um 1860 bis zum Jahr 1945, in: Peter Csendes / Ferdinand Opll (Hgg.), Wien. Geschichte einer Stadt, Bd. 3: Von 1790 bis zur Gegenwart, Wien-Köln-Weimar 2006, S. 175-544.

Wolfgang Maderthaner, Kommunalpolitik im Roten Wien, in: Archiv für Sozialgeschichte, Bd. 25, Bonn 1985, S. 239-250.

Alfred Magaziner, Die Wegbereiter. Aus der Geschichte der Arbeiterbewegung, Wien 1975.

Alfred Magaziner, Die Bahnbrecher. Aus der Geschichte der Arbeiterbewegung, Wien-München-Zürich 1985.

Peter Malina / Wolfgang Neugebauer, NS-Gesundheitswesen und -Medizin, in: Tálos u. a. (Hg.), NS-Herrschaft in Österreich, S. 696-720.

Peter Malina, Eduard Pernkopf. Versuch einer stratigrafischen Biografie, in: Untersuchungen zur Anatomischen Wissenschaft in Wien 1938–1945. Senatsprojekt der Universität Wien, Wien 1998, S. 420-425.

Katarina Marič / Tajana Ujčić / Andreas Weigl, Erinnerungen an das Seehospiz der Stadt Wien in San Pelagio-Rovinj 1888–1947, Wien 2015 (= Veröffentlichungen des Wiener Stadt- und Landesarchivs, Reihe B: Ausstellungskataloge, Heft 92).

Thomas Mayer, Akademische Netzwerke um die „Wiener Gesellschaft für Rassenpflege (Rassenhygiene)" von 1924 bis 1948, Dipl.-Arb., Wien 2004.

Thomas Mayer, „...dass die eigentliche österreichische Rassenhygiene in der Hauptsache das Werk Reichels ist". Der (Rassen-) Hygieniker Heinrich Reichel (1876–1943) und seine Bedeutung für die eugenische Bewegung in Österreich, in: Gabriel / Neugebauer (Hg.), Vorreiter der Vernichtung?, S. 65-98.

Thomas Mayer, Ein „Mann von der Bedeutung Wagner-Jaureggs". Wagner-Jauregg und eugenisch-rassenhygienische Netzwerke in Österreich, in: Neugebauer / Scholz / Schwarz (Hg.), Julius Wagner-Jauregg, S. 15-30.

Thomas Mayer, Familie, Rasse und Genetik. Deutschnationale Eugeniken im Österreich der Zwischenkriegszeit, in: Gerhard Baader / Veronika Hofer / Thomas Mayer (Hg.), Eugenik in Österreich. Biopolitische Strukturen von 1900–1945, Wien 2007, S. 162-183.

Thomas Mayer, Gesunde Gene im gesunden Körper? Die Kooperation von Eugenik und Turnreform am Beispiel des österreichischen Reformers des Turnunterrichts Karl Gaulhofer (1885-1941), in: Michael Krüger (Hg.), „mens sana in corpore sano". Gymnastik, Turnen, Spiel und Sport als Gegenstand der Bildungspolitik vom 18. bis zum 21. Jahrhundert (= Schriften der Deutschen Vereinigung für Sportwissenschaft, 179), Hamburg 2008, S. 115-126.

Thomas Mayer, Eugenische Netzwerke im Österreich der Zwischenkriegszeit, in: Regina Wecker / Sabine Braunschweig / Gabriela Imboden / Bernhard Küchenhoff / Hans Jakob Ritter (Hgg.), Wie nationalsozialistisch ist die Eugenik? Internationale Debatten zur Geschichte der Eugenik im 20. Jahrhundert, Wien-Köln-Weimar 2009, S. 219-232.

Thomas Mayer, State-orientated Eugenic Movements: Austria, in: Marius Turda (Ed.), The History of East-Central European Eugenics, 1900-1945. Sources and Commentaries, London-New York 2015, pp. 3-71.

Britta McEwen, Die Eheberatungsstelle des Roten Wien und die Kontrolle über den ehelichen Sex, in: Andreas Brunner / Frauke Kreutler / Michaela Lindinger / Gerhard Milchram / Martina Nußbaumer / Hannes Sulzenbacher (Hgg.), Sex in Wien. Lust. Kontrolle. Ungehorsam, Ausstellungskatalog des Wien-Museums, Wien 2016, S. 119-125.

Gerhard Melinz, Von der „Wohltäterei" zur Wohlfahrt. Aspekte kommunaler Sozialpolitik 1918–1934, in: Das Rote Wien 1918–1934. 177. Sonderausstellung des Historischen Museums der Stadt Wien vom 17. Juni bis 5. September 1993, Wien 1993, S. 104-120.

Gerhard Melinz / Gerhard Ungar, Wohlfahrt und Krise. Wiener Kommunalpolitik zwischen 1929 und 1938, Wien 1996.

Susanne Mende, Die Wiener Heil- und Pflegeanstalt „Am Steinhof" im Nationalsozialismus, Frankfurt am Main 2000.

Maria Mesner, Geburten/Kontrolle. Reproduktionspolitik im 20. Jahrhundert, Wien-Köln-Weimar 2010.

Maria Mesner, Grauzone. Abtreibungsrecht und -praxis in Österreich, in: Andreas Brunner u. a. (Hgg.), Sex in Wien, S. 417-421.

Werner Michler, Darwinismus und Literatur. Naturwissenschaftliche und literarische Intelligenz in Österreich, 1859–1914, Wien-Köln-Weimar 1999.

Marian Miehl, Studentische Vertretungsorganisationen und ihre Politik in der Zwischenkriegszeit, Dipl.-Arb., Wien 2009, S. 35-55.

Florian Mildenberger, Allein unter Männern. Helene Stourzh-Anderle in ihrer Zeit (1890–1966), Herbolzheim 2004.

Reinhard Mocek, Biologie und soziale Befreiung. Zur Geschichte des Biologismus und der „Rassenhygiene" in der Arbeiterbewegung, Frankfurt am Main 2002.

Herbert Mussger / Peter Fessler, Österreichisches Staatsbürgerschaftsrecht, 4. Aufl., Wien 1996.

Birgit Nemec / Klaus Taschwer, Terror gegen Tandler. Kontext und Chronik der antisemitischen Attacken am I. Anatomischen Institut der Universität Wien, 1910 bis 1933, in: Oliver Rathkolb (Hg.), Der lange Schatten des Antisemitismus. Kritische Auseinandersetzungen mit der Geschichte der Universität Wien im 19. und 20. Jahrhundert, Göttingen 2013, S. 147-171.

Birgit Nemec, Julius Tandler. Anatom, Politiker, Eugeniker, in: Mitchell Ash / Josef Ehmer (Hgg.), Universität – Politik – Gesellschaft, Göttingen 2015, S. 257-264.

Norbert Nemec, Die Universität Wien zwischen 1918 und 1938, Wien 2009.

Wolfgang Neugebauer, Bauvolk der kommenden Welt. Geschichte der sozialistischen Jugendbewegung in Österreich, Wien 1975.

Wolfgang Neugebauer, Von der „Rassenhygiene" zum Massenmord, in: Wien 1938, Wien 1988.

Wolfgang Neugebauer, Rassenhygiene in Wien 1938, in: Wiener klinische Wochenschrift, 110. Jg., H. 4-5, 27. 2. 1998.

Wolfgang Neugebauer / Peter Malina, NS-Gesundheitswesen und Medizin, in: Emmerich Talos u. a. (Hg.), NS-Herrschaft in Österreich, Wien 2000, S. 696-720.

Wolfgang Neugebauer, Juden als Opfer der NS-Euthanasie in Wien 1940–1945, in: Heinz-Eberhard Gabriel / Wolfgang Neugebauer (Hgg.), NS-Euthanasie in Wien – Teil 2, Böhlau-Verlag, Wien-Köln-Weimar 2002, S. 99-112.

Wolfgang Neugebauer / Peter Schwarz, Der Wille zum aufrechten Gang. Offenlegung der Rolle des Bundes Sozialistischer Akademiker (BSA) bei der gesellschaftlichen Reintegration ehemaliger Nationalsozialisten, hg. vom BSA, Czernin-Verlag, Wien 2005.

Wolfgang Neugebauer / Peter Schwarz, Nobelpreisträger im Zwielicht. Zur historisch-politischen Beurteilung von Julius Wagner-Jauregg (1857–1940), in: Dokumentationsarchiv des österreichischen Widerstandes (Hg.), Jahrbuch 2006, Wien 2006, S. 124-169.

Wolfgang Neugebauer, Julius Wagner-Jauregg und sein ambivalentes Verhältnis zum Antisemitismus (vor dem Hintergrund des antisemitisch orientierten akademisch-universitären Milieus im Österreich der Zwischenkriegszeit), in: Wolfgang Neugebauer / Kurt Scholz / Peter Schwarz (Hgg.), Julius Wagner-Jauregg im Spannungsfeld politischer Ideen und Interessen – eine Bestandsaufnahme. Beiträge des Workshops vom 6./7. November 2006 im Wiener Rathaus, Frankfurt am Main 2008, S. 57-66.

Wolfgang Neugebauer / Herwig Czech / Peter Schwarz, Die Aufarbeitung der NS-Medizinverbrechen und der Beitrag des DÖW, in: Dokumentationsarchiv des österreichischen Widerstandes (Hg.), Bewahren, Erforschen, Vermitteln. Das Dokumentationsarchiv des österreichischen Widerstandes, Wien 2008, S. 109-124.

Wolfgang Neugebauer / Kurt Scholz / Peter Schwarz (Hgg.), Julius Wagner-Jauregg im Spannungsfeld politischer Ideen und Interessen – eine Bestandsaufnahme. Beiträge des Workshops vom 6./7. November 2006 im Wiener Rathaus, Frankfurt am Main 2008.

Wolfgang Neugebauer, Der österreichische Widerstand 1938–1945. Überarbeitete und erweiterte Fassung, Wien 2015.

Österreichisches Biographisches Lexikon, hg. v. der Österreichischen Akademie der Wissenschaften, 13 Bde., Wien 1957-2009 (über 17.000 Biographien).

Österreich-Lexikon in 2 Bänden, hg. v. Richard u. Maria Bamberger / Ernst Bruckmüller / Karl Gutkas, Wien 1995.

Roland Pacher, Robert Danneberg. Eine politische Biografie, Frankfurt am Main 2014.

Marcus G. Patka, Freimaurerei und Sozialreform. Der Kampf für Menschenrechte, Pazifismus und Zivilgesellschaft in Österreich 1869–1938, Wien 2011.

Franz Patzer, Der Wiener Gemeinderat 1918–1934. Ein Beitrag zur Geschichte der Stadt Wien und ihrer Volksvertretung, Wien 1961.

Bruce F. Pauley, Eine Geschichte des österreichischen Antisemitismus. Von der Ausgrenzung zur Auslöschung, Wien 1993.

Peter Pelinka / Manfred Scheuch, 100 Jahre AZ. Die Geschichte der Arbeiter-Zeitung, Wien 1989.

Gottfried Pirhofer, Sozial- und Gesundheitspolitik im Roten Wien, in: Joachim Riedl (Hg.), Wien, Stadt der Juden. Die Welt der Tante Jolesch, Wien 2004, S. 117-128.

Alfred Pfabigan, Max Adler. Eine politische Biographie, Frankfurt am Main 1982.

Uwe Puschner / Walter Schmitz / Justus H. Ulbricht (Hgg.), Handbuch zur „Völkischen Bewegung" 1871–1918, München-New Providence-London-Paris 1996.

Michaela Raggam, Jüdische Studentinnen an der medizinischen Fakultät in Wien, in: Birgit Bolognese-Leuchtenmüller / Sonia Horn (Hgg.), Töchter des Hippokrates. 100 Jahre akademische Ärztinnen in Österreich, Wien 2000, S. 139-156.

Julya Rabinowich, Krötenliebe, Wien 2016.

Christa Raffelsberger, Die Entwicklung der städtischen Kindertagesheime, in: Jugendamt der Stadt Wien (Hg.), Chronik der städtischen Kindertagesheime, Wien 1987, S. 9-42.

Oliver Rathkolb / Peter Autengruber / Birgit Nemec / Florian Wenninger, Forschungsprojektendbericht. Straßennamen Wiens seit 1860 als „Politische Erinnerungsorte". Erstellt im Auftrag der Kulturabteilung der Stadt Wien (MA 7) auf Initiative von Stadtrat Dr. Andreas Mailath-Pokorny und Altrektor o. Univ.-Prof. Dr. Georg Winckler, Wien 2013.

Oliver Rathkolb (Hg.), Der lange Schatten des Antisemitismus. Kritische Auseinandersetzungen mit der Geschichte der Universität Wien im 19. und 20. Jahrhundert, Göttingen 2013.

Oliver Rathkolb, Herbert Boeckl – ein Moderner zwischen den Zeiten. Zeithistorische Anmerkungen zu den Wechselwirkungen zwischen Politik und Kunst im 20. Jahrhundert, in: Agnes Husslein-Arco (Hg.), Herbert Boeckl, Wien 2009, S. 215-222.

Oliver Rathkolb, Die Rechts- und Staatswissenschaftliche Fakultät der Universität Wien zwischen Antisemitismus, Deutschnationalismus und Nationalismus 1938, davor und danach, in: Gernot Heiß / Siegfried Mattl / Sebastian Meissl / Edith Saurer / Karl Stuhlpfarrer (Hgg.), Willfährige Wissenschaft. Die Universität Wien 1938 bis 1945, Wien 1989, S. 197-232.

Wolfgang L. Reiter, Zerstört und vergessen. Die Biologische Versuchsanstalt und ihre Wissenschaftler/innen, in: Österreichische Zeitschrift für Geschichtswissenschaften, 10 Jg., Heft 4, 1999, S. 585-614.

Ilse Reiter-Zatloukal, Antisemitismus und Juristenstand. Wiener Rechts- und Staatswissenschaftliche Fakultät und Rechtspraxis vom ausgehenden 19. Jahrhundert bis zum „Anschluss" 1938, in: Oliver Rathkolb (Hg.), Der lange Schatten des Antisemitismus. Kritische Auseinandersetzungen mit der Geschichte der Universität Wien im 19. und 20. Jahrhundert, Göttingen 2013, S. 183-205.

Ulrike Reitmeier, Die Jugendfürsorge in Wien als kommunale Aufgabe unter besonderer Berücksichtigung des Gesundheitswesens 1896–1923, Diss. phil., Wien 1973.

Joachim Riedl (Hg.), Wien, Stadt der Juden. Die Welt der Tante Jolesch, Wien 2004.

Hans Riemer, Album vom Roten Wien, Wien 1947.

Werner Röder / Herbert A. Strauss (Eds.), International Biographical Dictionary of Central European Emigrés 1933–1945, Vol. II, Part 1 (A-K), Part 2 (L-Z): The Arts, Sciences, and Literature, München-New York-London-Paris 1983.

Brigitte Rollet, Zum 10. Todestag Charlotte Bühlers. Leben und Werk, in: Psychologie in Österreich, 4. Jg., Nr. 1-2, 1984, S. 3-6.

Das Rote Wien 1918–1934. 177. Sonderausstellung des Historischen Museums der Stadt Wien vom 17. Juni bis 5. September 1993, Wien 1993.

Richard Saage, Zwischen Darwin und Marx. Zur Rezeption der Evolutionstheorie in der deutschen und österreichischen Sozialdemokratie vor 1933/34, Wien 2012.

Karl Sablik, Julius Tandler. Mediziner und Sozialreformer. Eine Biographie, Wien 1983 (2. Aufl., Frankfurt am Main 2013).

Karl Sablik, Theorie und Praxis der Wiener Fürsorge in der Zwischenkriegszeit, in: Wiener Geschichtsblätter, Jg. 39, 1984, S. 29-32.

Karl Sablik, Sigmund Freud und Julius Tandler: eine rätselhafte Beziehung, in: Sigmund Freud House Bulletin, Vol. 9, No. 2, 1985, S. 12-19.

Christin Sager, Das aufgeklärte Kind. Zur Geschichte der bundesrepublikanischen Sexualaufklärung (1950–2010), Bielefeld 2015.

Günther Sandner, Otto Neurath. Eine politische Biographie, Wien 2014.

Edith Saurer / Waltraud Heindl (Hgg.), Grenze und Staat. Passwesen, Staatsbürgerschaft, Heimatrecht und Fremdengesetzgebung in der österreichischen Monarchie (1750–1867), Wien-Köln-Weimar 2000.

Michael Scammell, Koestler. The Indispensable Intellectual, London 2009.

Petra Scheiblechner, „…politisch ist er einwandfrei…". Kurzbiographien der an der Medizinischen Fakultät der Universität Graz in der Zeit von 1938 bis 1945 tätigen WissenschafterInnen, Graz 2002.

Heribert Schiedel / Martin Tröger, „Durch Reinheit zur Einheit". Zum deutschnationalen Korporationswesen in Österreich, in: Context XXI – Siegfrieds Köpfe. Rechtsextremismus, Rassismus und Antisemitismus an der Universität, Heft 1, Wien 2002, S. 32 f.

Hans Walter Schmuhl, Rassenhygiene, Nationalsozialismus, Euthanasie. Von der Verhütung zur Vernichtung „lebensunwerten Lebens", Göttingen 1987.

Inge Scholz-Strasser, Berggasse 19, in: Harald Leupold-Löwenthal / Hans Lobner (Hgg.), Sigmund Freud Museum. Wien IX, Berggasse 19, Katalog, Wien 1994, S. 9 ff.

Werner Schubert / Jürgen Regge / Peter Rieß / Werner Schmid (Hgg.), Quellen zur Reform des Straf- und Strafprozeßrechts, Abt. I: Weimarer Republik (1918–1932), Bd. 3: Protokolle der Strafrechtsausschüsse des Reichstags, 1. Teil: Sitzungen vom Juli 1927–März 1928. Sitzungen der deutschen und österreichischen parlamentarischen Strafrechtskonferenzen (1927–1930), hg. v. Werner Schubert, Berlin-New York 1995.

Michael Schwartz, Sozialistische Eugenik. Eugenische Sozialtechnologien in Debatten und Politik der deutschen Sozialdemokratie 1890–1933, Bonn 1995.

Peter Schwarz, Mord durch Hunger – „Wilde Euthanasie" und „Aktion Brandt" am Steinhof in der NS-Zeit, in: Heinz-Eberhard Gabriel / Wolfgang Neugebauer (Hgg.), NS-Euthanasie in Wien – Teil 2, Böhlau-Verlag, Wien-Köln-Weimar 2002, S. 113-141.

Peter Schwarz, Die politische Sozialisation von Julius Wagner-Jauregg (seine Mitgliedschaft in einer deutschnationalen Burschenschaft und bei der Großdeutschen Volkspartei / GDVP), in: Wolfgang Neugebauer / Kurt Scholz / Peter Schwarz (Hgg.), Julius Wagner-Jauregg im Spannungsfeld politischer Ideen und Interessen – eine Bestandsaufnahme. Beiträge des Workshops vom 6./7. November 2006 im Wiener Rathaus, Frankfurt am Main 2008, S. 37-56.

Peter Schwarz, Die Wiener Psychiatrie im Ersten Weltkrieg: Eine Geschichte im Spannungsfeld von Faradisationen, Humanversuchen und Hungersterben, in: Wiener Geschichtsblätter, 69. Jg., H. 2, 2014, S. 93-112.

Felicitas Seebacher, Das Fremde im „deutschen" Tempel der Wissenschaft. Brüche in der Wissenschaftskultur der Medizinischen Fakultät der Universität Wien, Wien 2011.

Renate Seebauer, Kinderausspeisung, in: Felix Czeike, Historisches Lexikon der Stadt Wien in 6 Bänden, Bd. 3 H-L, Wien 2004, S. 502.

Horst Seidler / Andreas Rett, Rassenhygiene. Ein Weg in den Nationalsozialismus, Wien-München 1988.

Maren Seliger, Sozialdemokratie und Kommunalpolitik in Wien. Zu einigen Aspekten sozialdemokratischer Politik in der Vor- und Zwischenkriegszeit, Wien-München 1980.

Maren Seliger / Karl Ucakar, Wahlrecht und Wählerverhalten in Wien 1848–1932 – Privilegien, Partizipationsdruck und Sozialstruktur, Wien 1984.

Maren Seliger / Karl Ucakar, Wien: Politische Geschichte 1740–1934. Entwicklung und Bestimmungskräfte großstädtischer Politik, 2 Bde., Wien 1985.

Rolf Peter Sieferle, Rassismus, Rassenhygiene, Menschenzuchtideale, in: Uwe Puschner / Walter Schmitz / Justus H. Ulbricht (Hgg.), Handbuch zur „Völkischen Bewegung" 1871–1918, München-New Providence-London-Paris 1996, S. 436-448.

Eliza Slavet, Freud's Lamarckism and the Politics of Racial Science, in: Journal of the History of Biology, Vol. 41, No. 1, 2008, pp. 37-80.

Wolfgang Speiser, Die sozialistischen Studenten Wiens 1927–1938, Wien 1986 (= Materialien zur Arbeiterbewegung, Nr. 40).

Claudia Andrea Spring, Zwischen Krieg und Euthanasie. Zwangssterilisationen in Wien 1940-1945, Wien 2009.

Claudia Andrea Spring, Verdrängte Überlebende. NS-Zwangssterilisationen und die legistische, medizinische und gesellschaftliche Ausgrenzung von zwangssterilisierten Menschen in der Zweiten Republik, Dipl.-Arb., Wien 1999.

Friedrich Stadler (Hg.), Vertriebene Vernunft I. Emigration und Exil österreichischer Wissenschaft 1930–1940, Wien-München 1987.

Friedrich Stadler (Hg.), Vertriebene Vernunft II. Emigration und Exil österreichischer Wissenschaft, Wien-München 1988.

Friedrich Stadler, Studien zum Wiener Kreis. Ursprung, Entwicklung und Wirkung des Logischen Empirismus im Kontext, Frankfurt am Main 1997.

Friedrich Stadler (Hg.), Kontinuität und Bruch 1938 – 1945 – 1955. Beiträge zur österreichischen Wissenschaftsgeschichte. Berlin-Hamburg-Münster 2004.

Friedrich Stadler, Die wissenschaftliche Weltauffassung dient dem Leben, in: Joachim Riedl (Hg.), Wien, Stadt der Juden. Die Welt der Tante Jolesch, Wien 2004, S. 269-278.

Friedrich Stadler, The Vienna Circle. Moritz Schlick, Otto Neurath and Rudolf Carnap, in: Philosophy of Science: The Key Thinkers, ed. by James Robert Brown, London-New York 2012, pp. 53-82.

Christoph Steinebach, Entwicklungspsychologie, Stuttgart 2000.

Barbara Steininger, Vom Stadtrat zum Stadtsenat – die Wiener Stadtregierung 1890/91 bis 1920, in: Karl Fischer (Hg.), Jahrbuch des Vereins für Geschichte der Stadt Wien, Wien 2010, S. 285-308 (= Studien zur Wiener Geschichte, Bd. 66).

Barbara Steininger, Der Wiener Gemeinderat und der Wiener Landtag. Eine Zeitreise 1848-2013, Wien 2013 (= Veröffentlichungen des Wiener Stadt- und Landesarchivs, Reihe B: Ausstellungskataloge, Heft 89).

Sigrid Stöckel, Säuglingsfürsorge zwischen sozialer Hygiene und Eugenik. Das Beispiel Berlins im Kaiserreich und in der Weimarer Republik, Berlin-New York 1996.

Winfried Süß, Der „Volkskörper" im Krieg. Gesundheitspolitik, Gesundheitsverhältnisse und Krankenmord im nationalsozialistischen Deutschland 1939–1945, München 2003.

Emmerich Tálos / Herbert Dachs / Ernst Hanisch / Anton Staudinger (Hgg.), Handbuch des politischen Systems Österreichs. Erste Republik 1918–1933, Wien 1995.

Emmerich Tálos / Ernst Hanisch / Wolfgang Neugebauer / Reinhard Sieder (Hrsg.), NS-Herrschaft in Österreich. Ein Handbuch, Wien 2000.

Emmerich Tálos, Das austrofaschistische Herrschaftssystem. Österreich 1933–1938, Münster 2013.

Klaus Taschwer, Der Fall Paul Kammerer. Das abenteuerliche Leben des umstrittensten Biologen seiner Zeit, München 2016.

Klaus Taschwer, Hochburg des Antisemitismus. Der Niedergang der Universität Wien im 20. Jahrhundert, Wien 2015.

Klaus Taschwer, Nachrichten von der antisemitischen Kampfzone. Die Universität Wien im Spiegel und unter dem Einfluss der Tageszeitungen, 1920–1933, in: Margarete Grandner / Thomas König (Hgg.), Reichweiten und Außensichten. Die Universität Wien als Schnittstelle wissenschaftlicher Entwicklungen und gesellschaftlicher Umbrüche, Göttingen 2015, S. 99-126.

Klaus Taschwer, Wie die Naturwissenschaften populär wurden. Zur Geschichte der Verbreitung naturwissenschaftlicher Kenntnisse in Österreich zwischen 1800 und 1870, in: Spurensuche. Zeitschrift für Geschichte der Erwachsenenbildung und Wissenschaftspopularisierung, Heft 1-2, 1997, S. 4-31.

Anton Tesarek, Max Winter, in: Norbert Leser (Hg.), Werk und Widerhall. Große Gestalten des österreichischen Sozialismus, Wien 1964, S. 447-452.

Maria Teschler-Nicola, Aspekte der Erbbiologie und die Entwicklung des rassenkundlichen Gutachtens in Österreich bis 1938, in: Gabriel / Neugebauer (Hgg.), Vorreiter der Vernichtung?, S. 99-138.

Karl Heinz Tragl, Chronik der Wiener Krankenanstalten, Wien-Köln-Weimar 2007.

Heinz Tunner, Lamarcks Evolutionstheorie und der Selbstmord des Wiener Biologen Paul Kammerer, in: Joachim Riedl (Hg.), Wien, Stadt der Juden. Die Welt der Tante Jolesch, Wien 2004, S. 253-268.

Marius Turda / Paul J. Weindling (Eds.), "Blood and Homeland". Eugenics and Racial Nationalism in Central and Southeast Europe, 1900–1940, Budapest-New York 2007.

Marius Turda (Ed.), The History of East-Central European Eugenics, 1900-1945. Sources and Commentaries, London-New York 2015.

Die Universität. Eine Kampfzone, hg. v. Werner Hanak-Lettner im Auftrag des Jüdischen Museums Wien, Wien 2015 (The University. A Battleground, published by Werner Hanak-Lettner on behalf of the Jewish Museum Vienna, Vienna 2015).

Willi Urbanek (Hg.), Auf der Spurensuche nach Otto Glöckel. Zur Bildungsrevolution Otto Glöckels: historisch – inhaltlich – menschlich, Wien 2006.

Gerhard Wagner, Von der Hochschülerschaft Österreichs zur Österreichischen Hochschülerschaft. Kontinuitäten und Brüche, Wien 2010.

Regina Wecker / Sabine Braunschweig / Gabriela Imboden / Bernhard Küchenhoff / Hans Jakob Ritter (Hgg.), Wie nationalsozialistisch ist die Eugenik? Internationale Debatten zur Geschichte der Eugenik im 20. Jahrhundert, Wien-Köln-Weimar 2009.

Paul Weindling, Die Verbreitung rassenhygienischen/eugenischen Gedankengutes in bürgerlichen und sozialistischen Kreisen in der Weimarer Republik, in: Medizinhistorisches Journal XXII, 1987, S. 352-368.

Paul Weindling, Health, Race and German politics between national unification and Nazism, 1870–1945, Cambridge 1989.

Peter Weingart / Jürgen Kroll / Kurt Bayertz, Rasse, Blut und Gene. Geschichte der Eugenik und Rassenhygiene in Deutschland, Frankfurt/Main 1988.

Erika Weinzierl, Abtreibung und österreichisches Strafrecht, in: Michael Benedikt / Richard Potz (Hgg.), Zygote Fötus Mensch. Zur Anthropologie des werdenden Lebens, Wien-München 1986, S. 117-124.

Benno Weiser(-Varon), Wie ich, obwohl Jude, nicht Arzt wurde, in: Siegfrieds Köpfe. Rechtsextremismus, Rassismus und Antisemitismus an der Universität Wien. Context XXI, Nr. 7-8/01, Nr. 1/02, S. 98-103.

Harald Wendelin, Schub und Heimatrecht, in: Edith Saurer / Waltraud Heindl (Hgg.), Grenze und Staat. Passwesen, Staatsbürgerschaft, Heimatrecht und Fremdengesetzgebung in der österreichischen Monarchie (1750–1867), Wien-Köln-Weimar 2000, S. 173-340.

Wiener Psychoanalytische Vereinigung (Hg.), Wer war August Aichhorn. Briefe, Dokumente, unveröffentlichte Arbeiten, Wien 1976.

Elisabeth Wiesbauer / Johannes Reichmayr, Das Verhältnis der Psychoanalyse zu der Sozialdemokratie, in: Wolfgang Huber / Erika Weinzierl (Hgg.), Beiträge zur Geschichte der Psychoanalyse in Österreich, Wien-Salzburg 1978, S. 25-60.

Georg Witrisal, Der Soziallamarckismus Rudolf Goldscheids. Ein milieutheoretischer Denker zwischen humanitärem Engagement und Sozialdarwinismus, Dipl.-Arb., Graz 2004.

Lutz Wittenberg, Geschichte der individualpsychologischen Versuchsschule in Wien. Eine Synthese aus Reformpädagogik und Individualpsychologie, Wien 2002.

Maria A. Wolf, Eugenische Vernunft. Eingriffe in die reproduktive Kultur durch die Medizin 1900–2000, Wien-Köln-Weimar 2008.

Gudrun Wolfgruber, Messbares Glück? Sozialdemokratische Konzepte zu Fürsorge und Familie im Wien der 20er Jahre, in: L'Homme. Zeitschrift für feministische Geschichtswissenschaft, Nr. 10, Heft 2, 1999, S. 277-294.

Helge Zoitl, „Student kommt von Studieren!" Zur Geschichte der sozialdemokratischen Studentenbewegung in Wien, Wien-Zürich 1992.

Danksagung

Besonderer Dank gebührt zunächst dem Zukunftsfonds der Republik Österreich – namentlich dem Vorsitzenden des Kuratoriums, dem Präsidenten a. D. OSR Dr. Kurt Scholz, dem Präsidenten des Bundesrates a. D. Generalsekretär Prof. Herwig Hösele sowie der Büroleiterin Mag.ª Anita Dumfahrt –, der durch seine Projektförderung diese Publikation überhaupt erst möglich gemacht hat.

Darüber hinaus ist der Verfasser der Studie einer Reihe von Personen zu außerordentlichem Dank verpflichtet, ohne deren Wissen, Ratschläge, Unterstützung und Hilfe diese Arbeit nicht zustande gekommen wäre. Hier ist zuallererst mein langjähriger akademischer Lehrer Hon.-Prof. Dr. Wolfgang Neugebauer, von 1983 bis 2004 wissenschaftlicher Leiter des Dokumentationsarchivs des österreichischen Widerstandes (DÖW), zu nennen, der das Projekt in wissenschaftlicher Hinsicht begleitet und durch sein Fachwissen – er ist sowohl ein Pionier auf dem Gebiet der Aufarbeitung der Geschichte der österreichischen Arbeiterbewegung als auch in der Erforschung der NS-Euthanasie in Österreich – bereichert hat. Wertvolle Quellenhinweise verdankt der Verfasser insbesondere o. Univ.-Prof. DDr. Michael Hubenstorf und Univ.-Doz. Dr. Karl Sablik vom Institut für Geschichte der Medizin an der MUW sowie Mag. Dr. Herwig Czech vom DÖW. Für sachliche Informationen und einen inspirierenden Gedankenaustausch dankt der Autor vor allem auch Lilli und Werner T. Bauer, den KuratorInnen der Dauerausstellung „Das Rote Wien im Waschsalon Karl-Marx-Hof" und der Sonderausstellung „Julius Tandler oder: Der Traum vom ‚neuen Menschen'". (Die Sonderausstellung war vom 22. September 2016 bis zum 4. Mai 2017 geöffnet. Vgl.: http://dasrotewien-waschsalon.at).

Dank schuldet der Verfasser darüber hinaus der Archivarin der Medizinischen Sammlungen des Josephinums Mag.ª Monika Grass für die Zugänglichmachung des Tandler-Nachlasses, der Direktorin des Wiener Stadt- und Landesarchivs (MA 8) Senatsrätin Mag.ª Dr.ⁱⁿ Brigitte Rigele MAS und der zuständigen Referentin Priv.-Doz.ⁱⁿ Dr.ⁱⁿ Barbara Steininger für die vereinfachte und unbürokratische Benützung des Bestandes der Gemeinderatssitzungsprotokolle (GRSP) im WStLA für den Zeitraum 1923 bis 1934 (ca. fünf Laufmeter Akten). Dieser Dank gilt ebenso der Wienbibliothek im Rathaus (MA 9), allen voran der Direktorin Dr.ⁱⁿ Sylvia Mattl-Wurm, Dr. Alfred Pfoser und Mag. Alesandro Gallo (Abteilung Druckschriftensammlung), die die unkomplizierte Benützung der publizierten GRSP für den Zeitraum 1920 bis 1922 ermöglichten, sowie dem Bibliotheksteam des DÖW, Mag. Stephan Roth, Willi Skalda und Nedim Mujanovic.

Für das kritische Lektorat meiner Texte möchte der Verfasser neben Wolfgang Neugebauer und Michael Hubenstorf auch MMag. Dr. Benjamin Bukor (Research Fellow der Hebrew University of Jerusalem), Dr. Siegwald Ganglmair, Ministerialrat Mag. Wilhelm Soucek und Werner Vogel lic. phil. herzlich danken. Für vielfache Hilfe bei den Recherchen, für wichtige Gespräche und kritische Fragen dankt der Verfasser: em. Univ.-Prof. Dr. Gerhard Baader (Charité-Universitätsmedizin Berlin, Zentrum für Human- und Gesundheitswissenschaften Berlin, Institut für Geschichte der Medizin; Visiting Professor, Hebrew University of Jerusalem), Mag. Dr. Thomas Mayer (Universität Wien), Generaldirektor SR Univ.-Doz. Dr. Wolfgang Maderthaner (Österreichisches Staatsarchiv), o. Univ.-Prof. DDr. Oliver Rathkolb (Institut für Zeitgeschichte, Universität Wien), Univ.-Prof. Dr. Friedrich Hausjell (Institut für Publizistik, Universität Wien), em. Prof. DDr. Robert A. Shaw (Birkbeck College, University of London), Dr. Felicitas Seebacher (Akademie der Wissenschaften, Wien), dem wissenschaftlicher Leiter des DÖW Dr. Gerhard Baumgartner, Hofrätin Hon.-Prof.[in] Univ.-Doz.[in] Mag.[a] Dr.[in] Brigitte Bailer (DÖW), Hofrat Dr. Heinz Arnberger (DÖW), Dr. Winfried Garscha (DÖW), Dr.[in] Ursula Schwarz (DÖW), Dr.[in] Elisabeth Boeckl-Klamper (DÖW), Dr. Gerhard Ungar (DÖW), Christine Schindler BA, Direktor i. R. Dr. Karl Albrecht-Weinberger (Kulturabteilung der Stadt Wien, MA 7), Mag. Wolfgang Nedobity (Österreichische Universitätenkonferenz), Mag. Klaus Bachhofer (AK Wien), Mag. Tennessee Gerold, Mehmet Urhan (WStLA), Amtsdirektor Helmut Stipsits (BMI), DI Stefan Mastal, Dr. Christian Kral, Mag.[a] Ildiko Tresnic, Mag. Svetislav Jovicin, Mag. Michael Ledwinka, Hannah Herzberger BA, Mag. Dr. Jan Suesserott, Nikolaus von Schlebrügge, Mag. Benjamin Schager, Eva und Hans Matis, Margit und Kurt Kern sowie den Familien Faustenhammer, Henninger, Grasel, Kunz.

Hinsichtlich der in dieser Publikation verwendeten Fotos ergeht der Dank an Univ.-Doz. Dr. Karl Sablik, an den Verein für Geschichte der Arbeiterbewegung (VGA), an Mag. Peter Prokop vom Bildarchiv der Österreichischen Nationalbibliothek, an Martin Kotinsky von der MA 44, an das Wiener Stadt- und Landesarchiv, an Dr. Ruth Koblizek von der Bildersammlung Josephinum der Medizinischen Universität Wien und an Frau Gertrude Auer, Tochter des Künstlers Roland Russ.

Zu guter Letzt dankt der Verfasser den Mitarbeiterinnen und Mitarbeitern des Verlags, insbesondere der Verlagslektorin Claudia Anna Strafner für die Mühsal der Endredaktion und des finalen Lektorats sowie dem Verlegerehepaar Dr.^in Reingard Grübl-Steinbauer und Abg. z. NR. a. D. Heribert Steinbauer sowie dem Grafiker Matthäus Zinner für ihren unermüdlichen Einsatz bezüglich der Realisierung dieser Publikation und der ausgezeichneten Betreuung derselben.

Bildnachweis

Magistrat der Stadt Wien – MA 44: 29
Österreichische Nationalbibliothek, Bildarchiv: 19, 24, 99, 103, 104, 107, 115, 178 (mit freundlicher Genemigung von Gertrude Auer, Tochter des Künstlers Roland Russ)
Privatarchiv des Autors: 101, 200, 201
Wiener Stadt- und Landesarchiv (Fotoarchiv Gerlach): 22, 33
Verein für Geschichte der Arbeiterbewegung: Cover
Medizinische Universität Wien, Josephinum: 16, 34, 37, 116, 188

Der Verlag hat sich bemüht, sämtliche Rechteinhaber der zitierten Bilder ausfindig zu machen. Sollten darüber hinaus Ansprüche bestehen, bitten wir um freundliche Nachricht.